Die Liebe gehört zu den wunderbarsten Erfahrungen, die wir in unserem Leben machen können. Doch wenn das Feuer der Leidenschaft im Alltag verglimmt, ahnen wir, daß es noch eine tiefere Empfindung geben muß. Das ist die langsam wachsende und immer innigere Liebe zwischen uns und unserem Partner, die uns glücklich macht. Die Bereitschaft, sich dem anderen auch mit der Seele hinzugeben, ist die Pforte zur spirituellen Leidenschaft – weit mehr als die vorher erlebte Phase der Verliebtheit. Wenn die Liebe als Kern des eigenen Wesens zur Gewißheit geworden ist, dann erreichen wir vollkommenen Frieden und reines Glück. Deepak Chopra, der es wie kaum ein anderer versteht, die Weisheit des alten Indien mit den Erkenntnissen des Westens zu verknüpfen, zeigt in seinem inspirierenden Buch, wie wir aus unseren alltäglichen Begrenztheiten heraus den Weg der spirituellen Liebe gehen können.

Deepak Chopra ist Internist und Endokrinologe sowie Gründer der American Association for Ayurvedic Medicine. Er hält weltweit Vorträge, u. a. bereits bei der World Health Organization, Genf, und den Vereinten Nationen, New York. Er ist Direktor des Sharp Institute for Human Potential and Mind/Body Medicine in San Diego, Kalifornien. Zahlreiche Veröffentlichungen, u. a. ›Die Körperseele‹ 1991, ›Die Körperzeit‹ 1996, ›Die sieben geistigen Gesetze des Erfolgs‹ 1996, ›Die Göttliche Kräfte‹ 2000.

Deepak Chopra

Lerne lieben, lebe glücklich

Der Weg zur spirituellen Liebe

Aus dem Englischen von
Peter A. Schmidt

Deutscher Taschenbuch Verlag

Von Deepak Chopra
sind im Deutschen Taschenbuch Verlag erschienen:
Das gesunde Herz (36217)
Wege aus der Sucht (36229)

Ungekürzte Ausgabe
Juli 2001
Deutscher Taschenbuch Verlag GmbH & Co. KG, München
www.dtv.de
Titel der amerikanischen Originalausgabe:
The Path to Love, Renewing the Power of Spirit in Your Life
erschienen bei Harmony Books, New York
© 1997 Deepak Chopra
© der deutschsprachigen Ausgabe:
1998 Gustav Lübbe-Verlag GmbH, Bergisch Gladbach
ISBN 3-7857-0914-5
Umschlagkonzept: Balk & Brumshagen
Umschlagfoto: © Howard Bjornson (Götterbaum)
Gesamtherstellung: C. H. Beck'sche Buchdruckerei,
Nördlingen
Gedruckt auf säurefreiem, chlorfrei gebleichtem Papier
Printed in Germany · ISBN 3-423-08549-5

INHALT

»Alles im Universum ist in dir.
Fordere alles von dir selbst.«

Rumi
(persischer mystischer Dichter des 13. Jahrhunderts)

Die sieben Stufen der Liebe

Anziehung
Verliebtheit
Werbung
Vertrautheit
Hingabe
Leidenschaft
Ekstase

ANKNÜPFEN AN EINE ALTE LIEBE

Wir alle brauchen den Glauben daran, geliebt zu werden und liebenswert zu sein. Als unser Leben begann, strahlte diese Überzeugung noch hell und klar. Wir sonnten uns in der Liebe der Mutter und hüllten uns in unsere eigene Unschuld. Damals gab es keine Zweifel an der Liebe. Mit der Zeit jedoch schoben sich Wolken vor unsere Sicherheit. Wenn Sie sich heute betrachten – könnten Sie dann immer sagen, was jedes Baby äußern würde, wenn es sprechen könnte?

Ich werde vorbehaltlos geliebt.
Ich bin rundum liebenswert.

Es gibt nur wenige Menschen, die das von sich sagen. Wenn wir uns ganz offen und ehrlich betrachten, stellen wir alle gewisse Mängel fest, die bewirken, daß wir weniger geliebt werden und uns weniger liebenswert machen. Im großen und ganzen finden wir das auch in Ordnung, denn die vollkommene Liebe ist ja angeblich nicht von dieser Welt. Aber in einem tieferen Sinn sind unsere vermeintlichen Fehler in Wahrheit Narben, Verletzungen und Wunden, die wir im Lauf des Lebens davongetragen haben. Wenn wir in den Spiegel schauen, glauben wir, ein realistisches Bild von uns zu sehen. Aber der Spiegel enthüllt uns nicht die Wahrheit, die trotz aller Verletzungen gültig ist:

Wir sind dazu erschaffen, ein Leben lang ohne Einschränkung
geliebt zu werden und liebenswert zu sein.

Diese Wahrheit ist uns abhanden gekommen, und das ist eigentlich sehr merkwürdig, denn in den tieferen Schichten unterhalb unseres Denkens und Fühlens ist unsere Unschuld immer noch unversehrt. Unser innerstes Wesen und unser Anteil am Geistigen unterliegen nicht dem Verschleiß durch die Zeit. Doch wenn wir unser wahres Wesen aus den Augen verlieren, setzen wir uns selbst mit unseren Lebenserfahrungen gleich, und diese Erfahrungen können viel dazu beitragen, die Liebe absterben zu lassen. In einer oft feindseligen und brutalen Welt scheint es unmöglich, die Unversehrtheit der Unschuld zu bewahren. Aus diesem Grund empfangen wir auch nicht besonders viel Liebe und sind nicht besonders liebenswert.

Aber das kann sich ändern!

Obwohl wir uns als begrenzt wahrnehmen, als einen Körper und einen Geist, die in die Schranken von Raum und Zeit gezwängt sind, gibt es einen Schatz an spirituellen Lehren, die das anders sehen. In der Dimension des Geistes sind wir unabhängig von Raum und Zeit und unberührt von Erfahrungen. In geistiger Hinsicht sind wir reine Liebe.

Wir fühlen uns nicht rundum geliebt und liebenswert, weil wir die Verbindung zu unserer geistig-seelischen Natur verloren haben. In unserer Vorstellung von Liebe fehlt etwas, ohne das die Liebe nicht auskommen kann: die höhere Dimension. Was wäre, wenn wir diesen verlorengegangenen Teil unseres Selbst zurückgewinnen könnten?

Geist und Körper würden zu einer Einheit. – Daraus erwächst die Liebe, die wir geben können.

Wir selbst und diejenigen, die wir lieben, würden ebenfalls zu einer Einheit. – Daraus entsteht die Liebe, an der wir teilhaben können.

In seinem innersten Wesen ist jeder Mensch zum Held oder zur Heldin einer unendlichen Liebesgeschichte ausersehen. Sie beginnt in aller Unschuld, wenn das Baby in die liebenden Arme seiner Mutter hineingeboren wird, und entwickelt sich Schritt für Schritt weiter, während das Kind langsam in die Welt hineinwächst. Allmählich erweitert sich auch der Kreis der geliebten Menschen, der zunächst die eigene Familie, dann auch die Spielgefährten und Freunde und später die Sexualpartner umfaßt – aber auch die Liebe zu abstrakten Dingen wie Wissenschaft und Wahrheit entfaltet sich. Während wir reifer werden, entsteht die Freude des Gebens, und höhere Werte wie Mitgefühl, Nachsicht, Selbstlosigkeit und die Fähigkeit zu verzeihen blühen auf. Und schließlich erfahren wir den Geist selbst unmittelbar – als reine Liebe. Die Entwicklung gipfelt in derselben Gewißheit, mit der sie in den Tagen der frühesten Kindheit begonnen hatte: Ich *bin* Liebe.

Wenn wir uns in Liebe verwandeln, wissen wir, daß wir die Liebe in ihrer ganzen Fülle erfahren haben – wie es unserem spirituellen Lebensziel entspricht.

Nur wenige Menschen gelangen zum spirituellen Ziel des Lebens. Wo es an Liebe gefehlt hat, bleibt eine schmerzliche Lücke in uns bestehen. Sie kann nur dadurch geschlossen werden, daß wir neu lernen zu lieben und geliebt zu werden. Jeder von uns muß selbst entdecken, daß die Liebe als Kraft nicht weniger real ist als die Schwerkraft. Daß uns die Liebe jeden Tag, jede Stunde und jede Minute umfängt und aufrechterhält, ist kein Hirngespinst – es ist in uns als unser natürlicher Zustand angelegt.

In diesem Buch geht es um die Wiederbelebung von Liebesbeziehungen, die eigentlich niemals hätten enden dürfen. Die Vereinigung des Geistes mit unserem Selbst ist nicht nur möglich, sondern unvermeidlich. Die spirituelle Macht der Liebe zeigt sich am deutlichsten an den vielen Dingen, die sie bewirken kann:

Liebe kann heilen.
Liebe kann erneuern.
Liebe kann uns Sicherheit schenken.
Liebe kann unsere besten Seiten an den Tag bringen.
Liebe kann uns näher zu Gott führen.

Die Kraft der Liebe kann alles bewirken, was man ihr zuschreibt. Das zu wissen hat jedoch die Kluft zwischen der Liebe und ihrem Fehlen nur noch schmerzlicher gemacht. Unzählige Menschen haben die Liebe erfahren – als Lust, als Sexualität, als Sicherheit, in der Person eines Menschen, der für das tägliche Wohl sorgt –, ohne zu merken, daß sich ihnen hier ein ganz besonderer Pfad aufgetan hatte. In unserer Gesellschaft läuft eine »normale« Liebesbeziehung so ab, daß man einen geeigneten Partner sucht, den man heiratet, und eine Familie gründet. Dieser gesellschaftlich etablierte Ablauf ist aber kein wirklicher Pfad, denn die Erfahrung, zu heiraten und eine Familie zu gründen, ist nicht automatisch ein spirituelles Erlebnis. Es ist traurig, aber wahr: Viele Menschen verbringen ein ganzes Leben miteinander, ohne seelisch zu wachsen, während die Liebe allmählich verschwindet oder bestenfalls als solide Kameradschaft fortbesteht. Ein geistiger Pfad kann aber nur einen Sinn haben: Er zeigt der Seele, wo und wie sie wachsen kann, läßt die spirituelle Wahrheit immer mehr hervortreten und bringt das Potential der Seele zur Entwicklung.

Wenn Sie Ihren eigenen Pfad gefunden haben, finden Sie auch Ihre eigene Liebesgeschichte. Die Menschen zweifeln heute alle an ihren Beziehungen: Habe ich auch den richtigen Partner? Bin ich mir selbst treu geblieben, oder habe ich den besten Teil von mir aufgegeben? Diese Zweifel führen zu einer Art hektischer Schnäppchenjagd bei der Partnersuche, als ob der oder die »Richtige« dadurch ermittelt werden könnte, daß sich beim Aufrechnen der Vor- und Nachteile ein nicht näher definierbares Plus ergibt.

Der Pfad der Liebe dagegen kümmert sich nicht um Äußerlichkeiten. Man mag von dem Partner, den man gerade hat, denken, was man will – es ist immer der richtige Partner, denn dieser Mensch ist das Spiegelbild dessen, was man selbst im eigenen Inneren ist. Leider leben wir in einer Kultur, in der uns über diese Dinge – wie über spirituelle Realitäten generell – wenig beigebracht wird.

Konflikte mit dem Partner sind Konflikte, die man mit sich selbst austrägt. An unserem Partner stört uns immer das, was wir als eigene Schwäche nicht sehen wollen. Jeder Streit ist ein Ablenkungsmanöver, um sich nicht den eigenen inneren Konflikten stellen zu müssen. Der Weg der Liebe räumt deshalb mit einem monumentalen Mißverständnis auf, dem Millionen von Menschen aufsitzen, nämlich der Vorstellung, daß ein »Außenstehender« uns etwas schenken (oder wegnehmen) könnte. Dabei gehört uns das, worum es geht, doch schon längst. Wer die wahre Liebe findet, findet sich selbst.

Wir haben deshalb gar keine andere Wahl, als uns auf den Pfad der Liebe zu begeben, denn jeder von uns muß herausfinden, wer er oder sie eigentlich ist. Das ist unsere spirituelle Bestimmung. Man mag zaudern, man mag das Vertrauen in den Pfad verlieren oder sogar an der Liebe verzweifeln, aber all das ist vergänglich. Bestand hat nur der Pfad. Zweifel sind ein Spiegelbild unseres Ego, das in Raum und Zeit gefangen ist. Liebe aber ist der Spiegel Gottes in seiner ewigen göttlichen Wesenheit. Wer sich auf den Pfad der Liebe begibt, folgt letztlich der Verheißung, im Licht einer Wahrheit einherzuschreiten, die umfassender ist als jede Wahrheit, die unser Bewußtsein im Augenblick kennt.

Dieses Buch möchte Sie wieder auf den Pfad der Liebe führen, von den ersten Regungen der Liebessehnsucht bis zum Endstadium der Ekstase. Sich zu verlieben ist für die meisten Menschen eher eine Sache des Zufalls. Unter spirituellen Aspekten ist es dagegen der Ausgangspunkt der immerwährenden Reise zur Liebe. In einer Liebesgeschichte gibt es mehrere klar voneinander abgrenzbare Phasen – Anziehung, das eigentliche Verlieben, die Phase der Werbung und die Intimität –, wobei jedes Stadium seine eigene spirituelle Bedeutung hat.

Eine weitere Stufe kündigt sich an, wenn sich die Liebesgeschichte zu einer Beziehung verdichtet, bei der beide Partner eine Verpflichtung eingehen, gewöhnlich eine Ehe. Der Pfad nimmt nun einen anderen Verlauf. Die Phase der Verliebtheit ist vorüber, das Stadium der Liebe beginnt. Auf geistiger Ebene folgt nun eine Entwicklungsstufe der Seele: Das Paar lernt, die Beziehung durch gegenseitige Hingabe wachsen und gedeihen zu lassen. Hingabe ist der Schlüsselbegriff für jede geistige Beziehung. Durch Hingabe werden die Bedürfnisse des Ego, die sehr selbstsüchtig und lieblos sein können, in das stets gleichbleibende wirkliche Bedürfnis der Seele verwandelt, nämlich in das Bedürfnis zu wachsen. Während wir wachsen, treten tiefe und echte Gefühle an die Stelle seichter und künstlicher Emotionen. Mitgefühl, Vertrauen, Hingabe und die Bereitschaft zu dienen gewinnen auf diese Weise Realität. Eine solche Liebesbeziehung ist heilig. Sie kann niemals ins Schwanken geraten, denn sie ist von göttlichem Geist getragen. Außerdem ist sie unschuldig, denn die Partner haben nur ein Motiv: den anderen zu lieben und für ihn dazusein.

Die Bereitschaft, sich dem anderen hinzugeben, ist die Pforte zur Leidenschaft. Ohne Hingabe kreist die Leidenschaft nur um das eigene Bedürfnis nach Lust und Erregung. Die Hingabe lenkt die Leidenschaft auf das Leben als solches. Spirituell betrachtet, bedeutet Leidenschaft nichts anderes, als sich vom Strom des Lebens mitreißen zu lassen, der ewig und endlos dahinfließt.

Die letzte Frucht der Hingabe ist die Ekstase. Wenn alle Selbstsucht gegenstandslos, wenn die Liebe als der Kern des eigenen Wesens zur Gewißheit geworden ist, tritt vollkommener Frieden in uns ein. Dieser Frieden enthält ein Samenkorn der Süße, das man im Innersten des Herzens keimen spürt. Mit Geduld und Hingabe erwächst aus diesem Samen jener höchste Zustand der Freude, den wir Ekstase nennen.

Das ist der Pfad der Liebe, um den es auf den folgenden Seiten geht. Er ist allerdings aber nicht der einzige Weg, der zur Liebe führt. Manche Menschen verlieben sich nicht und gehen keine Beziehung zu einem geliebten Partner ein. Das bedeutet aber nicht, daß es für sie keinen Weg zur Liebe gibt; sie beschreiten ihn vielmehr in ihrem eigenen Inneren. Diese Menschen tragen von Anfang an das Ziel ihrer Liebe in sich. Sei es ihre Seele oder ihr Bild Gottes, sei es eine Vision oder eine Berufung – es ist ein Auf-sich-selbst-Gestelltsein, aus dem ihre Liebe zu dem Einen und Einzigen erblüht. Auch bei einer solchen Liebe geht es letztlich um eine Beziehung, denn das, was sich am Ende offenbart, ist für uns alle gleich. Die Gewißheit »Ich bin Liebe« ist nicht nur für diejenigen reserviert, die im Lauf ihres Lebens heiraten. Es ist eine universelle Offenbarung, die in sämtlichen geistigen Traditionen verehrt wird. Man kann es auch ganz einfach ausdrücken: Alle Beziehungen sind letztlich ein Liebesverhältnis mit Gott.

Es kam mir darauf an, daß dieses Buch auch praktische Anleitungen gibt und nicht nur eine – hoffentlich – interessante Lektüre bietet. In jedem Kapitel finden Sie deshalb bestimmte Übungen (»Liebeslektionen«), die Ihnen helfen sollen, die beim Lesen gewonnenen Einsichten umzusetzen. Anschließend folgt jeweils eine Liebesgeschichte, die das Thema auf persönlichere Art näher erläutert. An all diesen Geschichten war ich selbst beteiligt, meist in der Rolle des einfühlsamen Zuhörers von Freunden, Patienten und gleichgesinnten Wahrheitssuchern. Manchmal verlasse ich diese Rolle auch, um als Ratgeber zu fungieren, aber ich verstehe mich in keiner Weise als professioneller Therapeut. Ich möchte nur als eine Art Geburtshelfer den Weg zur Selbsterkenntnis bereiten – die eigentliche Geburt muß jeder Mensch selbst leisten.

Aber bevor wir uns nun auf die Reise zu den Liebesgeschichten in diesem Buch machen, möchte ich Ihnen ein bißchen von mir selbst erzählen. Der Geist hinterläßt unentwegt Hinweise auf seine Existenz, auch wenn wir oft genug darüber hinwegsehen. Ich erinnere mich daran, daß mich meine Großmutter väterlicherseits mit ihrem Hang zum Kosmischen als erste auf diese Hinweise aufmerksam gemacht hat.

Sie war mit einem alten Sergeanten der indischen Armee verheiratet, der meine Ankunft am Morgen meiner Geburt mit einem schmetternden Trompetensignal über die Dächer der Häuser hinweg verkündete. Wenn man diese winzige Frau sah, konnte man überhaupt nichts Kosmisches an ihr entdecken. Ihre Vorstellung von einem erfüllten Leben beschränkte sich darauf, den Teig des Fladenbrots für mein Frühstück zu einem vollkommenen Rund zurechtzukneten oder sich noch vor der Morgendämmerung zu einem jener schummerigen Tempel aufzumachen, wo *Vishnu* mit seinen tausend Namen angerufen wurde. Doch eines Morgens, als ich neben dem Holzkohleofen auf mein mit Kartoffeln und Gewürzen gefülltes *Paratha* wartete, brachte sie mir die tiefe Weisheit des Kosmos ein kleines Stück näher.

Wir hatten einen Nachbarn, einen gewissen Mr. Dalal, den keiner leiden konnte und der etwas weiter unten in unserer Straße im

Bezirk Poona wohnte. Er war sehr hager, krumm und grauhaarig, und wenn er grüßte, dann stets mit säuerlicher und gequälter Miene. Seltsamerweise hatte Mr. Dalal eine lebhafte, zierliche Frau – das genaue Gegenteil von ihm selbst –, die ihn auf Händen trug. Das Paar war immer gemeinsam unterwegs. Wenn ich ihnen auf meinem Schulweg begegnete, pflegte mir Mrs. Dalal aus ihrem blauen Sari zuzuwinken, wobei sie ihren Mann liebevoll im Blick behielt, der an seinem Stock neben ihr hertappte.

»Sie sind wie *Rama* und *Sita*«, sagte meine Großmutter stets voll Bewunderung, wenn die beiden vorbeigegangen waren. Ich hatte daran, gelinde gesagt, beträchtliche Zweifel, denn *Rama* und *Sita* waren Inkarnationen des Männlichen und des Weiblichen, gottgleiche noch dazu. In der indischen Mythologie gelten sie als das vollkommene Liebespaar. Wenn *Rama* seinen Bogen spannte, so hieß es, entstanden Blitz und Donner, und *Sita* war die Schönheit selbst. Ich war damals elf Jahre alt und hatte nichts anderes als Kricket im Kopf. *Rama* und *Sita* oder die Dalals interessierten mich herzlich wenig – bis eines Tages ein Schatten auf unsere Straße und unser Haus fiel. Nur ein paar Hausnummern weiter lag Mr. Dalal im Sterben.

Großmutter stattete ihm in seinem Bungalow einen Besuch ab. Ernst und ziemlich bleich kam sie zurück. »Er hat nur noch kurze Zeit zu leben«, sagte sie zu meiner Mutter. Kinder in meinem damaligen Alter gehen mit dem Tod oft recht locker um, und außerdem war mir Mr. Dalal unsympathisch: Erst vor kurzem hatte er mich mit seinem Stock herbeigewinkt, damit ich ein Päckchen aufhob, das ihm heruntergefallen war. Jahre später, als ich Medizin studierte, ging mir auf, daß er an Angina pectoris gelitten hatte und sich aufgrund seines schwachen Herzens noch nicht einmal bücken konnte. Sein verkniffenes Gesicht war die Folge der schlimmen Schmerzen in seiner Brust, und jetzt hatte ihn sein Herzleiden an die Schwelle des Todes gebracht.

In unserem Viertel war natürlich der bevorstehende Tod von Mr. Dalal das Tagesgespräch. An jenem besagten Tag teilte uns Großmutter mit, Mrs. Dalal hätte beschlossen, an Stelle ihres Mannes zu sterben, und bete inbrünstig von früh bis spät darum, daß ihr

Wunsch in Erfüllung gehen möge. Bis auf meinen Vater waren wir alle sehr verblüfft und beeindruckt. Vater enthielt sich jeden Kommentars. Er war Kardiologe und beließ es bei der Andeutung, daß Mr. Dalal keine Aussichten hätte, sich von seinem Herzinfarkt zu erholen.

Eine Woche später war die Voraussage meines Vaters widerlegt, als ein sehr schwacher Mr. Dalal an der Seite seiner Frau wieder auf der Straße erschien. Auch Mrs. Dalal war keineswegs gestorben. Sie wirkte zwar irgendwie verändert, doch lebhaft wie immer winkte sie in ihrem blauen Sari den Leuten zu.

Großmutter wartete ab. Es dauerte ein paar Monate, und Mrs. Dalal wurde tatsächlich krank. Sie bekam eine banale Erkältung, die sich zur Lungenentzündung auswuchs. In jenen Tagen war Penicillin noch nicht allgemein akzeptiert und auch noch nicht für jedermann verfügbar, und so starb Mrs. Dalal ganz plötzlich mitten in der Nacht.

»Wie *Rama* und *Sita*«, murmelte Großmutter. Sie machte ein Gesicht, aus dem man bei böswilliger Auslegung einen gewissen Triumph hätte herauslesen können. Sie schilderte uns, wie Mr. Dalal seine rosenkranzartige Gebetskette abgenommen hatte, um sie zum Abschied zärtlich seiner Frau um den Hals zu legen, die bald darauf verschied.

»Das ist die Geschichte einer echten Liebe«, sagte sie. »Nur die Liebe kann ein solches Wunder bewirken.«

Ich stand ungeduldig neben dem Küchenherd. »Nein«, protestierte ich, »Mrs. Dalal ist jetzt tot. Du nennst das Liebe, aber sie haben doch beide nichts davon.« Mein Vater hatte mir bereits im gesetzten Tonfall des Mediziners zu verstehen gegeben, daß die Genesung von Mr. Dalal keine Wunderheilung, sondern vielmehr ein glücklicher Zufall gewesen sei. Man müsse damit rechnen, daß der alte Herr das nächste Jahr nicht überlebe.

»Du verstehst aber auch gar nichts«, wies Großmutter mich zurecht. »Was denkst du wohl, wer Mrs. Dalal diesen Wunsch eingegeben hat? Sie hat ihren Mann geliebt – also hat sie Gott geliebt, und jetzt ist sie bei Gott. Wenn eine Liebe echt ist, ist sie immer auch eine Liebesaffäre mit Gott!«

Das kosmische Bewußtsein einer alten Frau ist ein guter Ausgangspunkt für ein Gespräch über die Liebe, denn bei dieser Geschichte
geht es überhaupt nicht um Mrs. Dalal. Für einen westlich denken-
den Menschen ist es ohnehin sehr zweifelhaft, ob Mrs. Dalal durch
den stellvertretenden Tod für ihren Gatten irgend etwas von Wert
erreicht hat – wobei das westliche Bewußtsein natürlich davon
ausgeht, daß das der Punkt ist, auf den es ankommt. Hier geht es
aber um etwas ganz anderes, nämlich um das, was sich in den tiefsten Überzeugungen meiner Großmutter ausdrückt:

Die Liebe zwischen Mann und Frau
kann zum Spiegelbild der Liebe Gottes werden.

In der Liebe zum geliebten Menschen
findet die Liebe zu Gott ihren Ausdruck.

Die Liebe überdauert den Tod.

Unsere Liebe wäre von tiefer Kraft und Bedeutung erfüllt, wenn wir
an diese Sätze glauben würden. Ich sollte auch nicht Mrs. Dalals eigene Meinung dazu unterschlagen. In der Nachbarschaft wurde ge-
munkelt, sie habe das Wort *Rama* gemurmelt, als sie starb. Ist es
denn nicht eine Liebeserklärung, wenn jemand in diesem Moment
den Namen Gottes auf den Lippen trägt? Im Rückblick kann ich
heute erkennen, daß der Tod für Mrs. Dalal Heilung bedeutete. Wie
viele Menschen der modernen westlichen Welt können das für sich
in Anspruch nehmen?

Die Liebe ist für jeden Menschen von großer Bedeutung. Dennoch
können die wenigsten bestreiten, daß sich die Liebe in einer Krise
befindet – in der ernsthaftesten aller Krisen überhaupt. Entweder
reicht die Kraft der Liebe nicht aus, um uns vor den dunkleren Seiten unserer Veranlagung zu schützen, oder es hat sich etwas zwischen uns und die Liebe geschoben. Vielleicht war die Liebe niemals die Antwort, nach der wir gesucht haben.
    Jede dieser Aussagen könnte zutreffen. Wenn sie aber stimmen,

dann ist das Leben des Menschen in der Tat eine große Tragödie.
Sigmund Freud hat in seinem letzten bedeutenden Werk, »Das Unbehagen in der Kultur«, den Menschen als ein von Natur aus er-
schütternd liebloses Wesen beschrieben. Er versichert uns, der
Mensch werde von einem triebhaften Verlangen nach sexueller Befriedigung motiviert, das nur mühsam durch gesellschaftliche
Zwänge im Zaum zu halten sei. Die Menschen hätten, so Freud, ein
angeborenes sadistisches Vergnügen an der Not ihrer Gegner. Dem
Geld, der Macht und der sexuellen Befriedigung zuliebe gehen sie
mit rücksichtsloser Gewalt gegeneinander vor, und nur die Angst
vor der Rache eines noch Stärkeren kann diese Gewaltbereitschaft
in Schach halten. Das christliche Gebot der Nächstenliebe tat
Freud mit der trockenen Bemerkung ab, diese goldene Regel sei
psychologisch gesehen eine Unmöglichkeit.

Jeder Erwachsene hat genug vom Leben gesehen, um dieser ver-
nichtenden Feststellung zumindest teilweise zuzustimmen, und
die moderne Psychologie basiert im großen und ganzen auf diesen
Ansichten. Ende der fünfziger Jahre führte Stanley Milgram an der
Yale University seine berühmten Experimente durch. Dabei zeigte
sich, daß beliebig ausgewählte Personen andere Testpersonen in
der Laboratoriumssituation bereitwillig mit Elektroschocks trak-
tierten, wenn der Versuchsleiter sie dazu aufforderte. Sie fügten
sich den Anordnungen auch dann, wenn das Opfer vor Schmerzen
schrie und den Probanden anflehte, mit den Elektroschocks auf-
zuhören. Wie kann man da noch von Liebe reden?

Nur die direkte spirituelle Erfahrung gibt der Liebe
ein dauerhaftes Fundament.

Der Mensch ist im tiefsten Grunde seiner Seele ein Geschöpf der
Liebe – auch wenn das Gegenteil auf der Hand zu liegen scheint.
Dieses spirituell bestimmte Menschenbild hat alle Anfechtungen
überdauert. Seine Wurzeln reichen in Indien mehr als zweitausend
Jahre zurück bis zu den vedischen Schriften.

Veda ist ein Wort aus dem Sanskrit und bedeutet »Wahrheit«
und »Wissen«. Die Gesänge des »Rig Veda« gelten als die ältesten

Gebete der Menschheit. Die Veden verzweigen sich in Tausende
von einzelnen Schriften, doch immer steht ein Kernsatz im Mittelpunkt: Der Mensch ist ein Spiegelbild Gottes. Unser Wesen und
das Wesen Gottes sind eins.

Aus der Sicht des *Veda* sind wir keine passiven Beobachter der
Wirklichkeit, sondern ihre Schöpfer wie Gott auch. Die Maske der
Materie verbirgt unser wahres Wesen, nämlich die reine Empfindsamkeit, die reine Schöpferkraft, den reinen Geist. Die Schöpferkraft strahlt von uns aus wie der Glanz eines Freudenfeuers, und
wir müssen uns entscheiden, ob wir der Liebe oder der Lieblosigkeit zum Dasein verhelfen wollen. Im Gegensatz zu der negativen
Sichtweise Freuds lehren die Veden, daß es für uns das weitaus
Natürlichere ist, Liebe zu schaffen und nicht Lieblosigkeit. Es steht
dort zu lesen: »Der Mensch wird geboren in Glückseligkeit, ruht in
Glückseligkeit und kehrt nach dem Tode zurück in die Glückseligkeit.«

Diese Haltung unterscheidet sich drastisch von der Einstellung
der modernen Psychologie, und dabei kennt doch fast jeder die Erfahrung dieses plötzlichen ekstatischen Glückszustands, der das
Verlieben so süß macht. Zum vollkommenen Verständnis der Liebe
gehört jedoch die Bereitschaft zu einem noch viel tiefer gehenden
Wandel unseres Selbstbilds.

Wenn wir uns als geistige Wesen begreifen,
ist Liebe nicht nur ein Gefühl – dann sind wir Liebe.

Spirituell betrachtet, ist das Einssein mit der Liebe nur natürlich. Es
ist unnatürlich, sich mit der Liebe zu entzweien. Die alten Schriften wußten sehr wohl von der Gewalttätigkeit des Menschen. Eines
der wichtigsten vedischen Lehrstücke, die »Bhagavad-Gita«, spielt
auf dem Schlachtfeld vor einem mörderischen Krieg. Dennoch gibt
es in der vedischen Tradition eine ununterbrochene Reihe von Heiligen, Sehern, Meistern und Weisen, die über die menschliche Gewalttätigkeit hinausgeschaut haben und ihre Vision folgendermaßen ausdrücken:

»Liebe ist Leben, und Leben ist Liebe. Was erhält unseren Körper, wenn nicht die Liebe? Was ist das Verlangen, wenn nicht Liebe, die sich auf uns selbst richtet? ... Und was ist Wissen anderes als die Liebe zur Wahrheit? Die Mittel und Wege der Liebe mögen mit Irrtümern behaftet sein, aber der Antrieb, der dahintersteht, ist stets die Liebe – die Liebe zu mir selbst und zu dem, was ich bin. Ich selbst und das, was ich bin, mögen unbedeutend sein oder sich explosionsartig ausdehnen, bis sie das ganze Universum umfangen. Die Liebe jedoch bleibt bestehen.«

Diese Worte stammen von dem südindischen Meister Nisargadath, und er sprach sie gegen Ende der siebziger Jahre zu seinen Anhängern. Das Motto »Liebe ist Leben, und Leben ist Liebe« ist so tief in der Menschheitsgeschichte verwurzelt, daß eine ehrwürdigere Vorstellung kaum denkbar ist. Und dennoch haben wir den Kontakt zur Liebe verloren. Wir sind abgetrennt von ihr durch die sexuelle Anziehungskraft, unbeständige Gefühle und durch ein religiöses Dogma. Liebe, die sich auf geistige Erfahrung gründet, schafft die Möglichkeit, daß wir zu unserer wahren Natur zurückfinden können, indem wir unser liebloses Verhalten hinter uns lassen wie einen viel zu langen bösen Traum. Wie Freud feststellte, scheint jene auf »höhere« Werte gegründete Liebe, für die die Religionen der Welt eintreten, eine unerreichbare Idealvorstellung zu sein. Die Passagen der Bibel, in denen wir dazu angehalten werden, den Herrn von ganzem Herzen, von ganzer Seele und mit all unserer Kraft zu lieben, sind Legion. Und dennoch liegt in Emily Dickinsons traurigem kleinen Gedicht eine nüchterne Wahrheit:

»Manchmal mit dem Herzen,
Selten mit der Seele,
Kaum je mit Macht.
Wenige – lieben überhaupt.«

Aber wohin sollen wir uns denn wenden, wenn all unsere Versuche, ein geistiges Fundament der Liebe zu finden, sich als unzulänglich erwiesen haben?

Ich kann nur dann auf das Geistige zurückgreifen, wenn es auch wirklich ist, und das ist nur der Fall, wenn es für *mich* Wirklichkeit ist. Oder anders gesagt: Ich selbst muß der Geist *sein*. Genau das wird in den vedischen Schriften gelehrt. Sie setzen den Geist weniger mit der Seele gleich, sondern mit dem Selbst. Dieses Selbst ist nicht unser alltägliches Selbst mit all seinen Gedanken, Wünschen, Bedürfnissen und Trieben, sondern ein höheres Selbst, das schweigsam und ewig ist. Ein klassisches vedisches Beispiel verdeutlicht den Unterschied: Der Mensch gleicht einem kleinen Stückchen Gold. Wenn ich ein goldener Ring, eine goldene Uhr oder eine goldene Kette bin, kann ich sagen: »Ich bin ein Ring, eine Uhr, eine Kette«, aber das sind jeweils nur vergängliche Formen meiner selbst. In Wahrheit bin ich eben nichts anderes als Gold – das ist mein Wesen, unabhängig vom Wechsel der Erscheinungsformen.

In gleicher Weise besitzen wir unser Selbst, das sich nach Ansicht der modernen Psychologie im Laufe der Zeit entwickelt hat. Es ist ein eigenartiges Gemisch von Ego, Persönlichkeit und Gedächtnisinhalten, das sich bei uns zwischen Babyalter und früher Kindheit ansammelt. Unser Selbst ist etwas absolut Persönliches, es existiert vollkommen isoliert und getrennt von jedem anderen Selbst. Wenn wir uns aber unvoreingenommen betrachten könnten, würden wir uns nicht länger mit diesem rein zufällig zusammengewürfelten Konglomerat identifizieren, das unser alltägliches Selbst in Wirklichkeit ist. Wir sind in Wahrheit ein Selbst, das dem gleichen Geist entsprungen ist, den wir in seiner unendlichen Form »Gott« nennen. Wenn jeder von uns ein Goldkörnchen darstellt, dann ist Gott die Gesamtheit allen Goldes, das es gibt – aber dennoch kann jeder von uns mit voller Berechtigung sagen: »Ich bin Gold.«

Aus dem höheren Selbst beziehen wir unsere Identität,
unser Leben, das Bewußtsein, die Willenskraft und die Liebe.

Nach der Lehre des göttlichen *Krishna* in der »Bhagavad-Gita« ist das Selbst ein ewiger Aspekt der Natur des Menschen, der jenseits

aller Individualität, jenseits allen Wandels von Zeit und Raum besteht und fortdauert. *Krishna* spricht von diesem »unsterblichen
Gast in unserem Leib«, wenn er erklärt:

> »Waffen verletzen ihn nicht,
> Feuer verbrennt ihn nicht,
> Wasser netzt ihn nicht,
> Wind bläst ihn nicht fort …
> Er ist ewig und alles erfüllend,
> fein, unverrückbar und unwandelbar.«

Es muß an dieser Stelle betont werden, daß das höhere Selbst eine
reale Erfahrung darstellt. Es ist nicht nur ein Ideal, das irgendwo
fernab der gewöhnlichen Wirklichkeit existiert – etwa so, wie man
sich üblicherweise die Seele vorstellt, sondern so nahe wie unser
Atem. Es ist die Quelle der Liebe, und deshalb ist es wirklicher als
all die Dinge, die der Liebe im Wege stehen – Wut, Angst, Egoismus, Unsicherheit und Mißtrauen. So verbreitet diese Eigenschaften in unserer Gesellschaft auch sein mögen, sie sind vergänglich.
Sie entwickeln sich im Lauf der Zeit, und man muß sie sich in
einem Lernprozeß aneignen. Das höhere Selbst dagegen ist friedlich und sicher. Es kennt nichts anderes als die Liebe, denn es hat
nie etwas anderes erfahren.

In unserem Zusammenleben mit anderen Menschen ist das gesamte Spektrum der Gefühle vom erbittertsten Haß bis zur innig-
sten Liebe möglich. Man mag sich vor jemandem ekeln oder sich
zu ihm hingezogen fühlen. Man mag jemandem mit schroffster
Ablehnung oder liebevoller Zuwendung gegenübertreten. Auf der
Ebene des höheren Selbst begegnet man den anderen Menschen
stets in Liebe.

*An dem Menschen, den wir lieben, offenbart sich, wie groß unser
Anteil an der Liebe des Universums ist, den wir zu vergeben haben.
Wenn wir lernen, tief genug in uns hineinzuschauen, werden wir
entdecken, daß die Liebe unsere einzige Wirklichkeit ist.*

In einem berühmten Abschnitt der Veden heißt es:

»Wie der Mikrokosmos, so der Makrokosmos.
Wie das Atom, so die Welt.
Wie der Körper des Menschen, so der Körper der Welt.
Wie der Geist des Menschen, so der Geist der Welt.«

Diese Verse lassen sich auf die kurze Formel bringen: Wir *sind* das Universum. Alles, was ein Mensch um sich herum wahrnimmt, von der kleinsten Einzelheit bis zum weit ausgreifenden Panorama, *ist* dieser Mensch. Die Wirklichkeit ist ein Spiegel der Seele.

Die vedische Tradition unterteilt die Welt in Realität und Illusion. Die Illusion, oder *Maya*, setzt sich zusammen aus vergänglichen Kräften und Ereignissen. Die Realität wird durch den Geist geformt. Somit steht jeder Mensch vor der Aufgabe, den Schleier der Illusion zu durchdringen, um dahinter den allgegenwärtigen Geist zu entdecken. Die gleiche Aufgabe stellt sich uns auch heute.

In der materialistischen Weltsicht ist für solche Ansichten kein Platz. Nachdem ich über ein Dutzend Bücher über die Einheit von Geist und Körper geschrieben habe – was vor einigen Jahren geradezu als radikal galt –, werde ich nun Zeuge, wie der platte Materialismus nach und nach an allen Fronten zusammenbricht. Was macht ein heilendes Gebet denn anderes, als die Trennwand zwischen der inneren und der äußeren Realität niederzureißen? Was ist die spontane Rückbildung eines Krebsgeschwürs denn anderes, als daß sich ein stofflicher Organismus den Einflüsterungen des Geistes unterwirft? Albert Einsteins Physik hat uns gelehrt, daß alles, was unseren Sinnen als feste Materie begegnet, in Wirklichkeit zu 99,999 Prozent aus absolut leerem Raum besteht. Die klassische östliche metaphysische Beschreibung, daß die Realität sozusagen hinter einer leeren materiellen Illusion verborgen sei, erscheint damit plötzlich sehr plausibel.

Meine kosmisch gesinnte Großmutter hat mich gelehrt, daß die Engel ein ewiges Tauziehen mit den Teufeln veranstalten. In ihrer Weltsicht gewinnen die Engel immer – denn die Welt der Liebe ist letztlich der Ort, an dem zu leben wir geboren sind. Meine eigene Erfahrung läßt mich hoffen, daß die Ansicht meiner Großmutter der Wahrheit entspricht, und das hat mich dazu gebracht, dieses Buch über die Liebe zu schreiben.

Die Finsternis, so furchtbar sie auch sein mag, löscht niemals das Licht bis auf das letzte Fünkchen aus. Eine der bewegendsten Liebesgeschichten, über die ich je gelesen habe, entwickelte sich zwischen zwei Feinden während des Holocaust. Eine überzeugte Katholikin war in Auschwitz den Qualen eines abscheulichen medizinischen Menschenversuchs ausgesetzt. Der Zufall wollte, daß ausgerechnet eine Frau als Leiterin der medizinischen Torturen fungierte, denen diese junge Frau unterworfen wurde, was den Sadismus dieser Ärztin nur noch entsetzlicher machte. Der qualvolle Tod kam langsam, doch endlich war es soweit. Die sterbende junge Frau flüsterte unverständliche Worte. Die Ärztin hielt es für einen Fluch und prallte zurück. Die junge Frau nestelte mühsam etwas vom Hals und hielt es mit den letzten Atemzügen ihrer Peinigerin entgegen. »Nehmen Sie«, flüsterte sie und reichte der Ärztin als Abschiedsgeschenk von dieser Welt ihren Rosenkranz.

Neben der Trauer löst eine solche Geschichte eine Welle der Hoffnung aus. Wir möchten alle gerne glauben, daß eine erlöste Seele eine verdammte Seele retten kann, selbst in den tiefsten Abgründen der Finsternis. Wenn das zutrifft, dann ist die Kraft der Liebe wirklich so groß, wie die spirituellen Lehren es uns verheißen.

In diesem Buch mache ich Ihnen nicht den Vorschlag, einfach in die Vergangenheit zurückzukehren und die altindische Metaphysik zu übernehmen – bei den tiefgreifenden Änderungen, die unsere Kultur in den vergangenen Jahrtausenden erfahren hat, wäre das ohnehin nicht möglich. Ich möchte vielmehr zeigen, daß die vedischen Weisen als erste den Pfad der Liebe beschrieben haben, den sie *Sandana* nannten. Ein Weg hat einen Anfang und ein Ende. In unserem Fall ist der Anfang eine Realität, in der die Liebe herbeigesehnt wird, aber unbeständig ist, in der die Liebe in Angst und Wut untergeht und ihrem Widersacher, dem Haß, zu erliegen droht. An

seinem Ende führt uns der Weg in eine Welt, die nichts anderes
kennt als die Liebe.

Was am Ende bleibt, ist die am tiefsten greifende Heilung
überhaupt – das Heilwerden in der Liebe.

♥ **LIEBESLEKTIONEN:**
EIN PAKT MIT DER EIGENEN SEELE

Dieses Buch möchte Ihnen dabei helfen, den Bruch zwischen der
Liebe und dem Geist zu heilen. In regelmäßigen Abständen werde
ich Ihnen praktische Übungen vorstellen, die zu diesem Ziel
führen. Diese »Liebesübungen« sind natürlich in erster Linie für
die Leserin oder den Leser selbst gedacht, aber ich möchte Ihnen
empfehlen, nach Möglichkeit auch Ihren Partner beziehungsweise
Ihre Partnerin mit einzubeziehen.

Die erste Übung beschäftigt sich mit unserer Skepsis, ob eine
»höhere Liebe« überhaupt erreichbar ist. Jemandem, der noch nie
verliebt war, kann man kaum beweisen, daß es diese Erfahrung
gibt. Worte haben nicht die Kraft, leidenschaftliche, romantische
Gefühle auszulösen, so wie der Duft einer Rose schemenhaft
bleibt, selbst wenn man ihn noch so herrlich beschreibt. Wieviel
fremdartiger ist erst die Liebe, welche die Vereinigung mit dem
Geist verspricht!

Schauen Sie sich einmal die folgenden Sätze an. Sie beschreiben, was die Liebe für uns bewirken soll. Manche dieser Aussagen
kennen Sie schon:

Liebe soll heilen.
Liebe soll erneuern.
Liebe soll uns die Unsicherheit nehmen.
Liebe soll uns mit ihrer Kraft inspirieren.
Liebe soll uns Gewißheit geben und alle Zweifel zerstreuen.
Liebe soll jegliche Angst vertreiben.
Liebe soll die Unsterblichkeit enthüllen.

Liebe soll Frieden bringen.
Liebe soll Gegensätze ausgleichen.
Liebe soll uns näher zu Gott bringen.

Vielleicht kommen Ihnen diese Sätze wirklichkeitsfremd und maßlos unbescheiden vor. Trotzdem möchte ich, daß Sie sich auf einen Handel einlassen – auf ein Abkommen mit Ihrer Seele –, *daß einige oder sogar alle dieser Aussagen über die Liebe für Sie in Erfüllung gehen werden.*

Nehmen Sie ein Blatt Papier, und schreiben Sie alles auf, was Sie sich von der Liebe erhoffen. Wenn die Liebe eine wirkliche Kraft ist und wenn sie Ihrem Wesen nicht fremd ist, dann wird sie antworten. Ihre Liste sollte möglichst vollständig und möglichst genau auf Sie selbst zugeschnitten sein. Ich schlage vor, daß Sie zunächst jeden Satz von der Liste aufschreiben und dann Ihre eigenen Wünsche hinzufügen. Zum Beispiel:

• *Liebe soll heilen.*
  Ich möchte von meinem Zorn auf meine Mutter geheilt werden.
  Ich möchte, daß die Wunden heilen, die ich meinen Kindern
      zugefügt habe, als ich ihnen keine Liebe gab, wenn sie Liebe
      brauchten.
  Ich möchte, daß die Schmerzen heilen, die mir der Verlust mei-
      ner Freundin X bereitet.

• *Liebe soll erneuern.*
  Ich möchte, daß ich wieder mehr Begeisterung für meinen Be-
      ruf empfinde.
  Ich möchte, daß sich mein sexuelles Verlangen nach meinem
      Mann wiederbelebt.
  Ich möchte mich wieder jung fühlen.

• *Liebe soll uns die Unsicherheit nehmen.*
  Ich möchte, daß die Unsicherheit verschwindet, die mich in
      Gegenwart anderer Menschen überkommt.
  Ich möchte mich morgens beim Joggen wieder sicher fühlen.

Ich möchte die Unsicherheit verlieren, ob X mir wohl einen
Korb gibt, wenn ich ihr oder ihm meine Liebe gestehe.

* *Liebe soll uns mit ihrer Kraft inspirieren.*
  Ich möchte, daß meine Liebe kraftvoll ist.
  Ich möchte meine ganze Kraft in meine Liebe legen können.
  Ich möchte meiner Liebe freien Lauf lassen können und mich
  von minderwertigen Gefühlen wie Angst und Gekränktsein
  nicht beirren lassen.

Wenn Sie glauben, daß Sie alles, was Sie sich wünschen, aufgeschrieben haben – und scheuen Sie sich nicht, unbescheiden zu
sein! –, ist Ihr Abkommen unter Dach und Fach. Legen Sie nun das
Blatt mit Ihren Anliegen beiseite, und verwahren Sie es an einem
sicheren Ort. Sie haben Ihrer Seele erklärt, was Sie wollen, und
jetzt ist die Liebe an der Reihe, Ihnen darauf zu antworten.

Die Liebe ist wach und intelligent und kennt Sie besser als Sie
sich selbst. Die Liebe hat deshalb auch die Kraft, ihren Part des Ab-
kommens zu erfüllen. Bleiben Sie gelassen, und seien Sie in den
nächsten Monaten aufmerksam. Denken Sie nicht über Ihre Liste
nach, und versuchen Sie nicht, etwas zu erzwingen. Es gibt nur
eins, was Sie tun müssen:

Geben Sie der Liebe nach, wenn sie sich in Ihnen regt.
Lassen Sie Ihr Herz sprechen. Seien Sie aufrichtig und offen.

Dadurch stellen Sie sich auf die Liebe ein. Nach ein paar Monaten
holen Sie die Liste wieder hervor und lesen sie durch. Fragen Sie
sich, ob und welche Wünsche in Erfüllung gegangen sind. Ich be-
haupte nicht, daß Sie über das, was die Liebe inzwischen bewirkt
hat, sprachlos sein werden – obwohl viele Menschen es sind –, aber
Sie werden mit Sicherheit überrascht sein.

Ausdrücklich nach Liebe zu verlangen, gehört für uns alle zu
den gewagtesten Dingen, die wir uns vorstellen können. Wenn wir
es aber erst einmal in unserem Herzen riskiert haben, dann öffnen
wir eine Tür, die sich nie wieder schließen wird.

»IRGENDWO DA DRAUSSEN
WARTET JEMAND ...«

»Ich weiß, was du denkst«, sagte Delaney. »Du hältst mich für zu wählerisch, oder? Aber ich glaube nicht, daß ich zu hohe Ansprüche stelle. Ich verlange ja keine Schönheitskönigin oder eine Frau mit einem Doktortitel.«

»Du hast eben deine Maßstäbe«, meinte ich.

»Genau. Für mich ist es ein Gesamtpaket. Wenn das Ganze stimmt, fallen die Details nicht weiter ins Gewicht.«

»Vorausgesetzt, daß sie – wer auch immer sie ist – mit *deinem* Gesamtpaket etwas anfangen kann«, gab ich zu bedenken.

Delaney nickte. Er war erstaunlich unempfänglich für meine Ironie. Ich wußte, daß es nicht fair von mir war, ihn auf diese Weise anzugehen. Er wünschte wirklich, sich zu verlieben – es war das wichtigste Ziel seines Lebens. Delaney hatte immer alle seine Ziele erreicht und war nun frustriert, weil es mit diesem speziellen Vorhaben einfach nicht klappen wollte.

Er stammte aus einer Bostoner Arbeiterfamilie. Vor langer Zeit hatten wir an einem dortigen Krankenhaus zusammen als Assistenzärzte gearbeitet. Später schoben wir beide in der Notaufnahme einer Vorstadtklinik unsere Nachtschichten, um finanziell über die Runden zu kommen. Es war nun fünfzehn Jahre her, daß er als Herzspezialist eine Praxis eröffnet hatte. Inzwischen hatte er die Vierzig überschritten und meinte, er hätte jetzt endlich die Zeit, sich eine Lebensgefährtin zu suchen. Er gab sich große Mühe zu verbergen, wie sehr ihm die Angelegenheit innerlich zu schaffen machte.

»Gott sei Dank gehöre ich nicht zu den Typen, die ihrer braven Ehefrau nach dreißig Jahren den Laufpaß geben, um sich eine schnuckelige Zwanzigjährige anzulachen«, meinte er. »Ich fange ganz von vorn an. Ich bin sehr zuversichtlich, ich habe Geduld, aber ich glaube –«

»Was?« hakte ich nach.

Delaney schaute weg. Ein Anflug von Zweifel huschte über sein Gesicht. »Ich weiß nicht. Vielleicht bin ich zu alt«, murmelte er.

»Oder zu anspruchsvoll«, sagte ich. »Gehört die schnuckelige Zwanzigjährige denn nicht zu dem Gesamtpaket, das du dir vorstellst? Sei mal ehrlich!«

Er zuckte verlegen mit den Schultern. »Man wird sich ja wohl noch Hoffnungen machen dürfen.«

Delaneys Problem verursachte mir ein plötzliches Unbehagen, auf das sofort eine Welle der Traurigkeit folgte. Die Tatsache, daß unsere Kultur uns über die Liebe so gut wie nichts Brauchbares mitzuteilen hat, starrte mir unverblümt ins Gesicht. Wir hatten uns nun schon eine ganze Stunde über das »Liebesleben« dieses Mannes unterhalten, und doch war bisher noch mit keinem Wort etwas angeklungen, das auch nur entfernt mit Liebe zu tun gehabt hätte.

»Warst du schon einmal verliebt?« fragte ich. »Richtig verknallt?«

Delaney schaute mich verwundert an. Mit einer so persönlichen Wendung unseres Gesprächs hatte er offensichtlich nicht gerechnet. Er zögerte.

»Na ja, ein völlig unbeschriebenes Blatt bin ich in diesen Dingen natürlich nicht«, sagte er. »Manchmal gab es schon sehr schöne Zeiten …, und eine Menge Frauen wollen mit mir ausgehen.«

Ich nickte. »Hör zu«, sagte ich ruhig, »wenn du nicht willst, brauchen wir über diese Dinge nicht zu reden. Aber ich habe den Eindruck, daß du nicht mehr so richtig weiterweißt.«

Man konnte merken, wie er stockte und sich innerlich zurückzog.

»Das war kein Vorwurf«, beruhigte ich ihn. »Es ist ganz normal, wenn man manchmal nicht weiterweiß – besonders, wenn man sich nicht am richtigen Ort umschaut.«

»Ich hasse die Läden, wo ich mich herumtreibe«, sagte er mit plötzlich aufflammendem Zorn.

»Die Bars?« meinte ich. »Die Bars gehen doch jedem auf die Nerven. Aber davon rede ich ja gar nicht. Du schaust dich in dir selbst nicht um – denn das ist der Ort, wo du die Frau finden wirst, nach der du suchst.«

Delaney starrte mich an, als ob ich Chinesisch sprechen würde, aber ich gönnte ihm keine Pause.

»Du hast in deinem Leben viel erreicht und bist dabei grundsätzlich immer auf dieselbe Weise vorgegangen. Du siehst eine Aufgabe, dann überlegst du, ob du das Zeug dazu hast, sie zu meistern,
und mit etwas Zuversicht und Selbstvertrauen klappt es dann auch.
Das sehe ich doch richtig, oder?«

Er gab mir recht.

»Wenn man etwas Wichtiges erreichen will, muß man sich auf
ein Risiko einlassen, und das macht angst. Sobald die Angst überhand nimmt, scheut man auch das Risiko, und dann klappt gar
nichts mehr.«

»Willst du damit sagen, ich hätte Angst davor, mich zu verlieben? Weshalb schaue ich mich dann nach einer Frau um?«

»Nein, das meine ich nicht, aber Liebe und Angst gehen oft
Hand in Hand. Besonders Leute wie du, denen der Erfolg nicht in
den Schoß gefallen ist – dein Medizinstudium mußtest du dir vom
Mund absparen, dann mußtest du überall Geld zusammenkratzen,
um deine Praxis aufzumachen, zu erweitern und zu modernisie-
ren –, besonders diese Menschen müssen stets darauf bedacht sein,
daß ihnen die Angst nicht dazwischenpfuscht. Und nicht nur die
Angst, sondern auch Selbstzweifel, Verwirrung, Verzweiflung,
Hoffnungslosigkeit – eben alles das, womit man sich als Mensch
üblicherweise herumschlagen muß. Wenn man es in dieser Welt zu
etwas bringen will, ist es unabdingbar, daß man seine Schwächen
im Griff hat. Aber das ist genau das Gegenteil von dem, was man in
der Liebe können muß.«

Delaney zuckte leicht zusammen. Ich merkte deutlich, wie ihn
meine Ausdrucksweise störte, daß man bei der Liebe »etwas können muß«.

»Ich habe meine Schwächen wie jeder andere auch«, murrte er.
»Was soll ich deiner Meinung nach machen? Soll ich in Sack und
Asche herumlaufen und jammern, wie verletzlich ich bin, bis sich
irgendeine Frau meiner erbarmt?«

»Jetzt übertreibst du aber, weil dir dieser Gedanke ziemlich gegen den Strich geht«, erwiderte ich. »Nein, niemand soll sich deiner erbarmen. Ich will doch nur darauf hinaus, daß sich jeder im
täglichen Leben so stark und unverletzlich wie möglich geben

muß, aber diese Taktik, die auf anderen Gebieten ja durchaus angebracht sein mag, versagt ganz jämmerlich, wenn es um die Liebe geht.«

Wie die meisten Menschen hatte sich Delaney nie Rechenschaft darüber gegeben, wie seine innere Welt aufgebaut war. Jeder Mensch schafft sich psychologische Nischen, um zu überleben. Wir ziehen in unserem Inneren Wände hoch, und in die so entstandenen Kammern stopfen wir alles hinein, was uns an uns selber stört – unsere geheimen Ängste, Schwächen und Fehler, unsere nagenden Selbstzweifel, unsere Überzeugung, daß wir letztlich doch nicht besonders schön und begehrenswert sind. Jeder hat diese dunklen Kammern in seiner Seele.

»Glaubst du, daß du begehrenswert bist?« wollte ich von Delaney wissen.

»Mein Gott, was für eine Frage!« platzte er heraus. »Darüber zerbreche ich mir nun wirklich nicht den Kopf. Ich möchte einfach nur heiraten, verstehst du – wie jeder andere Mann auch.«

»Die meisten Leute sind bei dieser Frage perplex«, sagte ich, »aber warum? Ist es denn peinlich, wenn man liebenswert ist? Das Unbehagen kommt doch daher, daß die Liebe so tief ins Persönliche geht, daß sie sogar uns selbst zu nahe treten kann. Sie stöbert in den Kammern herum, wo wir unser negatives Selbstbild eingelagert haben. Sich zu verlieben bedeutet leider auch, daß man sich diesen Gang in die Geheimkammern unserer Seele nicht ersparen kann – dieses Opfer müssen wir der Liebe schon bringen.

Wahre Liebe ist weitaus riskanter, als die meisten Leute zuzugeben bereit sind. Sie verursacht mindestens soviel Unbehagen wie jenes berüchtigte Traumerlebnis, bei dem man plötzlich in aller Öffentlichkeit splitternackt dasteht.

Wenn sich zu verlieben nichts anderes bedeuten würde, als sich zu den dunklen Kammern der Seele aufzumachen, würde sich kein Mensch darauf einlassen. Doch die Liebe zu einem anderen Menschen bringt andererseits auch unser ganzes Wesen zur Entfaltung. Das Wagnis wird nur dadurch möglich, daß eine neue Komponente hinzutritt: der Geist.«

Der Geist ist unser wahres Selbst, jenseits aller Unterteilungen

in gut und böse, anziehend und abstoßend, liebenswert und wi-
derwärtig. Die Liebe bringt diese Wahrheit ans Licht, und deshalb
ist der Zustand des Verliebtseins ein Zustand der Gnade. Für viele
Menschen ist das der einzige begnadete Zustand, den sie in ihrem
ganzen Leben erfahren. Die spirituellen Obertöne der Liebe sind
unüberhörbar. Da gibt es zunächst eine gewaltige emotionale Öffnung, eine Befreiung. Das ganze Wesen strömt dem geliebten Menschen zu, als ob ein völliger Gleichklang der Gefühle, der Vorlieben und Abneigungen herrschte, ja, als hätte man sogar einen
gemeinsamen Atem. Als Nebenwirkung läßt dieses plötzlich ein-
strömende Lebensglück alle Ängste und Befürchtungen schwinden. Im siebten Himmel der Liebe werden die Sorgen über solche
Trivialitäten wie Geld, Beruf und das Schicksal der Menschheit zur
Nebensache. Selbst wer zu geistigen Dingen überhaupt keine Beziehung hat, schmeckt durch das Erlebnis der Liebe die Süße der
Seele. Der große persische Dichter Rumi faßt diese Erfahrung vor
über 700 Jahren in die Worte:

»Als die Liebe erstmals die Lippen menschlichen Seins kostete,
begann sie zu singen.«

Der Geist gießt seine Segnungen aus über das Verliebtsein, aber unser Ego stellt sich dem in den Weg, um unser Selbstbild aufrechtzuerhalten. Deshalb schafft es die besagten Kammern, in denen alles
verschwindet, was uns an uns selber stört. Die Liebe wird aber weniger durch diese Schattenenergien blockiert als durch die Teilung
der Psyche, die durch das Hochziehen der Wände für die inneren
Kammern entstanden ist. Die Liebe ist ein Strom, und Wände verhindern, daß sie strömen kann.

Spirituell betrachtet, ist dies das Problem der Dualität. Indem
wir gut und böse, richtig und falsch auseinanderdividieren, erklären wir Teile von uns als nicht liebenswert – warum sollten wir
sie sonst verstecken wollen? Wir machen uns selbst zu genau jenem Gesamtpaket, von dem Delaney spricht. Das Paket scheint aus
lauter wertvollen Dingen zusammengeschnürt zu sein, aber wenn
ein anderer Mensch uns liebt, löst sich das Band, und das ganze

Paket platzt auseinander. Oft kommen dann allerlei Dinge zum
Vorschein, die alles andere als schön sind.

Die grausamste Konsequenz dieses Dualismus ist, daß er uns
glauben macht, es sei richtig, die Liebe außen vor zu lassen. Offenheit wird mit Schwäche gleichgesetzt. Wer sich bedeckt und verschlossen hält, gilt als stark. Unsere Gesellschaft fördert und bestärkt
diese Dualität, indem sie uns tagaus, tagein daran erinnert, daß wir
mitnichten in einer Welt leben, in der die Liebe beständig ist.

Wie den meisten Menschen, begegnet die Liebe auch mir fast
nur innerhalb meiner eigenen vier Wände. Beim Aufwachen sehe
ich neben mir das Gesicht meiner Frau, und oft gerate ich ins
Schwärmen über die unsagbare Liebe, die dieser wunderbare Anblick in mir wachruft. Es ist etwas so Zartes und Bewegendes, daß
ich es nicht mit Worten ausdrücken kann. Doch neben meinem
Bett liegt die Zeitung, die ich vor dem Einschlafen gelesen habe,
und sie ist randvoll mit allen Arten von Haß und Gewalttätigkeit,
die man sich nur vorstellen kann. Auf jeder Seite hat die Liebe unzählige Male Schiffbruch erlitten. Es gibt den persönlichen Schiffbruch – die zahllosen Scheidungen, Strafverfahren und die soziale
Kälte, mit der wir zu leben gelernt haben. Hinzu kommen die gesellschaftlichen Schiffbrüche wie Krieg, Verbrechen und Unterdrückung, die uns alle zum Himmel beten lassen, daß sie uns doch
bitte erspart bleiben mögen.

Niemand weiß genau, wo und wann die Liebe auf der Strecke
geblieben ist, und es ist ein bedenkliches Zeichen, daß wir ständig
von Bildern umgeben sind, die uns Liebe vorgaukeln. Tag für Tag
überfluten uns die Medien bis zum Überdruß mit romantischen
Darstellungen, bombardiert uns die Werbung mit Sex, setzt man
uns von allen Seiten unter Druck, wir sollten unsere Erscheinung
attraktiver machen, denn nur so könnten wir die Liebe eines »perfekten« Liebhabers gewinnen.

Delaney tappte wie wir alle im Sumpf der Nicht-Liebe herum
und suchte etwas, das er noch nicht einmal genau benennen
konnte.

»Setz dich doch einfach einmal hin, und stell dir vor, daß irgendwo da draußen die perfekte Frau auf dich wartet«, sagte ich zu

ihm. »Das hast du vermutlich schon oft gemacht, aber ohne Ergebnis. Ich bin der Meinung, daß du diese Frau auch finden wirst, und zwar in dem Moment, wo du aufhörst, dir ein Bild von ihr zu machen. Das hört sich zwar widersinnig an, aber wenn man einen Liebespartner sucht, muß man als ersten Schritt alle vorgefertigten Bilder über Bord werfen. Die Liebe fügt sich nie in ein bestimmtes Bild ein, denn sie hängt überhaupt nicht von Äußerlichkeiten ab.«

»Das weiß ich doch«, sagte Delaney mit einer plötzlichen und überraschenden Sanftheit. »Ich dachte nur, es ginge nicht ohne ein bestimmtes Bild im Hinterkopf. Sonst tappt man ja völlig im dunkeln.«

»Die meisten Leute glauben das«, antwortete ich. »Aber darin spiegelt sich nur ihre heimliche Überzeugung, daß sie selbst nicht besonders begehrenswert sind, und auch ihre Angst vor dem Alleinsein kommt darin zum Ausdruck. Dann haben sie wenigstens ein Wunschbild, das ihnen Gesellschaft leistet. Aber es geht auch noch um ein tieferes Problem: Kommt die Liebe überhaupt von außerhalb unserer selbst?«

»Aber natürlich!« antwortete Delaney.

»Denk einmal scharf nach«, forderte ich ihn auf. »Wir alle glauben an das Prinzip der Dualität. Dadurch entsteht der Eindruck, daß die Menschen getrennt voneinander existieren. Jeder hat seinen eigenen Körper, seinen eigenen Geist, seine eigenen Erinnerungen und seine eigene Herkunft und Geschichte. Auf dieser Trennung basiert unsere ganze Existenz. Aber jeder hat auch einen Teil in sich, der diese Vereinzelung haßt. Dieser Teil haßt die Ängste, die Einsamkeit, den Argwohn und die Entfremdung, die die Isolation mit sich bringt. Dieser Teil in uns schreit nach Liebe, die den Schmerz lindern soll. Wenn wir nur jemanden finden könnten, der uns liebt, dann könnte die Vereinzelung vielleicht überwunden werden.«

»In deinen Augen muß ich ja ein trauriges Leben führen«, seufzte Delaney.

»Nicht unbedingt«, meinte ich, »aber im Grunde ihres Herzens leiden die meisten Menschen unter der Vereinzelung. Das ist doch kein Geheimnis. Aber ich würde gern etwas von dir wissen: Bist du wirklich fest davon überzeugt, daß irgendwo die perfekte Partnerin auf dich wartet? Diese Ansicht ist weit verbreitet, aber sie ist ein Mythos. Die Wirklichkeit sieht anders aus. Dieser gewisse Jemand ist nämlich immer nur ein Spiegelbild von uns selbst. Aus unserer Einsamkeit heraus suchen wir alle nach einer Quelle, die dem Mangel, den wir in uns spüren, abzuhelfen vermag. Und um genau das geht es hier, nicht um mehr und auch nicht um weniger.«

»Ich weiß gar nicht, was ich dazu sagen soll«, meinte Delaney.

»Wenn du dich einmal genau beobachtest«, sagte ich, »wirst du das Muster erkennen, nach dem das läuft. Die meisten Männer spüren beispielsweise einen Mangel an zärtlicher Zuwendung, und diesen Mangel soll dann eine Frau für sie ausgleichen. Bei den meisten Frauen wiederum ist es die fehlende Stärke, die sie in einem Mann zu finden hoffen. Die Person, die mir das liefern kann, was mir jeweils fehlt, avanciert so zum Quell der Liebe.

Die Frage ist natürlich, wie lange das funktionieren kann. Kann der Mensch, der zufällig gerade auf unsere Bedürfnisstruktur paßt, uns für alle Zeit das Gefühl vermitteln, geliebt zu werden? Ich glaube nicht. Zuviel Verborgenes treibt in unserem Inneren sein Unwesen und bedarf der Heilung. Deshalb taugt der Außenstehende allmählich immer weniger zum Quell der Liebe. Seine heilende Wirkung läßt nach. Dann kommt die Stunde für ein paar unumstößliche Wahrheiten:

Man kann niemals mehr Liebe empfangen,
als man anzunehmen bereit ist.

Man kann nicht mehr Liebe schenken,
als man abzugeben bereit ist.

Die Liebe, die von einem anderen Menschen auf uns zukommt,
hat ihren Quell in unserem eigenen Herzen.

Der Grund dafür, daß die von außen kommende Liebe ihre Wirkung einbüßt«, fuhr ich fort, »liegt darin, daß wir die Vereinzelung nicht aufgehoben haben. Wir haben sie nur zugekleistert.«

»Und was nun?« wollte Delaney wissen.

»Du befindest dich an einem Scheideweg. Du kannst wieder von vorn anfangen und dir einen neuen Quell der Liebe suchen, du kannst dich mit dem abfinden, was du hast, du kannst der Liebe den Rücken kehren und dir auf andere Art Befriedigung verschaffen, und schließlich kannst du auch vollkommen ehrlich zu dir sein und die Liebe nicht mehr außerhalb deiner selbst suchen.«

Unser Gespräch war an einem kritischen Punkt angelangt. Der Pfad der Liebe beginnt erst dann, wenn man begriffen hat, daß die Vereinzelung, die Einsamkeit und der Schmerz der Isolation keine Einbildung sind, sondern Wirklichkeit. Nur wenige Menschen sind bereit, sich dieser Tatsache zu stellen, und sie finden sich deshalb mit einem traurigen Rest von Liebe ab. Die Liebe ist eine heilende Kraft, und ihr Heilvermögen kennt keine Grenzen, aber man darf keine Angst haben, sich ihr mit Leib und Seele anzuvertrauen. Nur dann kann der Balsam der Liebe fließen.

»Eins bewundere ich an dir«, sagte ich zu Delaney. »Ich glaube, es wird dich überraschen zu hören, was das ist: Du hast dich nie auf das Unechte eingelassen. Es gibt in dir einen Teil, der warten kann, bis das Echte und Wahre kommt.«

Delaney blickte mir in die Augen. Er nickte fast unmerklich.

Ich spann den Gedanken weiter. »Es ist so unendlich schwer, die richtigen Worte zu finden, um über diese namenlose Sehnsucht zu reden, die nur von der Liebe gestillt werden kann. Was ist es denn, worauf wir warten? Was ist denn das Echte und Wahre, wenn die Flut der Vorstellungen von Romantik, Sex und endloser Leidenschaft, mit denen uns der ideale Partner beschenken soll, angeblich ein Trugbild ist? Doch in Wahrheit sind wir das Geschenk und der Schenkende in einem.

Der Dualismus war und ist eine Illusion. Den Partner, der irgendwo da draußen auf uns wartet, gibt es nicht. Es gibt nur uns selbst und die Liebe, die wir uns als Geschöpfe selbst entgegenbringen. Im Geist sind alle Seelen vereint. Der einzige Sinn der Vereinzelung liegt darin, sie aufzuheben und uns wieder mit allen anderen Menschen zu vereinen.«

»Und deshalb ist die Liebe der einzige Segen, den es gibt«, sagte

Delaney ganz ruhig. Wir saßen einen Moment still beieinander und lauschten dem Nachklang seiner Worte. Es war, als hätte er auch meinem Herzen eine Stimme verliehen.

»Ja«, fuhr ich schließlich fort, »Liebe ist eine Gnade, und das gilt für all ihre Formen. Wenn Liebe, wie die großen Lehrer der Menschheit uns versichern, die höchste Wirklichkeit ist, dann ist selbst die kleinste Geste der Verbundenheit eine Geste der Liebe. Wenn wir einem Freund, einer oder einem Geliebten, einem Verwandten oder einem Fremden die Hand über die Mauer der Vereinzelung hinweg entgegenstrecken, dann handeln wir im Namen der Liebe, ob uns das nun bewußt ist oder nicht.«

Wir wollten die besondere Wendung, die unser Gespräch genommen hatte, in einem Moment des Schweigens auf uns einwirken lassen. Unsere Unterhaltung hatte in einem Vorort von Boston in Delaneys Praxis stattgefunden, einem ganz gewöhnlichen Raum, der nun für einen Augenblick seine Alltäglichkeit abgelegt hatte. Der Pfad der Liebe öffnet sich immer dann, wenn man es am wenigsten erwartet. In unserer Welt gibt es soviel Chaos und Durcheinander, daß es an ein Wunder grenzt, wenn sich überhaupt ein Pfad auftut. Doch wo es Trennung und Gräben gibt, da findet sich auch ein Steg.

»Ich glaube, du hast an eines meiner Geheimnisse gerührt«, sagte Delaney nach einer Weile. »An die Frau irgendwo da draußen, die mich so sehr lieben würde, wie ich es mir von ihr ersehne, habe ich selbst schon nicht mehr geglaubt.«

»Für die Liebe braucht man keinen Glauben«, sagte ich. »Doch daran, daß die Menschen Einzelwesen wären, daran muß man schon glauben, denn *das* ist eine Illusion. Die Liebe ist eine Realität. Man kann sie festhalten, nähren, spüren, von ihr lernen, auf sie vertrauen. Wirf' das, was du glaubst, über Bord. Hör auf, dir etwas zu wünschen und zu hoffen und befasse dich lieber mit dem, was wirklich und echt ist. Die Dualität ist ein löchriges Gespinst, das jeden Moment zu zerfallen droht. Wir stellen uns die Liebe gern als etwas vor, das von außen auf uns zukommt. Aber sobald wir uns auf die Liebe einlassen, gibt es in und um uns überhaupt nichts anderes mehr als die Liebe.«

DER PFAD DER LIEBE

Für das westliche Verständnis ist Liebe in erster Linie ein Gefühl und nicht eine Kraft. Dieses Gefühl kann köstlich und sogar ekstatisch sein, aber es bleibt ein Gefühl. Doch die Liebe kann vieles vollbringen, was Gefühle nicht vermögen.

Wenn Liebe und Geist zusammengebracht werden, vermag ihre Kraft alles, denn dann werden Liebe, Kraft und Geist zu einer Einheit.

Die großen spirituellen Meister – Buddha, Krishna, Christus oder Mohammed – waren immer auch Botschafter der Liebe. Die Macht ihrer Botschaften war gewaltig: Sie veränderten jedesmal die Welt. Vielleicht ist es gerade die Großartigkeit dieser Gestalten, die uns andere zurückhaltend gemacht hat – wir glauben nicht daran, daß die Liebe eine Kraft in uns entzünden könnte, und so wenden wir uns ab von der göttlichen Seite unserer Natur.

In der indischen Gesellschaft gilt jeder Mensch als göttlich, doch das geht meistens vollkommen unter. Komischerweise kann man das gleiche auch vom Westen sagen. Der einzige Unterschied ist der, daß man in Indien die heiligen Männer bei ihrem Bad in den heiligen Flüssen beobachten kann, während im Westen die heiligen Männer in der Verborgenheit des Klosters oder gar im Grab dem Blick entzogen sind.

»Laß' sie doch im Westen so reich sein, wie sie wollen«, pflegt mein Freund Lakshman auszurufen. »Aber da muß ein Heiliger erst tot sein, damit er einer ist, und bei uns laufen die Heiligen draußen herum!«

Draußen, aber nicht immer leicht zu finden. Unzählige Suchende sind durch ganz Indien gereist, ohne auf einen heiligen Mann zu treffen. Oder sie haben es nicht gemerkt, wenn sie einen solchen vor sich hatten.

Meinem Freund Lakshman, dessen überschäumendes Tempera-
ment sich mit einer tiefen Frömmigkeit verbindet, habe ich es zu
verdanken, daß ich in den Berghöhlen des Himalaya oder in
baufälligen hölzernen Tempelchen am Ufer des Ganges die Ausstrahlung von *Yogi* und Weisen am eigenen Leibe erfahren und in
mich aufnehmen durfte. Als er mir erzählte, wie er überhaupt dazu
gekommen war, an Heilige zu glauben, saßen wir in Kalifornien
in einem Café in La Jolla – Welten von unseren Ursprüngen getrennt – und sahen den blauen Pazifikwellen zu, wie sie in der
Sonne heranrollten.

»Ich habe lange nicht an diese sogenannten Heiligen geglaubt,
Deepak. Die Hälfte von ihnen sind kleine Gauner, nichtsnutzige
Bettler, die von Tür zu Tür gehen und den arglosen Leuten für ein
Almosen etwas vorgaukeln. Und der Rest ist vermutlich nicht ganz
richtig im Kopf – so ähnlich dachte ich.

Meine Familie in Bangalore ist sehr stark vom Westen beein-
flußt. Schon zehn Jahre vor der explosionsartigen technischen Entwicklung in Südindien haben wir ein Familienunternehmen für
Computersoftware gegründet. Wir haben zwar unsere täglichen
Puja-Gebete vor dem Hausaltar im Eßzimmer beibehalten, aber
das ist eine Formalität.

Ich wohne in einem der alten Viertel der Stadt. Von meinem
Fenster aus blicke ich auf mittelalterliche *Shiva*-Tempel, die durch
den Ruß aus dem Auspuff Tausender Motorrad-Rikschas und klapp-
riger Lastwagen immer schwärzer werden. Hier liegt die Frontlinie,
wo das alte und das neue Indien mit nervenzermürbender Intensität aufeinanderprallen – jeden Morgen wache ich mitten in diesem Kampfgetümmel auf.

Eines Morgens hatte ich keine Lust, mich mit dem Auto zum
Büro durchzukämpfen, und wollte deshalb zu Fuß zur Arbeit gehen. Die Firma meiner Eltern liegt nicht weit vom Stadtzentrum,
aber du weißt ja, wie es in Indien auf dem Bürgersteig zugeht – einfach unmöglich! Ich mußte mich durch eine unübersehbare Meute
von Straßenhändlern, Bettlern, Eckenstehern und zwanzigtausend
anderer Leute drängen, die ebenfalls auf dem Weg zur Arbeit waren
und offenbar alle genau das gleiche Ziel hatten wie ich. Schon

nach zehn Minuten war ich völlig fertig. Vor meinem inneren Auge entstand das Bild eines wasserlosen Ganges, in dessen Fluß-bett sich Menschenfluten dahinwälzten – doch nein, eigentlich erst später, denn zunächst einmal spürte ich nur Ärger und Er-schöpfung.

Als ich um eine Ecke bog, sah ich einen Menschenknäuel, der sich um einen nicht näher erkennbaren Kern gebildet hatte. Der ganze Fußweg war blockiert, und wie das in Indien so ist, ließen natürlich auch alle Taxi- und Lastwagenfahrer ihre Fahrzeuge mit-ten auf der Straße stehen und rannten herbei, um ja nichts zu ver-passen. Da bekam ich endgültig zuviel. Wütend versuchte ich mir Platz zu schaffen und brüllte jeden an, er sollte mich gefälligst durchlassen. Natürlich kümmerte sich kein Mensch um mich. In-nerhalb von fünf Sekunden war ich unentrinnbar zwischen schie-benden Menschenleibern eingekeilt.

Du kannst dir gar nicht vorstellen, was das für ein Gefühl ist! Na ja, du weißt es doch, du kennst das ja aus eigener Erfahrung. Ich steckte jedenfalls in der Menge fest und war kurz davor zu schreien, als ich auf einmal spürte, wie in meinem Kopf alles zum Stillstand kam. Meine Wut, meine Hektik, meine enttäuschten Vorstel-lungen, mein ganzer Fluß von Assoziationen – dieser ganze Ballast löste sich auf einmal in Nichts auf und war wie weggeblasen. Zurück blieb nur noch eine völlige Gedankenstille.

Du weißt, ich bin kein Spinner. Ich habe die alten Schriften gelesen und weiß, daß es da heißt, das leere Bewußtsein sei das Schweigen des Göttlichen – aber hier, mitten auf der Straße in Ban-galore!

Irgendwie arbeitete ich mich durch bis zur vordersten Reihe. Im Mittelpunkt des Menschenknäuels saß eine kleine Frau im weißen Sari mit geschlossenen Augen auf dem Boden. Sie war vielleicht dreißig Jahre alt und mußte wohl vom Dorf in die Stadt gekommen sein. Bis heute kann ich mir nicht erklären, warum sie ausgerech-net dort, mitten auf dem Fußweg, innegehalten hatte.

Sie saß vollkommen still da und nahm von dem Menschenauf-lauf um sie herum keinerlei Notiz. Die Leute verhielten sich im großen und ganzen ziemlich respektvoll. Um die Frau herum hatte sich sogar ein Kreis von knienden Menschen gebildet. Ich kam noch ein bißchen näher heran, und da geschah etwas ganz Eigenartiges: Mein leeres Bewußtsein füllte sich allmählich mit etwas an – nicht mit einem Gedanken, sondern mit einer Empfindung: *Mutter*. Anders kann ich es nicht beschreiben. Es war, als hätten sich sämtliche mütterlichen Gefühle, die Frauen ihren Familien entgegenbringen, in meinem Inneren versammelt, aber mit viel größerer Reinheit und Klarheit.

Nicht, daß ich an meine eigene Mutter gedacht hätte. Da war einfach nur dieses Gefühl, das immer stärker wurde. Wie eine Offenbarung sah ich mit einem Mal, daß diese Frau dort auf dem Bürgersteig die Energie »Mutter« ganz unmittelbar ausstrahlte, sozusagen direkt aus der Quelle. Außerdem sah ich mit absoluter Klarheit, daß meine eigene Mutter genau diese Energie auszudrücken versucht hat. Wie unvollkommen auch immer, sie stand dadurch in Bezug zu einer Wirklichkeit, die nicht an irgendeine bestimmte Mutter gebunden ist. Es ist einfach »Mutter«, die grenzenlose Liebe des Weiblichen zu allen Geschöpfen.

Im nächsten Augenblick lag auch ich auf den Knien, keinen Meter neben dieser heiligen Frau auf dem Bürgersteig. Sie hatte die Augen nun geöffnet und lächelte uns an. Durch dieses Lächeln wurde meine Empfindung noch viel intensiver. Ich hatte die blitzartige Vision von Abertausenden von Seelen, die sich nach einem irdischen Dasein sehnten, um die kostbare Erfahrung, eine Mutter zu sein, machen zu können.

Dann überkam mich ein Gefühl der Vergebung. Ich verstand mit einem Mal, daß auch alle diejenigen, die nicht lieben können, selbst die Übelsten und Verbrecherischsten unter ihnen, dieser göttlichen Energie zum Ausdruck verhelfen möchten. Wir sind alle auf diesem Pfad unterwegs, und das macht uns untereinander ähnlicher, als wir ahnen.«

Lakshman schwieg, und der Klang seiner Stimme verebbte. Sein damaliges Erlebnis – es waren nur ein paar Minuten gewesen – hatte langfristige Nachwirkungen. Er ist heute noch von Ehrfurcht darüber ergriffen, daß das Alltagsbewußtsein durch die bloße Gegenwart eines heiligen Menschen auf eine höhere Ebene emporge-

hoben werden kann (dieser Effekt wird im Sanskrit als *Darshan* bezeichnet). Und, was noch wichtiger ist: Seither ist Lakshman davon
überzeugt, daß der Pfad zum Göttlichen wirklich existiert – weil er
jemanden getroffen hatte, der bereits am Ende dieses Weges angekommen war.

Ich hatte kein so aufrüttelndes Erweckungserlebnis wie Lakshman, aber ich kann trotzdem ein bißchen aus eigener Erfahrung
sprechen. Meine Eltern waren fromme Menschen, und mein pen-
sionierter Großvater verbrachte seine Nachmittage oft damit, auf
der Veranda zu sitzen und das *Darshan* von *Swamis* und Heiligen in
sich aufzunehmen. Ein Junge begreift nur wenig von der tieferen
Bedeutung solcher Erlebnisse. Das kam erst später, im Erwachsenenalter, nachdem ich selbst mit seltsamen, weltentrückten Ein-
siedlern zusammengesessen hatte, in deren Gegenwart ich mich
vollkommen geliebt fühlte.

Die Umgebung dieser Menschen war manchmal entsetzlich.
Oft hatten sie nichts zu essen oder zu trinken, außer vielleicht
einer Kelle grünlich-trüben Brackwassers. Wenn ich mich einem
solchen Heiligen näherte, gab es meist kein Zeichen des Willkom-
mens – kein Lächeln oder eine einladende Handbewegung. Doch
ich brauchte nur die Augen zu schließen, und schon befand ich
mich in einem ganz eigenartigen Raum, wo ich willkommen geheißen wurde zu einem Tanz, zum Spiel des Universums, das sich
nicht in Form von wirbelnden Sternen und Galaxien vollzog, sondern in reiner, absoluter Stille. Eine köstliche Kühle breitete sich
in mir aus und ließ mich die stehende stickige Luft und mein
schweißnasses Hemd, das mir am Körper klebte, vollkommen vergessen. Ein Gefühl des Friedens strömte in mich ein, doch es war
ein außerordentlich spannungsgeladenes Gefühl, als ob andauernd winzige Entladungen einer unsichtbaren Energie meinen
Körper durchzuckten. Manchmal ging es fast über die Grenze des
Erträglichen. Mein innerer Raum schien zu explodieren. Ich
schwebte in einer Leere, die dennoch erfüllt war mit einer wim-
melnden Fülle von allem, das je geschaffen wurde und noch geschaffen werden würde – der kosmische Mutterschoß. Und all das
war in mir!

Die Erinnerung an diese Augenblicke gibt mir die Gewißheit, daß unsere gegenwärtige Vorstellung von Liebe nicht ausreicht. Wir benutzen das Wort »Liebe« in einer Vielzahl von Bedeutungen, und der Zustand des Verliebtseins ist oft kompliziert und verwirrend. Dennoch läßt sich meine Erfahrung auf einen simplen Nenner bringen:

Liebe ist Geist. Der Geist ist das höhere Selbst.

Das höhere Selbst und der Geist sind das gleiche. Die Frage »Was ist der Geist?« ist nur eine andere Form der Frage »Wer bin ich?«. Es gibt keinen Geist außerhalb von uns selbst. Wir *sind* der Geist. Warum merken wir davon nichts? Wir sind uns dessen schon bewußt, aber eben nur sehr begrenzt, wie jemand, der Wasser nur als ein Glas Wasser kennt, aber nichts vom Ozean weiß. Unsere Augen können sehen, weil wir im Geist Augenzeugen von allem sind. Wir haben Gedanken, weil wir im Geist allwissend sind. Wir empfinden Liebe für einen anderen Menschen, weil unsere Liebe im Geist unermeßlich ist.

Die spirituelle Dimension der Liebe wiederherzustellen bedeutet, daß wir die Vorstellung von unserem begrenzten alltäglichen Selbst mit seiner begrenzten Liebesfähigkeit aufgeben und unser höheres Selbst mit seiner uneingeschränkten Liebesfähigkeit wiedererlangen. Unser »wahres Ich« ist reine Empfindsamkeit, reine Schöpferkraft und reiner Geist. Seine Liebe ist frei von allen Erinnerungen und Bildern aus der Vergangenheit. Jenseits aller Illusion strömt der Quell der Liebe, ein Kraftfeld aus reinem Potential.

Dieses Potential sind Sie.

WAS IST DER PFAD?

Das Wertvollste, was wir in eine Beziehung einbringen können, ist unser spirituelles Potential. Es ist unsere Morgengabe, wenn wir unsere Liebesgeschichte auf der untersten Stufe zu leben beginnen wollen. Wie das Leben eines Baumes dem Samenkorn entspringt, so ist das spirituelle Potential das Samenkorn, aus dem die Liebe emporkeimt. Es gibt nichts, das kostbarer wäre. Wenn Sie sich selbst mit den Augen der Liebe betrachten, werden Sie es nur natürlich finden, andere Menschen ebenso zu betrachten. Über den Menschen, den Sie lieben, werden Sie mit den Worten des persischen Dichters Rumi sagen können:

»Du bist das Geheimnis des Geheimnisses Gottes.
Du bist der Spiegel der göttlichen Schönheit.«

Der Pfad zur Liebe ist ein Weg, den man bewußt einschlägt. Der erste Schritt auf diesem Weg offenbart sich jedem, der sich verliebt. Die Entfaltung des spirituellen Potentials war während der gesamten Menschheitsgeschichte das oberste Anliegen aller großen Seher, Heiligen, Propheten, Meister und Weisen. Ihnen ging es um die sorgfältige und planvolle Suche nach dem eigenen Selbst. Die heutige Vorstellung von Liebe als einer turbulenten Gefühlsaufwallung hat damit rein gar nichts mehr zu tun.

Wie ich erwähnt habe, nennt man den geistigen Pfad in Indien *Sadhana*. Zwar kehrt nur eine winzige Minderheit (die Mönche oder *Sadhus*) dem normalen Leben den Rücken, um auf der Suche nach Erleuchtung durch diese Welt zu wandeln, aber in dieser uralten Zivilisation, die vom alten vedischen Indien bis heute reicht, wird das Leben auch heute noch als *Sadhana*, als Weg zum Selbst, betrachtet.

Das höhere Selbst scheint von uns getrennt zu sein, doch es ist in Wirklichkeit in alles verwoben, was ein Mensch denkt, empfindet und tut. Eigentlich ist es erstaunlich, daß wir unser wahres Selbst nicht genauestens kennen. Wer nach dem eigenen Selbst suche, meinten die vedischen Weisen, gleiche einem durstigen Fisch auf der Suche nach Wasser. Doch solange die Suche nach dem höheren Selbst andauert, gibt es auch den *Sadhana*.

Das Ziel des Pfades ist es, das Bewußtsein von der Trennung zur Einheit zu führen. Im Zustand der Einheit nehmen wir nur Liebe wahr, drücken nur Liebe aus, sind nichts als Liebe.

Jeder Pfad hat eine bestimmte äußere Form, in der sich die innere Transformation des Wanderers vollzieht, der ihn beschreitet. Der Charakter eines Menschen bedingt die Art des Weges, auf dem er seiner Erfüllung entgegengeht. Für intellektuell veranlagte Menschen eignet sich deshalb der *Gyana* genannte Pfad des Wissens. Andere neigen eher zur Frömmigkeit. Für sie ist der Pfad der Anbetung, *Bhakta*, angemessener. Schließlich gibt es noch den Pfad der Tat, *Karma*, für jene Menschen, deren Impulse sich stärker nach außen richten.

Diese drei Möglichkeiten schließen sich aber gegenseitig nicht aus. Ein idealer Tagesablauf sollte ohnehin Phasen des Lernens, des Gebets und des Dienstes an der Gemeinschaft enthalten. Dann sind alle drei Wege zu einem einzigen verwoben. Es kann aber auch durchaus sein, daß man von einem einzigen Pfad so in Anspruch genommen wird, daß beispielsweise die gesamte Existenz im Studium der alten Schriften, andachtsvoller Betrachtung und in gelehrten Debatten aufgeht – in einem Leben des *Gyana*. Oder man widmet sich vor allem der Meditation, geistigen Gesängen und dem Tempeldienst, dem Leben des *Bhakta*. Dann gibt es noch das Leben des *Karma*, bei dem der Gottesdienst im Dienst an der Gemeinschaft sowie in geistigen und körperlichen Reinigungsübungen im Alltag stattfindet. Selbst in den traditionellsten Bereichen der heutigen indischen Gesellschaft ist das Beschreiten dieser Pfade zur Ausnahme geworden und hat dem modernen Lebensstil Platz gemacht, bei dem Lernen und Arbeit wenig oder gar keinen spirituellen Hintergrund mehr haben.

Was bedeutet dies nun für einen westlichen Menschen, für den *Sadhana* ohnehin kein Begriff ist? Ich glaube, daß der spirituelle Pfad ein solch natürlicher und starker Drang ist, daß sich ihm das Leben eines jeden Menschen unterordnet, aus welcher Kultur er auch stammen mag. Der Pfad ist nichts anderes als die Wege, auf denen man sich für den Geist, für Gott, für die Liebe öffnet.

Dies sind Ziele, zu denen wir uns wahrscheinlich alle bekennen, aber in unserer Kultur fehlen gesellschaftlich anerkannte und strukturierte Möglichkeiten, um sie zu erreichen. Tatsächlich war ein Suchender niemals in der Geschichte mit einem derart herun-

tergekommenen und wirren Bild des Geistigen konfrontiert wie
heute.

Was uns bleibt, sind Beziehungen. Die Sehnsucht, zu lieben
und geliebt zu werden, ist zu stark, um jemals zu verlöschen, und
zum Glück existiert auch ein auf diese unstillbare Sehnsucht ge-
gründeter Pfad. Der Ausdruck »Pfad der Liebe« ist mehr als eine
Metapher. In der Geschichte des Geistigen erscheint er immer
wieder und in vielerlei Gestalt. Seine älteste Version ist die *Bhakta*
genannte Tradition des vedischen Indien, in der sämtliche Arten
der Liebe letztlich der Gottsuche dienen.

Die *Sufis* des Islam haben ihre eigene Tradition der geistigen Er-
bauung. Der von mir so häufig zitierte Rumi war mehr als ein
Dichter – er war ein großer Lehrer dieses Pfades. Gott war für ihn
die süßeste und begehrenswerteste Geliebte, deren Berührung er
auf der Haut spüren konnte:

> »Wenn es kalt ist und regnet,
> bist du noch schöner.
>
> Und der Schnee bringt mich
> deinen Lippen noch näher.
>
> Das Innere Geheimnis, jenes, das nie geboren,
> diese Frische bist du, und ich bin nun bei dir.«

Christus schuf mit seinem höchsten Gebot »Liebe deinen Nächsten wie dich selbst« ebenfalls eine Version dieses Pfades. Er sprach
von Gott stets als von einem liebenden Vater. Die christliche Version des Pfades ist deshalb weniger eine Beziehung zwischen Liebenden als zwischen Eltern und Kindern oder zwischen dem Hir-
ten und seiner Herde (wobei wir das Gleichnis von Christus als
dem Bräutigam und der Seele des Gläubigen als der Braut nicht
vergessen sollten).

An Traditionen herrscht also kein Mangel. Der Genauigkeit hal-
ber muß man allerdings sagen, daß in den meisten Religionen die
ursprüngliche Lehre von der Liebe verblaßt ist und eher ein hehres

Ideal darstellt als eine praktische Wirklichkeit. Aber inmitten des Sinnverlusts und des Zusammenbruchs der traditionellen Lehren leuchtet immer noch der Funke der Liebe, der zwei Menschen zueinander bringt, und auch das kann der Anfang eines Pfades sein.

Wie aus einem winzigen Funken ein Waldbrand entstehen kann, so genügt auch bei der Liebe schon ein Funke, um sie in all ihrer Kraft und Großartigkeit, in all ihren irdischen und göttlichen Aspekten zu erfahren. Liebe *ist* Geist. Jedes Aufkeimen von Liebe, und sei es auch noch so unbedeutend, ist in Wirklichkeit eine Einladung, am Tanz des Kosmos teilzunehmen. In jeder Liebesgeschichte verbirgt sich das Werben der Götter und Göttinnen.

Es gab eine Zeit, in der auch dem flüchtigsten Gefühl eine spirituelle Bedeutung beigemessen wurde – die Nähe Gottes in der geliebten Person wurde absolut ernst genommen. Seit Freud jedoch betrachtet die Psychologie das Verliebtsein als eine Art Einbildung oder Illusion – das damit verbundene Gefühl der Ekstase sei nicht realistisch. Wir müßten lernen, die vorübergehende Natur unserer romantischen Leidenschaft zu akzeptieren. Das Gefühl der Unsterblichkeit und Unverwundbarkeit der leidenschaftlich Verliebten sei als eine Projektion zu verwerfen. Wir müßten also Walt Whitman mit Skepsis begegnen, wenn er überschwenglich schreibt:

»Ich bin der Gespiel und Gefährte von Menschen,
alle unsterblich und unergründlich wie ich.
(Sie wissen nicht, wie unsterblich, aber ich weiß es.)«
(Deutsch von Hans Reisiger)

Und wir müßten W. H. Auden das Überschäumen seiner Phantasie ankreiden, wenn er im ersten Taumel der Liebe ausruft:

»… in meinen Armen halte ich
die Blume der Zeiten
und die erste Liebe der Welt.«

Wenn Verliebte ein Gefühl des Entzückens und der Einzigartigkeit empfinden und spüren, daß ein Segen auf ihnen ruht, hat das eine eigene Wirklichkeit, die wir in unserem Inneren finden müssen. Verliebtheit ist ebenso wie die spirituelle Inspiration ein Zustand innerer Wahrheit.

Ich vertrete hier die Ansicht, daß diese beiden Zustände zusammengeführt werden können. Die dramatische psychische Wandlung, die sich bei uns einstellt, wenn wir uns verlieben, ist *in Wirklichkeit ein zeitweiliger Zustand spiritueller Befreiung, ein Blick durch den Türspalt auf unser eigentliches Wesen.* Die ekstatischen Gefühle, die zwischen zwei Verliebten hin- und herströmen, das Gefühl einer einzigartigen Geborgenheit, das Aufgehobensein in einem Zustand der Zeitlosigkeit – all das sind spirituelle Realitäten. Im Orient hat sich das Bewußtsein von der spirituellen Dimension des Verliebtseins bis hin zum Liebeswahn besser erhalten, zum Beispiel in diesen Zeilen von Rumi:

> »In der Liebe sprechen die Boten
> des Geheimnisvollen zu uns.«

In dieser Vorstellung von der Liebe, die weit über das gemeinsame Glück zweier Menschen hinausgreift, wird durch die Liebe die Verbindung zu einer Wirklichkeit geschaffen, nach der wir uns sehnen, aber nicht wissen, wie wir sie erreichen können – eben das »Geheimnisvolle«.

In diesem Buch werde ich von jemandem, der die Herrschaft über die Realität des Geistigen gewonnen hat, als »spiritueller Meister« sprechen. Die kulturellen Unterschiede zwischen einem *Sufi*-Meister, einem *Yogi*, einem christlichen Heiligen und einem chinesischen Tuschzeichner von höchster Meisterschaft mögen beträchtlich sein, doch alle haben sie die Fähigkeit, den Geist so klar und deutlich wahrzunehmen wie Sie oder ich die Erde und die Wolken.

Als die spirituellen Meister uns den Pfad der Liebe gewiesen haben, haben sie damit nicht etwa willkürlich irgendeine idealistische Zielvorstellung in die Welt gesetzt. Dieser Pfad ermöglicht es zwei Menschen auf sehr praktische Weise, der Falle der Isolation und des Leidens zu entgehen und statt dessen höchste Wonne und Frieden zu erleben. Liebe – und sonst nichts – macht das Leben lebendig. Wenn zwei Menschen in diese Gewißheit hineinwachsen, erfüllt sich das Versprechen eines dauerhaften Glücks.

LIEBE, LUST UND GLÜCK

Natürlich taucht die Frage auf: »Warum soll ich mir überhaupt einen bestimmten Pfad aussuchen?« Beziehungen, mit und ohne romantische Gefühle, gibt es schon immer. Um jemanden zu lieben, brauchte man doch bisher auch keine ausdrücklich spirituellen Entscheidungen zu treffen, außer vielleicht, in welcher Kirche man sich trauen lassen und in welchem Glaubensbekenntnis man die Kinder erziehen soll. Manch einem, der sich damit begnügt, in einer Beziehung Glück und Sicherheit zu finden, mag es völlig übertrieben vorkommen, wenn die spirituelle Dimension der Liebe so sehr betont wird. Deshalb lohnt sich die Frage, wie Glück tatsächlich erreicht wird und ob wir wirklich Sicherheit erlangen können, ohne uns auf die spirituelle Reise zu begeben.

Bei oberflächlicher Betrachtung ändert das Fehlen von Spiritualität wenig an dem, was die Leute gemeinhin als Glück betrachten. Ich war überrascht, als ich vor kurzem feststellte, daß das Glücklichsein gar kein so seltener Zustand ist. Bei Meinungsumfragen antworten nämlich ungefähr siebzig Prozent der Menschen auf die Frage »Sind Sie glücklich?« mit Ja. Dieser Prozentsatz ist quer durch alle Altersgruppen erstaunlich konstant, und er schwankt auch kaum zwischen einzelnen Ländern oder Befragungszeiträumen. Die einzige nennenswerte Ausnahme ergibt sich bei der Befragung sehr armer Bevölkerungsgruppen. Die Ärmsten der Armen empfinden sich als weniger glücklich. Bei Umfragen in Asien, wo breite Bevölkerungsschichten oft noch nicht einmal das Nötigste zum Leben haben, ernten die Interviewer auf die Frage »Sind Sie glücklich?« als Antwort häufig nur einen verständnislosen Blick.

Oberflächlich betrachtet sieht es demnach so aus, als könnten

wir ganz gut ohne Liebe auskommen. Ich glaube, das Wort »glücklich« ist ein gutes Beispiel für einen Begriff, der völlig klar zu sein
scheint, was er aber in Wirklichkeit nicht ist. Die Bedeutung von
»Glück« ist genauso ungewiß wie die Bedeutung von »Liebe« und
läßt sich ebensowenig festlegen. Äußere Bedingungen haben auf
beides keine vorhersagbaren Auswirkungen. Zum Beispiel erklären
Menschen, die sich aus ihrer Armut hochgearbeitet haben, sie
seien jetzt glücklicher als vorher. Aber wenn sie erst einmal über
die Armutsgrenze hinausgelangt sind, werden sie durch mehr Geld
nicht unbedingt noch glücklicher. Neue Reize zu beschaffen ist oft
ziemlich kostspielig. Und ohne Reize können die meisten Menschen nicht glücklich sein.

Auf lange Sicht erweist sich die Abhängigkeit von Reizen jedoch
als Falle. Die richtige Menge vom richtigen Reiz kann uns zwar
glücklich machen, aber das ist ein äußerst labiles Gleichgewicht.
Man weiß aus Untersuchungen, daß Säuglinge positiv reagieren,
wenn lustige und anregende kleine Gegenstände in ihrem Ge-
sichtsfeld baumeln. Sie fangen an, glucksend zu lachen, wenn man
ein Mobile aus zehn glitzernden Objekten über ihr Bettchen hängt.
Sobald man jedoch acht Glitzerobjekte entfernt und nur noch zwei
davon übrigläßt, erhebt das Baby lautes Protestgeschrei.

Das ist wahrscheinlich der früheste experimentelle Beweis dafür, daß Glück durch Verlust beeinträchtigt werden kann. Späte-
stens wenn wir erwachsen sind, haben wir es alle begriffen: Sobald
unser Geld knapp wird, unser Arbeitsplatz wackelt und es in unserer Beziehung kriselt, fällt unser Glücksquotient in den Keller.

In ähnlicher Weise mißfällt es uns, wenn wir den Auslöser unseres Glücks nicht unter Kontrolle haben. Kleinkinder wurden vor
Bildschirme gesetzt, auf denen sie lustige bunte Bilder erscheinen
lassen konnten, indem sie an einer Schnur zogen. Diese Art der
Kontrollausübung ist sehr lustbetont. Wenn der Bilderreigen nach
dem Zufallsprinzip abläuft, stellt sich bei weitem nicht die gleiche
Befriedigung ein. Noch schlimmer ist es, wenn das Baby an seiner
Schnur zieht, und der Bildschirm verweigert die Reaktion. Dann
stellt sich beträchtliche Unlust ein.

Auch das ist eine Lektion, die wir alle lernen: Wenn Zufälle in unser Leben einbrechen oder wenn sich Menschen als unberechenbar erweisen, leidet darunter unser Bedürfnis, die Dinge zu kontrollieren, und wir werden unglücklich.

Die Beispiele zeigen, daß das Wort »Glück« nur meist nichts anderes bedeutet als »Lustreaktion«. Jede Reaktion setzt einen Reiz voraus, so wie sexuelle Lust von sexuellen Reizen und sexueller Erregung abhängig ist. Wegen dieser unleugbaren Tatsache geraten zahllose Leute in Panik, wenn der Quell ihrer Lust versiegt. Wer sich von einer gescheiterten Ehe in die nächste flüchtet, zeigt dieses Lechzen nach neuen Reizen in ungeschminkter Form. Aber auch das Bestreben, alles glatt, vorhersehbar und zum Wohl der eigenen Person zu gestalten, hat den gleichen Nachteil. Wenn das Leben von äußeren Faktoren abhängig gemacht wird, kann es niemals Sicherheit geben, denn die Wechselfälle des Schicksals sind eben unvorhersehbar und fügen sich keiner Kontrolle.

Die Lösung muß also darin liegen, eine Quelle des Glücks zu finden, die sich aus einem tieferen Grund als aus der Lust speist, denn die Lust kann sich niemals vom Bezug auf einen äußeren Reiz lösen. Solange Liebe nur Lust ist, ist ihr Ende – ein trauriges Abgleiten in Gleichgültigkeit und Abstumpfung – vorprogrammiert.

In jüngster Zeit hat dieser Standpunkt von unerwarteter Seite Schützenhilfe erhalten. Der biochemischen Forschung ist es gelungen, bestimmte chemische Botenstoffe zu isolieren, die bei Lust und Wohlbefinden auftreten, insbesondere den Neurotransmitter Serotonin. Ein hoher Serotoninspiegel wird typischerweise bei Personen gemessen, die sich psychisch und physisch wohl fühlen. Man weiß seit langem, daß bei Depressionen unzureichende Serotoninwerte vorliegen. Andere Untersuchungen in diesem Zusammenhang haben ergeben, daß die Hirnaktivität im linken Stirnlappen der Hirnrinde dann besonders hoch ist, wenn sich die Versuchspersonen glücklich fühlen.

Die Schlußfolgerung liegt nahe, daß eine starke Reizung des Gehirns und Glücksgefühle dasselbe sind. Leider ist das aber nicht die ganze Wahrheit, denn Reize nutzen sich ab. Mit der Wiederholung des gleichen Reizes wird unsere Reaktion immer schwächer. Was zuerst so süß schmeckte, wird schal und fade; das Gesicht, das

uns einst verzauberte, wird alltäglich; der atemberaubende Aus-
blick wird zum normalen Teil der Landschaft.

Es kommt ganz entscheidend darauf an, daß wir unser Glück auf
etwas gründen, das nicht dem Wandel unterliegt. Im Gegensatz zur
Lust ist das Glück etwas Abstraktes. Die meisten Leute wüßten wohl
kaum eine Antwort, wenn sie die Liebe definieren sollten, ohne auf
die damit verbundenen angenehmen Gefühle einzugehen. Doch
die Liebe hat die Kraft zu heilen, sie kann das Wesen Gottes offenbaren, sie kann das Vertrauen in die eigene Lebens- und Gestal-
tungskraft wiederherstellen, sie erzeugt Harmonie auf sämtlichen
Ebenen der Existenz – und all diese Wirkungen liegen weit jenseits
der Gefühle. Es sind greifbare Resultate der Kraft des Geistes.

In unserer Gesellschaft vertrauen wir am liebsten auf Greifbares. Zum Glück hat die medizinische Forschung bestätigt, daß – bei
aller Abstraktheit – die Wirkungen der Liebe wie auch des Liebes-
entzuges, nicht weniger dramatisch und durchschlagend sind als
die Wirkung von Medikamenten, beziehungsweise ihrem Entzug.

- *Liebe unterstützt die Genesung.*

Klinische Studien haben gezeigt, daß Herzpatienten, die auf die
Frage »Haben Sie das Gefühl, daß jemand Sie liebt?« mit Ja antworten, bessere Heilungschancen haben als jene Patienten, die die
Frage verneinen. Die Wechselbeziehung zwischen Genesung und
der Antwort auf diese Frage ist größer als die Übereinstimmung
mit allen anderen Merkmalen einschließlich des gesundheitlichen
Gesamtzustandes vor der Erkrankung. Mit anderen Worten: Ein
ungeliebter Mann in guter gesundheitlicher Verfassung hat selbst
bei einem leichten Herzinfarkt schlechtere Genesungsaussichten
als ein anderer Patient, der sich geliebt fühlt, bei einem schweren
Infarkt.

Bei Bewohnern von Altersheimen vermindern Haustiere (und
selbst eine Zimmerpflanze, um die man sich kümmern muß) die
Anfälligkeit für Depression und Krankheit. Ein Objekt, das sie lieben können, schenkt alten Menschen das Gefühl, daß ihr Leben
noch einen Sinn hat.

• *Liebe fördert das Wachstum.*

Bei mißhandelten Kindern aus gestörten Familien findet man häufig ein verlangsamtes oder sogar stark gehemmtes Wachstum, den sogenannten psychosozialen Zwergwuchs. Diese Kinder sind nicht nur unterentwickelt und für ihr Alter zu klein, sie haben auch häufig Lernstörungen und ein unterentwickeltes Gefühlsleben. Ihr Zustand bessert sich jedoch meist rapide, wenn sie in eine liebevolle Umgebung gebracht werden.

• *Liebe fördert das homöostatische Gleichgewicht.*

Bis jetzt konnte zwar noch nicht eindeutig nachgewiesen werden, daß das Gefühl, geliebt zu werden, den Blutdruck senkt und Herz- oder Krebserkrankungen vorbeugt, aber es ist bestens dokumentiert, daß negative Gefühlszustände wie chronischer Ärger oder Depressionen, die in einer lieblosen Atmosphäre gedeihen, das allgemeine Krankheitsrisiko erhöhen.

Einen Hinweis darauf, wie die Liebe auf unseren Organismus ausgleichend wirken kann, erbrachte eine Studie, bei der den Probanden ein Film über das Wirken von Mutter Teresa in Indien gezeigt wurde. In diesem Film wurde gezeigt, wie Mutter Teresa Kinder in die Arme nahm, die von verschiedenen Krankheiten, meist war es Lepra, völlig zerfressen waren.

Allein durch das Betrachten der liebevollen Zuwendung erhöhte sich im Blut der Probanden der Spiegel bestimmter chemischer Stoffe, die ein verbessertes Immunverhalten des Körpers anzeigen. Dieser bemerkenswerte Effekt trat selbst dann auf, wenn der Proband mit Mutter Teresas Sendungsbewußtsein nicht einverstanden war. Er wurde also auch bei jenen Betrachtern ausgelöst, die sich subjektiv nicht erbaut fühlten.

Nach einer alten Volksweisheit schützt man sich im Winter vor Erkältungen am besten dadurch, daß man sich verliebt. Die immunstärkende Wirkung der Liebe war also schon lange, bevor dieses Wissen durch die medizinische Forschung untermauert wurde, bekannt.

Schließlich sei noch eine bahnbrechende Untersuchung aus Stanford erwähnt, die ergab, daß Frauen mit Brustkrebs im fortgeschrittenen Stadium eine größere Lebenserwartung hatten, wenn sie an den wöchentlichen gruppentherapeutischen Sitzungen teilnahmen, als Patientinnen, die sich nur den üblichen chemischen und chirurgischen Therapien unterzogen.

In dieser Gruppentherapie wurde nicht mit intensiven psychologischen Techniken gearbeitet. Aber die Frauen konnten in der Gruppe ihre Gefühle miteinander austauschen und sich gegenseitig im Kampf gegen den Krebs Mut machen. So schlicht diese liebevolle Unterstützung auch war, sie hatte eine nachweislich positive Wirkung, wobei in der Studie darauf hingewiesen wird, wie wenig doch eine einzige Therapiestunde pro Woche in Wirklichkeit ist. Man muß sich fragen, ob nicht durch eine intensivere liebevolle Zuwendung vielleicht noch viel mehr Heilung bewirkt werden könnte.

Um diese Frage zu beantworten, brauchen wir keine weiteren medizinischen Studien. Jeder von uns kann die Antwort aus seiner eigenen Lebenserfahrung geben. »Heilung« ist ein Wort mit breitgefächerter Bedeutung, das mit den Worten »heil« und »heilig« verwandt ist. Man kann Heilung spirituell als die Rücknahme der Entzweiung verstehen, als die Rückkehr zur Einheit.

Liebe ist nie uneins mit dem Leben; sie kennt keine zeitlichen Begrenzungen oder Stärkegrade. Diese Abstufungen entstehen lediglich durch unsere relativierende Betrachtungsweise, durch unsere bruchstückhafte Wahrnehmung einer Kraft, die stets heil und ganz und umfassend ist. Auf dem spirituellen Pfad, dem *Sadhana*, spendet die Erfahrung der Liebe ein Heil- und Ganzwerden, das sich nicht eng auf diese oder jene Krankheit bezieht, sondern auf die Gesundung des ganzen Menschen. Jeder Mensch erfährt deshalb die Wirkung der Liebe auf seine eigene Weise.

Sadhana ist schwer faßbar und abstrakt. Es ist leichter für die Wissenschaft, sich mit Menschen zu befassen, die vereinsamt, depressiv oder krank sind, als die feineren Wirkungszusammenhängen einer gesunden Psyche zu hinterfragen.

Wenn wir im folgenden einige Merkmale von Menschen betrachten, die die Liebe zu ihrer Lebenswirklichkeit gemacht haben, wird
jedoch klar, wie weit sie sich über die Norm hinaus entwickelt
haben:

- *Sie haben gelernt, ihr Verhalten davon unabhängig zu machen,
  ob sie sich liebenswert vorkommen oder nicht.*

Jeder war einmal ein Kind – und den Erwachsenen an Kraft und
Stärke unterlegen. Damals war es ganz natürlich, uns so zu verhalten, daß wir nicht verletzt werden konnten. In der Regel passiert ja
nur dem Machtlosen etwas. Der Machtlose sollte den Mächtigen
nicht reizen und ihn sich schon gar nicht zum Feind machen. Das
haben wir schon früh auf dem Spielplatz lernen müssen. Als Relikt
aus jenen Tagen versuchen wir heute noch, zu jedermann nett und
freundlich zu sein. Wir sind nett und freundlich, damit man uns
freundlich entgegentritt. Wir versuchen zu beschwichtigen, um
drohende Aggressionen von uns fernzuhalten. Im Dienst unserer
Unversehrtheit verharren wir in einer Verteidigungshaltung.

Menschen, deren Leben auf der Liebe basiert, haben gelernt,
daß man dieses ganze Verhaltensmuster und die Liebe auseinan-
derhalten muß. Liebe stellt sich nicht dadurch ein, daß man bei
drohender Aggression zu beschwichtigen sucht. Niemand wird einen deshalb lieben, weil man stets nett und freundlich ist.

Jeder wird diesen plakativen Sätzen zustimmen, doch die Prägungen durch unsere Vergangenheit sitzen sehr tief, und wir verhalten uns unbewußt immer noch wie ohnmächtige Kinder. Es ist
ein gemeinsamer Zug aller Menschen, die ihre eigene Liebesgeschichte leben, daß sie lernen, dieses Verhaltensmuster abzulegen.

- *Sie sind in der Lage, auf allen Ebenen zu schenken.*

Es ist eine Binsenwahrheit, daß nur derjenige Liebe bekommt, der
auch Liebe geben kann. Durch das gegenseitige Geben und Nehmen wird der Fluß der Liebe lebendig erhalten. Ansonsten würde
die Liebe stagnieren. Geben zu lernen läuft jedoch einem tief-

sitzenden Verhaltensmuster zuwider, das wir alle in uns tragen. Wir
haben gelernt, daß man etwas Gutes festhalten soll. Etwas Wertvolles aufzugeben ist schwer.

Menschen, die lieben können, haben begriffen, daß Festhal-
tenwollen zum Besitzergreifen führt. Wer schon einmal in einer
besitzergreifenden Beziehung gesteckt hat, kennt die lähmende
Wirkung. Es hat nichts mit Liebe zu tun, wenn man dem anderen
nicht die Bewegungsfreiheit läßt, die er für sein eigenes Leben
braucht.

Das ist nicht einfach. Man muß es ertragen können, wenn der
andere seinen Vorstellungen, Gefühlen, Reaktionen und seinem
Willen frei und unbeschränkt Ausdruck verleiht. Wer gelernt hat,
auf allen Ebenen zu geben, hat die entscheidende Zutat für ein auf
Liebe gegründetes Leben entdeckt.

• *Sie erwarten keine Gegenleistung für ihre Güte.*

Wir betrachten Liebe und Güte gern als etwas, das zusammen-
gehört. Wir finden jemanden anziehend, weil wir glauben, daß
etwas Gutes an ihm ist, das unser Leben bereichert. Unsere Definition dieses Guten mag seicht oder tiefgründig sein. Für manche
Männer ist eine Frau so lange »gut«, wie sie schön und willig ist.
Und manche Frauen sehen bei einem Mann über ein Dutzend
Dinge hinweg, die Gift für jede Beziehung sind, wenn er nur ver-
läßlich ist und gut verdient. Ohne inneres Wachstum bleibt die
Wertschätzung von Güte als einem höheren Wert auf der Strecke.

Ob ein Mensch gut ist, liegt in seinem Wesen. Güte ist eine Charaktereigenschaft. Wer das verstanden hat, wird niemanden mehr
danach beurteilen, ob er oder sie es zu etwas gebracht hat, sondern
die Güte als einen Teil der menschlichen Natur begreifen, beim anderen und bei sich selbst.

In diesem Augenblick hört man auf, sich für Güte eine Gegenleistung zu erhoffen. Wir hören auf, unsere Liebe nur dann zu gewähren, wenn jemand gut zu uns ist, und sie zu entziehen, wenn
wir uns schlecht behandelt fühlen. Die Liebe wird vielmehr zu
einem festen Bestandteil unseres Lebens. Sie ist einfach immer da.

Auf dieser Stufe hat man die Liebe endgültig zur Lebenswirklichkeit gemacht.

• *Sie kritisieren nicht und fürchten nicht die Kritik der anderen.*

Das Kritisieren ist das Ergebnis des Gefühls, daß bei uns selbst oder
bei den anderen etwas nicht stimmt. Jeder hat etwas, das er lieber
verbergen möchte. Die Kritik kann sich gegen uns selbst richten.
Sie hat aber auch eine Kehrseite, denn wir deuten auf die Fehler
der anderen, um selbst ungeschoren zu bleiben. Eine warnende
Stimme sagt uns jedoch, daß andere ebenso streng mit uns ins
Gericht gehen könnten wie wir mit ihnen. Deshalb haben wir alle
Angst vor Kritik.
   Liebende Menschen haben eingesehen, wie scheinheilig dieses
Vorgehen ist. Wenn man andere schlecht macht, steht man vor sich
selber noch lange nicht besser da. Wer sich im Kritisieren anderer
Menschen ergeht, schiebt nur den Tag hinaus, an dem er sich den
eigenen geheimen Schwächen stellen muß. Zur Bewältigung von
Schuld- und Schamgefühlen führt nur ein Weg: Man muß all das
ans Tageslicht zerren, was man an sich selbst nicht in Ordnung findet.
   In Wahrheit ist aber gar nichts falsch an uns oder an irgend jemand anderem. Das sagt uns die aufrichtige Stimme der Liebe. Inneres Wachstum bedeutet, daß man lernt, diese innere Stimme zu
hören und auf sie zu achten. Das ist ein wesentlicher Prozeß, wenn
Liebe zur Lebenswirklichkeit werden soll.

• *Sie erwarten nicht von anderen Menschen,*
  daß sie ihnen das Gefühl geben, geliebt zu werden.

Liebe erlebt man in Beziehungen. Der Wärme der Mutterliebe, der
Fröhlichkeit der Freundschaft, der Erregung des intimen Zusammenseins fehlen die Auslöser, wenn niemand da ist, der die Liebe
erwidert. Einsamkeit wird deshalb so gut wie immer mit Liebes-
mangel gleichgesetzt. Wenn man allein ist, scheint eine Liebesbeziehung ausgeschlossen.

Menschen, die einsam sind, fühlen sich selten dazu veranlaßt, die Liebe zu erforschen. Sie warten darauf, daß jemand auf sie zugeht, oder suchen von sich aus Kontakt. Das führt dazu, daß wir von anderen Menschen abhängig werden, die uns das Gefühl verschaffen sollen, vollkommen und für alle Zeit geliebt zu werden.

Diese Erwartung wird jedoch immer enttäuscht. Zwar schieben wir die Schuld auf jene, die auf unser Werben nicht eingegangen sind, oder jene, die zwar darauf reagierten, es sich dann aber wieder anders überlegt haben, oder jene, die eine Zeitlang geblieben sind, um uns dann später doch wieder zu verlassen – aber keiner von ihnen hat letztlich unser Problem verursacht.

Der eigentliche Grund ist unsere Unfähigkeit, eine stabile Beziehung zu uns selbst aufzubauen. Der Quell der Liebe ist unser Selbst. Menschen, die aus der Liebe leben, haben vor allem diese Lektion gelernt.

WENN ES AN LIEBE FEHLT

So groß die Wohltat ist, die die Liebe für uns bedeutet, so verheerend ist es, wenn es uns an Liebe mangelt. Leider muß man davon ausgehen, daß zur Zeit die wenigsten Menschen eine Liebesgeschichte leben. Selbst diejenigen, die sagen, daß sie einen Menschen sehr lieben, machen sich wahrscheinlich etwas vor – zumindest teilweise.

Das Wort »Liebe« wird für so viele Situationen verwendet – von zärtlicher Zuneigung bis zum sexuellen Mißbrauch, von gegenseitigem Vertrauen bis zur Unterwerfung, von ordinärer Lust bis zur ekstatischen Entrückung –, daß man auf die Frage, ob jemand glaubt, daß er oder sie geliebt wird, keine brauchbare Antwort erwarten darf.

Der Mangel an Liebe ist weniger schwer zu fassen, und deshalb können wir zuverlässiger beschreiben, wie sich jemand in diesem Zustand fühlt. Menschen, die nicht aus der Liebe leben, haben folgende gemeinsamen Merkmale:

- *Sie fühlen sich stumpf und angeschlagen.*

Voll ausgereifte Liebe, Liebe, die auf dem Geist basiert, kennt keine
Angst vor Verletzung. Unreifere Formen der Liebe sind weitaus ver-
letzlicher. Fast jeder Mensch hat schon einmal Zurückweisung hinnehmen müssen, wo er sich Liebe erhoffte. Wir sind mit unserem
anfälligen Selbstbild in Situationen geraten, in denen wir Hiebe
einstecken mußten, unsere Hoffnungen zuschanden wurden und
unsere schlimmsten Befürchtungen wahr wurden. Zurückweisun-
gen, Fehlschläge, Demütigungen und andere traumatische Erlebnisse lassen unsere Gefühle abstumpfen. Doch Liebe kann nicht
ohne Empfindsamkeit auskommen. Sie braucht Offenheit. Liebe
hat kaum eine Chance, wenn wir abgestumpft sind. Menschen, deren Gefühle taub geworden sind, können deshalb nicht die Liebe
zu ihrer Lebenswirklichkeit machen.

- *Sie glauben, daß ihr Wert in ihren Taten*
  und nicht in ihrer Person begründet ist.

Nur wer sich selbst achtet, kann sich auch lieben. Hier liegt der
eigentliche Ursprung unserer Liebe für andere. Die gute Meinung
von sich selbst ist wie ein Guthaben auf einem Bankkonto: Wer viel
von sich hält, kann auch viel an andere abgeben. Wer nichts von
sich hält, hat auch nichts, aus dem er schöpfen könnte.
    Woraus besteht nun dieses Guthaben? Wenn wir uns kritisch
fragen, was ein anderer Mensch an uns schätzen kann, gibt es darauf nur eine Antwort, die Bestand hat: uns selbst. Diese Antwort
kann aber nur geben, wer sein Selbstwertgefühl aus dem bezieht,
was er ist, und nicht aus dem, was er tut und leistet.
    Die Liste der Verdienste und Leistungen eines jeden Menschen
ist begrenzt. Unsere guten Taten haben irgendwo ein Ende. Unsere
gesellschaftlich respektablen Leistungen sind oft durch Vorbehalte
belastet, die nur wir selbst kennen und die wir lieber für uns behalten. Wenn wir uns selbst danach beurteilen und einordnen, was
wir tun – Leistung, gute Werke, soziales Prestige –, stutzen wir unserer Liebe die Flügel. Wer das Selbstwertgefühl vorwiegend aus

seinen Handlungen und Leistungen ableitet, wird sein Leben nicht auf Liebe gründen können.

• *Ihr Leben beruht auf verkehrten Einstellungen.*

Es kann nicht mehr Liebe bei uns ankommen, als wir wahrnehmen, und der Schlüssel für die Wahrnehmung ist unsere Einstellung. Eine Begegnung ist niemals wertfrei und neutral. Wir sehen den anderen immer im Licht unserer Einstellungen und Vorurteile, und wir gehen davon aus, daß die anderen uns im Lichte ihrer eigenen Einstellungen betrachten.

Ich kenne Leute, die einen Raum voller fremder Menschen betreten und sofort spüren, daß ihnen eine Welle der Feindseligkeit entgegenschlägt. Andere betreten den Raum und fühlen sich sofort willkommen geheißen. Der Unterschied liegt nur in der Wahrnehmung, denn beide Urteile werden gefällt, bevor irgendein äußerer Anlaß dazu besteht. Die zuerst genannten Menschen sind davon überzeugt, auf dieser Welt nicht erwünscht zu sein, während die andere Gruppe sich hier zu Hause fühlt.

Falsche Einstellungen behindern und verzerren unsere Selbstwahrnehmung und Selbsteinschätzung. Unser Selbst ist von seinem Wesen her von so hohem Wert, daß ihm ungeschmälerte Liebe zusteht. Wer die Liebe nicht zu seiner Lebenswirklichkeit machen kann, hat die verkehrten Einstellungen, die ihm den Blick darauf verstellen, daß jeder Mensch etwas unendlich Wertvolles ist.

• *Sie haben in der Liebe Enttäuschungen hinnehmen müssen und sind zu müde, einen neuen Versuch zu wagen.*

Wenn man sich einem aussichtslosen Unternehmen gegenübersieht, ist es nur natürlich, daß man irgendwann aufgibt. Als wir jünger waren, hatten wir für die Liebe noch genügend Hoffnung und Optimismus übrig, um uns ihr energisch zu widmen – denn jede Leidenschaft braucht Energie. Manchen Leuten ist die Energie ausgegangen. Dann heißt es meistens, man hätte für die Liebe keine Zeit. Sie glauben, in ihrem Leben ohne Liebe auskommen zu können, doch in Wirklichkeit leiden sie an einem Mangel an Energie und am Verlust der Begeisterungsfähigkeit, die sich nach wiederholten Enttäuschungen einstellen.

Doch die Lebensenergie kann sich selbst erneuern. Wie das Wasser einer Quelle fließt sie nicht schwächer, wenn man viel daraus schöpft. Wem die Kraft zu einem Leben aus der Liebe fehlt, der kann seine Energie nicht erneuern; er oder sie versteht nicht, die Quellen der Leidenschaft anzuzapfen.

Diese verschiedenen Merkmale finden sich nicht notwendigerweise alle bei ein und derselben Person; zu einem gewissen Grad hat sie jeder von uns. Aber einige allgemeine zugrundeliegende Ursachen können wir dennoch feststellen: die Ignoranz dem Pfad gegenüber, wie man ihn findet, wie man ihn beschreitet und was er überhaupt ist.

Unsere materialistische Sicht der Welt hat die Liebe zu einem Vorgang verkürzt, bei dem sich ein unwillkürlicher Hormonausstoß auf der psychischen Ebene mit bestimmten Phantasien verknüpft. Die spirituelle Wahrheit ist jedoch eine ganz andere. Wenn die Wände um uns gefallen sind, entdecken wir auf einmal, daß es um uns herum *viel zuviel* Liebe gibt und nicht etwa zuwenig. Liebe ist ewig und ohne Grenzen, doch wir schöpfen aus diesem Ozean nur mit einem Fingerhut. Rumi stellt dieses natürlichste und doch geheimste aller Mysterien in äußerster Einfachheit dar:

> »Ich blicke in dein innerstes Selbst und schaue das Universum, das noch nicht geschaffen ist.«

Das Mysterium der Liebe hat sich im Gang der Jahrhunderte nicht verändert. Wir sind es, die mit diesem Geheimnis nicht zurechtkommen. Es mag scheinen, daß die Liebe abstirbt, wenn das Herz eines Menschen erkaltet. Tatsächlich hat er sich aber nur von einer Kraft abgekoppelt, die beständig mit der Macht einer Flutwelle strömt. In dieser vollen, ungezügelten Kraft der Liebe zu leben ist beängstigend, solange man den Pfad zur Liebe nicht in völliger Hingabe bis ganz ans Ende gegangen ist.

♥ LIEBESLEKTIONEN:
DIE REINIGUNG DES HERZENS

Niemand wird über längere Zeit einem Pfad folgen, der unserer Natur widerstrebt. Trotz aller guten Absichten wird das notwendige innere Wachstum ausbleiben. Unser Körper beherbergt ein Zentrum, in dem Liebe und Geist eine Verbindung miteinander eingehen. Dieses Zentrum ist das Herz. Unser Herz schmerzt vor Liebesleid oder birst vor Wonne, es spürt Mitgefühl und Vertrauen, es ist leer oder voll. Innerhalb des Herzens befindet sich ein noch feineres Zentrum, das für den Geist empfänglich ist, wobei der Geist nicht als Gefühl oder körperliche Empfindung erlebt wird.

Aber wie kann man dann Kontakt dazu aufnehmen? Die spirituellen Meister sagen uns, daß der Geist als ein Zustand erlebt wird, in dem in erster Linie alles abwesend ist, was *nicht* Geist ist.

In Indien spricht man in diesem Zusammenhang vom *Netti, netti*, was eigentlich heißt: Nicht dies und nicht das. Der Geist unterliegt nicht der Kausalität, nicht den Beschränkungen von Raum und Zeit; er ist keine sinnliche Wahrnehmung, die man sehen, berühren, hören, schmecken oder riechen kann.

Das ist nicht gerade die übliche Art, etwas zu definieren. Stellen Sie sich einmal vor, Sie hätten die Farbe Weiß noch nie gesehen. Die ganze Welt bestünde nur aus den Farben Rot, Grün, Blau und all den anderen Farbschattierungen. Dann käme eines Tages ein Meister, der Ihnen ein buntes Hemd mit den Worten überreicht: »Wenn du dieses Hemd nur oft genug wäschst, wirst du sehen, daß es weiß ist.« Es ist unmöglich, das Weiß zu sehen, solange das Hemd noch nicht gewaschen ist. Weiß ist die Summe aller Farben und wird erst dann sichtbar, wenn keine einzelne Farbe mehr als solche zu erkennen ist.

In ähnlicher Weise ist unser Alltagsleben ein Leben voll bunter Sinneseindrücke, nicht nur von Farben, sondern von sämtlichen Reizen, die uns durch unsere Sinne zuströmen. Diese Sinneseindrücke mögen oft sehr angenehm sein, dennoch können sie uns nicht annähernd vermitteln, was Geist ist. Der Geist verbirgt sich unter den vielfältigen Schichten der Sinneseindrucke. Man muß sich dem Herzen anvertrauen und über den Geist meditieren, bis alle Deckschichten fortgespült sind, die sich über ihn gelegt haben.

Die folgende Meditationsübung soll Ihnen helfen, Ihr Herz rein genug für die Erfahrung des Geistes zu machen. *Reinigen* ist hier nicht im moralischen Sinn zu verstehen, sondern als Befreiung von Beeinträchtigungen und Verunreinigungen, ohne jegliche Bewertung. Um es mit William Blake zu sagen: »Wir säubern unsere Pforten der Wahrnehmung.«

Meditation über das Herz

Setzen Sie sich in einem ruhigen Zimmer bequem hin. Wählen Sie einen Zeitpunkt, an dem Sie allein, ungestört und frei von Termindruck sind. Der frühe Morgen ist am besten geeignet, weil man dann noch aufnahmefähig und frisch ist. Am späten Abend, wenn man sich allmählich auf die Nachtruhe vorbereitet, meditiert man besser nicht.

Schließen Sie die Augen, und konzentrieren Sie sich auf die Mitte der Brust, wo der Sitz des Herzens ist. (Das organische Herz befindet sich zwar links davon, aber das ist hier nicht von Bedeutung – das spirituelle Herz liegt zentral und direkt hinter dem Brustbein.)

Vermeiden Sie, auf Ihren Herzschlag zu lauschen oder auf die Pumpgeräusche in Ihrer Brust, sondern versuchen Sie, sich Ihr Herzzentrum als einen Raum bewußt zu machen, wo Ihre Empfindungen ein- und austreten. In seiner reinsten Form ist dieser Raum von zartem Licht erfüllt, wobei völlige Leere, Schwerelosigkeit, Sorglosigkeit und Frieden herrschen.

Das Licht kann in seiner Färbung von weiß über golden und blaßrosa bis ins Bläuliche spielen. Aber auch hier gilt: Versuchen Sie nicht, die Wahrnehmung des Lichts zu erzwingen. Auch für die Empfindung der »Reinheit« des Herzzentrums ist es noch zu früh; lassen Sie sich einfach auf jede Empfindung ein, die sich einstellt.

Lenken Sie die Konzentration zwanglos auf Ihr Herzzentrum,

atmen Sie ruhig, und spüren Sie, wie der Atem dorthin strömt. Vielleicht sehen Sie jetzt ein sanftes pastellfarbenes Licht, oder Sie empfinden eine gewisse Kühle, die sich in der Brust ausbreitet.

Fordern Sie nun, während der Atem ein- und ausströmt, Ihr Herz auf, es möge zu Ihnen sprechen. Formulieren Sie das nicht als Befehl. Wünschen Sie sich ganz einfach, daß alles, was Sie »auf dem Herzen haben«, seinen Ausdruck findet.

Horchen Sie jetzt fünf oder zehn Minuten lang auf das, was Ihr Herz Ihnen zu sagen hat. Es wird Gefühle, Erinnerungen, Wünsche, Ängste und Träume offenbaren, die es schon allzulang heimlich mit sich herumgetragen hat, und Sie werden feststellen, daß Sie gespannt zuhören.

Vielleicht erleben Sie gleich zu Anfang einen starken Ansturm von positiven oder negativen Gefühlen oder von längst vergessenen Erinnerungen. Es kann auch sein, daß Sie plötzlich anders atmen, daß Sie nach Luft schnappen oder seufzen. Lassen Sie es einfach geschehen.

Auch wenn Sie ins Tagträumen geraten oder langsam schläfrig werden, brauchen Sie sich deswegen nicht zu beunruhigen. Konzentrieren Sie sich nur immer wieder zwanglos auf Ihr Herzzentrum. Wie immer das Herz zu Ihnen spricht, ob in Trauer und Angst oder in Jubel und Freude – seine Botschaften werden Ihnen in jedem Fall guttun.

*Diese Meditation soll uns den Zugang zu den Botschaften
unseres Herzens öffnen.*

Wenn Sie diese Übung eine Zeitlang gemacht haben, werden Sie merken, daß hier Meditation, Reinigung und Bewußtwerdung ganz natürlich ineinanderfließen. Sie lernen, auf die spirituellen Botschaften und Absichten Ihres Herzens zu achten – das ist Meditation. Sie lösen Verdrängungen auf, indem Sie sie an die Oberfläche steigen lassen – das ist Reinigung. Und Sie hören Ihrem Herzen zu, unvoreingenommen und ohne auf das Ergebnis Einfluß zu nehmen – das ist Bewußtwerdung.

Das ist etwa so, als ob Sie ein Hemd so lange waschen, bis es

schließlich weiß wird. Wenn bei Ihnen starke negative Emotionen
oder sogar körperliches Unbehagen auftreten, brauchen Sie nicht
zu erschrecken. Machen Sie sich klar, daß all das aus Ihnen heraus-
will.

Richten Sie an diese Empfindungen und auch an die Stimmen
der Angst, der Wut oder des Zweifels, die sich erheben können, die
Bitte, sich ohne große Schmerzen und ohne viel Aufhebens zu verabschieden. (Bei anhaltenden Schmerzen in der Herzgegend sollten Sie natürlich unverzüglich Ihren Arzt aufsuchen, insbesondere
wenn in Ihrer Familie Herzkrankheiten aufgetreten sind.)

Meditation für Fortgeschrittene

Nach einigen Tagen oder Wochen werden Sie wissen, ob Sie die
Meditation zu einem regelmäßigen Bestandteil Ihres Tagesablaufs
machen möchten. Ich bin der Meinung, daß jedes spirituelle Pro-
gramm nur gewinnen kann, wenn es die Bedürfnisse des Herzens
einbezieht. Ein Leben aus dem Zentrum des Geistes ist das beständige Ziel eines jeden, der den Pfad der Liebe beschreitet.

Sie werden merken, daß mit fortschreitender Übung die beim
Meditieren auftretenden Empfindungen, Gedanken, Erinnerungen, Tagträume und auch die unwillkürlichen körperlichen Be-
gleiterscheinungen mehr und mehr nachlassen. Das Herzzentrum
kommt langsam als das zum Vorschein, was es in Wirklichkeit ist:
als Ruhe, Frieden, warmer Glanz oder sanftes Leuchten.

Dies sind vielleicht zunächst nur flüchtige Eindrücke, doch Sie
werden feststellen, daß sich auch in Ihrem Alltag allmählich ein
Wandel vollzieht. Ihr Gang wird sich beflügeln; Sie werden manchmal plötzlich das Gefühl haben, daß sich Ihre Brust weitet und daß
Ihnen danach zumute ist, tief und befreit durchzuatmen. Vielleicht
erleben Sie auch, wie Sie ganz unerwartet von Wellen der Erhebung
und des Wohlgefühls durchflutet werden.

Das sind alles Anzeichen dafür, daß die Panzerung des Herzzentrums, die sich die meisten Menschen zugelegt haben, allmählich aufbricht. Das Herzzentrum soll aber nicht unter Druck und

Zwang stehen, sondern ungezwungen und offen sein, sonst können sich keine tiefen spirituellen Einsichten einstellen. Verkrampfung, Angst, Verspannung, all das verhindert, daß der Geist in uns
eintritt. Eigentlich muß er auch gar nicht erst eintreten, denn er ist
immer schon in uns; doch es ist, als würden uns Licht und Erkenntnis überfluten, wenn wir mit ihm in Kontakt treten. Das ist
es, was wir den Strom der Liebe nennen.

Schon in der ersten Meditation über das Herz gehen Liebe und
Geist eine Verbindung ein. Die fortgeschrittene Meditation vertieft
diese Erfahrung und hebt sie immer mehr ins Bewußtsein. Mit fortschreitender Übung werden Sie es zusehends einfacher finden, Ihr
Herz um Rat zu fragen und seine Weisheit zu erbitten – oder auch
einfach nur zu spüren, daß Sie geliebt werden.

Wenn Sie zu Ihrem Herzen sprechen wollen und wenn das Herz
zu Ihnen spricht, bedarf es keiner Worte. Der Geist spricht zu uns
als wortlose Bestätigung: Wir nehmen uns selbst an, wir sind geduldig, wir fühlen uns wohl in der eigenen Haut. Diese Erfahrungen gehen Hand in Hand mit der wachsenden Reife Ihrer Beziehung zum Zentrum des Herzens.

»WER WIRD MICH RETTEN?«

Sie hieß Nina. Sie stellte sich gern als jemand dar, der sein Leben
absolut im Griff hat. Sie war eine intelligente, begabte und finanziell unabhängige Frau, die mit ihrem Geld auf soziale und verant-
wortungsbewußte Weise umging. Im Privatleben war sie von
großer Spiritualität. Oft rief sie mich mitten in der Nacht an, weil
sie unbedingt über eine neue aufregende Entdeckung mit mir reden wollte, auf die sie bei ihrer intensiven und ausgiebigen Lektüre
von alten Schriften, Meistern und »Botschaften« jeglicher Herkunft
gestoßen war.

Ich kannte Nina noch aus den Tagen meiner Tätigkeit an einem
Krankenhaus in Boston, wo sie damals zum Klinikvorstand
gehörte. Anfang des Jahres war ich einer der Gäste bei ihrer letzten
Hochzeitsfeier.

Das Fest fand vor dem Hintergrund eines spektakulären Sonnenuntergangs über dem Pazifik auf einem Hügel in Oregon statt. Es gab eine unkonventionelle Trauungszeremonie. Neben den vertrauten christlichen Elementen enthielt das Ehegelöbnis von Braut und Bräutigam auch ein buddhistisches Gebet und ein New-Age-Gedicht über zwei Seelenverwandte, die sich in den Weiten des Universums endlich gefunden hatten. Freude lag in der Luft und war wie ein warmer, nährender Regen aus dem dämmrigen Firmament zu spüren.

Für Nina war diese Zeremonie ein markanter Meilenstein ihrer persönlichen Entwicklung. »Diesmal mache ich alles richtig«, hatte sie erklärt. Sie war jetzt fünfundvierzig, hatte schon eine Ehe hinter sich und war Mutter zweier mittlerweile erwachsener Kinder. Ihre Scheidung war das Ergebnis ihrer Entwicklung: Sie hatte ihr früheres Selbstbild, das weitaus konventioneller als spirituell geprägt gewesen war, aufgegeben.

»Ich habe so gelebt, wie meine Mutter es mir beigebracht hat«, sagte sie. »Denk nicht an dich selbst, sondern daran, wie du deinen Mann und die Kinder glücklich machen kannst. Wenn deine Liebe nur selbstlos genug ist, dann kommt der Rest von ganz allein.«

Aber nach neunzehn Jahren Ehe hatte Nina das Gefühl, für niemanden etwas zu bedeuten. Ihre Liebe hatte den anderen Halt gegeben, aber sie selbst war leer ausgegangen. Sie beschloß, etwas für sich zu tun. Therapie, Meditation, Rückzüge und Frauengruppen schlossen sich in dichter Folge an.

Als ihr Mann sich gegen diese neue Entwicklung sperrte, fühlte sich Nina ängstlich, aber entschlossen. Die Tür zur Selbsterfahrung war aufgestoßen, und es war ihr wichtig, die neue Persönlichkeit, die sie entwickelte, auch in ihre Beziehung einzubringen.

»Mein erster Mann wollte mich unbedingt in einer Schublade festhalten, in die ich nicht mehr hineinpaßte«, erklärte sie. »Und das hieß für mich, daß ihm andere Dinge wichtiger waren als ich. Es hat zwar lange gedauert, bis mir klar wurde, was ich von einer Ehe erwarte, aber ich wollte mit einem Menschen zusammensein, der mich akzeptieren und wachsen lassen kann. Das zumindest ist meine Vorstellung von jemandem, der mich liebt.«

Nina hatte das Gefühl, in Gregory einen solchen Menschen gefunden zu haben. Nach einer stürmischen Affäre, die sich anbahnte, als sie und Gregory in Los Angeles beim gleichen Therapeuten aufeinandertrafen, stürzte sich Nina nur ein paar Monate nach ihrer Scheidung in eine neue Ehe.

Zehn Monate danach begegnete ich ihr auf einem Empfang. »Wie geht's Gregory?« erkundigte ich mich.

Ninas Blick wurde verschwommen. »Ach, mit uns läuft es zur Zeit nicht so gut. Wir sind beide der Meinung, daß es vielleicht ganz gut ist, wenn wir uns eine Weile nicht mehr sehen. Ich weiß nicht – es ist einfach so passiert.« Ihre Stimme verklang, sie sah erschöpft aus. Die Frau, die sich von ihrer zweiten Ehe so viel versprochen hatte, war kaum wiederzuerkennen.

Wie sie mir später gestand, war Gregory zwar nicht dominant oder schwer zufriedenzustellen wie ihr erster Mann, aber sie merkte, daß sie böse auf ihn wurde und den Motiven, aus denen er sie geheiratet hatte, mißtraute. Sie waren beide sehr spirituell, doch die Seelenverwandtschaft, auf die Nina gebaut hatte, fehlte einfach.

Nina sagte etwas sehr Bezeichnendes: »Soll ich dir was gestehen? Jeden Morgen beim Aufwachen stelle ich mir immer wieder die gleiche Frage: ›Wer wird mich bloß retten?‹«

»Was glaubst du denn, wer das sein könnte?« fragte ich.

Sie zuckte die Achseln. »Wahrscheinlich niemand. Ich weiß es nicht.«

Ich kenne Nina gut genug, um zu wissen, daß sie sich nicht einfach als das unschuldige Opfer oder als die bedrängte Unschuld versteht. Der Grund dafür, daß diese Frage auftauchte, lag tiefer. Nina gab ihrer fundamentalen und beklemmenden Angst vor der Einsamkeit Ausdruck. Die Frage: »Wer wird mich bloß retten?« bedeutet: »Kann ich aus eigener Kraft das Leben meistern?«

Diese Angst zeigt unser gewaltiges Bedürfnis nach Sicherheit. Oft ist es so groß, daß es sich der Einsicht, dem Wagemut und der Freiheit, die wir so nötig brauchen, aber nicht zu finden wissen, als zusätzliches Hindernis in den Weg stellt.

Als wir etwas mehr Zeit füreinander hatten, setzte ich Nina all

das auseinander. Ich machte ihr begreiflich, daß ihre überstürzte
Affäre und das Tempo, mit dem sie Gregory unmittelbar darauf geheiratet hatte, ein deutlicher Hinweis auf ihre Unsicherheit nach
der Scheidung war.

»Wenn wir uns auf den spirituellen Pfad begeben, treten wir
eine sehr einsame Wanderung an, und obendrein müssen wir uns
dabei über alte Prägungen hinwegsetzen, die uns, und ganz besonders den Frauen, als Klotz am Bein hängen. Diese erlernten
Überzeugungen lassen uns glauben, daß es zu unsicher ist, sich
alleine auf den Weg zu machen, und daß wir es ohne Hilfe von
außen nicht schaffen werden.

Mit anderen Worten, dein Bemühen, dir selbst treu zu bleiben,
gerät in Konflikt mit der Treue zum Lebenspartner. Die Gesellschaft befindet sich zwar im Wandel, und die Forderung nach Un-
abhängigkeit ist heute für beide Geschlechter kein Thema mehr,
aber das ändert noch lange nichts an dem Gefühl, vollkommen
allein dazustehen, wenn man sich über alte Konventionen, alte
Rollenmodelle und alte soziale Normen hinwegsetzt.«

»Dann muß ich mich also zwischen Ehe und Alleinsein entscheiden?« fragte Nina.

»Nein«, sagte ich. »Jetzt spricht schon wieder die Angst aus dir.
Deine Liebe zu Gregory kann sogar der Ausgangspunkt für deine
Selbstfindung sein. Das eine schließt das andere nicht aus.«

Die Spiritualität beginnt mit einer Vision, aber die Realität paßt
nicht dazu. Der Pfad schafft die Verbindung dazwischen. Menschen, die inneres Wachstum suchen, machen meistens den ersten
Schritt, indem sie sich, wie Nina, mit der umfangreichen inspirati-
ven Literatur beschäftigen. Sie werden immer unzufriedener über
den Gegensatz zwischen ihrem eigenen Leben und der erleuchteten Existenz, von der sie in den Büchern lesen. Dann fassen sie den
Entschluß, ihr Leben zu ändern.

Es bleibt natürlich nicht aus, daß manche Leute – wie Ninas
erster Mann, auch Eltern und alte Freunde – sich nicht mit der
Vision vereinbaren lassen. Zudem scheint sich nach dem Bruch
mit dem bisherigen Leben nichts Entscheidendes zu ändern. Die
quälende Unsicherheit und Einsamkeit, die Verwirrung und die

Konflikte sind nach wie vor da. Aber statt über diesen »Fehlschlag« enttäuscht zu sein, müssen wir erkennen, daß alle spirituelle Arbeit selbst, mit und für sich selbst geleistet wird. Niemand »von außen« übernimmt die Verantwortung. Es ist in Ordnung, daß man eine Kluft zwischen der Vision und der Realität empfindet. Wenn man auf dem spirituellen Weg ist, gehört dieses Gefühl dazu. Gäbe es keine Lücken zu schließen, dann wäre man ja auch nicht unterwegs.

Auf den Pfad zur Liebe begibt man sich aus einem Bedürfnis heraus, das an einem bestimmten Punkt auch destruktiv sein kann, weil es aus einem Gefühl des Mangels und aus Angst entstanden ist. Deshalb muß dieses Bedürfnis durch zwei weitere Aspekte ausbalanciert werden: durch die Bereitschaft zum Wandel und die Unterstützung von außen.

Es ist nicht leicht, diese drei Voraussetzungen alle gleichzeitig zu schaffen, und wenn man nicht weiß, daß sie bestehen, ist es fast unmöglich. Für eine hochmotivierte Frau wie Nina war es besonders schwierig, ihre Verletzlichkeit zuzugeben und ihr Bedürfnis klar auszudrücken. Ihre Bereitschaft, sich zu ändern, war echt. Sie war ja der Beweggrund für ihre Scheidung gewesen – aber war sie wirklich groß genug? In Gregory, der in spirituellen Dingen nicht unerfahren war, fand sie das genaue Gegenteil ihres ersten Mannes, aber vielleicht spürte sie, daß Gregory ihre tiefe Unsicherheit nur allzu klar erkannte.

Unterstützung hängt letztlich davon ab, daß wir sie annehmen können, wenn sie sich uns bietet. Ich habe gewisse Zweifel, ob Nina schon ganz offen war diesem Mann gegenüber, den sie ja erst ein paar Monate vor dem gemeinsamen Zusammenleben kennengelernt hatte.

Das Bedürfnis, die Bereitschaft zum Wandel und Unterstützung: All das ist notwendig, wenn man den Pfad zur Liebe beschreiten will. Es sind an den Geist gerichtete Signale, daß wir bereit sind, uns von den traditionellen Lebensweisen zu lösen – denn das bisherige Leben einfach nur umzuwandeln ist nicht möglich.

Ich machte Nina noch auf eine andere, tiefere Bedeutung ihrer Frage »Wer wird mich bloß retten?« aufmerksam. Sie drückte damit auch die Vorahnung aus, daß es für sie eine Rettung gibt. Allerdings nicht durch einen Mann, sondern durch ihren eigenen Geist, der sie ja überhaupt erst dazu gebracht hatte, sich auf den Pfad zu begeben.

Ich riet Nina, regelmäßig über ihr Herz zu meditieren. Sie erzählte mir von ihren Reaktionen: Manchmal mußte sie jäh nach Luft schnappen oder konnte nur stoßweise atmen, gelegentlich schluchzte sie, um anschließend tief und entspannend aufzuseufzen; sie bekam schmerzhafte Stiche in der Brust, Verkrampfungen in Nacken und Bauch und verspürte immer wieder einen bohrenden Drang, die Meditation abzubrechen und aufzuspringen. Auf meine Frage, was dabei in ihrem Kopf vorgegangen sei, berichtete sie von Erinnerungsfetzen an längst Vergangenes, anfallartiger Traurigkeit, plötzlichen Phantasien, zwanghaftem Abspulen der Alltagssorgen und von einigen wenigen flüchtigen Momenten der Stille.

Das ist absolut typisch für jemand, der sich dem Geist allmählich öffnet. Ein gewaltiger Reinigungsprozeß kommt in Gang, wenn das Körper-Geist-System seine alten Energien abbaut. Wie alles, was man dem Geist überläßt, versprach auch Ninas Wandlung ein Vorgang von großer Schönheit zu werden. Im Moment war sie allerdings noch zu verwirrt, um das zu erkennen.

In unserer Unterhaltung ließ ich eine Bemerkung fallen, über die Nina sich sehr wunderte. »Der Zustand, in dem du dich jetzt befindest, gefällt mir, falls du mir diese Bemerkung erlaubst«, hatte ich gesagt.

»Was? Dieses fürchterliche Durcheinander?« gab sie zurück.

»Also, erstens denke ich nicht, daß du in einem Schlamassel steckst. Bei dir gärt es, und das ist ein großer Unterschied. Durch deine Ratlosigkeit bist du jetzt ganz offen.«

»Du meinst, das Ganze hat mein Leben auf den Kopf gestellt«, korrigierte sie mich.

»Und was wäre daran so schlimm? Wir sind alle verwundbar, jeder von uns. Wer das abstreiten will, muß sich hinter einem Wall von Verdrängungen verstecken. Das willst du doch nicht.«

Sie sah auf einmal müde aus. »Ich will doch bloß glücklich sein.«

»Das will jeder. Aber du willst doch noch viel mehr«, sagte ich zu ihr. »Du willst *wirklich* leben. Und um das zu erreichen, bist du bereit, alles auf dich zu nehmen. Das ist die Botschaft, die dein Geist dir jetzt zukommen läßt.«

Ihre Stimmung änderte sich, und sie sah mich mit einem schwachen Lächeln an. »Es wäre schön, wenn ich ab und zu einen warmen Körper neben mir spüren könnte«, sagte sie.

An Ninas Situation ist nichts vordergründig »Spirituelles«, aber der Pfad zur Liebe macht immer dann am nachdrücklichsten auf sich aufmerksam, wenn wir mit unseren bisherigen Verhaltensmustern, Überzeugungen und Problemlösungen nicht mehr weiterkommen. Unzufriedenheit, Unruhe und Gärung kennzeichnen den Beginn des Weges.

Wir umarmten uns zum Abschied. »Du glaubst, daß dich im Moment niemand liebt«, sagte ich, »und du zweifelst daran, ob du noch liebenswert bist. Statt dessen fühlst du dich, als ob du versagt hast, beziehungsweise als ob man dich im Stich gelassen hat. Du solltest diese Gefühle zulassen. Versuch' nicht, vor ihnen davonzulaufen.

Aber du mußt dir klarmachen, daß der Punkt, um den es wirklich geht, ganz woanders liegt: Du schlägst dich mit einer Vorstellung von Liebe herum, die viel zu eng ist. Deine Definition muß viel umfassender werden. Deine Vorstellung von Liebe darf nicht bei deinen eigenen emotionalen Bedürfnissen stehenbleiben. Dann wirst du eine ganz neue Perspektive gewinnen. Du wirst nicht mehr nur Mißerfolg und Versagen sehen. Im Gegenteil – du wirst die Vollkommenheit entdecken.

In jedem Augenblick, von der Sekunde deiner Empfängnis im Mutterleib an, hat sich dein Leben nur um die Liebe gedreht. Deine Existenz ist ein Ausdruck der Liebe, der einzig wirkliche Ausdruck, den die Liebe haben kann. Alles andere ist eine Illusion.«

D I E

S T U F E N

D E R

L I E B E

1. STUFE
ANZIEHUNG

DAS GEHEIMNIS DER ANZIEHUNG

In unserer Kultur empfinden wir es nicht mehr als spirituelles Ereignis, wenn wir uns verlieben – und doch war das jahrhunderte-
lang die gängige Vorstellung. Auf die Frage: »Woher kommt die
Liebe?« gab es nur eine Antwort: von Gott. Im Neuen Testament
steht geschrieben:

> »Wer nicht liebt, kennt Gott nicht; denn Gott ist Liebe.«

Das Leben von Heiligen aller Religionen zeigte die spirituelle Dimension der Liebe; aber auch der einfachste Mensch, der sich verliebt hatte, spürte einst, daß er auf heiligem Boden wandelte. Besonders in der westlichen Welt ist der göttliche Bezug der Liebe im
Lauf der Jahrhunderte verlorengegangen. Nach und nach wurde
die romantische Liebe zu einer eher irdischen Angelegenheit, die
sich mehr auf die bezaubernde Persönlichkeit eines anderen Menschen konzentrierte. (»Wie lieb' ich dich? Laß mich die Arten
zählen«, so sagt Elizabeth Barret Browning in den »Sonetten aus
dem Portugiesischen«.)

Sich zu verlieben ist in geistiger Hinsicht ein Sichöffnen, eine
Gelegenheit, in die Zeitlosigkeit einzutreten, um dort zu bleiben
und die Wege der Seele kennenzulernen, um dieses Wissen dann
hinunter auf die Erde zu bringen.

Solche Erlebnisse sind – und das gilt nicht nur, wenn man sich
verliebt hat – zeitlich begrenzt. Die eigentliche Frage lautet: Was
sollen wir tun, wenn wir diese Öffnung erleben? Die höchsten spirituellen Werte – Wahrheit, Glaube, Vertrauen und Mitgefühl – erwachsen aus den winzigen Samenkörnern der Alltagserfahrung.
Als Keimlinge sind diese Werte hochgradig empfindlich, und es
gibt keine Garantie, daß sie nicht verkümmern und absterben. Wie
können wir dieses aufkeimende Pflänzchen, diese erste schüch-

terne Öffnung unseres Herzens, hegen und pflegen, damit es sich entwickeln und kräftig wachsen kann?

Dazu müssen wir das Verliebtsein, die erste Station auf der Reise der Liebe, als Teil eines zeitlosen Kreislaufs verstehen lernen, der einen stetig wachsenden Einblick in die spirituelle Wirklichkeit mit sich bringt. Die Erkenntnisse in diesem ersten Stadium ähneln – natürlicherweise – den »Überzeugungen« bei unserer Geburt:

Die Liebe weiß, daß du existierst,
und sie kümmert sich um deine Existenz.

Der zeitlose Geist kann dich in dieser Welt
der Vergänglichkeit berühren.

Wenn dein Herz neu geboren wird,
wirst du eine neue Welt erblicken.

Liebe altert nie. Sie erneuert sich mit jedem Menschen,
den du liebst.

Fleisch und Geist können die gleichen Wonnen empfinden.

Im Angesicht der Liebe sind alle Menschen unschuldig.

Wenn Sie sich verlieben, strömen Ihnen diese Erkenntnisse zu wie frisches Wasser, obwohl sie so alt sind wie der Pfad zur Liebe selbst. Das Gefühl der romantischen Liebe ist so überwältigend, daß man leicht den Wert dieser Einsichten übersieht. Sie gehören zu den größten Freuden, die uns auf dieser Welt zuteil werden können. Für Verliebte beginnt das innere Wachstum in einem Zustand der Verzückung.

Man kann vier Stufen des Verliebtseins unterscheiden, die zwar nicht immer auf die genau gleiche Weise erlebt werden, die aber ganz natürlich aufeinander folgen, wenn freundschaftliche Gefühle sich zu einer leidenschaftlichen Bindung verdichten. Die vier Stufen sind:

1. Anziehung
2. Sich verlieben
3. Werben
4. Intimität

Die Anziehung beginnt, sobald jemand auf eine ihm meist völlig unbewußte Art an einen anderen Menschen »gerät«, der ihn fasziniert. Das eigentliche Sichverlieben, durch das die geliebte Person zum ein und alles wird, folgt bald darauf. In dieser Phase nimmt die Phantasie eines verliebten Menschen oft wilde und extreme Formen an. Wenn sich keine unüberwindlichen Hindernisse in den Weg stellen, beginnt als nächstes die Phase der Werbung. Die geliebte Person wird umworben, um bei ihr die gleiche Zuneigung hervorzurufen, von welcher der oder die Verliebte so heftig ergriffen ist.

Hat die Werbung Erfolg, schließt sich die Phase der Intimität an. Die sexuelle Komponente, die eine starke Rolle spielt, wenn man sich verliebt, und die bisher auf die Phantasie beschränkt war, kann nun ausgelebt werden. Durch die Intimität findet nun die Vereinigung zweier Menschen in der Wirklichkeit statt und nicht mehr nur in einer einzelnen Psyche. Das rosige Bild, das sich der Verliebte gemacht hat, trifft auf einen wirklichen Menschen. Die Phantasien erweisen sich im guten wie im schlechten als das, was sie sind, und der Weg zur nächsten Station der Reise, zur Partnerschaft, bahnt sich an.

Die vier Stadien des Verliebtseins folgen in natürlicher, direkter Linie aufeinander, gleichzeitig aber führen sie in einem geschlossenen Kreisbogen zum Anfang zurück. Durch die Intensität der Gefühle und der gegenseitigen Anziehung schwebt ein jung verliebtes Paar für eine gewisse Zeit privilegiert über den Zwängen des Alltags. Doch wenn die Flügel der Phantasie lahm geworden sind, finden sich die Verliebten entweder nach einem harten Sturz auf dem Boden der Tatsachen wieder, oder sie haben es verstanden, ihre neugeborenen Erfahrungen in das Wachstum ihrer Liebe einzubeziehen.

Man verliebt sich zwar spontan, aber keineswegs zufällig. Zufälle gibt es im spirituellen Leben nicht. Es gibt lediglich bestimmte Grundmuster, die uns bislang entgangen sind.

Liebe beruht immer auf der Suche nach dem Geist.

So lautet der erste grundlegende Satz über die romantische Liebe – bei der es in Wirklichkeit nicht um zwei Menschen geht, die sich total ineinander verliebt haben, sondern um zwei Menschen, die im jeweiligen Partner den Geist suchen.

Eine poetische Darstellung dieser Gedankenwelt kommt aus dem alten Indien. Der mythische König Yajnavalkya spricht zu seiner Königin über die Liebe:

> »Wahrlich, der Ehemann ist liebevoll nicht um seiner selbst willen, sondern um der Seele willen.
> Und sein Weib ist liebevoll nicht um ihrer selbst willen, sondern um der Seele willen.
> Und die Söhne sind liebevoll nicht um ihrer selbst willen, sondern um der Seele willen.
> Fürwahr, meine Geliebte, die Seele ist es, die man sehen muß, die Seele ist es, die man hören muß, die Seele ist es, die man betrachten muß, und die Seele ist es, die man kennen muß.«

Diese Passage aus der »Brihadaranyaka Upanishad«, der »Geheimlehre des großen Waldbuches«, ist uralt. Wenn es stimmt, was sie behauptet, dann ist es unbestreitbar ein Akt der Seele, wenn man sich verliebt. Die Liebe treibt uns zur leidenschaftlichen Vereinigung mit dem geliebten Menschen, doch noch tiefer geht die Leidenschaft für den Quell aller Liebe, für das höhere Selbst.

GLÜCKSELIGKEIT

Alle Geschöpfe, die sich mit einem andersgeschlechtlichen Artgenossen fortpflanzen, müssen sich zu einem Partner hingezogen fühlen. Die Menschen sind insofern einzigartig, als sie erkennen

können, was es *bedeutet*, wenn man sich zu einem anderen hingezogen fühlt. Es ist also nicht dasselbe, ob man sich wie vom Blitz
getroffen unbewußt verliebt oder ob man das Geschenk der Liebe
mit offenen Armen begrüßt, im vollen Bewußtsein, daß man etwas
empfängt, wonach die Seele lechzt, was dem Leben Sinn verleiht
und was den höchsten Stellenwert im Leben besitzt.

Im alten Indien benutzte man für den Zustand der Liebes-
ekstase das Wort *Ananda*, was soviel bedeutet wie »Bewußtsein der
Glückseligkeit«. Die alten Weisen waren der Meinung, daß der
Mensch dazu bestimmt ist, immer und jederzeit an *Ananda* teilzuhaben. Wie früher schon angemerkt, heißt es in einem berühmten
Vers der *Veden* über den Menschen: »In Glückseligkeit wird er empfangen, in Glückseligkeit verbringt er sein Leben, zur Glückseligkeit kehrt er zurück.«

Ananda ist weitaus mehr als Lust, auch mehr als die intensivste
sexuelle Lust. *Ananda* ist eines der drei Worte, mit denen die Veden
die wahre Natur des Geistes beschreiben: *Sat Chit Ananda* – ewiges
Sein im Bewußtsein der Glückseligkeit.

Wie wir noch sehen werden, endet der Pfad zur Liebe mit der
endgültigen Verwirklichung dieser einfachen Formel. *Sat* ist die
ewige Wahrheit, die alles, was existiert, aufrechterhält. Wo *Sat*
herrscht, wird dem Bösen und dem Leid der Raum genommen,
denn alles steht in Verbindung mit der Einheit. *Chit* ist das absolute, unwandelbare Bewußtsein dieser Einheit. Es ist die Fülle des
absoluten Friedens, der durch keinerlei Ängste getrübt werden
kann. *Ananda* ist die absolute Freude, die aus dem Bewußtsein dieser Einheit erwächst. Es ist die unwandelbare Glückseligkeit, der
wir in all unseren begrenzten Ekstasen zustreben.

Der Pfad der Liebe führt uns zur vollen und zweifelsfreien Erkenntnis aller drei Aspekte. Aber derjenige, auf den wir hier auf Erden am häufigsten einen Blick erhaschen, ist *Ananda* – durch das
Glück der Liebe.

Durch die Intensität der Glückseligkeit unterscheidet sich das
Verliebtsein von allen übrigen Erscheinungsformen der Liebe.

Zwei Menschen, die voneinander fasziniert sind, erleben eine Revolution ihres innersten Wesens, weil sie sich plötzlich der Morgenröte des Glücks gegenübersehen. Die spirituellen Meister versichern uns, daß wir alle in Glückseligkeit geboren werden, aber diese Tatsache wird durch die hektische Betriebsamkeit des Alltagslebens verdeckt. Trotz des Chaos versuchen wir jedoch, *Ananda* wiederzufinden. Die kleinen Freuden sind wie winzige Tropfen, durch die der Ozean des *Ananda* hindurchschimmert.

Die Einsichten in dieser Phase entstehen aus unserer Sehnsucht, das Glück zu finden:

Die Glückseligkeit ist ein natürlicher Bestandteil des Lebens,
aber wenn wir sie zudecken, müssen wir sie in anderen suchen.

Unter der Maske der schmerzlichen Sehnsucht
verbirgt sich die Ekstase der Glückseligkeit.

Glückseligkeit ist kein Gefühl, sondern eine Daseinsform.

In der Glückseligkeit ist die Liebe allumfassend.

Unser Hunger danach, in das verlorene Paradies der Glückseligkeit zurückzukehren, ist einer der Gründe, weshalb wir uns niemals zufällig verlieben. Wir alle wissen in unserem Unterbewußtsein, welche Wirkungen die Liebe auf die Psyche hat. Isolierte, frustrierte, einsame Menschen verändern sich plötzlich in einer Weise, die sich jeglicher Erklärung entzieht. Angst und Selbstzweifel weichen der Ekstase. Im Neuen Testament lesen wir in den Johannesbriefen:

»Furcht ist nicht in der Liebe, sondern die vollkommene Liebe treibt die Furcht aus.«

Das Glücksgefühl, einen Ort des Friedens und der Sicherheit betreten zu dürfen, zieht sich trotz aller Höhen und Tiefen, die unvermeidlich folgen werden, durch das ganze erste Stadium des Verliebtseins.

Oft rechnen wir gar nicht mehr damit, daß auch uns *Ananda* beschert sein könnte, denn vielfach muß man erst eine lange Periode
der unerfüllten Sehnsucht durchleben, bevor man sich endlich verliebt. Dieses Stadium ist das negative Gegenstück zum Verliebtsein,
aber zugleich ist es auch ihr eigentlicher Anfang, denn ohne Abstand und Sehnsucht gäbe es keine Anziehung. Um das Glück zu
finden, müssen wir dort anfangen, wo es nicht vorhanden ist. Und
dieser Ort ist in unserer Gesellschaft nicht besonders schwer zu
finden.

DIE ANGSTVOLLE SUCHE

Anziehung kann sich erst dann entfalten, wenn man jemanden gefunden hat oder selber von jemandem gefunden worden ist, den
man lieben kann – und hier beginnen die Schwierigkeiten. Selten
schlägt unser Herz höher, als wenn wir uns verlieben, aber es gibt
auch kaum etwas, das größere Ängste auslöst.

Unsere Gesellschaft scheint zu glauben, man müsse sich emsig
und unentwegt auf Partnersuche befinden. Wir werden pausenlos
mit Bildern der romantischen Zweisamkeit bombardiert, doch die
entsprechende Wirklichkeit scheint uns komischerweise dauernd
zu entwischen. Je reichlicher wir von Kino und Fernsehen mit Ver-
führungskünsten eingedeckt werden, desto weniger scheinen die
Leute zu verstehen, was es mit der Liebe eigentlich auf sich hat.

Die Gefühlslage, in der man sich befindet, wenn man sich verliebt, ist leicht zu beschreiben. Sie ist mit Tausenden von angenehmen Vergleichen, von der Honigsüße bis zum Rosenduft, belegt
worden. Die entsprechenden Darstellungen sind allgegenwärtig,
als ob unsere zugrundeliegende Unsicherheit dadurch behoben
werden könnte, daß wir in Schnulzen baden.

Sich wirklich zu verlieben, geht jedoch viel tiefer unter die Haut
als jedes vorfabrizierte Bild, denn dieses Erlebnis ist eine konzentrierte Mischung aus Liebe und Sehnsucht, aus verzehrendem Verlangen und stillem Leid, aus dem Entzücken über eine flüchtige
Berührung und dem Schmerz über jeden Moment der Trennung.

All dies ist uns bestens bekannt, dennoch hilft uns unser Wissen kaum, die quälende Befürchtung zu vertreiben, daß wir nicht für die Liebe ausersehen sind, daß irgend etwas mit uns nicht so recht stimmt und wir deshalb dieses erstaunlichen Geschenks, uns zu verlieben, nicht würdig sind.

Bei der Suche nach Liebe sind bei den meisten von uns zwei bestimmende psychologische Kräfte am Werk: eine Idealvorstellung von der Liebe und die Furcht, daß wir zu kurz kommen und daß sich überhaupt niemand findet, der uns liebt.

Diese Antriebe sind einer wie der andere selbstschädigend, wenn auch auf jeweils andere Weise. Wenn Sie ein Idealbild der Liebe mit sich herumtragen, dann verpassen Sie die reale Liebe, wenn sie Ihren Weg kreuzt. Die Liebe beginnt mit alltäglichen Begegnungen, in denen die Saat eines Versprechens enthalten ist. Sie fällt nicht gleich mit der Tür ins Haus. Das Samenkorn kann man leicht übersehen, und nichts macht uns dafür so blind wie starre Vorstellungen.

Ganz ähnlich wird uns nie jemand anziehend finden, solange wir von Zweifeln zerfressen herumlaufen, ob uns denn jemals ein Mensch mit seiner Liebe beglücken wird. Nichts steht der Liebe mehr im Weg als Angst und Befangenheit.

Auch das krampfhafte Bemühen, »gut« auszusehen, ist nur eine Form dieser Selbstzweifel, welche obendrein sofort erkannt werden, auch wenn der Betreffende sich noch so bemüht, sie zu verbergen. Unsere soziale Konditionierung ist allerdings so stark, daß für Kosmetik, modische Kleidung und Schönheitschirurgie um Millionen höhere Beträge aufgewendet werden als beispielsweise für Psychotherapie – obwohl die meisten Menschen sich dadurch, daß sie ihre Neurosen in den Griff bekommen, wesentlich attraktiver machen könnten als durch eine gertenschlanke Figur oder durch modische Kleidung.

Bei der Suche nach einem liebenden Partner verfallen die meisten von uns in diese selbstschädigenden Haltungen. Männer und Frauen versuchen unter der Fuchtel von Idealvorstellungen und Selbstzweifeln eine liebevolle Partnerschaft aufzubauen, die aber unweigerlich hinter den großen Hoffnungen zurückbleiben muß.

All diese untauglichen Taktiken gehen darauf zurück, daß wir jener inneren Stimme Gehör schenken, die von nichts anderem als Liebe redet und unser Verhalten bei unserer Suche lenkt, obwohl diese Stimme eigentlich ziemlich lieblos ist. Die meisten der folgenden wenig dienlichen Verhaltensweisen dürften uns allen wohlbekannt sein:

• Wir messen uns ständig an einem Ideal, dem wir niemals gerecht werden können. Die lieblose innere Stimme sitzt uns unentwegt im Nacken: »Du bist nicht gut genug, schlank genug, glücklich genug, gefestigt genug …«

• Wir suchen die Bestätigung durch andere. Bei diesem Verhaltensmuster wird unsere innere Unzufriedenheit in die Hoffnung verpackt, daß eine außenstehende Autorität kommen möge, die uns diese Last von der Seele nimmt. Hier flüstert uns die lieblose Stimme zu: »Rühr dich nicht, bis die/der Richtige kommt.« (Die/der Richtige ist in diesem Fall jemand wie die gute Fee im Märchen, die das häßliche Entlein in einen Schwan verwandelt.) Da es sich hierbei um eine Fiktion handelt, erscheint die/der Richtige natürlich nie.

• Wir glauben, daß die Liebe etwas Magisches ist und wie ein Blitz aus heiterem Himmel herabfährt, vollkommen unberechenbar und vor allem dann, wenn man am wenigsten damit rechnet. Viele Leute warten untätig darauf, daß dieses Wunder geschieht. Diese passive Haltung maskiert sich zwar als Hoffnung, aber in Wirklichkeit ist sie eine Form der Hoffnungslosigkeit, bei der die lieblose innere Stimme sagt: »Du kannst nichts weiter tun als abzuwarten, ob jemand kommt, der dir seine Liebe schenken möchte.«
Darunter verbirgt sich die Überzeugung, daß man es unmöglich wert sein könne, geliebt zu werden – auf gar keinen Fall auf die leidenschaftliche und Erfüllung spendende Weise wie in unseren Träumen. Die Hoffnung, daß jemand uns die Hand reichen und seine Liebe schenken möge, ist eine Bankrotterklärung an unsere Fähigkeit, unser eigenes Leben zu gestalten.

• Schließlich gibt es jene Haltung, bei der man sich darauf verläßt, daß die Liebe, wenn sie denn kommt, schon von alleine alle Hindernisse beseitigen wird, die ihr im Wege stehen. Liebloses Verhalten aller Art gewöhnt man sich einfach nicht ab mit der Begründung, daß wir schlagartig warmherzig, offen, vertrauensvoll und zutraulich werden würden, sobald uns der Zauberstab der Liebe berührt.

Die lieblose innere Stimme läßt uns in völlige Untätigkeit verfallen, indem sie sagt: »Es ist doch ganz egal, wie du mit den Leuten umgehst. Sie lieben dich ja doch nicht, und wenn mein Idealpartner des Weges kommt, können sie dir erst recht egal sein.« In diesem Fall verbirgt sich dahinter die Überzeugung, daß man sich nach eigenem Gutdünken aussuchen kann, wen man lieben möchte, und sich um diejenigen, die man zurückweist, keinen Deut zu scheren braucht.

Gibt es vielleicht doch einen Weg zur romantischen Liebe, der nicht von Ängsten und Illusionen bestimmt ist und bei dem wir nicht der furchtsamen inneren Stimme aufsitzen, die uns immer wieder dazu bringt, die Liebe auf Abstand zu halten?

»LIEBEN, UM GELIEBT ZU WERDEN«

Es sei vorausgeschickt, daß man die Liebe nicht lediglich als einen Gefühlszustand betrachten kann. Wir müssen die Definition weiter fassen im Sinne eines Sichauslieferns an das Geheimnis der eigenen Seele – *Sat Chit Ananda*, denn bei allem Aufruhr der Gefühle liegt darin das Wesen der Liebe begründet. Die Liebe schafft in erster Linie eine Beziehung zur eigenen Seele und nicht zu der geliebten Person. Diese kann erst beginnen, wenn man in der Lage ist, die eigene Seele den Blicken eines anderen Menschen zu öffnen.

Im Licht der Überlieferungen menschlicher Erfahrungen entpuppt sich das Geheimnis der Attraktivität als bemerkenswert einfach. Ein Aphorismus des römischen Dichters Ovid bringt es auf

den Punkt. Er sagte: »Liebe, um geliebt zu werden!« Ein liebens-
werter Mensch ist natürlich, ruht in sich selbst und hat die Ausstrahlung einer schlichten und ungekünstelten Humanität, die für
echte Anziehungskraft so charakteristisch ist.

Manchmal jedoch erweisen sich die einfachsten Lösungen als
die schwierigsten. Viele Menschen betreiben ihre aufgeregte Suche
nach Liebe ja gerade deshalb, weil sie sich selbst nicht liebenswert
vorkommen. Es fehlt genau jene Bedingung, die die Liebe erst
möglich macht.

Leider ist es so, daß sich viele von uns noch nie liebenswert vor-
gekommen sind, noch nicht einmal in der Kindheit, als wir noch
keine ausgeprägten Abwehrhaltungen gegen die Liebe entwickelt
hatten und ihr uns deshalb noch mit unschuldiger Spontaneität
öffnen konnten. Ein Kind, das nicht unbefangen um Liebe und Zuwendung bitten kann, das nicht aufblüht, wenn ihm diese zuteil
werden, ein Kind, dessen Bitten um Aufmerksamkeit ungehört ver-
hallen, ist um seine Kindheit betrogen worden. Selbst für diejenigen unter uns, die in der Kindheit genug Liebe bekommen und die
deshalb ein ungestörtes Verhältnis zu sich selbst haben, ist es im
gegenwärtigen sozialen Klima äußerst schwierig, sich den Glauben
an das Liebenswerte in ihrer Person zu erhalten.

Liebenswert zu sein ist keine übernatürliche Fähigkeit, es ist
eine Eigenschaft der Seele. *Ananda* kann nicht zerstört, es kann nur
verschüttet werden. Wenn wir uns schließlich als reinen Geist empfinden, spielt es keine Rolle mehr, wie wir früher geprägt worden
sind, und ob wir das Glück hatten, in einer liebevollen Umgebung
aufzuwachsen, oder das Pech, so lange entmutigt zu werden, bis
wir uns selbst für häßlich und minderwertig hielten.

Wir sollten nicht vergessen, daß wir in unserem innersten Wesen vollkommen liebenswert sind, denn der Geist und die Liebe
sind eins. In die Entwicklung unseres Selbstwertgefühls mag noch
so viel hineingepfuscht worden sein – unsere Seele bleibt davon
unberührt und erstrahlt im Glanz einer Liebe, die durch nichts beeinträchtigt werden kann.

Wenn das Geheimnis der Anziehungskraft im liebenswerten
Wesen liegt, dann fehlt jeglicher Grund zur angstvollen Suche,

denn unser eigenes Wesen kann uns nie verlorengehen – und wir brauchen es deshalb auch nicht zu suchen. Die ganze vergebliche Liebesmüh, sich stets angenehm präsentieren zu müssen, immer auf der Lauer zu liegen, ob sich jemand für uns interessiert, oder sich verzweifelt an einem Idealbild zu messen, kann endlich ein Ende finden.

Dazu müssen wir lediglich unsere Selbstwahrnehmung ändern, denn diejenigen, die keine Liebe finden, halten sich selbst auch nicht für liebenswert. Das ist zwar ein Irrtum, der aber scheinbar zur Wahrheit wird, weil sie ihre Wahrnehmung einem mächtigen System von Überzeugungen anpassen.

Die Fähigkeit, sich selbst als liebenswert zu empfinden,
öffnet der Liebe die Tür.

Dieser Wandel in der Wahrnehmung geschieht nicht dadurch, daß wir uns völlig ändern, sondern dadurch, daß wir erkennen, wer wir sind, und dies ausstrahlen. Wenn es uns gelänge, die Großartigkeit unseres Wesens aus uns heraus wirken zu lassen, wäre unser ganzes Leben ein einziger Liebesrausch, eine einzige lebenslange Liebesgeschichte voll Wonne und Freude. Rumi hat dafür in seiner Dichtung elegante Worte gefunden:

»Bei Gott, wenn du deine Schönheit siehst,
wirst du zum Idealbild deiner selbst.«

Nichts ist schöner als Natürlichkeit. Sie allein birgt den geheimnisvollen Reiz, an dem sich der Funken der Liebe entzünden kann. Es nützt wenig, sich nach allen Regeln der Kosmetik zurechtzumachen, denn was zählt, ist die Echtheit.

Außergewöhnlich gutaussehende und anziehende Menschen faszinieren uns alle. Meist sind es Schauspieler oder Models, die mit ihrer anziehenden Erscheinung ihren Lebensunterhalt verdienen. Häufig jedoch werden diese Menschen von großer Unsicherheit über ihre Anziehungskraft geplagt, denn ihr Marktwert hängt von den Launen eines unberechenbaren Publikums ab. Wer sol-

chen Vorbildern nacheifert, läßt sich auf etwas ein, was er selbst
überhaupt nicht ist.

Je weniger man dem Idol entspricht, desto gnadenloser muß
man seine eigene Natur unterdrücken. Die eigene Echtheit wird
nach und nach aufgegeben, bis man im Falle des »Erfolgs« so anziehend geworden ist wie das Idol und damit das weggeworfen hat,
was das Anziehendste an der eigenen Person war, nämlich das einmalige Wesen mit all seinen Facetten.

Niemals kann sich das eigene Wesen einem vorgegebenen
Image, sei es schön oder häßlich, anziehend oder abstoßend, an-
gleichen, denn es ist der Ausdruck der unbeständigen und wech-
selhaften Lichtverhältnisse unseres Lebens. Wenn man überhaupt
etwas über dieses Licht sagen kann, dann nur das eine, daß es viel-
deutig ist. Unser Wesen enthält Schatten und vage Hinweise auf
Bedeutungen; es ist rätselhaft bis in seinen Kern.

Wenn wir echt sein wollen, müssen wir alles sein, was wir sind.
In jedem von uns gibt es Licht und Schatten, Gut und Böse, Liebe
und Haß. Das Spiel dieser Gegensätze treibt das Leben unentwegt
voran. Im Wechsel der Gegensätze sucht sich der Strom des Lebens
sein Bett.

Echt und authentisch zu sein bedeutet, diese Gegensätze im
eigenen Wesen miteinander zu vereinbaren. Wenn wir lernen, uns
selbst in wachsendem Maß zu akzeptieren, bis es nichts mehr in
uns gibt, dessen wir uns schämen und das wir zu verbergen suchen, gewinnt unser Dasein jene Großzügigkeit und Wärme, die
alle wahrhaft liebenden Menschen auszeichnet.

*Anziehend ist, wer sich mit seiner inneren Widersprüchlichkeit
angefreundet hat.*

Der Gipfel des Widerspruchs, der in jedem von uns zum Ausdruck
kommt, besteht nicht darin, daß wir gut und liebevoll, aber auch
lieblos und böse sein können, sondern daß wir Körper und Geist
zugleich sind. Nichts könnte widersprüchlicher sein, aber auch
nichts ist reizvoller.

♥ **LIEBESLEKTIONEN:**
DIE WIDERSPRÜCHE ANNEHMEN

Die meisten von uns vergeuden viel Zeit mit dem Versuch, attraktiver zu werden, wobei sie sich besonders auf die äußerlichste, nämlich die rein körperliche Seite ihrer Erscheinung konzentrieren.
Dabei ist körperliche Schönheit nicht nur vergänglich – was bedeutet, daß die Mühe, die wir darauf verwenden, im Lauf der Zeit
eine immer geringere Rendite abwirft –, körperliche Ideale sind
ohnehin nie zu erreichen.

Wenn man auf die äußere Erscheinung fixiert ist, weist dies auf
die tief verinnerlichte Überzeugung hin, daß man nie anziehend
genug aussehen wird. Besonders bei Frauen führt das dazu, daß sie
ihre unvermeidlichen Schwachstellen durch Kosmetik und modische Kleidung zu verbessern versuchen.

Männer ziehen das Thema Schönheitspflege zwar gern als typisch weibliche Eitelkeit ins Lächerliche, aber ihre gewaltigen Ausgaben für rasante Sportwagen, Designeruhren und -anzüge sind
das Ergebnis der gleichen Unsicherheit. Es gibt nur eine Möglichkeit, aus diesem selbstschädigenden »Ich werde nie gut genug aussehen«-Syndrom auszubrechen:

Wirkliche Attraktivität entsteht nicht dadurch, daß man
an seinen Schwächen arbeitet. Man muß sie annehmen.

Die eigenen Schwächen anzunehmen bedeutet, sich selbst zu ak-
zeptieren – und nichts ist anziehender als ein Mensch, der mit sich
selbst im Einklang ist. Es geht hier nicht nur um körperliche
Schwachpunkte. Alles, was unserer Meinung nach unsere Anzie-
hungskraft schmälert – also auch psychische Eigenheiten, kein
Geld oder keinen Erfolg zu haben, niedriger sozialer Status und
»Schandflecken« aus unserer Vergangenheit, die wir unter dem
Mantel des Vergessens halten wollen –, fällt in diese Kategorie.

Ein Mensch, der sowohl gute als auch schlechte Eigenschaften
zeigt, Stärken und Schwächen erkennen läßt, hat nicht etwa
Fehler – er oder sie ist vielmehr vollständig und ganz. Unser Ver-

halten hat immer Schattierungen und läßt sich nie in ein simples Schwarzweiß-Schema pressen.

Diese Schattierungen sind es, was ich den Reiz der Mehrdeutigkeit nennen möchte. Die folgende Übung soll Ihnen helfen, diesen Reiz zu entwickeln. Durch diese freie Assoziationsübung werden Sie mit dem Geist der Widersprüchlichkeit vertraut.

Zwischentöne wahrnehmen lernen

Zweck der folgenden Übung ist es, irgendeine beliebige Eigenschaft herauszugreifen und Ihnen zu zeigen, daß auch das entsprechende Gegenstück in Ihnen vorhanden ist – und dazu noch viele Zwischentöne. Sie können diese Übung im Kopf machen, aber ich rate Ihnen zu Papier und Bleistift.

Nun denken Sie an eine bestimmte Sache (oder schreiben sie auf), die Sie für andere unattraktiv macht. Das kann eine körperliche Eigenheit sein oder auch eine Charaktereigenschaft. Schreiben Sie einfach auf, was Ihnen spontan einfällt, zum Beispiel: »Ich bin zu selbstsüchtig.«

Fragen Sie sich jetzt, ob Sie auch den gegenteiligen Charakterzug haben, in diesem Fall: »Die Bedürfnisse der anderen liegen mir am Herzen«, oder, wenn Ihnen das zu weit geht, etwas abgeschwächt: »Ich bin nicht immer selbstsüchtig.« (Das stimmt auf jeden Fall, denn niemand kann immer und überall selbstsüchtig sein.)

Nachdem Sie das festgehalten haben, machen Sie sich klar, daß Rücksicht auf andere die Selbstsucht nicht ausschließt – sie bereichert vielmehr das Bild um eine weitere Nuance. Alle Charakterzüge und Eigenschaften, ob gut oder schlecht, sind relativ. Sie beschreiben niemals erschöpfend die Wirklichkeit Ihrer Person.

Wir sind kein Sammelsurium von Einzelteilen, sondern ein Ganzes. Bevor man sich als durch und durch anziehend empfinden kann, muß man lernen, sich selbst als ein Ganzes zu sehen.

Jeder hat damit zu kämpfen, daß ihm an seiner Person vieles nicht gefällt. Aber nicht die einzelnen Kritikpunkte, sondern das Herummäkeln als solches gibt uns das Gefühl, daß wir nicht anziehend sind.

Wenden wir uns nun einer anderen unerwünschten Eigenschaft zu. Diesmal nehmen Sie etwas so Banales, daß Sie am liebsten gar nicht zugeben würden, daß es Sie beschäftigt – zum Beispiel: »Meine Hüften sind zu mollig.«

Versuchen Sie jetzt, diesen Satz so umzuformulieren, daß Sie, statt sich seiner zu schämen, stolz darauf sein können – zum Beispiel: »Auch Marilyn Monroe hatte mollige Hüften, und sie war eine Schönheit«, oder: »Als ich neulich mit mir so zufrieden war, habe ich überhaupt nicht an meine Hüften gedacht«, oder: »Jemand, der mich wirklich mag, hat gesagt, daß meine Hüften ihm völlig egal sind.«

Diese Antworten wirken auf mehreren Ebenen. Wenn Ihre Freunde sagen, Ihre Hüften seien in Ordnung, dann besteht das Problem vielleicht nicht mehr darin, ob sie recht haben, sondern ob Sie ihnen vertrauen können.

Wenn wir nach und nach die Widersprüchlichkeit der Situation erkennen, werden wir allmählich verstehen, wie komplex und ineinandergreifend unsere Persönlichkeitsmerkmale sind. Indem wir unsere Ansichten über unsere schlechten oder unvorteilhaften Eigenschaften versuchsweise auf den Kopf stellen, können wir uns aus der Umklammerung durch unsere Prägungen lösen und unseren Geist befreien, damit er das Gesamtbild unserer Person wahrnehmen kann.

Sie können diese Übung sehr kreativ gestalten. Angenommen, Sie schreiben: »Ich rede schlecht über meine Freunde«, dann ist das etwas, daß die meisten von uns äußerst unattraktiv finden. Das Gegenteil davon wäre: »Ich liebe meine Freunde wirklich.«

Was ist nun das Verbindende zwischen diesen beiden so gegensätzlichen Haltungen? Vielleicht trauen Sie sich nicht, Ihren Freunden gegenüber den Mund aufzumachen, wenn Sie auf sie zornig oder von ihnen enttäuscht sind. Vielleicht schlagen Sie wahllos um sich, wenn Sie schlechte Laune haben. Vielleicht lech-

zen Sie derart nach Anerkennung, daß Sie Ihren Freunden in den
Rücken fallen, wenn Ihnen die Meinung irgendeines Dritten in den
Kram paßt.

All die genannten Möglichkeiten illustrieren eine schlichte
Wahrheit: Wir sind alle nur Menschen. Wenn Sie erst einmal herausgefunden haben, daß das für ausnahmslos jeden gilt, dem Sie
jemals begegnet sind (und auch für jeden Prominenten, den die
Medien in unserer Gesellschaft hochjubeln), dann werden Sie auf
alle Leute mit der gleichen Gelassenheit und dem gleichen Wohlwollen reagieren können, gleichgültig wie attraktiv oder ekelhaft
sie sind.

Je stärker uns das Reizvolle an allen Menschen bewußt wird, desto mehr nähern wir uns dem Blickwinkel Gottes.

Der erste Schritt zur Gleichheit ist die Akzeptanz,
und Akzeptanz ist Liebe.

Nachdem Sie nun einige Ihrer schlechtesten Eigenschaften benannt haben, können Sie anschließend zu Ihren guten Eigenschaften übergehen.

Was ist das Anziehendste an Ihnen? »Ich habe schöne Augen.«
»Ich liebe meine Kinder über alles.« »Ich engagiere mich für
schwerkranke Krebspatienten.« Achten Sie darauf, ob nicht bei
allem, was Sie sich notieren, auch das genaue Gegenteil dieser
Aussage mitschwingt: »Meine Augen sind unschön, wenn ich
eifersüchtig oder böse bin.« »Manchmal würde ich vor meinen
Kindern am liebsten davonlaufen.« »Schwerkranke machen mich
völlig fertig. Am liebsten würde ich sie alle nicht mehr sehen.«

Zu jedem schönen und edlen Impuls, den wir in uns verspüren,
gibt es unweigerlich ein Gegenstück. Keine Heilige hat je gelebt,
die nicht in ihrer dunkelsten Stunde Gott verflucht hätte, kein
Mann war je so verliebt, daß er gegen die Reize einer anderen Frau
immun gewesen wäre. Lesen Sie sich zum Abschluß dieser Übung
folgende Aussagen durch:

- Es ist in Ordnung, gut und böse zu sein.

- Ich finde es gut, daß ich den Menschen gegenüber, die mir am nächsten stehen, unterschiedliche Gefühle habe.

- Freundlichkeit darf ruhig auch Ecken haben. Gemeinheit kann Spaß machen. Sogar meine schlimmsten Seiten könnten meinen besten Freund nicht erschüttern; sogar mein schlimmster Feind wäre überrascht, wenn er mich von meiner besten Seite erleben würde.

- Meinem Selbstbild gerecht zu werden ist anstrengender, als ich mir eingestehen möchte.

- Ich werde es nie schaffen, perfekt zu sein – und damit kann ich leben.

- Menschen, die Unglück und Elend auf die leichte Schulter nehmen können, haben einen besonderen Schutzengel.

- Es ist in Ordnung, wenn man den Schurken sexy findet und den Helden langweilig.

- Dem Nächstbesten, der mir etwas Nettes über mein Aussehen sagt, werde ich glauben.

- Die Dämonen loszulassen, kann manchmal sehr lehrreich sein.

- Das Gemeinste, das jemand über mich sagen kann, enthält immer auch ein Körnchen Wahrheit – über ihn.

Wahrscheinlich stimmen Sie mit einigen dieser Sätze überein. Ein paar andere werden Ihnen vielleicht absurd oder abwegig vorkommen.

Wie auch immer, nehmen Sie sich die Liste noch einmal vor, wenn Sie wieder einmal diese Übung machen. Sie werden wahrscheinlich überrascht sein, wieviel annehmbarer sie Ihnen inzwischen vorkommt. Die Toleranz unserer eigenen Widersprüchlichkeit gegenüber macht uns empfänglich für die Erkenntnis, daß das Leben selbst widersprüchlich ist. Gerade deshalb ist es so faszinierend.

»EIN PAAR GRAUE HAARE, NA UND?«

Als Jeanne eine Flasche mit schwarzem Haarfärbemittel in Alans Schublade fand, sah sie darin ein harmloses Zeichen der Eitelkeit, gegen die Männer im mittleren Alter eben nicht gefeit sind. Sie hatte ihren Mann immer für äußerst attraktiv gehalten. Angesichts des Altersunterschieds – er war siebeneinhalb Jahre jünger – gratulierte sich Jeanne insgeheim dazu, daß sie Alan überhaupt bekommen hatte. Beim Blick in den Spiegel fand sie mehr graue Haare auf ihrem Kopf, als Alan je gehabt hatte.

Jeanne hatte die kleine Flasche am späten Abend entdeckt, als sie nach ein paar Aspirintabletten suchte. Sie lag in einer Schublade, die sie normalerweise gar nicht aufgemacht hätte. Am nächsten Morgen sprach sie Alan darauf an, als er gerade zur Tür hinauseilte. Er sah völlig überrascht aus und meinte, ihm gehöre sie nicht.

Jeanne wußte nicht, ob sie ihm glauben sollte oder nicht. Das überraschte sie, denn sie war immer davon ausgegangen, daß man Alan vertrauen konnte. Sie hatte noch etwas Zeit, bevor sie sich selbst auf den Weg zur Arbeit machen mußte. Kinder, um die sie sich hätte kümmern müssen, hatte sie nicht, denn nach der Heirat vor drei Jahren hatten Alan und sie beschlossen, keine Kinder zu haben. Sie fand sich im Badezimmer wieder, damit beschäftigt, in den Schubladen endlich einmal Ordnung zu schaffen. Keine weiteren Fläschchen.

Beim Mittagessen mit ihrer besten Freundin Cecille erwähnte sie den Vorfall so nebenbei. Cecille machte ein bedenkliches Gesicht. »Ich möchte dir da nichts einreden«, meinte sie, »aber wenn ich du wäre, würde ich aufpassen.«

»Wieso?« fragte Jeanne.

»Hast du nie daran gedacht, daß dein Mann dich betrügen könnte?«

Natürlich hatte sie das nicht, trotzdem wurde sie puterrot. Sie mochte es nicht, daß ihr jemand einen Verdacht in den Kopf setzte, aber anstatt das auch zu sagen, bat sie Cecille, doch etwas präziser zu werden.

Du darfst dich niemals gehen lassen, warnte die beste Freundin, keine Sekunde. Den kleinen Jungs wird vom dritten Lebensjahr an beigebracht, daß sie alles haben können, wenn sie einmal groß sind. Schon im Sandkasten wollen sie, daß alles nach ihrer Pfeife tanzt.

Den kleinen Mädchen dagegen bringt man bei, daß sie sich die Jungs, die alles haben können, angeln müssen; das bedeutet, daß sie gefälligst hübsch auszusehen haben, um die Aufmerksamkeit der Männerwelt gebührend auf sich zu lenken. Wenn eine Frau nicht mehr die Macht hat, einen Mann an sich zu binden – was bleibt ihr denn dann noch? Cecille riet Jeanne mit großem Ernst, sich eine Hundertdollar-Gesichtslotion und außerdem Reizwäsche zu kaufen.

Jeanne wußte nicht so recht, was sie von der kleinen Ansprache ihrer Freundin halten sollte – in ihrem Inneren nagte ein Mischung aus Faszination, Zweifeln und schlimmsten Befürchtungen an ihr. Doch wieso hatte Alan wegen einer so läppischen Angelegenheit wie einem Fläschchen Haarfärbemittel gelogen – wenn nicht, um etwas anderes zu vertuschen? Jeanne beschloß, daß der Erwerb eines durchsichtigen Negligés vielleicht doch keine so schlechte Idee war.

Als sie es zu Hause vorführte, sah ihr Mann erfreut aus. Er hatte allerdings noch eine ganze Menge zu arbeiten, und aus dem amourösen Abend, den Jeanne eigentlich geplant hatte, wurde nichts. Als sie dann doch noch miteinander schliefen, war Alan nicht besonders intensiv bei der Sache. Anschließend schlief er ohne ein Wort ein. Jeanne hatte sich geschworen, den Satz »Ich liebe dich« niemals aus Alan herauszukitzeln, aber an diesem Abend fiel es ihr sehr schwer, sich daran zu halten.

Sie bekam das Gefühl, daß Alan wohl tatsächlich eine Affäre hatte – und warum eigentlich nicht? Von fortgeschrittenem Alter konnte bei ihm noch keine Rede sein, während sie selbst schon kräftig abbaute. Bei Frauen geht das immer viel schneller, sinnierte sie trübe, und ein durchsichtiges Nachthemd ändert daran auch nichts.

Zwar hatte sich bisher niemand ihr gegenüber offen zu dem Altersunterschied zwischen Alan und ihr geäußert, aber Jeanne war sicher, daß in ihrem Bekanntenkreis – vor allem von den Frauen – darüber geredet wurde. Sie fing an herumzurätseln, wer die andere Frau wohl sein könnte.

Wahrscheinlich wäre die Spirale nach unten rasch in Schwung gekommen, wenn nicht glücklicherweise schon nach einer Woche eine Warenprobensendung dem ganzen Spuk ein Ende gemacht hätte: Im Briefkasten fand sich ein weiteres Fläschchen mit besagtem Haarfärbemittel.

Jeanne lief sofort ins Badezimmer und suchte das Fläschchen in der Schublade – auf dem ebenfalls der Aufdruck »Kostenlose Probe« prangte. Jetzt erinnerte sie sich auch daran, daß sie die kleine Flasche neulich, ohne sie eines weiteren Blicks zu würdigen, sofort wieder in die Schublade zurückgepfeffert hatte. Sie wußte nicht, ob sie weinen oder lachen sollte.

In dieser Geschichte geht es meiner Ansicht nach gar nicht darum, ob eine Frau sich noch attraktiv findet oder nicht. Es geht um das Selbstwertgefühl.

Wir neigen alle dazu, unser Selbstwertgefühl an Äußerlichkeiten festzumachen: Status, Geld, ein großes Haus, alles spiegelt irgendwie »mich« wider. Mit anderen Menschen verfahren wir ganz ähnlich. Die Beziehung zu jemandem, der jung und gutaussehend ist, wird zu einem wichtigen Bestandteil von »mir«, wenn ich glaube, daß mir diese Qualitäten fehlen. Auf diese Weise, also durch Projektion, läßt sich jeder Mangel beheben, aber sobald die Beziehung zusammenbricht, versagt auch sofort die Projektion.

»Wenn man wahnsinnig ineinander verliebt ist«, erklärte ich Jeanne, »ist es nur natürlich, daß man diesen Zustand aufrechterhalten will. Liebe ist selbstsüchtig. Man kann sich leicht in sei-

nen Gefühlen verlieren. Als du dich in Alan verliebt hast, hatte
sein – oder dein – gutes Aussehen mit dem, was innerlich in euch
vorging, überhaupt nichts zu tun. Das Entzücken über einen anderen Menschen, das Gefühl, einem vollkommenen Wesen begegnet
zu sein, ist ja nur der Widerhall dessen, was du auf einmal in dir
selbst wieder entdeckt hast.«

»Aber es gibt doch nun mal schöne Menschen«, wandte Jeanne
ein.

»Gibt es denn Menschen, die nicht schön sind?« fragte ich
zurück. »Bestimmte Menschen als ›schön‹ zu bezeichnen ist doch
nur eine willkürliche Einordnung, die uns den Blick für das Wesentliche verstellt, daß es in spirituellem Sinn nur absolut vollkommene Geschöpfe gibt. Was geht denn in dir vor, wenn du einen
außergewöhnlich attraktiven Mann vor dir hast?«

»Oh, vieles«, sagte Jeanne. »Wenn es mein Mann wäre, wäre ich
natürlich stolz, aber es ist auch eine ganze Menge Unsicherheit dabei. Das ist ja nun kein Geheimnis mehr.«

»Das ganze Spiel mit der geborgten Schönheit kann überhaupt
nicht funktionieren«, sagte ich. »Nicht nur, daß man dann aus
zweiter Hand lebt – was immer ein ziemlich zweifelhaftes Vergnügen ist –, man bewegt sich auch nicht mehr auf dem Terrain der
Liebe. Wenn man einen anderen Menschen für seine Zwecke benutzt, hat das nichts mit Liebe zu tun, denn man behandelt ihn
wie ein Objekt. Objekte nutzen sich ab, und ebenso vergeht das
Vergnügen, das wir an ihnen haben. Und vor allem ist man gezwungen, über den persönlichen Wert eines Menschen hinwegzu-
sehen, wenn man ihn als Objekt benutzt.«

Ich riet Jeanne, darüber nachzudenken, was dieser Vorfall über
sie selbst aussagte. Sie könnte damit beginnen, den Satz zu lernen:

Du bist immer nur so anziehend,
wie du es dir deiner Meinung nach verdienst.

Dieses Sich-würdig-Fühlen ist der Kernpunkt, den die Schönheit
verdeckt. Wenn man in dem Gefühl lebt, daß man Liebe verdient,
kann man sich ihr auch in ihrer ganzen spirituellen Bedeutung öff-

nen. Wo diese Grundeinstellung fehlt, kann sich nur eine begrenzte Liebe, die mit Angst vermischt ist, entwickeln, denn das,
was man nicht verdient, kann einem auch jederzeit wieder genommen werden.

»Die Frage der Würdigkeit macht uns nur dann unsicher, wenn
wir sie isoliert betrachten«, sagte ich. »Aus der Sicht des Geistes
sind wir alle liebenswert, weil wir vollkommen sind. Wenn unser
Wesen allumfassend ist, wie könnte uns dann das eine weniger zu-
stehen als das andere? Es geht hier nicht um eine materielle Vollkommenheit in dem Sinn, daß wir makellos schön, unendlich
reich oder absolut tugendhaft sein sollten. Das Wunder der Liebe
offenbart sich darin, daß wir einerseits unzulänglich und andererseits dennoch vollständig und ganz sein können.«

Dieser letzte Punkt ist nicht leicht zu verstehen. Aber wenn man
sich einmal vorstellt, wie eine Mutter ihr Kind liebt, dann wird sofort klar, daß Unvollkommenheiten des Kindes in den Augen der
Mutter nicht zählen. Das ist keine Blindheit, sondern die Sicht der
Liebe.

Die Liebe hat für Schwächen ein ganz feines Gespür. Sie ant-
wortet darauf mit dem Verlangen, auf jede nur denkbare Weise zu
schützen und Kraft zu spenden. Liebe richtet nicht über Schwäche
oder Unvermögen. Eine Mutter, die ihrem kleinen Kind beim Lau-
fenlernen hilft, denkt nicht »Wenn du nicht so ein Tolpatsch wärst,
könntest du jetzt schon laufen«. Sie akzeptiert, daß sich Wachstum
in kleinen Schritten vollzieht, und hat ihre Freude daran, wenn sie
in jeder Phase ihr Teil dazu beitragen kann. Die Frage ist: Wie kann
Jeanne diese Haltung sich selbst gegenüber einnehmen?

Sie hätte sich zum Beispiel in diesem einen speziellen Punkt
über ihre Ängste hinwegsetzen können – diese Möglichkeit hatte
sie immer. Wenn sie es aber als Gelegenheit sähe, sich mit ihrer
Unsicherheit auseinanderzusetzen, wäre das der Beginn der Weisheit.

Jedesmal, wenn sie denkt: »Ich bin zu alt«, sollte sie den Zusatz
machen: »Dieser Zweifel bin nicht ich.« Wenn sie denkt: »Alan ist
für mich zu jung«, sollte sie den Satz folgen lassen: »Diese Unsicherheit bin nicht ich.« Und dem Gedanken: »Eine andere Frau ist

hinter meinem Mann her«, sollte sie hinterherschicken: »Dieser Verdacht bin nicht ich.«

Indem sie das Problem bei sich selbst in Angriff nimmt, anstatt es auf ein äußeres Objekt zu übertragen, wird es ihr leichter fallen, sich selbst als die Schöpferin ihrer falschen Überzeugungen zu erkennen.

»Situationen spiegeln Einstellungen wider«, sagte ich. »Man muß lernen, andere Leute aus dem Spiel zu lassen. Jeden Selbstzweifel bis zu seiner eigentlichen Quelle zurückzuverfolgen ist die beste Möglichkeit, die Wahrheit im Auge zu behalten.«

Nachdem Jeanne die Wahrheit nun kennt, kann sie mit der inneren Arbeit beginnen, ihre verborgenen Probleme zu lösen. Eine »ältere Frau« zu sein, hatte ihr nie recht gefallen, wobei Alans Unbekümmertheit über den Altersunterschied ihr auch nicht besonders weiterhalf.

»Du solltest Alan klarmachen, daß du seine Bestätigung brauchst«, riet ich ihr. »An ihn mußt du dich wenden, nicht an deine beste Freundin.«

Natürlich gibt es immer wieder Augenblicke, in denen sich Jeanne verzweifelt wünscht, daß ihr Mann »Ich liebe dich« sagt, aber sie zwingt sich dazu, ihn nicht darum zu bitten. Indem sie sich versagt, um das zu bitten, was sie sich ersehnt, treibt sie sich selbst noch tiefer in ihre Selbstzweifel hinein. Diese Selbstschädigung entsteht aus einem Schamgefühl, das mit der Unsicherheit, ob einem etwas zusteht, eng verwandt ist.

»Du mußt begreifen, daß es nicht nur nicht peinlich ist, wenn man um Liebe bittet«, sagte ich zu Jeanne. »Es ist sogar das einzig Richtige, wenn man geliebt werden will. In unserer Befangenheit halten wir die Liebe für eine kleine Kostbarkeit, die wir uns erbetteln müssen wie Oliver Twist eine zweite Kelle Suppe. Aber Liebe gibt es im Überfluß, und wenn du darum bittest, machst du deutlich, daß du in der Liebe etwas siehst, was du verdienst.«

Jeanne muß auch lernen, Alan zu vertrauen, wenn er sagt, daß er sie liebt. Auch wenn es schwerfällt, sollte sie der Versuchung widerstehen, ihn auf der Stelle um weitere Bestätigungen zu bitten – es ist sinnvoller, wenn sie lernt, wie sie ihm vertrauen kann.

An dieser Stelle teilt sich die Geschichte in einen psychologischen und in einen spirituellen Strang. Psychologisch betrachtet,
ist Jeannes mangelndes Selbstwertgefühl an dunkle Erinnerungen
aus ihrer Vergangenheit gebunden. Als kleines Mädchen wurde sie
durch Erfahrungen geprägt, die ihr zeigten, daß sie nicht gut genug
war – solche schmerzhaften Erinnerungen hat jeder.

Jahre später übertrugen sich diese Prägungen auf ihr Aussehen,
ihr Alter und ihre sexuelle Attraktivität. Solange sie sich zu Männern hingezogen fühlte, die sie für begehrenswerter hielt als sich
selbst, konnte sie sich unmöglich selbst annehmen, denn sie zog
natürlich bei jedem Vergleich den kürzeren. Die Partnerschaft mit
Alan war eine aus früheren Konditionierungen geborene »Lösung«,
die auf die Dauer nicht gutgehen konnte.

An diesem Punkt unseres Gesprächs erklärte ich Jeanne, daß
jetzt der Moment gekommen sei, um die Falltür zu öffnen, unter
der so viele geheimgehaltene Verletzungen und düstere Ängste lau-
ern. Die Konfrontation mit den geheimen Scham- und Schuldgefühlen ist bei Problemen, wie Jeanne sie hat, eine wirksame psychologische Methode.

Es bleibt allerdings die Frage, ob es möglich ist, alle Dämonen
der Vergangenheit von der Kette zu lassen, jeden Zweifel, jede
schmerzhafte Erinnerung – die ganze negative Energie. Nur wenige
Menschen, die sich dieser gewaltigen Aufgabe gestellt haben,
konnten sie ohne die Hilfe des Geistes erfolgreich bewältigen.

»Ich halte es für gut, wenn du an deinen aktuellen Problemen
arbeitest«, sagte ich zu Jeanne, »aber die einzige dauerhafte Lösung
deiner Schwierigkeiten mit dem Selbstwertgefühl ist eine seelische.
Schreib' dir diesen Satz als Gedächtnisstütze auf:

*Der Geist ist immer bei mir. Er wird mich von meinem Schmerz
erlösen – nicht, indem er mir die schmerzhaften Erinnerungen
nimmt, sondern dadurch, daß er mich voll und ganz in der Gegenwart leben läßt, wo die Vergangenheit keine Rolle spielt.*

Der Geist gibt auf jedes Problem sofort eine Antwort«, sagte ich,
»aber wir brauchen immer einige Zeit, bis wir es merken. Gottes

Fähigkeit, uns zu lieben, findet ihre Grenzen nur an unserer begrenzten Fähigkeit, seine Liebe hier und jetzt in uns aufzunehmen. Da die Menschen, die wir lieben, alle etwas Göttliches in unserem Leben verkörpern, gilt dasselbe sinngemäß auch für sie. Damit wir Gottes Liebe spüren, müssen wir nur aufgeschlossener werden für die Liebe, die aus unseren vertrauten Beziehungen auf uns zurückstrahlt.«

Wie bei den meisten Menschen lag auch bei Jeanne der Kern ihrer Schwierigkeiten in der Neigung, sich selbst von vornherein schlechte Karten zu geben. Statt anzunehmen, daß sie wieder einmal versagt hat, hätte sie sich ja auch darum bemühen können herauszufinden, was in ihrem Mann vorgeht. Wer sich in eine negative Haltung verrannt hat, geht erfahrungsgemäß davon aus, daß die anderen Leute genau so denken – was meistens überhaupt nicht stimmt. Menschen, die uns wirklich lieben, lieben uns auch dann, wenn wir selbst uns nicht lieben.

Jeannes schlechte Meinung von sich selbst brachte sie unbewußt beim geringsten Anlaß zu der Überzeugung, daß jemand anders sie auch zurückweisen würde. Je bereitwilliger man sie akzeptiert, desto mehr glaubt sie, auf der Hut sein zu müssen. Was ihren Mann betrifft, so geht es um ihre heimliche Überzeugung, daß sie sich um so weniger einen Schnitzer erlauben darf, je liebevoller ihr Mann sie behandelt.

In Wirklichkeit funktioniert die Liebe aber ganz anders. Alans wachsende Liebe zu seiner Frau läßt ihn die Dinge, die sie an sich selbst nicht liebenswert findet, mehr und mehr akzeptieren und verzeihen. Daran zeigt sich aufs neue die spirituelle Wahrheit: Die Liebe, die wir bekommen, wird nur durch unsere mangelnde Fähigkeit, sie auch anzunehmen, begrenzt.

»Es ist ein Kinderspiel, einen anderen Menschen am ausgestreckten Arm verhungern zu lassen«, sagte ich. »Vollkommen gedankenlos ignorieren wir jeden Tag zahllose Gelegenheiten, bei denen die Liebe schüchtern die Hand ausstreckt. Mit anderen Worten: Wir wenden der Seele den Rücken zu. Eine geliebte Person will uns vielleicht gerade etwas Nettes sagen, uns liebevoll berühren oder sich erkundigen, wie es uns geht. Achte einmal dar-

auf, Jeanne, wie oft dieses Samenkorn auf unfruchtbaren Boden
fällt, wie oft wir diese Gesten einfach abblocken oder auch als
selbstverständlich hinnehmen! Auf diese Weise beschränken wir
die Liebe, die uns zugedacht ist, anstatt jeden noch so zaghaften
Anfang zu fördern.«

»Aber ich möchte doch, daß Alan mich liebt. Warum sollte ich
ausgerechnet das blockieren, was ich mir ersehne?«

»Weil deine negative innere Haltung nein sagt, wenn dir Liebe
angeboten wird. Achte einmal auf deine Körpersprache. Es geht
nicht nur um das, was man sagt. Du brauchst gar nicht ausdrücklich nein zu sagen, um Alan den Wind aus den Segeln zu nehmen.
Vielleicht fällt dir dann auf, daß du häufig die Schultern hoch-
ziehst, steif wirst, den Kopf senkst oder dich abwendest, wenn er
lieb zu dir sein will. Wenn wieder so eine Situation auftritt, solltest
du folgenden Gedanken im Kopf behalten:

Jede liebevolle Geste kommt von Gott.

Schau deinem lieben Mann in die Augen, und lerne darauf zu vertrauen, daß er dir nichts vormacht. Dein Ego – mit all seinen Ängsten und Interessen – blockiert deine Fähigkeit, dieses Geschenk
von Gott anzunehmen, das dein Geliebter dir anbietet. Deshalb erfüllen sich deine negativen Erwartungen schließlich selbst, denn je
mehr du seine Gesten abwürgst, desto weniger Lust wird dein
Mann verspüren, sich liebevoll zu verhalten.

Es ist nicht leicht, sich dieses automatische Neinsagen abzuge-
wöhnen. Der erste Schritt könnte darin bestehen, daß du jenem
Nein, das immer dann in dir ertönt, wenn jemand dich liebenswert
findet, einfach nicht glaubst. Wenn du der Liebe nicht mehr die
Tür vor der Nase zuschlägst, kannst du allmählich daran gehen, das
Nein durch ein Ja zu ersetzen. Dieses Umdenken kann man nicht
erzwingen. Du mußt Alan erlauben, dir seine Zuneigung so zu zeigen, wie er es möchte. Versuche ihn nicht zurückzuweisen und
nicht zu manipulieren. Und unterhalte dich mit Leuten, die dir
wohlgesonnen sind, ganz allgemein über die Liebe – die meisten
haben an diesem Thema mehr Interesse, als du denkst.«

Unsere Zeit war fast um, doch Jeanne war jetzt schon eine ganz andere Frau als diejenige, die vor einiger Zeit ins Zimmer getreten war – sie sah glücklicher und selbstzufriedener aus.

»Wer so wie du einen wirklich liebevollen Menschen gefunden hat«, sagte ich beim Abschied, »merkt bald, daß es nicht das Aussehen oder ein bestimmtes Verhalten ist, womit man sich einen Platz im Herzen dieses Menschen erobert hat, sondern daß es einfach seiner Natur entspricht zu lieben. Er kann gar nicht anders als lieben, weil das für ihn die denkbar einfachste Art ist zu leben. Wenn du das erkannt hast, entpuppt sich das ganze Problem, ob man jemanden als Partner verdient hat, als das Hirngespinst, das es in Wirklichkeit ist.«

D I E

S T U F E N

D E R

2. STUFE
VERLIEBTHEIT

L I E B E

SICH VERLIEBEN

Wenn die Anziehung ihren Höhepunkt erreicht, beginnt die Phase der Verliebtheit. Es ist das leidenschaftlichste Stadium der Liebe, dem Romeo und Julia, Cyrano de Bergerac sowie Tausende von Leinwandliebhabern Unsterblichkeit verliehen haben. Es ist aber auch das umstrittenste. Es ist die Zeit der ausufernden Gefühle und des wilden Optimismus. Das Empfinden für Grenzen und Beschränkungen bricht zusammen, und ein unmöglicher Idealismus tritt an seine Stelle – so zumindest wirkt es auf den Außenstehenden. Für ihre Familie war Julia weder die Sonne noch der Mond, und Romeos Besessenheit von ihr war eine Gefahr für die Tugend und die Sicherheit des Mädchens.

Äußere Regeln spielen in diesem Stadium der Liebe aber überhaupt keine Rolle. Ineinander vernarrte Liebende sind so sehr in ihre rauschhaften Gefühle verstrickt, daß sie kaum noch essen und schlafen können und ihre Arbeit ihnen nur noch als störende Ablenkung von ihrer glühenden Liebe erscheint.

Sich zu verlieben ist vielleicht deshalb so extrem, weil es eine Flucht aus den lieblosen alltäglichen Zwängen darstellt, die wir als normal bezeichnen. In jemanden »verknallt« zu sein bedeutet, spirituell gesehen, eine andere Person zu vergöttern, als ein göttliches Wesen zu betrachten, dem Verehrung gebührt. Im alten Indien nannte man die Schau des Göttlichen und das Eintauchen in dessen Ausstrahlung *Bhakta* oder Hingabe. Von den hymnischen Gesängen des »Rig Veda«, des ältesten schriftlichen Zeugnisses menschlicher Frömmigkeit bis in unsere Tage, war *Bhakta* bei weitem das beliebteste Mittel, um sich Gott zu nähern. Für einen echten *Bhakti*, der sich nichts so sehr ersehnt, wie vollkommen in Gott aufzugehen, ist der Gottesdienst in Form von Gebeten, Opfern und liturgischen Feierlichkeiten eine wahrhaft lebensfüllende Aufgabe.

Im Alten Testament wird über die Liebe zu Gott in romantischen Worten geschwelgt, als ginge es um eine angebetete Frau:

»Du hast mich gespalten, mein Herz aufgerissen,
Mein Herz gefüllt mit Liebe.
Du hast den Geist in mich gegossen;
Ich erkannte dich, so wie ich mich selbst erkenne.«

Die Parallele der Rauschzustände von Verliebten und von Heiligen ist unübersehbar. In dieser Phase der Betörung beten Verliebte einander im Sinne des Wortes an. Wenn der Heilige Augustinus sagt »Ich bin verliebt ins Verliebtsein«, dann klingt das wie ein Widerhall der Leidenschaften von Millionen weltlichen Liebespaaren.

Der religiöse Aspekt der leidenschaftlichen Liebe kommt aus dem Gefühl der Verschmelzung. Wenn sich ein Geist in den anderen ergießt, entzündet sich daran ein ekstatisches Entzücken von größter Intensität. Kein Wort dürfte im Rausch der Verliebtheit häufiger fallen als »neu«. Die Befreiung aus den alten Grenzen ist wie eine Neugeburt, die alles von neuem beginnen läßt.

Diese Erneuerung ist aber nicht das Werk eines anderen Menschen, sondern ein Wandel des Blickwinkels. Bislang gibt es keine biochemische Erklärung für die Plötzlichkeit und Heftigkeit dieses Perspektivenwechsels. Immerhin hat man herausgefunden, daß bei Verliebten der Spiegel bestimmter Botenstoffe im Gehirn – der Neuropeptide und insbesondere des Serotonins – erhöht ist. Diese Botenstoffe stehen in Zusammenhang mit intensiven Lusterlebnissen. Ebenso kennt die Forschung die verbesserte Immunreaktion bei Verliebten.

Dennoch bietet die Wissenschaft kaum eine Erklärung dafür, wie sich unter dem Einfluß des heftigen Verliebtseins der Abbau der Trennwände vollzieht, mit denen unser Ich sich abgrenzt und definiert. Von frühester Kindheit an gibt es einen unumkehrbaren Trend, der eine immer deutlichere Unterscheidung und Abgrenzung zwischen den Wesenheiten »Ich« und »Du« schafft.

Normalerweise betrachten wir die selbstverständliche Trennung von »Ich« und »Du« nicht als schmerzlich. Aber für einen

Bhakti oder Gottesjünger gibt es keine größere Qual, als Gott nicht nahe zu sein. Auch in der Liebe hat die Aufhebung der Trennung die Kraft einer religiösen Offenbarung.

Das bedeutet natürlich nicht, daß es Verliebte immer so heftig »erwischt«. Manchmal baut sich die gegenseitige Anziehung sehr langsam auf, und manchmal ist die Verliebtheit nur einseitig. Wenn das geliebte Objekt nicht reagiert, wird die Betörung zu einer selbstbezogenen Beschäftigung mit der eigenen Phantasie. Aber auch dann, wenn die Liebe erwidert wird, so erklären uns die spirituellen Meister, kommt die eigentliche Inspiration aus dem eigenen höheren Selbst. Das Wort »Selbst« verdient den Vorzug vor dem Wort »Seele«, weil es besser zum Ausdruck kommen läßt, daß wir die Reise zur Liebe ausschließlich innerhalb unseres eigenen Wesens zurücklegen.

Die neuen Erkenntnisse, die wir in dieser Phase gewinnen können, beziehen sich vor allem auf das ekstatische Verschmelzen des Ich mit der Seele, also dem Selbst:

Das Einswerden mit einem anderen Menschen ist Illusion;
das Einswerden mit dem Selbst ist allerhöchste Wirklichkeit.

Wenn Verliebtheit Wahnsinn ist, lohnt es sich kaum,
bei Verstand zu sein.

Die rauschhafte Vision der Liebenden ähnelt den Visionen
der Heiligen.

ZWISCHEN ZWEI WELTEN

Die Psychologen messen dem Verliebtsein seltsamerweise keinen besonderen Wert bei. Das geht zurück auf Freud, der sich sehr abfällig über die spirituelle Bedeutung der Liebe geäußert hat. Er betrachtete die Liebe als eine »infantile Regression«, wie er die Abweichung von der erwachsenen Selbstkontrolle zugunsten kindlicher Instinkte und Triebe zu bezeichnen pflegte.

Vor Freud wurde die Regression zumindest in literarischen Kreisen als geradezu heilig gefeiert. William Wordsworth, der größte unter den romantischen Dichtern Englands, gab der weitverbreiteten Überzeugung Ausdruck, daß die Kindheit die heiligste Periode des ganzen Lebens sei. Er beschreibt den göttlich inspirierten Kindheitszustand, in dem das Licht einer vorgeburtlichen himmlischen Welt noch auf uns fällt:

»Und nicht in kargster Blöße –
von Wolken der Gnade umspielt,
kommen wir von Gott, der unsere Heimat.«

Nach Wordsworth' Überzeugung werden wir durch die Geburt in eine dunklere Welt hinausgestoßen, aber für eine gewisse Zeit klingt das Gefühl, heil und ganz zu sein, in uns noch nach. »In der Kindheit liegt der Himmel für uns noch überall herum«, sagt er – die Unschuld selbst verwandelt die Welt in das Paradies. Dank glücklicher Umstände konnte er sich noch an seine eigene früheste Kindheit erinnern, als seine Umgebung »in himmlisches Licht getaucht« war. Aber wie für uns alle, so war auch für ihn der Verlust dieser strahlenden Unschuld unausweichlich: »Doch der Mann sieht's schließlich schwinden und zu des Alltags Licht erblinden.«

Was hier beschrieben wird, läßt sich ebensogut auf eine »neugeborene« Liebe übertragen. Unser Wissen, daß wir uns schon einmal in strahlendem Licht befunden haben, wird in der Regel durch eine Art spirituellen Gedächtnisverlust ausgelöscht. Parallel dazu wächst uns in der Form unseres Ego eine derbe Haut, die für jede Wahrnehmung, sofern sie nicht durch unsere fünf Sinne erfaßt werden kann, undurchlässig ist – bis wir uns verlieben und dadurch die Wiedergeburt unserer Unschuld erleben. Wie für ein neugeborenes Kind ist auch für die Augen des Liebenden die Welt in ein göttliches Licht getaucht.

Diese Vorstellung wird von der modernen Kinderpsychologie gestützt. Soweit ein Neurophysiologe das feststellen kann, hat ein neugeborenes Kind das Gefühl, in einem Meer der Einheit zu treiben. Da Grenzen und selbst auferlegte Beschränkungen fehlen, kommen sich Säuglinge in ihrer Welt wie kleine Götter vor, die nur zu schreien oder die Ärmchen auszustrecken brauchen, und schon werden all ihre Bedürfnisse erfüllt. Sie ruhen so vollkommen in sich selbst, daß die gesamte Umwelt, ob Mensch oder Sache, als ein alles umfassendes Anhängsel der eigenen Person erlebt wird.

Die totale Verschmelzung mit der Umwelt wäre für die Evolution einer Spezies nicht besonders zweckmäßig gewesen, denn das hätte die Möglichkeit ausgeschlossen, sich selbst zu verteidigen. In jüngster Zeit wurde allerdings entdeckt, daß das menschliche Gehirn bei der Geburt weitaus vollständiger ist als im Erwachsenenalter. Die sogenannten Dendriten – fadenförmige Fortsätze, die von den Neuronen ausgehen – sind unmittelbar nach der Geburt weitaus zahlreicher als in jedem späteren Lebensalter. Dendriten sind Leitungsbahnen für die Kommunikation zwischen den Gehirnzellen, und vermutlich führt ihr Überangebot bei der Geburt dazu, daß sich die Neugeborenen wie in ein Meer von Licht-, Geräusch-, Geschmacks-, Geruchs- und Berührungsreizen eingebettet fühlen. Aus Milliarden von sensorischen Reizen trifft das Kleinkind allmählich eine Auswahl und führt Bewertungen ein. Wenn die erlebte Wirklichkeit sich allmählich auf das Lebenswichtige reduziert – etwa wie ein störungsfreier Radiosender –, werden die Dendriten in solcher Menge nicht mehr benötigt.

Kurz gesagt, wir stutzen die Wirklichkeit so lange zurecht, bis wir sie in überschaubaren Portionen von sensorischen Daten verstandesmäßig verarbeiten können. Wordsworth hatte vermutlich vollkommen recht, als er sich an eine in helles Licht getauchte Welt erinnerte. Es könnte durchaus sein, daß die Augen eines Babys die Umwelt auf diese Weise wahrnehmen.

Das erklärt jedoch nicht, warum verliebte Menschen – und Heilige – in diese »primitive« Art der Wahrnehmung verfallen. Für Verstandesmenschen ist der Zustand des Verliebtseins – viele Psychologen erachten ihn noch nicht einmal der Bezeichnung Liebe für würdig – deshalb so anrüchig, weil verliebte Menschen auf eine Stufe zurückfallen, auf der Dinge ausgeblendet werden, die wir sonst als nützliche und sinnvolle Unterscheidungen zu betrachten gewohnt sind. Aus spiritueller Perspektive könnte aber das, was wie ein Rückfall ins Primitive aussieht, eine Heimkehr zu den Ursprüngen sein. Das Geschenk der Liebe wischt ein ganzes Leben voller Prägungen aus unserer Psyche, Prägungen, die uns dazu gebracht haben, an Abspaltung und Trennung zu glauben. Die Liebe führt uns zurück zu der Wirklichkeit, in die wir hineingeboren wurden, als es nichts anderes gab außer Liebe.

Von klein auf ist uns allen der Glaube an eine materielle Welt eingeimpft worden, die durch die Sinne erfahrbar und überprüfbar ist. Auch Verliebte unterscheiden sich in dieser Hinsicht in nichts von uns. Sie berichten oft, daß sie das Gefühl haben, in zwei Welten leben zu müssen, einerseits hingerissen von einem überwältigenden Gefühl der Verschmelzung, wobei ihnen andererseits die Vernunft sagt, daß das nicht stimmen kann. Der oder die Geliebte ist kein verzaubertes Wesen; die Welt ist keineswegs ins Licht der Vollendung getaucht – das kann doch nur eine vorübergehende Bewußtseinstrübung sein! Das ist der kritischste Moment überhaupt, denn nun bekriegen sich zwei entgegengesetzte Anschauungen – und nur eine kann überleben.

Das Problem dabei ist – sie sind beide richtig. Aber wie können zwei sich widersprechende Ansichten über ein und denselben Vorgang gleichzeitig wahr sein? Das ist eines der Hauptmerkmale jedes spirituellen Vorgangs, denn etwas wahrzunehmen bedeutet, *sich für eine bestimmte Sichtweise zu entscheiden.* Wenn man sich verliebt, ist die psychologische Wahrnehmung dieses Vorgangs grundverschieden von der spirituellen Erfahrung. Man möchte kaum glauben, daß sie sich auf das gleiche Phänomen beziehen.

Sich zu verlieben bedeutet:

psychisch:	*spirituell:*
vorübergehend	zeitlos
illusionär	transzendent
erregend	friedvoll
bindend	befreiend
hormonell bedingt	seelisch bedingt
imaginäre Einheit	wahre Einheit
infantile Regression	gesteigerte Evolution

Man muß sich nur diese Liste ansehen, dann versteht man, weshalb selbst der zeitlosesten aller Erfahrungen, die die Seele befreit und das Herz vor Freude höher schlagen läßt, kein allzu langes Leben beschert sein kann.

Ein ganzes Weltverständnis ist dagegen angetreten, das die Realität solcher Erfahrungen nicht anerkennt. Nicht nur sind die meisten Menschen in keiner Weise darauf vorbereitet, sich dem Geist zu öffnen, sondern der Materialismus, der der modernen Psychologie soviel Auftrieb gegeben hat und der jeglichen »höheren« Bezug der Liebe abstreitet, hat die Leute sogar gezielt und mit Erfolg dagegen eingenommen.

Doch die Liebe hat die Kraft, diese beiden Welten miteinander auszusöhnen. Die Metaphysik lehrt uns, daß die Welt gleichzeitig »immanent« und »transzendent« ist – immanent bedeutet: materiell, veränderlich, der Zeit unterworfen, während transzendent ewig, zeitlos und jenseits des Materiellen bedeutet. Verliebte sehen eine wirklichere Welt, denn beim Betrachten der gewöhnlichen Dinge sehen sie auch das spirituelle Licht, das in ihnen leuchtet. In der Regel entgeht uns das Transzendente, und so behaupten wir, daß es nicht existiert. Wir urteilen zwar nach bestem Wissen, aber dennoch haben wir die Wahrheit nicht auf unserer Seite.

Wenn wir uns verlieben, besteht das Rätsel nicht darin, ob wir unsere »alte« Realität transzendieren, denn das ist sicher. Das Geheimnis besteht darin, daß in dem Menschen aufzugehen, den man liebt, etwas Heiliges ist. Doch der Geist kommt nicht hereingepoltert, und er ist auch kein besonders geduldiger Besucher. Entweder wir lassen uns bereitwillig auf ihn ein, oder er hat ebenso schnell sein Bündel wieder geschnürt.

Transzendenz hat viele Formen. Astronauten, die vom Anblick der Erde ergriffen waren, die als blaues Juwel vor dem samtschwarzen Hintergrund des Weltalls schwebte, haben sie erlebt, und auch die ersten Bergsteiger, die im letzten Jahrhundert die Schweizer Alpen erklommen, haben von dem transzendenten Jubel in ihrer Brust erzählt.

Sich zu verlieben ist also kein so einzigartiger Gefühlszustand, wie es den Anschein haben mag. Es ist vielmehr die häufigste aller

transzendentalen Erfahrungen, wenn man bedenkt, daß nur die
wenigsten von uns in den Weltraum fliegen oder das Matterhorn
besteigen. Diese Gipfelerfahrungen haben einige Gemeinsamkeiten: das Gefühl, daß es eine Gnade ist zu leben; daß Angst keinen
Boden hat, weil der Tod kein vernichtendes Ende, sondern lediglich eine Durchgangsstation ist; daß wir von allgegenwärtiger Liebe
umgeben sind, die uns nährt; und daß es in uns einen Anteil gibt,
der jenseits der Welt mit ihren Kämpfen und Sorgen im Reich der
ungetrübten Existenz zu Hause ist.

Aus spiritueller Sicht eröffnet uns die Betörung des frisch Verliebtseins die gleichen Einsichten. Der oder die Geliebte ist für uns
der Auslöser dieser Erfahrungen wie der Gipfelrausch, ein Traum-
spaziergang oder die Erfahrung des nahen Todes. Das mindert
nicht den Zauber einer geliebten Person, denn das transzendentale
Wunder des Liebesrausches strahlt mühelos durch das körperliche
Entzücken hindurch – in der Liebe sind das Transzendentale und
das Immanente eins.

♥ LIEBESLEKTIONEN:
ÜBER DEN HORIZONT HINAUSSCHAUEN

Nicht nur, wenn man verliebt ist, hat man manchmal das Gefühl,
gleichzeitig in zwei Welten zu leben. »Transzendieren« heißt wörtlich übersetzt »überschreiten« oder »über etwas hinausgehen«. In
Momenten besonderer Klarheit kann jeder die Erfahrung machen,
daß die Realität nicht auf unsere fünf Sinne beschränkt ist. Grenzerfahrungen stoßen das Fenster zum Geist auf. Dennoch ist »darüber hinausgehen« keine wirklich treffende Beschreibung des Trans-
zendierens, weil es dabei keine Entfernung zu überwinden gilt. Der
Geist ist immer schon in uns, wir übersehen ihn nur.

Die folgende Übung dient dazu, uns den Blick zu schärfen, damit wir die Liebe und den Geist nicht mehr übersehen, die uns umgeben und nur darauf warten, von uns bemerkt zu werden.

Transzendieren heißt zwar darüber hinaus*gehen*, doch mit über etwas hinaus*sehen*, ist es noch besser wiedergegeben. Was können Sie erkennen, wenn Sie über die scheinbar solide Fassade des täglichen Lebens hinaussehen, über den gleichmäßigen Fluß der Zeit, über die Begrenzung des Raumes, über das Gesetz von Ursache und Wirkung? »Nicht besonders viel«, werden Sie vermutlich sagen, und das liegt daran, daß Ihre Wahrnehmung für den Blick hinter die Kulissen zu wenig geschult ist. Dabei enthält jeder Tag Hinweise auf diese zweite Realität, in der wir wohnen, die zeitlos ist, weder Grenzen noch Ursachen kennt und aufs engste mit unseren Bedürfnissen auf dem Pfad zur Liebe verbunden ist.

Stellen Sie zuerst anhand der folgenden Liste fest, ob Sie schon einmal solche Erfahrungen gemacht haben:

1. Haben Sie sich in großer Gefahr oder in einer ernsten Krise befunden, und es überkam Sie das Gefühl, vollkommen sicher und geborgen zu sein?
2. Haben Sie einem Sterbenden Beistand geleistet und ein Gefühl des Friedens erlebt oder einen kühlen Hauch in der Luft gespürt, als der Tod kam?
3. Kennen Sie jemanden, der von einer »unheilbaren« Krankheit genesen ist?
4. Haben Sie schon einmal erlebt, daß Ihr Gebet erhört wurde?
5. Haben Sie jemals erlebt, daß ein sanfter Lichtschein Sie selbst oder einen anderen Menschen umgab?
6. Haben Sie schon einmal im stillen um einen Rat oder um die Lösung eines Dilemmas gebetet und auch erhalten?
7. Hatten Sie beim Betrachten eines Sonnenuntergangs, des Vollmonds oder einer anderen großen Schönheit der Natur das Gefühl, als dehnten Sie sich aus, als wären Sie nicht länger in den physischen Grenzen Ihres Körpers eingeschlossen?
8. Haben Sie schon einmal bemerkt, vielleicht vor dem Einschlafen oder unmittelbar nach dem Aufwachen, wie Ihr Geist ganz ruhig und still wurde?
9. Haben Sie in dem Augenblick, als Sie es wirklich brauchten, jemals das Gefühl einer liebevollen Geborgenheit erlebt?

10. Hören Sie manchmal eine innere Stimme, von der Sie wissen, daß Sie sich absolut darauf verlassen können? (Diese Stimme muß nicht in Worten zu Ihnen sprechen, es kann auch ein starkes Gefühl oder eine Intuition sein.)

11. Waren Sie beim Anblick eines neugeborenen Kindes von Staunen über das Wunderbare erfüllt?

Das ist kein Quiz, bei dem Sie möglichst viele Fragen mit Ja beantworten müssen. Wenn Sie aber bei der einen oder anderen Frage Zustimmung geäußert haben, dann suchen Sie sich jetzt diejenige heraus, die bei Ihnen den stärksten Widerhall auslöste.

Nehmen wir einmal an, es wäre Frage eins: ein plötzliches Gefühl von Sicherheit und Geborgenheit inmitten einer Krise oder Gefahr. Schließen Sie die Augen, und versetzen Sie sich in diese Situation zurück. Rufen Sie sich alle Einzelheiten der Situation in Erinnerung: wo war es, zu welcher Tageszeit, wer war dabei und so weiter.

Versuchen Sie, diesen Augenblick noch einmal zu durchleben, aber nicht als Handelnder und Reagierender, sondern bitten Sie darum, daß Ihnen eine umfassendere Sicht geschenkt wird. Bitten Sie darum, die Bedeutung des Geschehens gezeigt zu bekommen, und zwar so detailliert wie möglich. Atmen Sie tief durch, und lauschen Sie auf jede Antwort, die kommen mag.

Wenn sich keine deutliche Antwort formuliert, bitten Sie darum, daß sich alle Blockierungen der Wahrheit auflösen, und atmen Sie noch einmal tief durch. Steigt ein Bild in Ihnen auf, eine Geschichte, Worte? Was immer es auch sei – nehmen Sie es an, und betrachten Sie es als Ihre Antwort. Falls Sie nur Durcheinander und Widerstand wahrnehmen, entspannen Sie sich und warten einen Moment ab.

Deuten Sie nun Ihre Antwort. Hat sich einer der folgenden Gedanken gemeldet?

Ich werde geliebt.
Ich bin geborgen.
Es gibt einen Teil in mir, der mich behütet.

Ich weiß.

Ich bin.

Das Licht ist mit mir.

Gott ist wirklich. Gott ist.

Es gibt nichts Falsches.

Ich bin in Frieden.

Es ist alles in Ordnung.

Ich kann lieben.

Alles ist Eins.

So lauten die Botschaften, die uns die Liebe unentwegt zukommen lassen will. Jeder Satz ist von äußerster Einfachheit und von ewiger Wahrheit. Um diese Botschaften zu empfangen, muß man keine Extremsituationen oder Grenzerfahrungen erleben, wobei letztere tatsächlich schlagartig Klarheit bringen. In solchen Momenten fallen die Beschränkungen durch alte Konditionierungen, Gewohnheiten und Erwartungen von uns ab.

Diese Botschaften müssen nicht exakt so lauten, wie ich es oben ausgedrückt habe. Es könnte zum Beispiel sein, daß Sie schon einmal am Bett eines Sterbenden ein warmes Glühen und ein Gefühl der Ruhe in Ihrem Herzen gespürt haben. Dazu gibt es viele mögliche Interpretationen. Suchen Sie sich diejenige aus, die am besten zu Ihrer Erfahrung paßt.

Lassen Sie Ihre stärksten Erlebnisse mit dem Geist, der Seele, mit Gott oder der Liebe noch einmal an sich vorüberziehen, und achten Sie dabei darauf, ob darin vielleicht Botschaften an Sie selbst enthalten waren.

Nachdem Sie sich in dieser Weise mit Ihren Erinnerungen beschäftigt haben, sind Sie jetzt dafür bereit, die gleiche Technik auf die Gegenwart anzuwenden.

Richten Sie Ihre Antennen auf den Geist,
und er wird in Liebe zu Ihnen sprechen.

Der Geist ist kein greifbares Phänomen. Er ist die Wahrheit, die aus einem Phänomen flüsternd zu uns spricht. Der Geist ist sanft, er überzeugt mit der leisesten Berührung. Seine Botschaften werden nie lauter, nur klarer. Wenn Sie auch nur im geringsten spüren, daß der Geist mit Ihnen spricht, sollten Sie ihn bitten, sich deutlich zu erklären – die obige Liste kann Ihnen vielleicht dabei helfen. Anfangs mag Ihnen die Verbindung vielleicht schwach und instabil vorkommen, aber wenn Sie allmählich zuversichtlicher werden, stellen Sie fest, daß Ihr Leben voll tieferer Bedeutung ist. Jeder Augenblick hat transzendentale Aspekte – wenn wir in der Lage sind, sie zu erkennen.

»... IMMER NUR GELIEBTE, NIE DIE BRAUT«

Clare gehört zu den wenigen Menschen, die sich nie über ihr Liebesleben beklagt haben. Es ist sogar so, daß sie eigentlich nie *nicht verliebt* war. Als Teenager tapezierte sie ihr Zimmer mit Hochglanzfotos von Hollywoodstars, in die sie sich der Reihe nach verliebte. Auch als Erwachsene war ihr Herz immer noch leicht zu entflammen, und ihre Haltung gegenüber den Männern, in die sie sich verliebte – warmherzig, bewundernd, ein bißchen schüchtern, aber dennoch eifrig bemüht, sie bis ins letzte zu ergründen –, brachte ihr eine Menge Aufmerksamkeit von den Männern ein.

Aber Clare war auch kompromißlos. Wenn einer der Herzensbrecher ihrer Teenagerzeit ihre hohen Erwartungen enttäuschte, riß sie die Galerie seiner Bilder von der Wand – und so hält sie es heute noch. Ein Mann, der nicht wohlsituiert, einflußreich, gutaussehend ist und außerdem ein sicheres Auftreten hat, braucht sich gar nicht erst um sie zu bemühen. Nur wenigen ist es bisher gelungen, Clares Ideal von einem Liebhaber ohne Furcht und Tadel auch nur annähernd gerecht zu werden.

Im College hatte sie ein paar diskrete Affären mit einigen ihrer Professoren – was für Clare in dem prestigeträchtigen Bostoner Mädchencollege, das sie besuchte, auch nicht weiter schwierig war –, wobei sie den älteren Männern, die es schon zu akademischen Ehren gebracht hatten, den Vorzug gab. Auch anschließend blieb ihr die Schwäche für ältere verheiratete Männer erhalten.

Nach ein paar Jahren stellte sie fest, daß ihr kaum noch eine Frau ihrer Umgebung ohne Verdacht und Mißtrauen begegnete. Aber sie nahm kaum Notiz davon. Während sie sich als junge Journalistin in den Kreisen der Politiker und grauen Eminenzen von Boston ihre ersten Sporen verdiente, war sie ständig bis über beide Ohren verliebt.

Clare hatte ein besonderes Talent, aus jedem Mann, von dem sie fasziniert war, das Beste herauszukitzeln – und das machte sie zu einer begnadeten und gesuchten Interviewerin. Mit ihrer sanften, hingebungsvollen Art brachte sie Männer, die in Wirklichkeit alles andere als liebenswürdig waren, dazu, ihren Charme spielen zu lassen.

Clares Liebesleben hatte nur einen kleinen Fehler – es war eine Seifenblase. Die wenigsten dieser mächtigen Männer kamen je zu ihr nach Hause, und keines ihrer Verhältnisse brachte ihr mehr ein als ein paar Monate häufig wechselnder Hotelaufenthalte.

Zehn Jahre gingen ins Land. Ihre Freundinnen aus dem College waren inzwischen samt und sonders verheiratet, während Clare nach wie vor in ihrer Phantasiewelt lebte, die jedesmal zusammenbrach, wenn sich ein »perfekter« Partner schließlich doch als gewöhnlicher Sterblicher erwies.

»Liegt es an mir, daß sie mich alle enttäuschen?« fragte sie traurig und sah mich dabei nicht an.

Immer häufiger stellte sie fest, daß ein Gefühl der Einsamkeit zurückblieb. Nachdem sie sich an einem älteren Mann die Finger verbrannt hatte, dessen Frau ihnen auf die Schliche gekommen war, legte Clare ihre Verführungskünste allmählich auf Eis – außer in ihrer Phantasie.

Phantasien können amüsant und erregend sein, aber sie führen so gut wie nie zur Einsicht. Clare benutzte offenbar ihre Phantasien über einen perfekten Partner, um jede Möglichkeit auszuschließen, einen Blick in ihr Inneres zu tun. Scheinbar hatte sie in ihrem Leben das Pech, daß der richtige Mann immer schon besetzt war, wenn sie kam – doch in Wahrheit suchte sie sich diese Männer aus, *weil* sie schon besetzt waren. Wenn man dafür sorgt, daß der Partner von vornherein einen schwerwiegenden Mangel mitbringt,

ist es leichter, ihm den Laufpaß zu geben, bevor man selbst abge-
schoben wird. Clare erwies sich bei diesem Spiel als regelrechte
Virtuosin.

Ich traf sie als Mitdozentin bei einem Workshop für spirituelle
Heilung. Sie redete unentwegt darüber, daß Männer schwächere
spirituelle Schwingungen hätten und wie unangenehm es ihr sei,
sich dem Energiepotential niedriger *Chakras* auszusetzen und der-
gleichen mehr.

»Warum fällst du dann immer wieder auf sie herein?« fragte ich.
Sie machte ein verblüfftes Gesicht.

»Ich glaube, hier geht es weniger um die Männer als um dich«,
fuhr ich fort. Clare nimmt ihre Arbeit als Heilerin sehr ernst, und
ich hatte den Eindruck, daß es möglich war, über ihre Ängste und
seelischen Verletzungen ein offenes Wort mit ihr zu riskieren. Deshalb machte ich ihr den Vorschlag, sich ausführlicher mit mir über
das Problem der Ängste und Phantasien, die eng miteinander verbunden sind, zu unterhalten.

»In deinem Fall scheint die Bindungsangst das Hauptproblem
zu sein, zumal du dich ja immer beklagst, daß die Männer sich
nicht an dich binden wollen«, begann ich.

»Was kann denn ich dafür?« protestierte Clare. »Sie kommen,
und dann hauen sie wieder ab. Das ist doch nicht meine Entscheidung!«

»Aber darin spiegelt sich eine Angst, die du dir vielleicht ungern
eingestehen möchtest. Es gibt viele Formen von Bindungsangst –
aber was bedeuten sie in spiritueller Hinsicht?«

Bindungsangst erwächst aus der Überzeugung,
daß ein geistiger Gleichklang unerreichbar ist.
Das macht die Sehnsucht nach Liebe aussichtslos.

Clares Situation hat einen Anklang von Isolation und Verzweiflung. Sie kam mir vor wie eine Frau in einer Zwickmühle. Sie
sehnte sich nach Liebe und sorgte gleichzeitig selbst dafür, daß sie
stets an Partner geriet, die ihre Sehnsucht nur oberflächlich stillen
konnten.

Ich war nicht überrascht, als sich herausstellte, daß Clares Vater ein äußerst unnahbarer Mann war. Als Sproß einer Arbeiterfamilie in San Francisco hatte er sich vom Werftarbeiter zum Chef seiner eigenen Reederei emporgearbeitet. Vier Generationen sahen in ihm einen Helden, angefangen von seinen eingewanderten Großeltern italienischer Abstammung bis zu den eigenen Kindern. Aber die Eigenschaften, die ihn zu einem »großen« Mann machten – sein Machtwille, seine Dynamik, seine Ausstrahlung und seine Marotten –, machten ihn gleichzeitig sehr unnahbar. Keine dieser Eigenschaften hat etwas Liebenswertes, und doch mußte Clare, während sie heranwuchs, mit ihnen vorliebnehmen. So verfiel sie auf die Lösung, diese Eigenschaften für sich liebenswert zu *machen*.

Der erste Mann, in den sie sich verliebt hatte, war ihr Vater. Im Prinzip hat sie diese Romanze pausenlos wiederholt, indem sie immer wieder Männer »liebte«, die Erfolg und Status vorzuweisen hatten – während sie Todesängste ausstand, jemanden kennenzulernen, der ihr wirkliche Liebe entgegenbringen konnte.

»Wie fühlst du dich, wenn ein einflußreicher Mann dir seine Aufmerksamkeit schenkt?« fragte ich.

»Als etwas Besonderes. Im Mittelpunkt. Wichtig«, kam es wie aus der Pistole geschossen.

»Aber sind das denn keine fremden Federn, diese Besonderheit und Wichtigkeit?« fragte ich sie. »Damit läßt du dir doch deine ›Gewöhnlichkeit‹ nur vergolden!«

Clare sah mich verwirrt an. Ich bat sie, den folgenden Satz aufzuschreiben:

Der Geist liebt mich, einfach weil es mich gibt.

»Wenn du anfängst, diesen Satz zu akzeptieren, werden sich Männer zu dir hingezogen fühlen, die die gleiche Einstellung haben.«

Sobald die Liebe mit den Zeichen der Macht garniert ist, kann Clare nicht genug davon bekommen, aber komischerweise langweilt sie sich insgeheim in Augenblicken der Stille, der Zärtlichkeit, der Einsamkeit, der intimen Zweisamkeit und der geflüsterten Schmeicheleien. Sie hat dann das Gefühl, daß irgendwie zuwenig los ist. Dabei tut sich uns doch gerade in diesen Momenten die Chance auf, die Liebe in ihrer ganzen großartigen Einfachheit zu erfahren. Bei Clare jedoch drängt sich in der Leere, die sie immer dann empfindet, wenn der Trubel nachläßt, der Kummer des abgewiesenen kleinen Mädchens unerträglich dicht an die Oberfläche.

Es ist aufschlußreich, wenn wir Clares Geschichte einmal mit symbolischen spirituellen Begriffen lesen: Sie sieht in ihrem Vater einen mächtigen, fernen Gott, der seine Verehrung einfordert. Dieses Bild läßt sich mühelos auf sämtliche Männer in Clares Leben übertragen. Daß sie sich in einer geistigen Zwangslage befindet, ist unschwer an den Situationen zu erkennen, die sie immer wieder herbeiführt. Sie spiegeln das Problem von allen Seiten wider.

Die Tatsache, daß Clare jede Gelegenheit ergreift, sich zu verlieben, zeigt mir, daß sie sich nach spiritueller Öffnung sehnt. Nur wenn sie bis über beide Ohren verliebt ist, kann sie sich in dieser Welt willkommen fühlen, spürt sie, daß eine höhere Macht sie behütet. Alles andere ist eine Enttäuschung. Aber Clare hat das Problem, daß sie sich das Fenster zum Geist jedesmal selbst wieder zuschlägt, weil sie eine höhere Macht ablehnt und fürchtet. Wie kann sie also ihr altes und erfolgloses Verhaltensmuster ändern?

»Du bist an diesem Wochenende hergekommen, um über Heilung zu sprechen«, sagte ich. »In deinem Fall ginge eine körperliche und emotionale Heilung nicht tief genug. Du mußt auf der Ebene deiner Einstellungen heil werden.«

»Und das bedeutet?«

»Ich möchte es so ausdrücken: Du brauchst ein gesünderes Liebesverhältnis zu Gott. Zunächst solltest du dir darüber klar werden, was der Begriff ›höhere Macht‹ eigentlich für dich bedeutet. Gott, oder der Geist, begleitet uns bei allem, was wir tun.

Zum zweiten solltest du – bei der Bedrohung, die für dich von jeder maskulinen Energie ausgeht – die Vorstellung aufgeben, daß Gott männlich ist, und statt dessen versuchen, zu einer Gottesvorstellung zu kommen, die nicht an ein Geschlecht gebunden ist. Wenn du verstehst, wie dein Gottesbegriff in deiner Kindheit entstanden ist, kannst du die Liebe allmählich als einen Spiegel der Gegenwart und nicht mehr der Vergangenheit betrachten.«

Auf diesen letzten Satz kommt es entscheidend an:

Wir verlieben uns immer in das Spiegelbild
unserer gegenwärtigen Bedürfnisse.

Es ist einem Menschen nicht angeboren, daß eine andere Person das Ziel aller Wünsche in ihm oder in ihr erkennt. Die Sehnsucht geht auf das Konto dessen, der sie hegt. Bei Clare – mit ihrem heimlichen Selbstbild eines hilflosen, ungeliebten Kindes – löst jede Machtdemonstration ein heftiges Verlangen aus.

Daran ist grundsätzlich nichts auszusetzen – wir alle projizieren unsere Bedürfnisse in die Partnersuche. Das gilt auch für Clare, die dem liebestrunkenen Zustand so oft hinterhergelaufen ist. Jede ihrer tatsächlichen oder eingebildeten Liebesaffären vermittelte ihr eine bestimmte Botschaft, nämlich: »Du wirst geliebt.«

Diese Botschaft – an sich die einfachste, die es gibt – ist oft am schwersten zu verdauen. Der Geist sagt nämlich nicht: »Du wirst geliebt, solange deine Leidenschaft für diesen Mann nicht nachläßt«, sondern er sagt ganz schlicht: »Du wirst geliebt« – ohne jede Bedingung oder Einschränkung.

Wenn es Clare gelingt, sich selbst besser zu verstehen und die Hindernisse aus dem Weg zu räumen, die ihr den Blick verstellen, wird diese Botschaft des Geistes bereits auf sie warten. Die Geduld des Geistes und seine Bereitschaft, darauf zu warten, daß wir ihm endlich unsere Aufmerksamkeit schenken, sind unerschöpflich. Eines Tages wird es auch für Clare soweit sein.

»Ich glaube, daß jeder Mann, den du geliebt hast, ein kleines bißchen von dir selbst darstellt«, sagte ich zu ihr. »Das ist keine Ichbezogenheit, sondern ein ganz natürlicher Widerschein deiner eigenen Bedürfnisse. Über das Liebesleben, das du dir ausgesucht hast, darf und kann sich niemand ein Urteil erlauben, denn außerhalb von dir selbst gibt es keine Instanz, die das dürfte und könnte – es gibt nur dein eigenes höheres Selbst, das dich aus einem anderen Blickwinkel betrachtet.«

»Ich weiß nicht, was mir das nützen soll«, sagte Clare.

»Das Selbst, das dich betrachtet, ist deine erste Beziehung, und du bringst sie in alle Situationen mit«, sagte ich. »Wenn du das erkennst, wirst du anfangen, deine Erwartungen, die du in anderen Beziehungen hast, zurückzuschrauben. Du erwartest eine Menge von der Phantasie, aber du könntest doch diese Erwartungen genausogut an dich selbst richten.

Was sind denn deine Erwartungen an einen Mann? Sicherheit, Wohlergehen, das Gefühl, zu jemandem zu gehören? All das kann dir auch dein eigenes Selbst bieten. Deine Genesung wird in Gang kommen, sobald du anfängst, dich in dein eigenes Selbst zu verlieben.«

Das Geheimnis der spirituellen Heilung besteht darin, daß das Fundament dafür bereits in uns gelegt ist. In seiner überschwenglichen Poesie beschreibt Walt Whitman diese Allgegenwart der Liebe:

»Nie war mehr Anfang als jetzt,
Nie mehr Jugend oder Alter als jetzt,
Nie wird mehr Vollkommenheit sein als jetzt,
Nie mehr Himmel und Hölle als jetzt.«
(Deutsch von Hans Reisiger)

Ich las Clare diese Verse vor. Sie saß eine Zeitlang ruhig da.

»Ich treibe mich nun schon eine ganze Weile auf dieser Welt herum«, meinte sie dann, »und ich trage auch keine Scheuklappen. Ich weiß ja, daß ich irgendwie festsitze, und es ist mir auch nicht neu, daß ich lernen sollte, mich selbst zu lieben. Aber, ehrlich gesagt, ich weiß nicht, wie ich das anstellen soll.«

»Das liegt daran, daß du dir von dieser Selbstliebe eine falsche Vorstellung machst. Nach dem dualistischen Prinzip ist die Liebe die Verbindung von zwei getrennten Wesen. Wenn du die Liebe so verstehst, mußt du zwangsläufig auch die Selbstliebe so verstehen, und das bedeutet, daß du die Anteile deiner Person, die dir nicht wertvoll erscheinen, von deiner Gesamtperson abspaltest und nur den respektablen Teil von dir mit Wohlwollen betrachtest. Aber dieses Auseinanderdividieren ist nicht die Lösung – es schafft erst das Problem. Selbstliebe und Selbstaufspaltung lassen sich nicht unter einen Hut bringen. Selbstliebe hat mit dem Charakter über

haupt nichts zu tun, sie liegt auf der Ebene unseres Seins. Unser
Sein ist ganz, eine vollkommene Einheit, und sobald man das begriffen hat, findet jeder Teil von uns seinen Platz in der Gesamtheit.

Du mußt lernen, das ohnmächtige, einsame, kleine Mädchen
in dir zu lieben und anzunehmen, damit es ein Teil von dir wird;
dann wird es auch immer weniger in dein Liebesleben hineinpfu-
schen können.«

Wenn man die Details von Clares Geschichte einmal beiseite läßt,
wird deutlich, daß es bei ihrer Suche nach Liebe – immer an der
falschen Stelle – um ein viel grundlegenderes Problem geht. Die
Liebe zwischen »dir und mir«, wie es so schön heißt, ist eine duali-
stische Vorstellung. Seit Jahrhunderten verlieben sich die Leute leidenschaftlich ineinander, aber das hat das Problem der inneren
Abspaltung nicht lösen können. Generation um Generation haben
die Menschen versucht, der inneren Gespaltenheit durch eine andere Person beizukommen, aber das Problem wurde dadurch nur
noch verschärft, denn es läßt sich nur durch eine veränderte Anschauung lösen.

Wir sind eben nicht nur Klümpchen göttlicher Substanz, die geschaffen wurde, um für sich und auf sich allein gestellt zu existieren. Auf der Ebene der Seele sind wir eins mit dem Geist. Unsere
Verbindung zu Gott ist vollständig und ohne jeden Bruch; unser
liebevolles Einbezogensein in das Universum ist umfassend. Unser
Verstand kann sich jedoch von diesem allumfassenden Einbezogensein keinen Begriff machen, solange er in seiner eigenen Dualität gefangen ist. Vater *oder* Mutter, Sohn *oder* Tochter, Mann *oder*
Frau, hier *oder* dort, dies *oder* das – unsere innere Gespaltenheit ist
das Ergebnis unseres Welt- und Selbstbilds.

Das analytische Denken kann die verlorene Ganzheit nicht wiederherstellen, weil es per Definition die Dinge in überschaubare
Begriffe auflöst und zerteilt. Dennoch trägt jeder in seinem Herzen
das Wesentliche des Geistes in sich. Die Stille und das intuitive
Wissen öffnen sich uns ganz von selbst. Auch wenn wir unser See-
lenleben häufig mit Füßen treten, ist es deswegen keineswegs abge-
schafft.

Schon jetzt können wir mit wesentlichen Aspekten unseres Lebens in Berührung kommen, die wir nur erfahren, wenn wir die Gedanken beiseite lassen. Woher wissen wir eigentlich, ob wir glücklich sind oder intelligent oder wach? Darüber brauchen wir nicht nachzudenken, diese Dinge erklären sich aus sich selbst.

Wir brauchen auch nicht nachzudenken, um zu hören und zu sehen, und wir müssen auch keinen wissenschaftlichen inneren Monolog mit uns selber führen, um zu wissen, daß wir existieren.

Bewußtsein ist sich seiner selbst bewußt,
noch bevor es von irgend etwas anderem weiß.

Die tieferen Regionen des intuitiven Wissens sind uns allerdings nicht vertraut, weil unsere Kultur uns nicht beigebracht hat, wie man die innere Welt erforscht. Bei der Beschäftigung mit privilegierten Außenseitern – den Sehern und Poeten zum Beispiel – stoßen wir allenthalben auf Wahrheiten, die sich nur in der Stille des Geistes offenbaren. Wenn es uns gelänge, über unser beschränktes Blickfeld hinauszuschauen, würden wir wie Walt Whitman unser höheres Selbst unmittelbar wahrnehmen können:

»Da ist dies Etwas in mir – ich weiß nicht, was –
aber ich weiß, es ist in mir …
Seht ihr, o Brüder und Schwestern?
Es ist nicht Chaos noch Tod – es ist Form, Einheit, Plan –
es ist ewiges Leben – Glückseligkeit.«
(Deutsch von Hans Reisiger)

Wenn es uns schwerfällt, Walt Whitmans Vision zu teilen, bedeutet das, daß unser Wachstum aus der Dualität in die Einheit noch in Gang ist – denn darum geht es ja auf dem Pfad der Liebe. Wir müssen wieder lernen, in unserem höheren Selbst zu leben – nichts anderes bedeutet es, den Pfad zur Liebe zu beschreiten.

DIE

STUFEN

DER
3. STUFE
WERBUNG

LIEBE

DAS LIEBESWERBEN

Die nächste Entwicklungsstufe einer Liebesbeziehung, die Werbung, ist nicht nur die Zeit, in der man die Liebe des anderen gewinnt. Auf einer feineren Ebene stimmen sich dabei die Anschauungen zweier Menschen aufeinander ab. Jenseits von Liebesgeflüster und zärtlichen Gefühlen wird die Geburt des Geistes geprobt. Ob er überlebt, hängt nicht nur davon ab, wie sehr ein Mann und eine Frau »außer sich« sind und wie stark sie sich innerlich wandeln. Es muß ihnen auch gelingen, bei jedem gemeinsamen Erlebnis die eigenen Empfindungen in eine gemeinsame Sprache zu übersetzen.

Die Zeit der Werbung ist eine Phase des vorsichtigen gegenseitigen Abtastens, in der die Verliebten sich klar werden müssen, ob sie den Aufbruch zu neuen Ufern wagen oder ob sie wieder in ihre alten Bahnen zurückkehren wollen. Es ist die erste Phase, in der zwei künftige Schicksale zur Disposition stehen, und nicht nur eines.

Im alten Indien nannte man die spirituelle Entsprechung dieser Phase *Satsang*, was mit »gemeinsame Wahrheit« oder etwas freier als »Gemeinschaft im Geist« übersetzt werden kann. Wenn die Jünger zu Füßen ihres Meisters saßen und seiner Weisheit lauschten, nahmen sie *Satsang* in sich auf – wobei das Wort allerdings für jedwede Gemeinschaft von spirituellen Wahrheitssuchern verwendet wird.

Bevor er diese Welt verließ, sagte Jesus zu seinen Jüngern: »Wo zwei oder drei von euch in meinem Namen versammelt sind, da bin ich mitten unter euch.« Das ist *Satsang* ohne die körperliche Anwesenheit des Meisters. Auch wenn sich eine zwanglose Unterhaltung mit einem Freund geistigen Themen zuwendet, wird daraus eine Form von *Satsang*.

Die Verbindung zum Liebeswerben ist klar, denn es geht

darum, daß Ihr Herz zu einem anderen spricht und daß Sie an Ihrem Geist in einer Weise teilhaben, die man nicht allein erfahren kann.

Das *Satsang* von zwei Verliebten vollzieht sich oft in der Stille – wie bei einigen der größten Heiligen, deren bloße Gegenwart genügt, damit der Geist Gottes uns erfüllt. Menschen, die sehr vertraut miteinander sind, können mit dem anderen offen über ihre Ängste, Wünsche und Hoffnungen sprechen – doch bei Verliebten ist die Kommunikation noch weitaus intensiver.

In der Liebe vollzieht sich eine gemeinsame Wiedergeburt, eine kostbare und seltene Gelegenheit, dem Partner Einblick in die geheimsten und unschuldigsten Winkel unserer Seele zu gewähren. Vertrautheit erlaubt einem Mann, einer Frau Dinge über sich zu erzählen, die ihm bis dahin selbst noch nicht bewußt waren. Das gleiche gilt umgekehrt natürlich auch für eine Frau.

Vielleicht hat es das, was diese Menschen nun miteinander teilen, vorher überhaupt noch nicht gegeben. Die Vergangenheit lebt aus der Erinnerung, und Erinnerungen sind immer persönlich. Bis zu dem Augenblick, als die Verliebten ineinander verschmelzen, waren sie getrennte Wege gegangen. Nun aber schaffen sie zusammen einen neuen Pfad, der keine Vergangenheit hat, auf dem jeder Schritt ein Schritt ins Unbekannte ist und auf dem alle bisherige Erfahrung das Dunkel, das vor den Wanderern liegt, nicht erhellen kann.

In der ersten Zwiesprache der Liebe können wir neue Erkenntnisse gewinnen:

Gemeinsames Bewußtsein wird möglich.
Was Gott uns aus Liebe schenkt, können wir
an einen anderen Menschen weitergeben.

Die Basis von Vertrauen ist die Zwiesprache.

Das Land der Verliebten ist das Unbekannte.

DER KAMPF ZWISCHEN LIEBE UND EGO

Zwei Menschen, die sich im *Satsang* begegnen, können sich gegenseitig die Fülle ihres höheren Selbst eröffnen – doch was die meisten von uns in eine Liebesbeziehung einbringen, ist nicht Fülle, sondern Mangel.

Wenn unsere unerfüllten Bedürfnisse die Liebe übersteigen, reißt der zarte Faden zum Geist. Wegen dieses inneren Mangels, einer Lücke, suchen wir jemand anderen, der sie in uns ausfüllen soll. Von Frauen wird im allgemeinen erwartet, daß sie Weichheit, Fürsorge, Behaglichkeit, Schönheit und Zuneigung beisteuern, also all jene Eigenschaften, die Männer in sich selbst nicht finden können. Männer wiederum liefern die Stärke, den Schutz, die Kraft und den Willen, die den Frauen angeblich abgehen. Beide haben das Gefühl, daß der oder die andere sie »vollständig« gemacht hat.

Unerfüllte Sehnsucht ist ein mächtiger Antrieb, der ebenso mächtige Illusionen entstehen lassen kann. Aber es ist eben unmöglich, den leergebliebenen Platz in unserem Inneren durch einen anderen Menschen auszufüllen. Die Weichheit, Zartheit und die Fürsorge, die ein Mann bei einer Frau findet, sind lediglich geborgt, bis er gelernt hat, diese Eigenschaften selbst zu entwickeln. Einer Frau mögen die Kraft, der Wille und die Stärke zugute kommen, die sie in einem Mann findet, doch es ist etwas ganz anderes, wenn sie diese Eigenschaften zu ihren eigenen gemacht hat.

In der Phase der Werbung müssen wir uns entscheiden, ob wir bei einem anderen Menschen »Trittbrett fahren« oder ob wir tatsächlich die Eigenschaften, die er oder sie für uns repräsentiert, selbst erwerben wollen. In der Zweisamkeit können wir zu dem Menschen werden, der wir gerne sein möchten, vorausgesetzt, unser *Satsang* reicht tief genug.

Es ist alles eine Frage der Absicht. Wollen wir unsere inneren Wunden nur zupflastern, oder wollen wir sie heilen? Das wird sich erst auf der langen Reise herausstellen, die noch vor uns liegt, aber in der Liebeswerbung werden die Weichen dafür gestellt.

Unter den Bedingungen unserer heutigen Kultur verlieren die meisten Paare den Ariadne-Faden des Geistes schon in diesem Sta-

dium wieder. Wenn sich die überschwenglichen Gefühle der ersten
Verliebtheit abkühlen, kommt das Ego wieder zum Vorschein, der
Hauptbestandteil des falschen Selbst. Wir alle verlassen uns auf
unser Ego, um den Alltag zu bewältigen. Das »Ich« ist aber keine
geschlossene Einheit, sondern ein sich ständig veränderndes Sammelsurium von täglich neuen Erfahrungen.

Das Ego scheint immer genau zu wissen, was es braucht. Bedürfnisse des Ego sind alles das, was unserem »Ich« als Schutz-
polster dient. Wenn wir unsere isolierte, abgespaltene Identität
pflegen, bleiben wir bei unserer gewohnten Lebensweise, nämlich
der Aufrechterhaltung unseres Selbstbildes. Die leidenschaftliche
Liebe kann uns zwar über die Schranken unseres Ego hinaus-
führen, aber sie schafft die ichbezogenen Bedürfnisse noch lange
nicht ab.

Typischerweise tauchen bei den meisten Verliebten in der Phase
der Liebeswerbung die ersten Zweifel auf. Das Problem der Bindung tritt ins Bewußtsein, und die ersten Anzeichen, daß man
doch nicht auf allen Gebieten harmoniert, machen sich unangenehm bemerkbar.

Beziehungen brechen im allgemeinen auseinander, sobald sich
bei einem der Partner das Gefühl einstellt, daß ihre oder seine Bedürfnisse auch künftig nicht gedeckt werden. Der Mann hat vielleicht den Eindruck, daß die Frau seinem Selbstbild zu wenig
Achtung oder Unterstützung entgegenbringt. Und die Frau spürt
möglicherweise, daß der Mann nicht sensibel oder fürsorglich genug ist, um ihre Gefühle lebendig zu erhalten.

Ein Mann und eine Frau haben starke Phantasien übereinander,
bevor sie miteinander vertraut werden. Sobald sie mehr Zeit miteinander verbringen, ist die Phantasie nicht mehr stark genug, um
das Ego in die Schranken zu weisen. Es kommt jetzt zu einem sehr
störungsanfälligen Gleichgewicht zwischen der Liebe, die eine
Zweisamkeit möglich macht, und der emotionalen Bedürftigkeit,
die sich nur ungern von ihren selbstsüchtigen Zielsetzungen
trennt.

Bei den Erfahrungen, die jeder mit unserer Gesellschaft macht,
wäre es unfair, wenn man den Menschen ihr mangelndes Ver-

trauen individuell ankreiden wollte. Wir alle sind sozusagen darauf abgerichtet, den Bedürfnissen unseres Ego blind zu gehorchen. Wir leben in einer Gesellschaft, die sich davor fürchtet, allzuviel Vertrautheit zuzulassen. Es gibt furchtbare Verletzungen des persönlichen Bereichs, wie Mord und Vergewaltigung, doch das Eindringen in die persönliche Sphäre eines Menschen ist auch dann äußerst schwer zu ertragen, wenn keine Gewalt im Spiel ist.

Paare, die sich im Verlauf der Scheidung heftige Auseinandersetzungen über den Unterhalt oder das Sorgerecht liefern, spielen dabei oft aus, was sie in der Vertrautheit der Ehe über die Schwächen des anderen erfahren haben, und machen so aus der ehemaligen Vertrautheit ein Mittel der Aggression.

Es ist daher kein Wunder, daß es einen tiefen Konflikt auslöst, wenn man einem anderen erlaubt, die eigenen, wohl bewachten Verteidigungslinien zu überschreiten. Der Mensch, der uns vielleicht aus dem Kampf um die Liebe erlöst, kann sich auch als der Feind im eigenen Lager erweisen.

Sich zu verlieben schafft Verbrechen, Krieg, Obdachlosigkeit, Rassenkampf und die vielen Widerwärtigkeiten um uns herum nicht ab. Das Ego nutzt diese äußeren Gefahren, um uns davon zu überzeugen, daß die Welt feindlich und lieblos ist.

Allem Anschein nach hat es damit sogar recht – aus seiner abgesonderten Perspektive. In Wahrheit wird alles, was man nicht liebevoll betrachtet, zur Bedrohung. Die Bedrohlichkeit entsteht nicht »da draußen«. Ihr Ursprung liegt »hier drinnen«, wo wir unsere Einstellungen und Überzeugungen bilden. Vorsichtsmaßnahmen sollen vor Bedrohungen schützen. Sie sind eine Art Frühwarnsystem und manchmal so empfindlich, daß schon die harmloseste Annäherung den Alarm auslöst.

Das eigentliche Problem besteht deshalb darin, wie man das Gefühl der Bedrohung so weit in den Griff bekommt, daß die Liebe einen Vertrauensvorschuß erhält. Woraus speist sich das Gefühl der Bedrohung, und was erhält es am Leben? Darauf gibt es viele Antworten, die sich aber alle auf einen gemeinsamen Nenner bringen lassen: Bedrohungen sind Schatten aus der Vergangenheit.

Das Gedächtnis projiziert Bedrohungen in die Gegenwart,
die in Wirklichkeit heute überhaupt nicht mehr bedrohlich sind.

Neugeborene Kinder haben keine Vergangenheit und keinerlei Schutzmechanismen. Ein Baby ist Eindringlingen oder schädlichen Einflüssen völlig schutzlos ausgesetzt und überlebt nur, wenn sich eine schützende äußere Instanz um das Baby kümmert. Dennoch ist paradoxerweise niemand so unverwundbar wie ein neugeborenes Kind, eben weil es keine Angst kennt. Die Prägung des Nervensystems durch die Erfahrung steht noch bevor, und ohne einen Bezugsrahmen gibt es auch keine Bedrohung. (Es ist allerdings richtig, daß Babys gewisse instinktive Ängste haben, wie zum Beispiel die Angst zu fallen, aber diese Ängste sind körperlich verankert und nicht psychisch. Körperlich bedingte Ängste sind notwendig für das Überleben, während psychische verkrüppeln. Die ersteren fördern das schnelle und sichere Reagieren, die anderen wirken manchmal lähmend.)

Das Gefühl, bedroht zu sein, ist eine subjektive Deutung und muß erst erlernt werden. Oft hat dieses Gefühl mit der tatsächlichen Gefahr in der Umgebung eines Menschen kaum noch etwas zu tun. Deshalb kann sich bei einer gefährlichen Sportart wie beispielsweise dem Bergsteigen die instinktive Angst – die Angst vor dem Absturz – in ein lustvolles Erlebnis verwandeln. Es kommt eben immer darauf an, wie man eine Situation deutet.

Es ist ein langer Weg, bis wir gelernt haben, uns in dieser Welt zu behaupten. Wir alle, die wir seit langer Zeit die Furchtlosigkeit des Neugeborenen nicht mehr kennen, sind stolz auf unsere Überlebenskünste. Wenn in der Zeit der Werbung um einen geliebten Menschen der Moment gekommen ist, in dem wir uns dem oder der Geliebten anvertrauen müssen, erleben wir das unbewußt als eine Entscheidung, bei der auch unser Überleben auf dem Spiel steht – denn dieses Gefühl kommt uns an, wenn wir unsere Schutzmechanismen aufgeben. Im Zweifel und Mißtrauen gegenüber der geliebten Person spiegelt sich unsere Überzeugung, daß es ohne Angst nicht geht, daß ein Überleben ohne Schutzmechanismen nicht möglich ist.

DIE UNTERSCHEIDUNG
VON WAHR UND FALSCH

In der Phase der liebevollen Werbung kann trotz alter Wunden neues Vertrauen wachsen. Wenn man bedenkt, wie viele Jahre wir dazu gebraucht haben, unsere Schutzmechanismen aufzubauen, dann kann sich die Heilung auch nicht von heute auf morgen vollziehen. In der ersten Phase der Heilung werden sogar oft alte Wunden wieder aufgerissen. Erst wenn wir uns sicher fühlen, läßt unsere Psyche es zu, daß wir den Ängsten ins Auge blicken, die bis dahin zu intensiv waren, um sich ihnen zu stellen. In zeitgemäßer Form durchleben dann beide Partner noch einmal die Verletzungen und lebensbedrohlichen Situationen ihrer Kindheit. Deshalb ist es keine Überraschung, daß ein Mann und eine Frau der Beziehung, die sie eingehen, anfangs überhaupt nichts Heilendes abgewinnen können. Sie müssen den Mut aufbringen, die Zweifel und die Ängste, die immer wieder aufkommen, nicht unter den Teppich zu kehren und sich ihnen zu stellen, anstatt sie blind auszuagieren.

Wenn man sich bedroht fühlt, ist das Destruktivste, was man machen kann, den Strom der Liebe zu unterbrechen. Wer nicht von Kindesbeinen an in einer liebevollen Atmosphäre lernen konnte, sich dem anderen rückhaltlos zu öffnen, der hat es hier besonders schwer. Fürsorgliche Eltern müssen ihren Kindern beibringen, daß die Wirklichkeit auch anders sein kann als immer nur hart und garstig.

Es gibt nur zwei Muster für die Prägung unseres Weltbilds in der frühen Kindheit: Entweder ist die Welt ein Ort der Gefahren mit gelegentlichen Einsprengseln von Sicherheit – oder die Welt ist ein sicherer Ort mit gelegentlichen Momenten der Gefahr.

Eine liebevolle Familie ist und bleibt ein sicherer Hort, der Nahrung und Schutz bietet, gleichgültig wie feindselig die Welt uns entgegentritt. Kinder müssen nicht jedermann vertrauen, aber sie brauchen eine Person, die sie niemals im Stich läßt – auf diese Weise stellt sich das Ausgangsgleichgewicht zwischen Liebesfähig-

keit und Egobedürfnissen her. Eine starke kindliche Prägung kann
für ein ganzes Leben bestimmend sein. Für das Kind ist es, als
würde es von der ganzen Welt geliebt, auch wenn es das Vorbild der
Liebe nur an seinen beiden Eltern erlebt hat. Seine Überzeugung
»Ich werde geliebt« wird zu einem Teil seiner Lebenswirklichkeit.
Wer felsenfest davon überzeugt ist, daß man ihn liebt, der kann
auch lockerer mit seinen Bedürfnissen umgehen. Ein solcher
Mensch kann es sich erlauben, einem anderen den Zutritt zu seiner
Seele zu gewähren.

Die verhängnisvollste Prägung, die man in seiner Kindheit erleben kann, besteht darin, daß die geliebten Vorbilder auch zu Per-
sonifikationen des Betrugs wurden. Das geschieht in Fällen von
Mißbrauch – körperlichem, sexuellem oder emotionalem. Wer
Mißbrauch über sich ergehen lassen mußte, wird in jedem, der ihn
liebt, insgeheim seinen Peiniger sehen müssen. Die sanfteste Liebkosung könnte in Prügel ausarten, die schmeichelhaftesten Worte
haben den schalen Beigeschmack einer Beschimpfung.

Seltsamerweise entwickeln gerade diese Kinder als Erwachsene
den größten Hunger nach Liebe, aber – bei ihrer Unsicherheit und
ihrem rational schon nicht mehr nachvollziehbaren Selbstschutz-
bedürfnis – sie schrecken auch als erste vor Bindungen zurück.
Diese Menschen sind tief in ihrem Inneren verunsichert, ob sie
überhaupt Liebe empfinden können – obwohl gerade sie sich so
sehr danach sehnen. Angesichts einer Lebensgeschichte, die dem
Bedürfnis nach Selbstschutz einen soviel höheren Stellenwert als
dem Bedürfnis nach Partnerschaft einräumt, wird sich auch die ro-
mantischste Liebessehnsucht nicht durchsetzen können.

Der Weg zur wahren Liebe ist ein Wachstumsprozeß, der zur
Voraussetzung hat, daß man merkt, wann man ehrlich ist und
wann nicht. Die Zeit der Liebeswerbung gibt uns Gelegenheit, das
entsprechende Gespür zu entwickeln, denn in dieser Periode müssen sich die Partner über ihr Verständnis von Liebe zusammen-
raufen. Vielfach gehen Dinge als Liebe durch, die in Wirklichkeit
etwas ganz anderes sind. Verhaltensweisen, Überzeugungen, Erwartungen und Prägungen aus der Vergangenheit kommen oft in
diesem Gewand daher. Wir neigen alle dazu, Dinge, an die wir uns

gewöhnt haben, als »Liebe« zu akzeptieren, ohne uns über ihren Wert allzu viele Gedanken zu machen. So schleppen wir viele eigentlich lieblose Verhaltensweisen immer noch mit uns herum.

Kein anderer Satz enthält so viele versteckte Bedeutungen wie »Ich liebe dich«. Häufig sprechen wir diese Worte aus und fügen im stillen einen Nebensatz hinzu. Tatsächlich sagen wir zum Beispiel:

Ich liebe dich, wenn du so bleibst, wie du jetzt bist.
Ich liebe dich, wenn du mich liebst.
Ich liebe dich, wenn du mir keine Angst machst.
Ich liebe dich, wenn du tust, was ich will.

Alle diese Sätze sind mit Erwartungen gespickt, und deshalb geht es in ihnen nur unter anderem um die Liebe. »Ich liebe dich« ist oft mit unausgesprochenen Bedingungen verknüpft und keineswegs eine schlichte Liebeserklärung. Es wird dann zum »Ich liebe dich, wenn ...«. Leute, die eingeschränkte Versprechungen machen, sind nicht unbedingt unzuverlässig oder falsch, sie geben sich meistens sogar alle Mühe. In ihrer Vergangenheit hat es ohne Zweifel jemanden gegeben, der zu ihnen »Ich liebe dich« sagte, aber in Wirklichkeit »Ich liebe dich, wenn ...« gemeint hat. In größerem oder kleinerem Umfang haben wir alle bestimmte Erwartungen an den Menschen, den wir lieben. Aber diese Erwartungen, die uns durchaus gerechtfertigt vorkommen mögen, bringen ein verfälschendes Element ins Spiel, das sich mit der wahren Liebe nicht verträgt.

Auch Realitätsferne kann die Liebe verfälschen. Wer darauf hofft, daß ein überwältigender, geheimnisvoller Fremder daherkommt, der alle Probleme löst, flieht vor der Realität. Realitätsflucht hat viele Gesichter, von denen Phantasien und Projektionen die beiden häufigsten sind. Phantasien schaffen einen falschen Horizont von Erwartungen, an denen die Liebe gemessen wird. Wir phantasieren uns einen idealen Geliebten oder eine ideale Geliebte zurecht, und wer diesem Ideal nicht genügt, der scheidet von vornherein aus. Zu alt oder zu jung, zu groß oder zu klein, zu langweilig, zu arm, zu wenig erfolgreich – zu wenig von diesem und je-

nem, worauf unsere Meßlatte geeicht ist – nach diesem Schema erkennen wir anderen die Eignung zum Liebhaber ab. Schuld an dieser scheinbar fehlenden Eignung ist aber nur der Betrachter selbst
und nicht etwa der Betrachtete. So setzt uns die Phantasie von einem Idealbild in Wahrheit Scheuklappen auf.

Auch Projektionen verzerren unseren Blick, doch auf andere
Weise. Sie hängen unsere Einstellungen anderen Leuten an. Wer
glaubt, daß ihn doch niemand liebt, projiziert sein fehlendes Ein-
verständnis mit sich selbst auf die anderen. Die innere Überzeugung »So jemanden wie mich kann man einfach nicht lieben« ist
so qualvoll, daß niemand sich damit direkt und unmittelbar auseinandersetzen kann. Eine Möglichkeit, mit dem Schmerz fertig zu
werden, besteht darin, sich von der schmerzhaften Überzeugung
loszusagen. Dann sind die anderen an allem schuld. Sie haben uns
enttäuscht, sie halten uns für einen Versager, sie haben keine Lust,
uns zu lieben. In Wirklichkeit sind aber nicht sie an allem schuld,
sondern unsere Projektionen.

Verfälschte Liebe kann sich nicht nur in Phantasien und Projektionen äußern, sie tritt auch noch in zahlreichen anderen Formen
auf. Wer kein liebevolles Verhalten am eigenen Leib erfahren hat,
dem fehlen die positiven Beispiele, die sein Herz erwärmen könnten. Die grausamste und vielleicht auch häufigste Prägung, die
kleine Kinder über sich ergehen lassen müssen, erfolgt durch
gleichgültige Eltern. Ein Kind, dessen Liebesbedürfnis übergangen
wurde, lernt daraus, daß es auf die Bedürfnisse seines Herzens
nicht ankommt. Wer so aufwächst, wird als Erwachsener seine
Liebe nur unter großen Schwierigkeiten zum Ausdruck bringen
können. Statt eines warmen Stroms von Gefühlen empfinden solche Menschen kühlere und flachere Gefühle, die nur allzuleicht irritiert werden können und wieder zusammenbrechen. Indifferenz
ist eine schwere Hypothek.

Alle diese Erscheinungsformen der verfälschten Liebe sind
außerordentlich weit verbreitet. Wenn wir vorgeben, jemanden
mehr zu lieben, als es tatsächlich der Fall ist, immer wenn wir un-
aufrichtig oder mißtrauisch sind, immer wenn wir die Gefühle
zurückweisen, die jemand uns entgegenbringt, ist falsche Liebe im

Spiel. Wie die tausendköpfige Hydra hat auch die falsche Liebe
mehr Köpfe, als man benennen kann. Ihre Bekämpfung setzt voraus, daß wir ergründen, was wahre Liebe ist. Nur das Echte kann
das Falsche verdrängen. Wenn wir etwas als Phantasie oder Projektion erkannt haben, können wir es sozusagen von außen betrachten, und sobald ein gewisser Abstand hergestellt ist, verliert das
Falsche seine Bannkraft.

Wer die Liebe bislang noch nicht in ihrer Reinheit erlebt und
ihre Unschuld verstanden hat, dem ist es noch nicht gelungen, das
Fundament einer Partnerschaft zu legen. Longfellow sagt zu Recht:
»Die Liebe schenkt sich selbst; man kann sie nicht kaufen.« Wenn
ein Mann oder eine Frau glauben, um geliebt zu werden, müsse
man einen Preis bezahlen, ist ihre Vorstellung von der Liebe grundsätzlich nicht in Ordnung. Sie verwechseln die Liebe mit einer
Transaktion zwischen den Gewinnern und Verlierern eines Wett-
spiels um die Befriedigung miteinander konkurrierender Bedürfnisse.

In unserer Gesellschaft wird das Problem noch dadurch ver-
schlimmert, daß Eigennutz bei uns als gerechtfertigt gilt, denn dahinter lassen sich Ängst und Zweifel am leichtesten verstecken.
Was hat ein »Ich« schon von höheren Werten, wenn es ohnehin
schon alle Mühe hat zu überleben, wie es nun mal ist? Ein Zyniker
könnte sagen »Wer sich verliebt, flüchtet sich vor der Wirklichkeit
in eine Phantasiewelt.« Es gibt eine viel durchschlagendere Kraft
als die Liebe, nämlich die Gier, von der die Leute dazu gebracht
werden, dem Sex, dem Geld, der Macht, der Sicherheit und der Bequemlichkeit alles zu opfern. Das ist es, was die Leute wirklich
wollen.

Oberflächlich betrachtet scheinen die Zyniker absolut recht zu
haben. Das Leben lügt nicht. Wir reden zwar alle von der Liebe,
aber wir leben sie nicht. Die Suche nach dem eigenen Vorteil hat
uns zu stark im Griff. Viel zu oft drücken sich Mann und Frau um
die schmerzhafte Notwendigkeit, sich gegenseitig Einblick in ihre
tiefsten Ängste und Unsicherheiten zu gewähren, und bauen die
Partnerschaft nur deshalb auf, um gemeinsam den eigenen Vorteil
zu suchen. Anstatt sich an die mühsame Arbeit zu machen, aus

dem dünnen Garn der Liebe ein festes Gewebe zu knüpfen, befassen sie sich vorrangig mit dem, was die Beziehung für sie selbst hergibt.

Der Erfolg der Phase der Werbung hängt davon ab, inwieweit die Partner in der Lage sind, ihre Selbstschutzmechanismen abzubauen. Der Erfolg wird in dem Maß wieder zunichte, wie sie neue, gemeinsame Selbstschutzmechanismen aufbauen.

Wie viele Paare verbünden sich, um ein »Wir« aufzubauen, das nichts anderes ist, als eine neue, stärkere Version des »Ich«. Daß das so ist, darf uns nicht überraschen. Wenn das Überleben in einer feindseligen Umwelt zur Hauptaufgabe geworden ist, sind zwei besser als einer. Genau wie eine Einzelperson kann auch ein Paar auf Macht und Geld aus sein oder doch zumindest auf Sicherheit und Bequemlichkeit. Die Liebe bleibt dabei auf der Strecke, weil sie materiell nichts einbringt und uns jedenfalls weitaus weniger klar erkennbar etwas nützt als Ellbogentaktiken. Geld und Macht verlangen Härte und die Entschlossenheit, für das, was man will, zu kämpfen. Wer sich diesen Dingen verschrieben hat, ist mit einem Killerinstinkt besser bedient als mit einem liebenden Herzen. Auch Sicherheit und Bequemlichkeit verlangen, daß man ganz vorne mitmischt. In diesem Fall sind es eben zwei, die am Ball bleiben wollen – ansonsten hat sich nichts geändert.

Gemeinsame Egobedürfnisse haben in jeder Beziehung einen unbestrittenen Platz. Sie werden erst dann zum Problem, wenn sie sich dem behutsamen Wachstum des spirituellen Aspekts der Liebe in den Weg stellen. Wenn wir uns verlieben, sind wir über unsere Bedürfnisse längst bestens im Bilde. Einen neuen Verbündeten zu gewinnen, der uns unsere Bedürfnisse befriedigen hilft, ist aber etwas anderes, als das ganze Paket loszuwerden. Nur die Liebe kann uns befreien, denn die Wahrheit ist das Gegenmittel für die Angst. Die zynische Behauptung, die Leute seien nur an Geld, Macht und Sicherheit interessiert, löst sich in Wohlgefallen auf, sobald man etwas tiefer blickt. Das Hochgefühl der frisch Verliebten speist sich aus der Erlösung von der Bedürftigkeit des Ego mit seiner Bedrohtheit und Selbstsucht. Diese Erlösung ist das, was uns wirklich fehlt. Das Ego vermag allerlei, aber zwei Dinge kann es nicht: die Angst abschaffen, denn die Angst ist seine Basis, und es kann keine Liebe erzeugen, denn Ego und Liebe schließen sich definitionsgemäß gegenseitig aus.

Ego und Liebe passen letztlich deshalb nicht zusammen, weil die Liebe ins Unbekannte strebt, und da macht das Ego nicht mit. Wenn Sie sich auf die Liebe einlassen, wird Ihr Leben unsicherer, und das Ego kann nicht ohne Sicherheit auskommen. Eigentlich muß man sich auf einen anderen Menschen einlassen, und das Ego stellt seinen eigenen Willen über den Willen eines jeden anderen. Liebe bringt widersprüchliche Gefühle mit sich, doch das Ego fühlt sich nur in der Sicherheit von richtig und falsch geborgen. Zur Liebe gehören noch viele andere Erfahrungen, mit denen das Ego nicht fertig wird – wer verliebt ist, ist verwirrt, spontan, verletzlich, ungeschützt, losgelöst, sorglos, neugierig und immer wieder neu.

Die Reise der Liebe wäre furchteinflößend, wenn wir die Leidenschaft nicht hätten, die uns mit Mut beflügelt – mit dem blinden Mut der Verliebten, wie es oft heißt. Es wäre angebrachter, von der blinden Weisheit der Verliebten zu sprechen, denn die Gewißheiten des Ego sind eine Illusion. Ungewißheit ist die Grundlage des Lebens.

♥ LIEBESLEKTIONEN:
DIE LIEBE IN IHRE ELEMENTE ZERLEGEN

Es gehört zu den wertvollsten Erkenntnissen, die man über sich selbst gewinnen kann, wenn man herausfindet, was man eigentlich mit den Worten »Ich liebe dich« meint. Die Bedeutung, die man in diesen Satz hineinlegt, ist sehr vielschichtig – beginnt er doch mit dem Wörtchen »Ich«. Unsere bisherigen Erfahrungen mit der Liebe, unsere kindlichen Prägungen, unsere unausgesprochenen Erwartungen und Überzeugungen, all das schwingt mit. So kann »Ich liebe dich« bedeuten:

- Ich liebe dich genau so, wie mein Vater meine Mutter geliebt hat, bevor er sich von ihr scheiden ließ.

- Ich liebe dich, solange du mir nicht zu nahe kommst.

- Ich liebe dich mehr als Romeo Julia geliebt hat, aber bitte verlang' nicht von mir, daß ich für dich sterbe.

- Ich liebe dich so, wie mich der Kapitän unserer Fußballmannschaft nie geliebt hat.

Je emotionaler ein Satz ist, desto persönlicher ist er auch. »Ich liebe dich« ist in jeder Sprache der Satz mit den meisten Emotionen, und deshalb klingen in ihm viele – besonders auch schmerzhafte – Gefühle an, über die man niemals offen sprechen würde. Solchen tieferen Bedeutungen, die in der Alltagssprache übergangen werden, kann man durch die Technik der Assoziation, auf der die folgende Übung aufbaut, auf die Spur kommen.

TEIL I:

Notieren Sie sich, welcher Name Ihnen bei den folgenden Eigenschaftswörtern spontan in den Sinn kommt:

heilig
leidenschaftlich
lieb
abenteuerlich
schön
mutig
zärtlich
loyal
gutaussehend
selbstlos
stark

lustig
genial
unschuldig
bewundernswert
talentiert
großzügig
anbetungswürdig

Selbstverständlich sehen die Antworten auf diese Liste bei jedem anders aus, aber denroch ergeben sie bestimmte Profile.

• *Wenn mehr als acht fiktive Personen darunter sind*, enthält Ihre Auffassung von Liebe einen starken Anteil von Phantasieelementen. Das gilt auch, wenn in Ihrer Liste häufig die Namen von Film- und Fernsehstars auftauchen. Wahrscheinlich halten Sie den »perfekten« Partner zwar für äußerst erstrebenswert, aber leider auch unerreichbar. Äußere Schönheit ist Ihnen wichtiger als innere Qualitäten. Sie finden sich selbst vermutlich weder besonders schön und interessant, noch der besonderen Beachtung durch die von Ihnen bewunderten Leute wert.

• *Wenn Sie mehr als acht Personen genannt haben, denen Sie noch nie persönlich begegnet sind*, haben Sie eine stark idealisierte Auffassung von der Liebe. Vielleicht brauchen Sie Heldenfiguren, die Sie verehren können, um selbst das Gefühl von Stärke zu empfinden. Unbewußt sehen Sie in dem Menschen, den Sie lieben, Ihren Retter, Ernährer, ein Bollwerk der Stärke, eine Vaterfigur und Autorität.

• *Wenn Sie mehr als fünfmal Ihren Vater oder Ihre Mutter genannt haben*, ist Ihre eigene Vorstellung von der Liebe noch nicht tragfähig. Sie orientieren sich immer noch an den Modellen Ihrer Kindheit.

• *Wenn Sie mehr als fünfmal sich selbst genannt haben*, waren Sie bei der Beantwortung der Liste nicht ehrlich; es ist ein Zeichen Ihrer Angst und Unsicherheit, ob man Sie liebt.

• *Wenn Sie mehr als fünfmal die gleiche Person genannt haben*, sind Sie vermutlich in diese Person verliebt.

• *Wenn Sie nicht mindestens dreimal Ihren Partner oder Ihre Partnerin genannt haben*, sind Sie sich über Ihre Partnerschaft noch nicht im klaren. Sie sollten sich dringend darum bemühen, neue Wege der Kommunikation mit Ihrem Partner zu finden.

TEIL II:

Assoziationen sind bemerkenswert aufschlußreich. Ende der zwanziger Jahre machte der russische Filmemacher Lev Kuleschow ein klassisches Experiment. Er projizierte einige einfache Bilder – eine Schüssel mit Suppe, einen Sarg, ein Kind, das mit seinem Teddybär spielt – an die Wand und ließ jedem Bild ein ausdruckslos in die Kamera blickendes männliches Gesicht folgen. Die Betrachter dieser Bilderfolge »entdeckten« ein reichhaltiges Minenspiel auf dem Gesicht des Mannes. Wenn er nach der Suppenschüssel erschien, hielten sie ihn für hungrig, nach dem Sarg dachten sie, er hätte Angst vor dem Sterben, und nach dem spielenden Kind lasen sie Liebe in sein Gesicht hinein. Diese Deutungen zeigen, wie kraftvoll Assoziationen sein können.

Die Art, wie Ihr Geist durch Assoziationen Zusammenhänge herstellt, führt uns ebensooft auf die falsche Fährte. Tatsächlich nehmen wir andere Menschen selten als das wahr, was sie wirklich sind; unser Bild von ihnen ist gefärbt durch die Erinnerung an Personen aus unserer Vergangenheit. Wir tragen zum Beispiel im Kopf Bilder vom Aussehen unserer Eltern mit uns herum und vergleichen damit jeden Menschen, dem wir begegnen. Ist die Ähnlichkeit groß genug, dann entstehen Assoziationen – positive oder negative –, die mit diesen konkreten Personen überhaupt nichts, aber alles mit unserem eigenen gedanklichen Prozeß zu tun haben.

Ich habe schon erwähnt, daß die Projektion bei der falschen Liebe eine große Rolle spielt, weil sie die eigenen Gefühle auf eine

andere Person überträgt. Auch in dem Kuleschowschen Experiment handelt es sich um eine Projektion, wenn ein Zuschauer
meint, der Mann mit dem ausdruckslosen Gesicht liebe das kleine
Kind.

Es gibt aber noch eine andere Art von Projektion, die auf unseren eigenen Wünschen beruht. Sie betrachten beispielsweise jemanden als vertrauenswürdig, weil Sie es brauchen, daß er es ist
(ein Hinweis auf Enttäuschungen in den maßgeblichen Jahren der
Persönlichkeitsentwicklung). Egal, wie oft sich die betreffende Person als nicht vertrauenswürdig erweist – Sie werden auch weiterhin
Ihr Vertrauensbedürfnis auf diesen Menschen projizieren.

Bei Eifersucht ist eine ganz extreme Projektion im Spiel, die
man nur schwer ausschalten kann. Zu leicht werden der unschuldigste Blick und das unschuldigste Wort falsch ausgelegt.

Wenn Sie sich häufig in Projektionen flüchten, neigen Sie vermutlich zu folgenden Verhaltensweisen:

- Sie beenden für andere Leute den Satz.

- Sie verteidigen sich, obwohl man Sie noch gar nicht angegrif-
fen hat.

- Sie benutzen häufig Formulierungen wie »Er gehört zu den
Leuten, die …«, oder »Ich weiß genau, was sie jetzt machen
wird«.

- Sie fragen jemanden nach seiner Meinung und sind sauer, wenn
er anders denkt als Sie.

- Es fällt Ihnen schwer, am Gesicht eines Menschen abzulesen,
was in ihm vorgeht.

- Sie fühlen sich oft mißverstanden.

- Sie empfinden den Gesichtsausdruck von Autoritätsträgern –
zum Beispiel Polizisten – als bedrohlich.

- Sie glauben, daß Ihre Chefin Sie nicht leiden kann, obwohl sie nie etwas Entsprechendes zu Ihnen gesagt hat.

- Sie halten es für den Ausdruck von sexuellem Interesse, wenn Ihr(e) Partner(in) einer anderen Frau (einem anderen Mann) hinterherschaut.

- Sie hegen extreme Sympathie oder Antipathie Menschen gegenüber, die Sie überhaupt nicht näher kennen.

Es ist wichtig, daß Sie diese Projektionen loswerden, damit Sie die wahre von der falschen Liebe unterscheiden können, gleichgültig, ob sie von Ihnen selbst ausgeht oder ob sie Ihnen entgegengebracht wird.

Hinter Projektionen stecken immer Gefühle,
denen wir uns nicht stellen wollen.

Nehmen Sie einmal die negativen Charakterzüge unter die Lupe, die Ihrer Meinung nach an anderen Leuten unübersehbar sind, und Sie werden feststellen, daß sich die gleichen Züge auch in Ihnen verbergen. Je stärker Sie sich davon distanzieren, desto größer wird die Notwendigkeit zur Projektion. Wenn Sie sich generell gegen Vorwürfe zur Wehr setzen, bevor überhaupt jemand etwas gesagt hat, dann fühlen Sie sich schuldig. Diesen Schuldgefühlen müssen Sie sich stellen, wenn Sie wollen, daß die Projektionen aufhören.

Wenn Sie das Gefühl haben, daß der Mann oder die Frau, die Sie lieben, ständig mit sexuellem Interesse anderen nachschaut, dann sind vermutlich Sie es, der oder dem man nicht trauen kann.

Falls Sie glauben, ihr Vorgesetzter hätte etwas gegen Sie, sollten Sie sich überlegen, ob nicht Sie Vorbehalte gegen alle Autoritätspersonen haben. Die folgende Übung ist ein Schritt zur ehrlichen Selbsteinschätzung.

Machen Sie sich eine Liste mit den Namen von drei Leuten, die Ihnen äußerst unsympathisch sind, die Sie verachten oder mit denen Sie schon scharfe Auseinandersetzungen hatten. Notieren Sie zu jedem Namen vier Eigenschaften, die Ihnen besonders unerträglich vorkommen. Die Liste könnte etwa wie folgt aussehen:

- Schwiegervater: arrogant, geizig, engstirnig, stur.

- Chef: unfair, unbeherrscht, gleichgültig gegenüber meiner Arbeit, hat keine Ahnung.

- Hitler: grausam, sadistisch, haßerfüllt, voller Vorurteile, fanatisch.

Sehen Sie sich nun die Liste an, und sagen Sie bei jeder der von Ihnen notierten Charaktereigenschaften »Genau so habe ich mich verhalten, als ...«. Vervollständigen Sie den Satz, indem Sie eine Gelegenheit nennen, wo Sie sich selbst so verhalten haben. Wann waren Sie arrogant oder geizig? Es geht hier nicht darum, in Selbstkritik zu verfallen, sondern darum, Empfindungen zu spüren, die als eigene Gefühle wiedererkannt werden müssen, damit man endlich aufhören kann, sie zu verdrängen und durch Projektion auf andere abzuwälzen.

Wenn Sie bei der Liste ehrlich waren, wird es Ihnen manchmal schwergefallen sein, die Sätze zu ergänzen. Hitlers Sadismus zum Beispiel mag zu weit entfernt von Ihrem eigenen Verhalten erscheinen, und vielleicht ist die Wunde, die Ihnen Ihr Chef geschlagen hat, als er sie unfairerweise vor kurzem bei der Beförderung überging, noch zu frisch. Aber wenn Sie die Mühe nicht scheuen, werden Sie entdecken, daß Sie das, was Sie an anderen Leuten am meisten hassen, in sich selbst verleugnen. Das ist eine spirituelle Wahrheit, der wir uns entziehen, indem wir projizieren, anderen die Schuld geben und uns selbst dabei schonen. Wenn wir es ertragen können, uns auch in dem zu erkennen, was wir hassen, nähern wir uns der Erkenntnis, daß wir allumfassend sind – wie es sich für Kinder des Geistes gehört.

»ASCHENPUTTEL ZU VERKAUFEN«

Schon am ersten Tag, an dem Dana bei Stephen arbeitete, hatte es zwischen ihnen gefunkt. Der fünfzehn Jahre ältere Stephen war ein erfolgreicher Schönheitschirurg. Er hielt nichts von Formalitäten. Wenn nicht gerade ein Patient dabei sei, sagte er zu Dana, könne sie ihn ruhig beim Vornamen nennen. Als er sich nach ihrem beruflichen Hintergrund erkundigte, zeigte er sich sehr interessiert.

Dana hatte mit Mitte zwanzig ihre Ausbildung zur Arzthelferin wieder aufgenommen. Das war nun ihr erster Job nach der Abschlußprüfung. Es machte ihr Spaß, für Stephen zu arbeiten, zumal er ihr ein großzügiges Gehalt zahlte.

Der erste Monat war gerade um, da bat er Dana, mit ihm auszugehen. Dana war sehr nervös, denn sie hatte Angst, daß ihre Kolleginnen in der Praxis davon nicht gerade begeistert wären. Aber Stephen zog alle Register und ließ nicht locker. Er führte sie in ein feines französisches Restaurant und schickte ihr am nächsten Morgen Blumen in die Wohnung.

Weitere Einladungen folgten. Dana hatte zwar anfangs ein bißchen Mühe, sich für einen älteren Mann als Partner für romantische Stunden zu erwärmen, aber im Lauf der Zeit pflichtete sie ihm bei, daß das Alter immer nur die Rolle spielt, die man ihm zugesteht. Stephen schien sich in ihrer Gegenwart zu verjüngen, wie er ihr nur allzu gern immer wieder versicherte. Aber abgesehen davon, daß es ihm selbst gut tat, achtete er darauf, daß stets Dana im Mittelpunkt seines Liebeswerbens stand.

Fast jeden Tag schickte er ihr Blumen. Er kaufte ihr teuren Schmuck, den sie zuerst nicht annehmen wollte. Die Sache war ihr peinlich, aber schließlich gab sie nach, weil ihre ablehnende Haltung Stephen offensichtlich sehr viel ausmachte.

Es dauerte nicht lange, bis sie auch miteinander schliefen. Stephen war ein aufmerksamer Liebhaber, wobei Dana allerdings den Eindruck hatte, daß er auf Anregungen oder gar Kritik im Bett sehr empfindlich reagiert hätte. Sie verhielt sich deshalb passiver und willfähriger, als es sonst ihre Art gewesen wäre – ein eher kleines Opfer, wie ihr schien.

Stephen hatte erwachsene Kinder aus seiner ersten Ehe, die er schon während des Studiums geschlossen hatte. Sie waren offenbar nicht besonders daran interessiert, Dana kennenzulernen. Sie war nur gut zehn Jahre älter als Stephens ältester Sohn, der seine ersten Semester auf dem College absolvierte. Die Scheidung lag erst drei Jahre zurück, aber Stephen sprach kaum über seine erste Frau, auch dann nicht, wenn Dana Näheres wissen wollte. Außer Dana schien es niemanden mehr für ihn zu geben. Ob sie wollte oder nicht, sie fühlte sich sehr geschmeichelt.

Sie hatten sich im Juni kennengelernt. Anfang August wurde der Hochzeitstermin festgelegt – auf Weihnachten. Stephen kaufte einen riesigen Verlobungsring für Dana und legte ihr ans Herz, für die Hochzeitsfeier nur das Allerbeste zu kaufen. Eine Hochzeitsreise nach Paris mit allen Schikanen wurde geplant – beziehungsweise Stephen traf die Vereinbarungen und stellte Dana vor vollendete Tatsachen. Dana war ein bißchen enttäuscht, weil sie einfach übergangen worden war, aber bei Stephens überwältigender Großzügigkeit war es praktisch ausgeschlossen, auch nur die leisesten Bedenken anzumelden.

Die Seifenblase platzte schließlich, wenn auch nicht mit einem Schlag. Der erste Hinweis, daß etwas nicht ganz richtig lief, war ein Übungsvideo, das Stephen Dana zur Straffung ihres Pos mit den Worten zusteckte, daß Frauen an dieser Stelle oft etwas zu füllig würden, selbst wenn sie eine so sensationelle Figur hätten wie Dana.

Eine Woche später fragte er sie ganz nebenbei, ob sie sich nicht schon mal überlegt hätte, daß er an ihr doch hier und da ein paar kleine Schönheitskorrekturen vornehmen könnte. Dana wollte es zwar nicht zeigen, aber sie war schockiert. Sie hatte nicht im geringsten vor, sich von Stephen »überarbeiten« zu lassen. Stephen machte zwar einen Rückzieher, aber er war deutlich verärgert. Am nächsten Tag in der Praxis bekam Dana zufällig mit, wie eines der Mädchen am Empfang sagte: »Unser Aschenputtel wird sich wohl demnächst ein bißchen Fett absaugen lassen müssen.« Sie tat zwar, als hätte sie nichts gehört, aber der Stachel des Zweifels saß nun fest in ihrem Fleisch.

Als Dana es nicht mehr aushielt und Stephen von der gemeinen Bemerkung der Kollegin erzählte, kam es zum ersten größeren Krach. Wütend wollte er das Mädchen auf der Stelle hinauswerfen.

»Darum geht es doch gar nicht«, sagte Dana. »Ich glaube nämlich, du willst mich gar nicht haben, es sei denn, du kannst mich zu etwas ummodeln, was ich überhaupt nicht bin.«

Sie wußte sehr wohl, wo ihr Gesicht und ihre Figur eine Kleinigkeit zu wünschen übrigließen, aber welchen Stellenwert hatte das für Stephen? Er wich der Frage aus und zeigte ihr für den Rest des Tages die kalte Schulter. Am Freitagabend, den sie normalerweise zusammen verbrachten, meinte Stephen, er hätte noch zuviel zu tun. Dana hatte allerdings eher den Eindruck, daß er nicht mit ihr schlafen wollte, um sie zu bestrafen.

Der Vergleich mit Aschenputtel war zwar nicht ganz aus der Luft gegriffen, aber der märchenhafte Schluß blieb aus. Eine Woche vor der geplanten Hochzeit drückte Dana an ihrem Telefon versehentlich auf eine falsche Taste und bekam mit, wie Stephen mit einer anderen Frau telefonierte. Tonfall und Inhalt des Gespräches ließen keinerlei Zweifel am Grad der Intimität zwischen den beiden aufkommen.

Tief verletzt lief Dana aus der Praxis und kam nie wieder zurück. Sie weigerte sich, Stephens Anrufe entgegenzunehmen, die allerdings auch bald aufhörten. Bei seinem letzten Anruf schwor er, daß er sie doch noch immer lieben würde, aber Dana hatte den Eindruck, daß es ihm eher darum ging, sein Selbstbild zu retten. Als er ihr vorjammerte, daß er einen Haufen Geld zum Fenster hinausschmeißen würde, wenn jetzt die ganze Hochzeit abgesagt werden müßte, brach Dana in Tränen aus und legte den Hörer auf. Stephen meldete sich nie wieder.

Auf den ersten Blick kann man sich kaum eine Brautwerbung vorstellen, die der romantischen Idealvorstellung näher kommt. Weitaus mehr als die meisten Männer hatte Stephen die Mittel und den Wunsch, eine Frau auf Händen zu tragen. Er gab Dana das Gefühl, wichtig und etwas Besonderes zu sein, indem er sie mit Aufmerksamkeiten überhäufte. Doch seine Werbung hatte bei aller

Liebenswürdigkeit wenig mit Liebe zu tun und schon gar nichts mit Vertrauen. Was war also wirklich geschehen?

Der Schlüssel zu dieser Geschichte ist das Wort »Selbstbild«. Stephen war vor allem daran interessiert, sein Selbstbild zu pflegen: Er sah sich als Magier, unter dessen Händen gewöhnliche Frauen zu Göttinnen werden. Er machte daraus nicht nur einen Beruf, auch in seinen persönlichen Beziehungen mußte er der Star sein. Vermutlich hätte er bei der schönsten Frau der Welt noch versucht, das Aussehen zu »verbessern«, wenn er dazu die Gelegenheit gehabt hätte. Von den großzügigen Geschenken bis hin zum Sex war sein Werben um Dana eine einzige Show.

Dana hatte sehr gut daran getan, an seinen sexuellen Fähigkeiten keine Kritik zu üben, denn das wäre ihr übel bekommen. Hätten die beiden geheiratet, dann wäre sein Interesse schnell erkaltet, und er hätte Affären mit anderen Frauen angefangen. Man braucht sich nur vor Augen zu halten, daß er vollständig mit seiner ersten Frau gebrochen hatte, und man kann sich ausrechnen, daß er unbedingt dauernd neue Eroberungen machen mußte, um sein aufgeblähtes Selbstbild aufrechtzuerhalten.

Dana hätte mit Stephen einzig und allein dann auskommen können, wenn sie sich von ihm hätte kaufen lassen, aber zum Glück vertraute sie weniger seinem Image als ihrem eigenen Gefühl. Auf Händen getragen zu werden hatte für Dana von Anfang an etwas Unwirkliches. So jung sie war, spürte sie doch, daß Stephen keinen Wert darauf legte, mit ihrer Seele eine Verbindung einzugehen, und schon gar nicht darauf, seine eigene Seele in die Verbindung einzubringen.

Diese Geschichte beschreibt eigentlich ganz genau, wie eine ideale Werbung ablaufen sollte – man muß nur alles einfach umdrehen. Wo die Partner nach und nach die Scheu ablegen, dem anderen Einblick in das eigene Innere zu gewähren, kann sich eine perfekte Beziehung wie eine Blume entfalten. Es ist ein gemeinsames Anliegen, bei dem Entscheidungen gemeinsam getroffen und Grenzen gegenseitig respektiert werden.

Keiner der Partner versucht, den anderen über die Grenzen seiner Möglichkeiten hinaus zu fordern. Beide wissen, daß die Ausweitung persönlicher Grenzen ein langsamer und empfindlicher Prozeß ist. Der Geist einer aufblühenden Beziehung beruht auf dem Miteinander, das bei Dana und Stephen vollkommen fehlte.

Bei aller Kränkung war Dana im stillen doch erleichtert, daß die Hochzeit mit Stephen ins Wasser fiel. Die Rolle des Aschenputtels wurde ihren inneren Bedürfnissen, die ich spirituell nennen möchte, nicht gerecht. Jeder hat Seelenbedürfnisse wie Nachsicht, Liebe und Mitgefühl, aber sie können nur befriedigt werden, wenn zuvor das wichtigste unserer seelischen Bedürfnisse befriedigt worden ist: die Unterstützung auf unserem Weg.

Wenn wir neue und oftmals verwirrende Seelenzustände erfahren, können wir nicht erwarten, daß ein anderer Mensch sofort alles versteht, was in uns vorgeht. Aber wenn sich ein Miteinander entfalten soll, muß die Grundlage für *Satsang* geschaffen werden, und dazu gehören drei wichtige Dinge: Gleichberechtigung, Sensibilität und Kommunikation.

Gleichberechtigung

Vielen Menschen fällt es schwer, den Partner als gleichberechtigt zu empfinden. Intelligenz, Status, Geld sowie Fähigkeiten und Anlagen, mit denen wir alle in unterschiedlichem Maße gesegnet sind, können in einer Beziehung zu beherrschenden Faktoren werden. Eine Frau kann, wie im Falle von Dana, das Gefühl bekommen, daß der Mann, der um sie wirbt, im Leben schon so viel erreicht hat, daß sie dankbar sein muß, wenn er sich für sie interessiert. Der »seelische Nährwert«, den eine solche Verbindung für sie gehabt hätte, wäre allerdings nur gering gewesen.

Im Geist sind alle gleich. Das ist mehr als eine abstrakte Aussage, es ist der einzige Bezugsrahmen, innerhalb dessen wir unser Ego überwinden können. Wer sich einem anderen überlegen fühlt, bezieht sein Überlegenheitsgefühl aus seinem Selbstbild. Wenn mein Selbstbild zum Beispiel auf Geld basiert, dann gehe ich davon aus, daß meine Bemühungen um den Partner deshalb ge-

schätzt werden sollten, weil ich soviel für ihn ausgegeben habe.
Das bringt den Partner ins Hintertreffen, weil sein Recht auf Anerkennung eine geringere Basis hat. Der Rangvorteil, den zum Beispiel Stephen sich verschaffte, als er Dana in ein teures Restaurant
einlud, bestand nur in seinen Augen. Auf diese Weise schützte er
sich vor jeglicher Kritik von ihrer Seite. Er hatte damit das Recht
erworben zu argumentieren: Sieh her, was ich dir alles biete. Wie
könntest du mit mir unglücklich sein?

Gleichheit stützt sich nicht auf äußere Faktoren oder Eigenschaften. Jeder hat das Recht auf Anerkennung, Respekt und Verständnis. Bei vielen Männern stößt diese Vorstellung jedoch an
ihre Grenzen, wenn es um die Gefühlswelt einer Frau geht. Männer
durften nicht lernen, daß Gefühle etwas Wertvolles sind, und sie
können sie nur im äußersten Notfall zeigen.

Einen anderen Menschen zu akzeptieren bedeutet, seine Gefühle zu akzeptieren. Es gibt nichts Grundsätzlicheres und Persön-
licheres. Wie soll es geistiges und seelisches Wachstum geben,
wenn diese Gleichheit fehlt? Der Geist ist nicht etwa eine Gefühls-
qualität, er schafft vielmehr eine Öffnung und einen Zugang zu unserem inneren Selbst. Unsere Seelenregungen, die wir oft selber
kaum begreifen, können wir nur dann miteinander teilen, wenn
wir spüren, daß unser Partner den Drang hat, uns und unsere Gefühlswelt zu verstehen.

Sensibilität

Die Fähigkeit zu spüren, was in einem anderen Menschen vorgeht,
muß – wie jede andere unserer Fähigkeiten auch – erst entwickelt
werden. Sie fällt uns nicht ohne weiteres zu, und ohne eine gewisse
Treffsicherheit der Intuition und die Bereitschaft, komplizierte und
widersprüchliche Gefühle zu akzeptieren, geht es nicht.

Auf die Frage: »Was fühlst du gerade?«, gibt es nur eine Antwort:
»Alles mögliche.« Sensibilität bedeutet, alle Spekulationen darüber, was der andere denkt und fühlt, was er denken und fühlen
sollte, und was wir hoffen, daß er es doch um Himmels willen

nicht denken und fühlen möge, beiseite lassen zu können. Sobald
unser Ego sich einmischt, ist es mit der Sensibilität vorbei.

Es gibt auch ein soziales Vorurteil, demzufolge Frauen zu sensibel sind (wie die Männer es sehen), und ein Mann durch Sensibilität an Männlichkeit einbüßt. Wenn Männer sich über die Belange
anderer Leute hinwegsetzen, haben sie deshalb immer die wohl-
feile Entschuldigung parat: »Ich weiß überhaupt nicht, was du
willst!«, oder: »Ich kann mir überhaupt nicht vorstellen, was mit
dir los ist!« Wer es für seine Lebensaufgabe hält, das Selbstbild heil
über die Runden zu bringen, der kann natürlich nur mit dem Kopf
schütteln, wenn er sich für die Gefühle eines anderen öffnen soll.
Wer sensibel sein will, der darf nicht immer nur recht haben oder
dominieren wollen, sollte nicht seine Bedürfnisse über die der anderen stellen und so weiter.

Für Stephen kam es entscheidend darauf an, daß er für die Gefühle der Frau, die er umwarb, *nicht* sensibel war. Er kannte nur
eine Form der Werbung: Der rettende Prinz hebt Aschenputtel zu
sich aufs Pferd – und Prinzen sind nun mal ohne Tadel. Hätte er
Danas Unbehagen an seiner erdrückenden Großzügigkeit gespürt,
dann wäre er gezwungen gewesen, sich damit auseinanderzusetzen, daß er im Grunde immer nur Theater spielte.

Übertriebene Großzügigkeit ist den meisten Leuten sehr peinlich; der Empfänger fühlt sich unter der Wucht der Zuwendung lebendig begraben und seinem »Wohltäter« gegenüber minderwertig. Dana hatte alle diese Gefühle, aber Stephen konnte sich nicht
leisten, ein Gespür dafür zu zeigen. Eine andere Art, seine »Liebe«
auszudrücken, hatte er nicht im Repertoire. Hätte er Dana gestattet, ihre Vorstellungen darüber einzubringen, wie sie von ihm geliebt werden wollte, dann hätte er etwas von seiner Macht abgeben
müssen, und das wäre für ihn unerträglich gewesen.

Kommunikation

Kommunion hat die gleiche Wortwurzel wie Kommunikation, was
uns daran erinnert, daß es bei der Kommunikation nicht nur um

den Austausch von Informationen geht, sondern auch darum, mit dem Gegenüber eine Gemeinschaft zu bilden. Frauen haben meist rein intuitiv für Kommunikation ein besseres Verständnis – und das aus positiven wie negativen Gründen:

Das Positive ist, daß Mädchen von klein auf dazu angehalten werden, gut miteinander auszukommen, speziell auf der Gefühlsebene, während Jungen auf Konkurrenz und Wettbewerb getrimmt werden. In einer Konkurrenzsituation wird Schweigen oft mit Macht gleichgesetzt.

Der andere Grund ist negativ: Frauen gehen oft davon aus, daß sie sowieso nichts zu melden haben. Dann macht es auch nichts, wenn sie ihre Gefühle und inneren Konflikte offen zeigen. Ein Mann in einer Machtposition dagegen, der sich über seine Ängste, Unsicherheiten und Konflikte zu tief in die Karten blicken läßt, setzt seinen Machtanspruch aufs Spiel.

Der Einfluß dieser sozialen Erwartungshaltungen auf die Struktur einer Beziehung reicht tief. Männer sind oft ehrlich davon überzeugt, daß es über ihre Gefühle nichts zu berichten gibt und daß Frauen immer nur Unsinn reden. Frauen kommen sich häufig »dumm« vor, wenn alles, was sie sagen, von ihren Gefühlen geprägt ist, und sie glauben, daß der Mangel an emotionaler Kommunikation bei Männern bedeute, daß sie stärker sind.

In Danas Geschichte verlief die Kommunikation nach den gleichen Regeln wie im Märchen vom Aschenputtel. Es war ihr so gut wie unmöglich, all das zum Ausdruck zu bringen, was nicht in das Schema vom Prinzen paßte, der das Mädchen aus der Vorstadt auf die Höhen von Macht und Reichtum entführt. Ihre eigene Wahrnehmung ordnete sich dem Blickwinkel unter, aus dem Stephen die Situation betrachtete. Hier zeigte sich sowohl ein Zusammenbruch der Kommunikation als auch der Gleichberechtigung.

Bis zur Hochzeit hat ein Paar meist gelernt, was der eine vom anderen hinsichtlich Gleichberechtigung, Sensibilität und Kommunikationsfähigkeit erwarten darf. Wenn diese Faktoren in der Phase der Werbung geklärt werden, weiß jeder, worauf er sich einläßt, bevor es zu spät ist.

Wenn Sie in einer altbewährten Partnerschaft leben, denken Sie

einmal an die Zeit zurück, als Sie und Ihr Partner umeinander warben. Versuchen Sie sich zu erinnern, welche Ansprüche Sie damals
an Ihren Partner hatten, und vergleichen Sie es dann mit dem, was
heute ist.

Mit Sicherheit werden Sie feststellen, daß es jeden Tag Situationen gibt, in denen die Gleichberechtigung erweitert, die Sensibilität füreinander erhöht und die Kommunikation vertieft werden
könnten. Diese Dinge lebendig zu erhalten ist die Basis für ein gemeinsames geistiges Wachstum, ob Sie nun gerade aus der Phase
der blinden Verliebtheit auftauchen oder schon Jahre miteinander
verheiratet sind.

D I E

S T U F E N

4. STUFE
VERTRAUTHEIT

D E R

L I E B E

INTIMITÄT: DIE UNSCHULD DES BEGEHRENS

Das Problem, das die Intimität, die nächste Phase einer Liebesbeziehung, überschattet, ist das Begehren. Das sinnliche Begehren ist
eine treibende Kraft, die hinter der Liebe steht. Aber es ist nicht
dasselbe wie die Liebe, und wo diese beiden Elemente keinen gemeinsamen Nenner finden, entstehen zahllose Konflikte. *Kama* ist
das alte Sanskrit-Wort für Begehren. Wir kennen es alle von dem
berühmten Buch über die erotische Liebe, der »Kama Sutra«, was
soviel heißt wie »Die Schule der Begierden«. Die Bedeutung von
Kama ist allerdings viel breiter gefaßt und bezieht sich auf alle Arten von Wünschen und Begierden.

   In meiner Kindheit in Indien mußte ich eine aus den alten
Schriften überkommene Formel lernen, nach der das Leben erst
dann vollkommen ist, wenn vier Ziele erreicht sind: *Artha, Kama,
Dharma* und *Moksha.*

   Artha ist Reichtum, *Kama* ist die Erfüllung der sehnlichsten
Wünsche, *Dharma* ist die Bestimmung im Leben, die richtige Arbeit, und *Moksha* ist die Befreiung der Seele. Diese vier Lebensziele
gelangen durch den Pfad der Liebe zur Erfüllung, und das führt zu
Problemen, weil es manchen Menschen immer noch schwerfällt,
das Begehren als legitim anzuerkennen. An der erotischen Begierde
haftet der Geruch der Selbstsucht und der »niederen« Regungen.
Für die meisten von uns ist die Zeit, in der sie verliebt sind, die einzige Phase in ihrem Leben, wo sie sich nicht scheuen, *Kama* auszuleben. Die erotische Sehnsucht, die zum Verliebtsein gehört,
drängt jeden Verliebten zur Verschmelzung mit der geliebten Person. Das ist der natürliche Höhepunkt, in dem die Anziehung von
zwei Menschen gipfelt.

   Der große bengalische Dichter Rabindranath Tagore schrieb als
Heranwachsender Gedichte voll verhaltener Erotik. Eines davon
lautet:

»Die Heimat verlassend, der Liebenden zwei
sind dorthin gepilgert, wo sich Lippen wie Flüsse vereinen.

Der Liebe Gesetz befolgend, zwei Wellen schwollen an,
im Brechen sich vereinend auf der Lippen Doppelpaar.«

Das hört sich an wie ein keusches Gedicht, in dem zwei Liebende
besungen werden, die sich nach der Art indischer Pilger auf die
Wanderschaft zum geweihten Zusammenfluß zweier heiliger
Flüsse begeben. Wenn man jedoch Tagores Muttersprache Bengali
versteht, weiß man, daß das Wort, das den Zusammenfluß von
zwei Strömen bezeichnet, gleichzeitig die Bezeichnung für die geschlechtliche Vereinigung ist. In diesem Licht erscheint das Gedicht beinahe als Sakrileg, denn es bringt Geist und Fleisch unver-
hohlen zusammen. Im Westen würde man sagen, daß hier das
Heilige und das Profane in eins gesetzt werden, allerdings gilt für
Tagore wie für jeden, der nicht nur oberflächlich verliebt ist, daß
das Heilige und das Profane eins *sind*.

Die Erkenntnisse in der Phase der Intimität beziehen sich auf
das Einswerden von Fleisch und Geist:

*Sexuelle Erfüllung ist etwas Natürliches, dessen man sich
nicht zu schämen braucht.*

*Sexuelle Ekstase ist primär ein seelischer Zustand, der sich
auf den Körper überträgt und von ihm übernommen wird.*

*Das Einswerden ist das Aufgehen von zwei Menschen im
gleichen Wesen.*

Diese Einsichten setzen voraus, daß man sich der Lust ohne
Schuldgefühle und Hemmungen hingeben kann. In traditionellen
Kulturen herrschte jedoch die Überzeugung, daß es nicht gut sei,
wenn man jedem starken Drang sofort nachgibt, und deshalb
wurde darüber gewacht, daß zwei leidenschaftlich ineinander verliebte Menschen sich nicht sogleich körperlich lieben durften.

Viele Gründe sprachen für eine Wartezeit, darunter die Überzeugung, daß Liebe und Lust nicht zueinander passen. Man betrachtete die Fleischeslust entweder als sündig oder als eine Belohnung,
die erst gewährt werden konnte, nachdem die Vereinigung in Form
der Ehe abgesegnet worden war. Heute dauert es vom Kennenlernen bis zum ersten sexuellen Kontakt meist nicht sehr lange. Sobald ein Mann und eine Frau sich darüber einig sind, steht ihnen
nichts mehr im Weg. Die Zeit der Werbung ist bei weitem nicht
mehr so stark durch Konventionen reglementiert wie früher. Sie
kann so kurz oder so lange dauern, wie es den Beteiligten paßt. Das
heißt aber nicht, daß die Frage der Sexualität kein Thema mehr ist.
In unserer Gefühlswelt tummeln sich immer noch Überbleibsel
der traditionellen Werteskala, in der die Unberührtheit einer Frau
eine heilige Belohnung war – ein Widerspruch in sich. Man kann
aber nicht einerseits das Begehren als sündig verdammen und andererseits die sexuelle Erfüllung zum Lohn der vorehelichen Ent-
haltsamkeit hochstilisieren. Wie kann die Sünde der Lohn der
Liebe sein?

Die alten religiösen Lehren haben uns dafür blind gemacht, daß
Fleisch und Geist zwei zusammengehörige Pole sind. Die Liebe hat
eine nicht zu leugnende sexuelle Seite – und bietet dennoch die
Möglichkeit zu wunderbaren spirituellen Erfahrungen. Die Schönheit des Sinnlichen hat eine eigene spirituelle Bedeutung. Es ist
nicht nötig, die Sinnlichkeit mit »höheren« Werten aufzuladen. Ein
alter Sanskrit-Text schwelgt in den Freuden des Liebeslagers:

»Wenn wir uns liebten, oh Liebe,
Atemlos sind, blaß von der Liebe,
So verströmt deine Wange, oh Liebe,
Den duftenden Schweiß, den ich liebe –
Und wenn unsere Körper aus Liebe
Nach der sie entkräftenden Liebe
Nun ausruhn von ihrer Liebe,
Stets bleibt meiner endlosen Liebe
Der verwobene Hauch unserer Liebe.«
(Deutsch von Mirko Bonné)

Diese erfrischende Huldigung an die Sinnlichkeit erinnert uns in ihrer Unverblümtheit daran, daß das spirituelle Einswerden und die sexuelle Vereinigung im Schweiß und Keuchen der Leiber ein und dasselbe sind.

Im Liebesakt geht das Verlangen des Triebes ein
in die Freiheit der Seele.

Mit dem Wort *Kama* wird nicht nur die geschlechtliche Begierde bezeichnet, sondern auch das Verlangen, mit Gott vereint zu sein, das in uns den Wunsch nach der Vereinigung mit dem Selbst entzündet. Könnten wir die Stimme des Geistes jederzeit hören, dann würden wir vernehmen, daß sich unsere göttliche Natur nicht minder nach uns sehnt als wir uns nach ihr.

DIE INTIMITÄT MIT DEM SELBST

Die körperliche Liebe bewegt uns bis in die Tiefe unserer erotischen Natur, und das hebt sie unter allen anderen Begierden hervor. Hier liegt für den modernen Menschen mit seiner zwanghaften Fixierung auf den Sex eine weitere Quelle der Angst, denn er scheut sich, die Selbstkontrolle aufzugeben, und er ist unfähig, sich der echten Leidenschaft hinzugeben.

Es gibt keine echte Leidenschaft ohne Hingabe.

Hingabe, aber an was? – An das Zusammenfließen aller Aspekte unseres Wesens, die in den erotischen Moment eingehen müssen. Körperliche Empfindsamkeit, spirituelle Ekstase, phantasievolle Erotik – wenn all das zusammenfließt, wird der Liebesakt zu etwas Heiligem, und alles Heilige birgt die tiefste Glückseligkeit. Vor Tausenden von Jahren flüsterte Lord Shiva seiner Gefährtin ins Ohr: »Wenn du liebkost wirst, liebste Prinzessin, tritt ein in die Liebkosung wie in das ewige Leben.« Das ist das bleibende Ideal des intimen Zusammenseins.

Da intimes Zusammensein und der Vollzug des Geschlechts-
akts mittlerweile als ein und dasselbe gelten, wird die Liebes-
erfüllung zumeist mit der Liebestechnik verwechselt – und dem
Orgasmus wird mit einer geradezu religiösen Inbrunst entgegenge-
hechelt. Lange Zeit hielt man die Angst vor dem Versagen für eine
rein männliche Domäne, aber inzwischen haben sich auch Frauen,
die nicht zum Orgasmus gelangen können, freimütig zu Wort gemeldet. Die geschlechtsübergreifende Orgasmusangst scheint aus-
gebrochen zu sein.

Ein körperliches Zusammensein ohne Orgasmus ist gleichsam
undenkbar. Doch ein Orgasmus mag so aufregend sein, wie er will,
es bleibt eine Empfindung, die sich aus dem Ego nährt. Wahre Intimität ist ein gemeinsamer Ausdruck der Seele. Wenn sich Mann
und Frau intim berühren, müssen beide in der Lage sein, sich in
den besonderen Zustand fallen zu lassen, den wir Orgasmus nennen, auch wenn sie natürlich nicht die gleichen Empfindungen teilen können.

Der Orgasmus ist keineswegs bei allen gleich. Für manche ist es
ein Loslassen, für andere ein Sichöffnen, für wieder andere ein
Sichzusammenziehen. In jedem Fall gehört dazu auch ein Erlebnis, das nicht nur lustvoll ist, sondern in einer bestimmten Weise
eine tiefgreifende Bewußtseinserweiterung bedeutet. Von den spirituellen Meistern haben wir erfahren, daß der Zustand der Erleuchtung mit seiner totalen Freiheit, Ekstase und Sprengung aller
Grenzen kurzzeitig im Orgasmus erlebt wird oder doch zumindest
erlebt werden kann.

Unser heutiger Umgang mit der Sexualität hat mit überholten
Tabus aufgeräumt, auch wenn das hastige Eintreten in die Sexualität seine Schattenseiten hat. Stärker als je zuvor leben heutzutage
junge Paare offen und unbekümmert ihre Sexualität aus, bevor sie
sich entschließen, in eine tiefergehende Beziehung einzutreten.
Die erotische Sehnsucht hat zwar nicht mehr den Stellenwert von
früher, aber ihr spirituelles Potential ist ungebrochen.

Durch die körperliche Vereinigung werden zwei Menschen
nicht unbedingt eins. Man kann körperlich verschmelzen und
trotzdem völlig getrennt sein, solange das Ego der beiden Partner

noch dazwischenfunkt. Das Ideal der gemeinsam erlebten Ekstase wird nicht dadurch erreicht, daß man irgendwelche erotischen Techniken praktiziert, die den Orgasmus in ungeahnte Höhen steigern sollen. Die sexuelle Vereinigung mit einem anderen Menschen ist letztlich auch nur eine Art Abkommen. Es kann ernsthaft oder trivial sein, es kann eine tiefe Verpflichtung beinhalten oder sich in einer flüchtigen Begegnung erschöpfen.

Es ist eine sehr gesunde Einstellung, den Liebesakt als ein Abkommen aufzufassen, da er sonst leicht zum Vehikel für heimliche Sehnsüchte wird. Frauen haben oft die Illusion, daß miteinander zu schlafen gleichbedeutend sei mit Liebe. Männer neigen eher dazu, Sex mit Macht zu verknüpfen.

Dieses Muster herrschte vor allem in jenen Tagen vor, als der Mann der Frau noch »nachstellte« und ihr in glühenden Worten und großen Gesten seine Liebe zu Füßen legte. Die Frau mochte darauf eingehen oder ihm die kalte Schulter zeigen. Der unverbrüchliche Beweis ihrer Einwilligung bestand jedenfalls darin, sich vom sexuellen Drängen des Mannes »herumkriegen« zu lassen, womit sie seine »Liebe« erhörte. Viele Frauen sind in ihrer Phantasie heute noch diesem Muster verhaftet.

Auf Seiten des Mannes war klar, daß mit dem sexuellen Nachgeben der Frau seine »Nachstellungen« erfolgreich waren. Der Jäger hatte sein Ziel erreicht, sobald er seine Beute umfing. Früher sahen offensichtlich beide Geschlechter die aggressive Symbolik der Jagd als eine geeignete Metapher für den Drang nach Sexualität an, doch aus heutiger Sicht können wir in dieser Analogie ein gut Teil verdrängte Angst und Unsicherheit erkennen. Warum sollte der Liebesakt überhaupt etwas mit Aggression zu tun haben?

Diese Ausdrucksweisen und Vorstellungen waren gesellschaftliche Übereinkünfte und bedurften deshalb keiner individuellen Zustimmung. Männer und Frauen konnten sich diesen gesellschaftlichen Verhaltensvorschriften nicht entziehen.

Heute ist eher das Gegenteil der Fall. Wenn sich ein Mann als Jäger, Eroberer oder glühender Verehrer aufführt, ist das sein eigener Entschluß, und das gleiche gilt für eine Frau, die sich selbst als Jagdtrophäe, Belohnung oder unerreichbares Liebesobjekt in

Szene setzt. Verbindliche gesellschaftliche Regeln gibt es nicht
mehr. Wenn die beiden Beteiligten die Sexualität als ein Abkommen betrachten, können sie ungezwungen die Erotik pflegen, wie
es und weil es beide gewollt haben. Miteinander zu schlafen bedeutet nicht, daß man die Weltanschauung des Partners teilt oder
seinen Erwartungen zu genügen hat, und man übernimmt auch
keine Rolle, die er oder sie sich in der Phantasie zurechtgelegt hat,
genausowenig, wie man erwartet, daß die eigenen Vorstellungen
von Liebe von ihm oder von ihr geteilt werden.

Die Sache hat aber ihren Preis. Durch die Aufhebung ihrer alten
Beschränkungen hat die sexuelle Freiheit auch etwas Beängstigen-
des. Nach den früheren gesellschaftlichen Normen waren Sex und
Liebe nicht voneinander zu trennen. Für eine Frau war es einfach
klar, daß ein Mann sie auch liebte, wenn er sie begehrte, und für einen Mann war es ebenso klar, daß eine Frau, die mit ihm schlief,
ihn auch liebte. Seit dies zum Gegenstand einer Abmachung geworden ist, kann es natürlich auch zum Gegenstand von Meinungsverschiedenheiten werden. Liebe und Begierde sind von
ihrem Wesen her etwas völlig anderes, und darüber muß man sich
klar werden.

Es ist erstaunlich, wie oft die Leute sexuelle Beziehungen aufnehmen, ohne zu überlegen, auf was sie sich einlassen. Immer
noch nehmen Männer und Frauen ihre Erwartungen mit, wenn sie
zusammen ins Bett gehen. Doch diese Erwartungen beruhen auf
Vorstellungen aus der Vergangenheit und machen die Möglichkeit
zur leidenschaftlichen Hingabe zunichte. Man kann sich einer Vorstellung nicht hingeben, man kann sie nur ausleben, und je öfter
man das tut, desto mehr verliert die Erotik ihre Spontaneität.

Die Sexualität wird falsch und verkorkst, wenn man sie ihrer
Spontaneität beraubt. Sie ist das Spontanste, das uns das Leben
bieten kann. Nur in der Sexualität spielen unsere Fähigkeiten, unsere Intelligenz und unser sozialer Status keine Rolle. Der Notwendigkeit, im Alltagsleben eine Rolle zu übernehmen, kann sich
keiner entziehen. Jeder hat seine Rollen als Arbeiter, Familienmit-
glied, Bürger und so weiter. Es ist unvermeidlich, daß dadurch vielerlei Bedürfnisse und Regungen zurückgedrängt werden, die sich

ebenfalls ausdrücken möchten, es aber nicht dürfen. Niemand kann zum Beispiel am Arbeitsplatz jedem Unmut nachgeben oder gar den ganzen Krempel hinschmeißen, wenn ihm etwas nicht paßt. Man kann auch nicht nur so zum Spaß einfach aufhören, sich um seine Familie zu kümmern. Das Gewebe der Gesellschaft funktioniert eben dadurch, daß jeder seinem Teil an Verantwortung gerecht wird.

An allen Ecken und Enden steht die Pflicht dem Begehren im Weg, und das führt dazu, daß die meisten Leute glauben, es sei etwas Positives, sich selbst zurückzunehmen und Wünsche und Begierden zu unterdrücken. Das ist aber nur eine Verlegenheitslösung und mitnichten etwas Gutes. Die Gesellschaft fordert, daß wir dem Ausdruck unserer Bedürfnisse Grenzen setzen. Das macht es um so notwendiger, daß uns wenigstens noch ein Gebiet bleibt, auf dem wir vollkommen frei und ungehemmt sein können, und das ist die Sexualität.

Wodurch also wird die Sexualität frei oder gehemmt, ein Ausdruck der Liebe oder lediglich der Lust?

FREIHEIT UND SEXUALITÄT

Viele Menschen betrachten die Sexualität unter Leistungsgesichtspunkten und versagen sich so – oft, ohne es zu merken – eine freie und zärtliche erotische Liebe. Sie glauben, daß jeder Orgasmus zählt, und ein guter Orgasmus zählt doppelt. Wir machen uns nicht nur Gedanken darüber, ob der Sex »erfolgreich« war, sondern wir erheben auch noch das körperliche Vergnügen zum höchsten aller Ziele.

Lust ist etwas Natürliches, sie ist aber auch etwas sehr Flüchtiges. Für manche besteht das Angenehme am Sex darin, daß er eine vorübergehende Erlösung von Angst und Streß verspricht. Für diese Menschen ist das »Gute« der Sexualität eigentlich negativ definiert, nämlich als Zufluchtsort vor der Anspannung.

Weitere Regungen, die mit Liebe nicht das Geringste zu tun haben, können sich mit der Sexualität mischen. Jemand, der eine

Menge Wut angestaut hat, verhält sich beim Liebesakt höchstwahrscheinlich übertrieben aggressiv oder leistungsorientiert. Ein ängst-
licher Mensch hat es schwer, sich zu entspannen und sich seinen
körperlichen Empfindungen völlig hinzugeben. Das Ansichhalten
ist ebenfalls eine – diesmal passive – Art, Ängste durchzuspielen.
Es verhindert gleichzeitig jedes liebevolle Miteinander.

Dieses Thema hat viele Variationen, denn so gerne wir auch
gute Liebhaber wären, bringen wir doch alle auch unsere Konflikte
und Bedürfnisse mit ins Bett. Alles, was die Lust hemmt, hemmt
auch die Liebe, denn das sexuelle Vergnügen öffnet das Tor zur
Liebe.

Sexualität sollte eigentlich frei und ungehemmt sein, aber es
gibt dabei Abstufungen. Nur selten sind wir davon überzeugt, daß
wir ein Recht auf grenzenlose Lust haben. Wie also können wir
Liebe und Lust ohne Schranken schenken und empfangen?

Wir dürfen nicht immer nur gebannt auf das Ergebnis des Se-
xualaktes starren. Wir sollten uns mehr damit beschäftigen, wie es
überhaupt dazu kommt. Das intime Beisammensein fängt nicht
damit an, daß man sich körperlich näherkommt, sondern es beginnt mit einem Katalog von förderlichen oder hinderlichen Überzeugungen.

Die folgenden Ansichten sind ausgesprochene Bremsen für die
Entfaltung der Lust:

*Sex ist einfach zu gewaltig; man darf sich deshalb
nicht vollkommen gehenlassen.*

*Sex ist sündig. Um Schuld- und Schamgefühle
kommt man deshalb nicht herum.*

*Den Partner darum zu bitten, daß er uns Lust bereitet,
ist unbescheiden und eigensüchtig.*

*Wenn man sich der Lust hingibt, ist es mit der Macht
über den anderen vorbei.*

Diesen Überzeugungen ist eines gemeinsam: Sie liefern einen Grund, die Lust zu unterdrücken.

Wenn die Sexualität aus ihrem spirituellen Zusammenhang gelöst wird, werden auch einige Aspekte der Lust unterdrückt.

Die spirituelle Dimension der Sexualität liegt in der Glückseligkeit und der Ekstase sowie in dem liebevollen Austausch, den sie zwischen zwei Menschen stiftet. Diese Qualitäten müssen nicht mühsam geschaffen werden. Sie sind spontan da, wenn die Sexualität selbst spontan ist. Ein Großteil der spirituellen Lehren war und ist allerdings von unverhohlener Sexualfeindlichkeit durchsetzt. Solange die Maxime des ersten Paulusbriefes an die Korinther galt: »... denn es ist besser, zu heiraten als zu brennen«, stand nicht die Sexualität, sondern die Keuschheit in hohem spirituellen Kurs. Als die spirituellen Lehrer die Keuschheit zu einer Tugend erhoben – wie es in allen östlichen und westlichen Traditionen der Fall ist –, ging es ihnen nicht darum, die Lust zur Sünde zu erklären, sondern darum, höhere Tugenden herauszustellen, die, nebenbei bemerkt, selbstverständlich auch zu Freuden von höherer Ordnung führen.

Man spürt die Wahrheit in den Worten Krishnamurtis: »Der Versuch, das sexuelle Verlangen zu unterdrücken, ist von einer Häßlichkeit, die der Keuschheit spottet. Die Keuschheit des Mönchs, die sich jener nur um seines Gelübdes willen abfordert, ist reine Weltlichkeit, solange er seinen Trieb bekämpfen muß. Alle trennenden Wände machen aus dem Leben nur ein Schlachtfeld.«

Als Reinheit verstandene Keuschheit ist ein spirituelles Gut, aber sie darf nicht als Unterdrückung des Begehrens mißverstanden werden. Krishnamurti fragt sich, weshalb die Menschen versuchen, ihre Triebe zu unterdrücken, und er stellt folgende schöne Überlegung an: Den Sexualtrieb zu unterdrücken wurde als etwas Erstrebenswertes dargestellt, aber wenn wir genau hinsehen, entsteht die Unterdrückung aus der Angst. Wir haben Angst, uns falsch zu verhalten, aus der Reihe zu tanzen. Die Gesellschaft achtet besorgt darauf, daß wir uns anpassen, und redet uns ein, wir würden über die Stränge schlagen, wenn wir unsere sexuellen Regungen nicht in Schach halten.

Aber stimmt das denn? Warum muß die Sexualität in Schach gehalten werden, wenn sie etwas Natürliches ist? In Wirklichkeit ist es doch so, daß das ganze Problem mit dem Sex – Neurosen, abweichendes Verhalten und sexuelle Perversionen – auf die Verdrängung und Unterdrückung zurückzuführen ist, und gerade nicht auf das Ausleben der sexuellen Bedürfnisse. Der Widerstand spielt sich immer im Kopf ab; er besteht aus der negativen Beurteilung dessen, was man tatsächlich empfindet. Die Sexualität wird zum Problem, wenn sie mit uneingestandenen Scham-, Wut- und Schuldgefühlen belastet wird, denn dann verursacht der sexuelle Impuls Verwirrung. Wenn die Menschen fragen: Ist es in Ordnung, wenn man mit jedem ins Bett geht, mit dem man will? oder: Ist es etwas Natürliches, wenn man sich monogam verhält? – dann gehen sie davon aus, daß diese Dinge von einer äußeren Instanz beurteilt werden müssen.

Wertvorstellungen sind etwas Persönliches. Eine erotisch aufgeladene Situation bezieht den ganzen Menschen ein. Wenn man in einer sexuellen Situation begreift, woran man ist – wenn man sich also seiner Gefühle und Wertvorstellungen klar bewußt ist –, dann steht der Geschlechtstrieb nicht mehr abseits wie ein gefürchteter Eindringling. Er ist ein Teil von uns, er ist uns willkommen, und wir mögen ihn.

Wer durch sein Leben gehen kann, ohne sich dem Ablauf der Dinge entgegenzustemmen, der wird feststellen, daß das Leben selbst keusch ist. Es ist von einer Reinheit, die beides umfaßt: die Liebe und die Sexualität. Es gibt in Wahrheit keine Trennung zwischen beiden außer durch die fehlgeleitete gesellschaftliche Konditionierung.

Diese Überlegung hat eine tiefe spirituelle Grundlage. Meist denken wir über unsere Probleme mit der Sexualität nach oder sprechen darüber, aber die Sexualität ist weder ein Wort noch ein Gedanke. Sie ist nicht in irgendeiner Weise vom Strom des Lebens abgekoppelt. Sexuelle Bedürfnisse melden sich, verlangen nach Befriedigung und verschwinden dann wieder, ohne Spuren zu hinterlassen – es sei denn, wir selbst prägen solche Spuren durch unsere schuldbeladenen Überzeugungen.

Wenn die Sexualität auf reinen Lustgewinn heruntergeschraubt wird, führt das allerdings zu Unlust – denn Lust dauert nicht ewig. Es führt nur zu stupider Wiederholung und zur Frustration, zu einem zwanghaften Lechzen nach immer neuen Reizen, die eine immer geringere Befriedigung gewähren.

Krishnamurti sagt, daß man sein Leben zum Fenster hinauswirft, wenn man immer nur auf Lustgewinn aus ist. Mit »Leben« meint er das geheiligte Wesen am Herzen aller Existenz, das Geheimnis, das nur der erfahren kann, der sich nicht sträubt, der sich der Natur anvertraut. Es gibt keinen Unterschied zwischen Sexualität, Liebe und Keuschheit – sie sind eins.

In einer Welt, die uns auf vielerlei Weise dazu verführt, die Ideen und Wertvorstellungen anderer Leute zu übernehmen, bleibt uns nur noch die Sexualität, um vor uns selbst zu entfliehen. Sie erzeugt eine Art Selbstvergessenheit und wird so für viele Menschen zur einzig echten Form der Meditation. Die Sexualität kann uns an einen Ort versetzen, wo wir den Geist wirklich und unmittelbar erfahren.

♥ LIEBESLEKTIONEN:
SEXUELLE BLOCKADEN AUFLÖSEN

Wenn Sie sich um eine befriedigendere Sexualität bemühen, sollten Sie damit ganz bestimmt nicht im Schlafzimmer beginnen. Sex ist seiner Natur nach spontan, ist gleichzeitig Äußerung und Befreiung, Erregung und Entspannung. Je offener und ungeplanter, desto besser. Das Planen des Ungeplanten ist ein Widerspruch in sich. Spontaneität kann man nicht üben.

Wer zu einer befriedigenderen Sexualität finden will,
muß sich von seinen sexuellen Erwartungen befreien.

Die sexuelle Energie ist neutral. Sie können sie mit allem Positiven und Negativen in Ihrem Leben verbinden. Was immer Sie vom Sex erwarten, das wird er wahrscheinlich auch werden. Sogenannte sexuelle Probleme sind nichts anderes als festgefahrene Verhaltensabläufe, die den freien Fluß der sexuellen Energie hemmen. Bei Männern wie bei Frauen sind die sexuellen Vorgänge im Körper sehr störanfällig und vom Bewußtsein leicht zu irritieren. Die Bewertungen »gut« oder »schlecht« kommen aus unserem Bewußtsein, und es ist das Bewußtsein, das der Orgasmusfähigkeit oder der Potenz nur allzu gern einen Streich spielt (von den krankheitsbedingten Orgasmus- oder Potenzstörungen einmal abgesehen).

Das Dilemma besteht darin: Wie soll man bei der Funktion, die das Bewußtsein nun einmal hat, mit jemandem schlafen, ohne Erwartungen zu haben? Als wir unsere ersten sexuellen Erfahrungen sammelten, haftete ihnen etwas Überraschendes und Unschuldiges an. Auch wenn wir uns nicht an den ersten Orgasmus als solchen erinnern, wissen wir doch fast alle, daß der Orgasmus etwas völlig anderes war als jedes andere lustvolle Gefühl, das wir bis dahin kannten. Der Orgasmus war so neu und so intensiv, daß wir mehr davon wollten – aber durch Wiederholung wird jedes Gefühl zur Gewohnheit und nutzt sich am Ende ab.

Für viele Leute wird der Sex zu einer Sache der Selbstdarstellung. Die Frage: »Bin ich auch gut?« schwebt über einer Unzahl von Ehe- und sonstigen Betten. Für andere Menschen hat Sex vor allem damit zu tun, was sie spüren und empfinden. »Was empfinde ich gerade?« ist die Frage, die sie beim Geschlechtsverkehr am meisten bewegt. Und für wieder andere geht es vor allem um Sicherheit und Bestätigung. »Liebst du mich auch wirklich?« ist die Frage, die ihnen unablässig durch den Kopf geistert.

Sex ist nicht mehr frei, wenn er sich mit diesen sekundären Assoziationen auflädt – wobei es nicht von vornherein falsch ist, wenn Zielsetzungen in das Sexuelle einfließen, die an sich überhaupt nichts damit zu tun haben. Der Orgasmus ist ein psychophysisches Gesamtpaket und keineswegs nur ein körperlicher Reflex. Die spirituelle Bedeutung kommt dem Orgasmus jedoch abhanden, sobald er eine eigene Wertigkeit bekommt – gleichgültig, wieviel Lust man im Bett zu geben oder zu empfinden vermag.

Auf die sexuelle Technik reduzierter Sex ist mechanisch
und läßt die Seele kalt.

Unsere sexuelle und unsere spirituelle Natur lassen sich nur schwer in Einklang bringen. Dafür gibt es viele Gründe. Die folgende Übung zielt noch nicht darauf ab, die Sexualität spiritueller zu machen. Sie soll Ihnen dabei helfen, die Hindernisse zu beseitigen, die den Geist nicht in die Sexualität einströmen lassen.

TEIL I:

Sehen Sie sich die folgende Liste von Aussagen an, und setzen Sie hinter jede Aussage ein Ja oder ein Nein, je nachdem, ob Sie zustimmen oder nicht. Seien Sie dabei ehrlich, und vergessen Sie nicht, daß man sich nicht schlecht fühlen muß, weil man Erwartungen hat. Bei dieser Übung lernen Sie sich selbst besser kennen.

1. Der Liebesakt ist um so besser, je länger er dauert.
2. Der Orgasmus muß intensiv sein.
3. Sex ohne Orgasmus ist keiner.
4. Wenn ich mit meinem Partner/meiner Partnerin schlafen möchte, kann ich sehr hartnäckig sein.
5. Je öfter man einen Orgasmus hat, desto besser.
6. Mein bestes sexuelles Erlebnis hatte ich nicht mit meinem derzeitigen Partner/meiner derzeitigen Partnerin.
7. Ich enttäusche meine Partnerin/meinen Partner, wenn ich nicht zum Orgasmus komme.
8. Mein Partner/meine Partnerin ist für neue Stellungen und sexuelle Techniken nicht so leicht zu haben wie ich.
9. Weil mein Partner/meine Partnerin es wollte, habe ich mich gelegentlich schon mal auf sexuelle Experimente eingelassen, bei denen mir nicht besonders wohl zumute war.
10. Ich will vor allem meinem Partner/meiner Partnerin Lust bereiten. Es kommt selten vor, daß ich meinen Partner/meine Partnerin enttäusche.

11. Mein Partner/meine Partnerin enttäuscht mich viel öfter, als er/sie ahnt.

12. Es wäre mir nicht recht, wenn jemand denkt, daß ich mich im Bett völlig gehenlasse.

13. Über manche Sachen, die ich im Bett gerne machen möchte, traue ich mich einfach nicht zu reden.

14. Wir schlafen öfter (seltener) miteinander, als mir lieb ist.

15. Früher war unser Sexualleben einfach besser.

16. An Sex denke ich eigentlich ziemlich selten.

17. Unser Sexualleben ist zwar nicht besonders toll, aber dafür klappt es auf allen anderen Gebieten unserer Partnerschaft recht gut.

18. Ich habe ein paar Phantasien, die ich meinem Partner/meiner Partnerin lieber nicht erzähle.

19. Wenn wir miteinander schlafen, denke ich dabei oft an etwas ganz anderes.

20. Ich bin im Bett nicht besonders begabt.

Das sind gängige Aussagen. Sie zeigen, daß jeder zumindest manchmal sexuelle Erwartungen hat, die nicht besonders zuträglich sind.

AUSWERTUNG:

• *Wenn Sie bis zu fünfmal zugestimmt haben*, sind Sie sexuell leicht ansprechbar und in der Lage, den Sex so zu nehmen, wie er kommt. Sie tragen keine eigenen Erwartungen vor sich her und sind ziemlich unabhängig von fremden Wertvorstellungen.

• *Wenn Sie sechsmal oder häufiger zugestimmt haben*, belasten Sie den Sex mit Themen, die das freie Fließen der sexuellen Energie hemmen. Ihre Sexualität ist mehr oder weniger ein Vehikel für Ihre Erwartungen und die Probleme, die Sie mit Ihrem Ego haben.

• *Wenn Sie kein einziges Mal zugestimmt haben,* sind Sie entweder ein beneidenswerter Bettgenosse/eine beneidenswerte Bettgenossin, oder Sie haben bei der Beantwortung gemogelt.

Wir wollen jetzt über die Empfindungen sprechen, die Sie beim Lesen dieser Sätze hatten. Einige werden bei Ihnen stärkere emotionale Reaktionen auslösen als die anderen. Lesen Sie die Liste noch einmal durch, und vergegenwärtigen Sie sich Ihre Gefühlsreaktion auf die einzelnen Sätze. Sind Ihnen einige Sätze besonders unangenehm beziehungsweise lassen Sie völlig kalt?

Extreme Reaktionen nach der einen oder anderen Richtung lassen darauf schließen, daß Sie Ihre sexuelle Energie in sich zurückstauen – wie Verdrängungen überhaupt das Fließen der sexuellen Energie behindern. Zu den stärksten sexuellen Hemmnissen gehören Schuld- und Schamgefühle, Selbstzweifel, Mutlosigkeit und übertriebene Schüchternheit.

Wenn Sie beispielsweise der Satz »Ich bin im Bett nicht besonders begabt« sehr unangenehm berührt, dann macht das deutlich, daß Sie ein Problem mit Ihrem Selbstbewußtsein haben. Auch wer dem Satz »Ich will vor allem meinem Partner/meiner Partnerin Lust bereiten« voller Überzeugung zustimmt, hat Probleme mit seinem Selbstwertgefühl, nur daß es ihr oder ihm weniger stark bewußt ist. Dem Unbehagen auf den Grund zu gehen und es abzubauen, wird Ihrem Geschlechtsleben weitaus mehr nützen als der starre Blick auf sexuelle Techniken.

Sie können ihre sexuellen Blockierungen auf folgende Weise abbauen:

1. Suchen Sie sich einen Satz in der Liste, der sie besonders stark positiv oder negativ berührt.
2. Legen Sie sich hin, und atmen Sie tief ein. Beobachten Sie, was emotional in Ihnen vorgeht, wenn Sie über diesen Satz nachdenken.
3. Lassen Sie sich von der inhaltlichen Bedeutung des Satzes führen. Falls sich nichts in Ihnen tut: Bitten Sie Ihre Blockierungen, daß sie sich auflösen mögen. Sie können dabei auf eine

hilfreiche Atemtechnik zurückgreifen: Atmen Sie in schnellen und flachen Zügen. Die geistige Aufmerksamkeit klammert sich dann weniger an Ihre Blockaden.

4. Bitten Sie darum, daß die Blockierungen aufgehoben werden, sobald sich eine Antwort – ein Bild, eine Einsicht, eine Welle starken Gefühls – eingestellt hat. Atmen Sie tief durch, und überlassen Sie sich all dem, was in Ihnen nach oben drängt: ein Schluchzen, eine körperliche Regung, ein tiefer Seufzer oder vielleicht nur eine Welle der Müdigkeit.

5. Durchleben Sie noch einmal die Situationen, die als Erinnerungen hochkommen.

6. Bitten Sie darum, daß sich die negativen Energien auflösen, sobald Sie sich ganz an die volle gefühlsmäßige Aufladung herangetastet haben, die in dem jeweiligen Satz steckt, atmen Sie gleichmäßig, bis Sie völlig entspannt sind und die gefühlsmäßige Aufladung des Satzes freigelassen ist.

Wenn die Blockaden aufgehoben sind, wird die sexuelle Energie frei fließen. Sie kann gar nicht anders.

Jeder Satz in der obigen Liste enthält ein breites Spektrum an Bedeutungen, die auf Sie zutreffen mögen oder auch nicht. Typisch für die jeweiligen Blockaden sind folgende Haltungen:

1. *Der Liebesakt ist um so besser, je länger er dauert.*
   Starre Ansprüche an den Sex, Vergleich mit anderen, soziale Normen wichtiger als eigene Bedürfnisse.

2. *Der Orgasmus muß intensiv sein.*
   Vergleichen mit Erlebnissen der Vergangenheit, körperliches Lustempfinden wichtiger als die emotionalen Empfindungen, mangelndes Einfühlungsvermögen, suchthafte Charakterzüge.

3. *Sex ohne Orgasmus ist keiner.*
   Versagensängste, Vergleichen mit Erlebnissen der Vergangenheit, körperliches Lustempfinden wichtiger als Gefühle.

4. *Wenn ich mit meinem Partner/meiner Partnerin schlafen möchte, kann ich sehr hartnäckig sein.*
   Unterdrückte Wut oder Sadismus, mangelndes Einfühlungsvermögen, übertriebene sexuelle Leistungsorientierung.

5. *Je öfter man einen Orgasmus hat, desto besser.*
   Fixierung auf sexuelle Leistung, Gedanken wandern lassen (zählen, statt bei der Sache zu sein), Messen an sozialen Normen, mangelnde emotionale Reife.

6. *Mein bestes sexuelles Erlebnis hatte ich nicht mit meinem derzeitigen Partner/meiner derzeitigen Partnerin.*
   Wut und Enttäuschung über den Partner/die Partnerin, Mutlosigkeit, Unfähigkeit, richtig bei der Sache zu sein.

7. *Ich enttäusche meine Partnerin/meinen Partner, wenn ich nicht zum Erguß/zum Orgasmus komme.*
   Versagensangst, schwaches Selbstbewußtsein, Verbot, sich körperlich gehenzulassen, unterdrückte Wut.

8. *Mein Partner/meine Partnerin ist für neue Stellungen und sexuelle Techniken nicht so leicht zu haben wie ich.*
   Mangelnde Kommunikationsbereitschaft, Fixierung auf bestimmte Phantasien oder Empfindungen, Vorbehalte gegenüber dem Partner/der Partnerin.

9. *Weil mein Partner/meine Partnerin es wollte, habe ich mich gelegentlich schon mal auf sexuelle Experimente eingelassen, bei denen mir nicht besonders wohl zumute war.*
   Emotionale Abhängigkeit, schwaches Selbstbewußtsein, mangelnde Kommunikationsbereitschaft.

10. *Ich will vor allem meinem Partner/meiner Partnerin Lust bereiten. Es kommt selten vor, daß ich meinen Partner/meine Partnerin enttäusche.*
    Mangelndes Einfühlungsvermögen, übertriebene sexuelle Leistungsorientierung überdeckt Versagensängste.

11. *Mein Partner/meine Partnerin enttäuscht mich viel öfter, als er/sie ahnt.*
Emotionale Abhängigkeit, geringes Selbstbewußtsein, Opfer frühen sexuellen Mißbrauchs, Ausgrenzung des Geschlechtstriebs.

12. *Es wäre mir nicht recht, wenn jemand denkt, daß ich mich im Bett völlig gehenlasse.*
Soziale Normen wichtiger als eigene Bedürfnisse, Ausgrenzung des Geschlechtstriebs, schwaches Selbstbewußtsein.

13. *Über manche Sachen, die ich im Bett gerne machen möchte, traue ich mich einfach nicht zu reden.*
Fixierung auf die Phantasie, mangelndes Vertrauen zum Partner, von den Eltern übernommene Vorurteile gegenüber allem Sexuellen.

14. *Wir schlafen öfter (seltener) miteinander, als mir lieb ist.*
Emotionale Abhängigkeit, schwaches Selbstbewußtsein, mangelnde Kommunikationsbereitschaft.

15. *Früher war unser Geschlechtsleben einfach besser.*
Mangelnde Kommunikationsbereitschaft, Ablenkung durch äußere Faktoren, Entfremdung vom Partner.

16. *An Sex denke ich eigentlich ziemlich selten.*
Enttäuschung über oder Wut auf Partner/Partnerin, geringe Selbstachtung, Vorbehalte gegen alles Sexuelle.

17. *Unser Geschlechtsleben ist zwar nicht besonders toll, aber dafür klappt es auf allen anderen Gebieten unserer Partnerschaft recht gut.*
Trägheit, mangelndes Interesse an der Sexualität, Unlust am Geschlechtsverkehr.

18. *Ich habe ein paar Phantasien, die ich meinem Partner/meiner Partnerin lieber nicht erzähle.*

Mangelnde Kommunikationsbereitschaft, Angst vor dem Geschlechtstrieb, hohe Streßbelastung, häufig Opfer frühen sexuellen Mißbrauchs.

19. *Wenn wir miteinander schlafen, denke ich dabei oft an etwas ganz
anderes.*
Gehemmtheit, Wut auf oder Enttäuschung über Partner/Partne-
rin, verschütteter Sexualtrieb, hohe Streßbelastung.

20. *Ich bin im Bett nicht besonders begabt.*
Emotionale Abhängigkeit, verwundetes Selbstbild, sexuelles
Trauma in der Vergangenheit, Voreingenommenheit gegen die
Sexualität.

Das sind ein paar Deutungen aus einem großen Spektrum von
Möglichkeiten. Wenn man sich für einen schlechten Liebhaber
hält, kann sich darin etwas so Harmloses wie sexuelle Unerfahren-
heit äußern, aber es kann auch das Anzeichen einer schweren klinischen Depression sein.

Man sollte diese Liste nicht als Diagnose oder gar als Schuldzuweisungen verstehen, aber prüfen Sie, ob Sie nicht durch diese
Charakterisierungen den Zugang zu unterschwelligen Problemen
gewinnen können, denen Sie bislang ausgewichen sind.

Es geht nicht darum, Ihnen ein schlechtes Gewissen einzureden, weil etwas mit Ihnen nicht stimmt, sondern um die Frei-
setzung von blockierten Energien, die aufgerüttelt werden müssen.

TEIL II:

In unserem Kulturkreis verbindet sich mit dem Begriff einer »guten
Sexualität« die Vorstellung von sexuellen Techniken und sexueller
Leistungsfähigkeit. Wir übersehen dabei, daß der Geschlechtsverkehr ein kreativer Akt ist, den man weder bewerten noch kritisieren
sollte.

Biologisch betrachtet, ist die menschliche Sexualität notwendig zur Zeugung von Nachwuchs, aber die sexuelle Energie zeigt sich in vieler Hinsicht auch auf anderen, nicht unmittelbar biologischen Ebenen unseres Lebens. Die Sexualität ist die Schaffenskraft schlechthin, und wir haben die Möglichkeit, auf allen erdenklichen Ebenen unserer Existenz, von der biologischen bis zur schöpferischen, tätig zu werden.

Sexualität ist kreativ, wenn sie etwas Neues hervorbringt – ein Gefühl, eine Einsicht oder eine Erfahrung. Mit diesen Möglichkeiten werden wir uns in dieser Übung beschäftigen.

Sehen Sie sich einmal die im folgenden genannten Gefühlszustände an. Versehen Sie alle, die Sie während des Geschlechtsaktes schon mindestens einmal erlebt haben, mit einem Kreuzchen. Die Formulierungen sollen lediglich als Anhaltspunkt dienen. Sie können sie nach eigenem Gutdünken interpretieren. Gefragt ist nach Ihrer eigenen Wahrnehmung von Glück, Sorglosigkeit, Verspieltheit etc.:

Entzücktes Lachen
Gefühl der Zeitlosigkeit
Ekstase
Warmer Strom im Herzen
Verschmelzen mit dem Partner
Zerfließen der Körpergrenzen, als ob der Körper sich auflöst
Gefühl von Wärme oder Licht, die durch das Rückgrat strömen
Aufgabe des Ichgefühls
Sorglosigkeit
Verspieltheit
Loslösung vom rein sexuellen Vollzug
Völliges Loslassen
Gefühl der Erweiterung
Gefühl der Ganzheit, Sicherheit und Geborgenheit
Gefühl, daß ein Segen auf einem ruht
Glücksgefühl
Schärfste Wahrnehmung der eigenen Person
    und der Umgebung

Grenzenlose Liebe
Frieden, der sich als friedvolles Gefühl im Herzen konzentriert

Nun schauen Sie sich Ihre Antworten an. Die Erfahrungen, die Sie
angekreuzt haben, spiegeln Ihren spirituellen Horizont wider. Das
bedeutet, Sie haben es verstanden, die sexuelle Energie so produk-
tiv einzusetzen, daß Sie diese Erfahrungen machen konnten.

Erfahrungen, die Sie bislang nur einmal hatten, sind die Vorbo-
ten Ihres inneren Wachstums. Erfahrungen, die Sie schon häufiger
gemacht haben – besonders, wenn es noch nicht lange her ist, zeigen das Wachstum an, das Sie bereits in Ihre Persönlichkeit als liebender Partner eingebracht haben.

Gehen Sie nun die Aufstellung noch einmal durch, und kreuzen
Sie dabei die Erfahrungen an, die Sie bisher noch nicht erlebt haben, die Sie aber Ihrer Meinung nach bald haben werden. Das sind
Ihre spirituellen Ziele. Ihre Sehnsucht, diese Erfahrungen zu machen, ist so groß, daß diese sich bald einstellen werden. In Ihrer inneren Landschaft bewegen Sie sich schon darauf zu.

Sehen Sie sich nun die Liste ein drittes Mal an, und kennzeichnen Sie die Erfahrungen, von denen Sie glauben, daß Sie sie nicht
erreichen können oder die unmöglich für Sie sind. Hier liegen die
Blockierungen der sexuellen Energie. Da aber so gut wie alles im
Bereich des Möglichen liegt, wenn man mit der Sexualität kreativ
umgeht, ist es wichtig, all das, was Sie für »unmöglich« halten, zu
benennen. Es spiegelt das Maß Ihres derzeitigen Vertrauens in die
Liebe wider.

Auf dem Pfad zur Liebe wird das, was unmöglich ist, schritt-
weise aufgehoben, weil Nicht-Liebe sich in Liebe verwandelt. Mit
dem spirituellen Wachstum geht ein neues kreatives Potential ein-
her, das sich auch sexuell ausdrücken kann. Wir erkennen, daß wir
alle Möglichkeiten in reiner Form sind, fähig, jedem schöpferischen Impuls gerecht zu werden.

»ICH HABE SIE ALLE GELIEBT«

Schon als Teenager war Guy ein begeisterter und aktiver Liebhaber der Frauen. Seit zehn Jahren war die Szene der Single-Bars seine zweite Heimat. Er hielt sich für den geborenen Frauenfreund. Es war ihm unverständlich, wie andere Männer Frauen gegenüber Vorbehalte haben oder sie gar ablehnen konnten. Für Guy waren Frauen berückende Geschöpfe, und er war stolz darauf, daß er ihnen Lust und Vergnügen bereiten konnte. Nie bezeichnete er sich als Freund oder Bekannter einer Frau, sondern immer als ihr Liebhaber. Die sexuelle Revolution war für ihn eine abgemachte Sache. Er war offen für alle sexuellen Experimente, die ihm die Frauen, mit denen er sich verabredete, vorschlugen. Außerdem verstand er es, schnell eine Atmosphäre zu schaffen, in der ihm seine Partnerinnen ohne Peinlichkeitsgefühle ihre sexuellen Phantasien anvertrauten.

Wenn man Guy nach seiner Einstellung zu seinen zahllosen Eroberungen fragte, sagte er: »Ich habe sie alle geliebt. Nichts macht mich so glücklich wie eine dankbare Frau.« Er war der ehrlichen Ansicht, daß keine seiner Verflossenen irgend etwas gegen ihn haben könnte, obwohl sie sich seiner Zuneigung meist nur ein paar Nächte bis maximal ein halbes Jahr lang hatten erfreuen dürfen.

Caroline war die erste Frau, der Guy bisher begegnet war, mit der er nicht sofort ins Bett gehen wollte – obwohl er sich sehr stark zu ihr hingezogen fühlte. Sie war Anfang zwanzig – Guy stand knapp vor seinem dreißigsten Geburtstag –, aber sie hatte die schlichte und unschuldige Ausstrahlung eines viel jüngeren Mädchens. Mit ihren großen, vertrauensvollen Augen und ihrer sanften Unnahbarkeit wirkte Caroline auf Guy wie ein Rehkitz. Er war von ihr bezaubert.

Caroline ihrerseits betete Guy förmlich an. Er war erst ihr dritter ernsthafter Freund (diese Bezeichnung zog sie dem Wort »Liebhaber« entschieden vor). Guy überwand seine anfängliche Scheu ziemlich schnell und nahm eine intime Beziehung mit Caroline auf.

Es ging auch alles glatt, bis er völlig unerwartet eines Nachts um zwei Uhr in der Frühe tränenüberströmt aufwachte. Ein unkontrollierbares Gefühl – War es Trauer? Oder Reue? – rollte wie eine Woge über ihn hinweg. Ratlos und einigermaßen erschüttert schlief er wieder ein.

Als Guy das nächste Mal mit Caroline schlief, lief er bei weitem nicht zu der großartigen Form auf, die er von sich gewohnt war. Er war nicht voll bei der Sache und hatte zum ersten Mal in seinem Leben das Gefühl, daß er wohl nicht zum Orgasmus kommen würde. Das war natürlich eine Schwäche, die er sich unmöglich erlauben durfte, doch hinterher fühlte er sich ausgelaugt und traurig. Caroline sagte nichts. Sie hielt Guy lange im Arm, bis er endlich einschlief.

Die Beziehung vertiefte sich. Guy hatte in vieler Hinsicht das Gefühl, es sei die glücklichste Zeit seines Lebens. Carolines unbeschwerte Art und ihr unschuldiges Wesen waren für ihn wie eine Offenbarung. Wenn er daneben sich betrachtete, beschlich ihn das Gefühl, daß er sich sein Leben bislang unnötig schwergemacht hatte. Was seine Karriere betraf, stimmte das auch zweifellos. Guy verbrachte endlose Stunden im Büro, in denen er Datenbanken für eine prominente Maklerfirma erstellte. Sein Ziel war, es in fünf Jahren zum Millionär zu bringen. Caroline war die erste Frau, der es bisher gelungen war, ihn davon abzulenken.

Als er um Carolines Hand anhielt, erbat sie sich Bedenkzeit. Guys Ohren glühten in fassungslosem Rot. Seine Fassungslosigkeit steigerte sich zum Schock, als Caroline zögernd sagte, es wäre ihr lieber, wenn sie vorerst nicht mehr miteinander schlafen würden. Als Guy anfing nachzubohren, zögerte Caroline noch mehr, bis sie schließlich fast flüsternd bekannte: »Ich glaube, im Grunde deines Herzens willst du mich gar nicht heiraten. Du meinst nur, du wärst mir das schuldig.«

Das war der bestürzendste und gleichzeitig der ehrlichste Satz, den Guy je aus dem Mund einer Frau gehört hatte. An diesem Abend trieb ihn der verletzte Stolz in die Nacht hinaus, doch in seinem Herzen fühlte er sich leer und verbraucht. Er merkte, daß es in der Sexualität Dinge gab, die ihm nie in den Sinn gekommen waren. Es war ihm zum Beispiel nie aufgegangen, daß mehr nicht gleichbedeutend war mit besser. Zehn Jahre lang hatte er praktisch täglich mit einer Frau geschlafen. Der zwanghafte Drang wirkte jetzt auf ihn geradezu wie eine Sucht. Auch war er nie darauf gekommen, daß sich beim Geschlechtsakt neben der Lust auch noch andere Stimmen zu Wort melden könnten. Er hatte sich ausschließlich auf die Stimme des sexuellen Verlangens konzentriert, und jetzt fiel es ihm sehr schwer, neben der Lust noch die Stimmen der Traurigkeit, der unterdrückten Wut und des Schmerzes zu hören. Wenn er darüber nachdachte, mußte er zugeben, daß diese Stimmen wahrscheinlich schon immer dagewesen waren.

Als Guy sich wieder bei Caroline einfand, war seine Liebe immerhin noch groß genug, daß er ihr für den Vorschlag, eine Pause einzulegen, dankbar sein konnte. Von einfachen Berührungen ausgehend, machten sich die beiden daran, ihre sexuelle Beziehung von Grund auf neu aufzubauen. Sie lagen einfach nur nebeneinander und berührten sich sanft, wobei sie sich gegenseitig sagten, wohin der Partner die Hand als nächstes legen sollte und für wie lange.

Guy fand dies nicht besonders erotisch. Bestimmte Berührungen ließen in ihm sogar Ängste hochsteigen, und manchmal hatte er das Gefühl, er müßte weinen. Allmählich wurde ihm bewußt, wie selten er sich bei anderen Frauen sicher gefühlt hatte. Bei Caroline fühlte er sich sicher, und alte Wunden brachen wieder auf. Als lange unter Verschluß gehaltene Gefühle an die Oberfläche drängten, bekam er das Bedürfnis, Caroline in Ereignisse aus seiner Vergangenheit einzuweihen, von denen er noch nie einer Frau erzählt hatte.

In den Beziehungen zu Frauen war das Gespräch ohnehin nie seine Stärke gewesen. Auf einmal fiel ihm auf, daß zwischen seinem Drang, sich im Bett hervorzutun, und seiner anspruchsvollen und kritischen Mutter ein Zusammenhang bestand. Nach einiger Zeit wurde ihm klar, daß er auf einer bestimmten Ebene die Frauen generell als zu anspruchsvoll erlebte. Als geschickter Liebhaber hatte er es immer geschafft, die weibliche Geringschätzung schon von vornherein zu entschärfen.

Guy konnte von Glück sagen, daß noch so viel Liebesfähigkeit in ihm zurückgeblieben war. Viele Männer hätten für die Erkenntnisse, die er in ein paar Monaten gewann, zehn Jahre gebraucht. Caroline drängte sich ihm nicht in der Rolle der Lehrerin oder der Therapeutin auf. Sie begleitete Guy bei seiner Selbstentdeckung, und wenn er einen Rückzug brauchte, legte sie ihm nichts in den Weg. Er begriff, daß auch sie sich bei Bedarf den Rückzug vorbehielt. Für ihn war es immer ein Zeichen von Intimität gewesen, wenn man miteinander schlief. Für Caroline dagegen war die Intimität etwas, das langsam wachsen mußte, und miteinander zu schlafen war für sie nur ein erster Schritt.

Für Guy folgten noch harte Zeiten. Es gab Nächte, in denen er aggressiv und voller Wut war, wenn er mit Caroline schlief – und anschließend wurde er von abgrundtiefen Schuldgefühlen gequält. Sein Selbstbild als der Mann, der die Frauen liebt, ging zusehends in die Brüche, und er konnte immer mehr die darunterliegende verdrängte Wut spüren, die ihn dazu gebracht hatte, sein idealisiertes Selbstbild in sexueller Form auszuleben. Er war nicht der sensible, großzügige, fürsorgliche Liebhaber, den er sich selbst immer vorgespielt hatte, sondern ein komplexes und oft auch widerspruchsvolles Bündel von Gefühlen und Bedürfnissen. Im Lauf der Zeit konnte er sich damit abfinden, denn das war seine Wirklichkeit.

Caroline merkte, daß es sehr darauf ankam, Guy in seinem spirituellen Aufbruch zu unterstützen. Wie sich alsbald herausstellte, nahm sie ihr eigenes spirituelles Leben sehr ernst, und das ermöglichte es ihr zu erkennen, daß Guys Wandel nicht nur ein psychologischer war. Sie war fest davon überzeugt, daß alle Veränderungen in ihrer Beziehung dazu dienten, das Einswerden von ihr und Guy herbeizuführen.

Um den Fortschritt auf diesem Weg besser überblicken zu können, schrieb sie all die Empfindungen auf, die sie gerne mit Guy geteilt hätte, um mit ihm ausgiebig darüber zu sprechen, wenn sich die eine oder andere davon einstellte:

Ich möchte für das geliebt werden, was ich bin.
Ich möchte verletzbar sein dürfen.
Ich möchte das Gefühl haben, daß du mir nie weh tun wirst.

Ich möchte deine Stärke spüren.

Ich möchte dir sagen können, was ich mir am meisten ersehne.

Ich möchte mich offen fühlen.

Ich möchte eine sanfte Wildheit spüren.

Ich möchte mich eins mit dir fühlen.

Ich möchte spüren, daß es nie etwas Besseres geben wird
      als das, was jetzt ist.

Ich möchte spüren, wie mein Herz vor Leichtigkeit hüpft.

Ich möchte Tiefe spüren.

Ich möchte mich mit mir selbst eins fühlen.

Das war mehr als nur ein Wunschzettel. Es war eine an das Universum gerichtete Botschaft von Carolines Sehnsucht, deren Erfüllung sie sich von der Entwicklung der Ereignisse erhoffte. Sie ermutigte Guy, selber eine Wunschliste aufzustellen. Sie nahmen diese Wunschlisten nicht mit ins Bett und dachten auch nicht daran, wenn sie miteinander schliefen. Es ging einfach darum, klar auszusprechen, wohin der gemeinsame Weg führen sollte.

Ein Jahr darauf fand die Hochzeit statt. Guy hatte mittlerweile die meisten seiner Einstellungen zur Sexualität grundlegend geändert. Sex ohne Liebe gab es für ihn nicht mehr, und er hatte auch gelernt zu sagen, wann seine Gefühle mit der Liebe ins Gehege gerieten. Seine Gedanken kreisten nicht mehr um die sexuelle Erregung, sondern um seinen Seelenfrieden. Er merkte, daß nichts so erregend war wie eine ruhige und friedvolle Umgebung, zärtliche Worte und Gesten, tiefe sehnsuchtsvolle Blicke, blitzende Augen, flüchtige Berührungen und Zurückhaltung. Es gab Augenblicke, in denen er an alles andere dachte, nur nicht an Sex, verloren in der unsäglichen Freiheit und Offenheit seines eigenen Wesens – und das waren die erotischsten Momente überhaupt. In den Jahren des Heranwachsens hatte Guy bis zum Hals in sexuelle Eskapaden gesteckt, doch nun war er auf dem besten Wege, das zu retten, was keine einzige sexuelle Erfahrung zu vermitteln in der Lage ist – die Freiheit der Unschuld.

D I E

S T U F E N   **5. STUFE
HINGABE**

D E R

L I E B E

SICH HINGEBEN

Spirituell gesehen, ist nichts wichtiger, als sich hingeben zu können. Hingabe ist der zarteste Impuls des Herzens, der Drang, sich in Liebe dem anzuvertrauen, was die geliebte Person möchte. Hingabe ist ganz auf das bezogen, was im Augenblick geschieht, und belastet die Gegenwart nicht mit Erwartungen aus der Vergangenheit. Sich hingeben zu können bedeutet, darauf zu vertrauen, daß in der Liebe alles möglich ist, auch wenn man nicht absehen kann, wie sich eine Situation entwickelt.

Kein spiritueller Akt ist es jedoch, wenn man sich dem Ego eines anderen Menschen unterwirft, auch wenn es die geliebte Person sein sollte. Die Hingabe, die hier gemeint ist, hat eine tiefere und mystischere Bedeutung. Auf der Ebene des Ego können zwei Menschen niemals immerzu das gleiche wollen. Auf der spirituellen Ebene ist überhaupt nichts anderes als Gleichklang möglich. Unser Ego braucht materielle Dinge, logische Schlußfolgerungen, Kontinuität, Sicherheit und die Garantie, Recht zu bekommen, wenn andere im Irrtum sind. Diese Ziele schließen den anderen Menschen, den »Nächsten«, von vornherein aus, es sei denn, er zieht mit mir an einem Strang, oder er erkennt an, daß ich derjenige bin, der das Sagen hat.

Unser Geist hat mit derlei Gerangel nichts zu schaffen. Er will Wesenhaftigkeit, Liebe, Freiheit und schöpferische Möglichkeiten. Das ist eine völlig andere Bedürfnisebene, und erst wenn diese erreicht ist, wird ein konfliktfreies Miteinander möglich. Dieses Miteinander ist der Kern der Hingabe.

Die meisten Menschen wachsen mit eigennützigen Zielen vor Augen auf, die sie oft mit der größten Selbstverständlichkeit verfolgen. Man kann natürlich ein Leben lang auf dieser Stufe stehenbleiben. Aber wir haben auch die Möglichkeit, uns auf die Ebene des Geistes mit seinen grundlegend anderen Zielen zu begeben.

Die Kluft zwischen Ego und Geist ist unvermeidbar. Da Ego und Geist absolute Gegensätze sind, scheint es unmöglich, diese Trennung zu überwinden. Durch die Hingabe können die Gegensätze jedoch miteinander versöhnt werden, und die einzige Kraft, die das zustande bringen kann, ist die Liebe. Auf der Reise der Liebe ist also die Hingabe die nächste Phase, in die wir eintreten, wenn sich die Beziehung festigt.

Die Mehrheit der Menschen lebt nicht in romantischen Liebesverhältnissen, sondern in langjährigen Beziehungen, üblicherweise in einer Ehe. Diese Phase nimmt in unserem Leben einen viel breiteren Raum ein, als es die Zeit des Verliebtseins je könnte. Wenn diese Phase den schmalen Aufstieg zum Geist darstellt, dann ist die langjährige Beziehung das große Plateau, das sich daran anschließt.

Dieses Plateau möchte ich »Hingabe« nennen. Hingabe ist etwas, das manchen Menschen große Schwierigkeiten bereitet, und die Psychologie kann mit zahlreichen Gründen dafür aufwarten, warum das so ist. Das spirituelle Problem besteht jedoch darin, daß die Hingabe uns mitten in die Kluft zwischen Ego und Geist hineinschleudert. Jeder trägt in seine Ehe oder Beziehung ein ganzes Bündel der verschiedensten Bedürfnisse des Ego mit hinein. Ein Ehemann ist vielleicht sehr liebevoll und besorgt – aber sein Ego rebelliert, wenn bestimmte Lebenserwartungen nicht erfüllt werden; dasselbe gilt wahrscheinlich auch für seine Frau. Eine Beziehung, die auf unerfüllten Sehnsüchten aufbaut, ist aber keine Liebe. Entweder müssen die beiden Egos einen ungemütlichen Burgfrieden schließen, oder sie müssen sich auf einen anderen Weg verständigen – den der Hingabe.

In der Zeit der ersten Verliebtheit stand das Gefühl im Vordergrund, auserwählt zu sein, als ob eine unwiderstehliche Kraft vom Herzen Besitz ergriffen hätte. In einer festen Beziehung kommt man aber nicht automatisch auf dem Pfad der Liebe voran. Tag für Tag muß man sich von neuem auf diesen Weg begeben. Das ist weniger die Hingabe an einen anderen Menschen als die Hingabe an den Pfad. Die Erkenntnisse, die man in einer erfüllten Beziehung gewinnen kann, beziehen sich deshalb auf den Pfad der Liebe:

Ich bin auf einem einzigartigen Pfad,
der von mir zu dem Menschen führt, den ich liebe.

Ich kann diesen Pfad nicht durch Nachdenken, Empfindungen
oder Taten entdecken, sondern durch die Hingabe.

Das Ego überdeckt den Geist, doch die Hingabe
bringt die Impulse des Geistes an den Tag.

Der Pfad zur Liebe benutzt die Partnerschaft, um aus der beengenden Fixierung auf »ich«, »mich« und »mein« herauszuführen in ein erweitertes Selbstverständnis. Wir wachsen über das »Ich« hinaus, bis es im »Selbst« aufgehoben ist.

DER SINN DES LEBENS UND DIE LIEBE

Es ist ein grundlegendes Geheimnis unserer Seele, daß sie beim Verschmelzen mit der Seele eines anderen Menschen in ihrer Substanz intakt und erhalten bleibt. Wenn der Geist eines Menschen in den eines anderen eingeht, ergibt die Summe mehr, als die beiden Partner eingebracht haben. Der Prozeß, aus dem sich unsere Seele nährt, führt von der Stufe des Ich auf die Ebene des Wir. Rumi bringt das wunderschön in einigen aus dem Herzen kommenden Zeilen zum Ausdruck:

»Meine Seel' erglühte vom Feuer deines Feuers.
Deine Welt war ein flüsterndes Wasser
im Strome meines Herzens.«

Das Wesen der Hingabe ist die Erkenntnis, daß zwei Menschen ineinander eingehen können, um eins zu werden. Wenn Ehe und Partnerschaft nichts weiter wären als das Nebeneinander von zwei Menschen, die niemals das umfriedete Gebiet ihrer Vereinzelung verlassen, könnte die menschliche Existenz sich nicht zu den Höhen des Geistes emporschwingen. Und doch tut sie es.

Die meisten Menschen erleben den Übergang von der Verliebtheit zur Partnerschaft mit ein bißchen Trauer, auch wenn sie es nur ungern zugeben. In einer Beziehung zu leben, erfordert Geduld, Hingabe und Stehvermögen und ist bei weitem nicht so leicht, wie sich zu verlieben. Der spirituelle Lohn erwächst aus dem Bemühen um inneres Wachstum.

Für viele bedeutet das viel Arbeit auf steinigem Boden. Die Zeit der ersten Liebe ist wie Ferien, Partnerschaft ist wie Schule. Das ist mühsam, und deshalb stirbt in einer Ehe oft die Lust. Konflikte, Enttäuschung und Schmerz breiten sich aus. Wenn die Sache böse ausgeht, stehen am Ende völliger Vertrauensverlust und Betrug – das ist die ganze Geschichte, wenn das Ego sie diktiert.

In spiritueller Hinsicht besteht der einzige wirkliche Unterschied zwischen den Phasen der Verliebtheit und der Partnerschaft in der Hingabe. Sie ergibt sich von ganz allein, wenn zwei Menschen frisch ineinander verliebt sind. In den süßen Fängen der romantischen Liebe haben sie gar keine Zeit für Selbstsucht und keine Veranlassung zu Mißtrauen.

Doch nach der Hochzeit geht es nicht so weiter. Wenn zwei Leute eine gewisse Zeitlang eng und vertraut zusammengelebt haben, legen sie die rosa Brille beiseite, und die Schonzeit für den Partner, in der man sich in Selbstlosigkeit übte, ist vorbei. Rachsüchtig meldet sich unser Ego wieder zurück und besteht darauf, daß die eigenen Bedürfnisse berücksichtigt werden.

Auf einmal ist die Hingabe etwas, das man sich ganz bewußt vornehmen muß – sie fällt einem nicht mehr sozusagen in den Schoß. Das soll nicht heißen, daß die Hingabe harte Arbeit ist. Sie ist vielmehr bewußte Arbeit und kann die gleiche Freude und das gleiche Entzücken bringen wie die erste Liebe, das gleiche spielerische Gefühl, das frisch Verliebte dazu bringt, den Rucksack mit den Bedürfnissen ihres Ego abzulegen.

Die große Herausforderung auf dieser Stufe besteht darin,
die Partnerschaft so einzigartig zu gestalten wie die Phase
der Verliebtheit.

D. H. Lawrence spricht in einem seiner Gedichte von der leidenschaftlichen sinnlichen Liebe als von einer Blume, während die
Ehe der harte Edelstein ist, der überdauert:

>»Das ist der Kristall des Friedens, das langlebige, harte Juwel
des Vertrauens, der Saphir der Treue.
Es ist die Gemme gemeinsamen Friedens, die aus dem wilden
Chaos der Liebe hervorgeht.«

Wozu die Gebundenheit an einen anderen Menschen? Frieden,
Vertrauen, Treue – das Gedicht nennt die Schlüsselworte in seinen
wenigen Zeilen. Der tiefste Grund, sich an einen anderen Menschen zu binden, ist zugleich der einfachste: Die Ehe ist etwas Heiliges. Wenn die Partner sich in Liebe zugetan sind, sieht der Mann
Gott in seiner Frau, und die Frau erblickt Gott in ihrem Mann. Auf
dieser Basis kann sich die gegenseitige Hingabe vollziehen, denn
die Partner geben sich »nur« dem Geist hin, der alles durchwebt.
Für moderne Ohren mag sich das fast schockierend anhören. In
vielen Beziehungen existiert die Hingabe heute nur noch als eine
entfernte Möglichkeit. In den meisten modernen Ehen darf man
schon froh sein, wenn ein ausreichendes gegenseitiges persönliches Vertrauen herrscht. Die Psychologen behaupten, daß es in
einer Ehe zehn Jahre dauert, bis sich die Unterschiede im Denken
und Tun, in den Gewohnheiten, Vorlieben und Abneigungen abge-
schliffen haben.
»Ich will doch Orangensaft zum Frühstück, und du hast wieder
Apfelsaft gekauft!« oder »Ich möchte lieber im rechten Bett liegen,
aber du willst das ja auch.« oder »Dir gefällt die Farbe ja, aber das
ist doch einfach keine Farbe für ein Wohnzimmer!« So zerschellt
die Großartigkeit einer geheiligten Beziehung an den Klippen
kleinlicher, ichbezogener Konflikte.
In diesem ganzen Durcheinander ist die spirituelle Bedeutung
der Ehe ebenso verlorengegangen wie die Bedeutung der Liebe
überhaupt. Ist es noch der Mühe wert, sich zu binden? Ist Hingabe
möglich inmitten so vieler heftiger Auseinandersetzungen? Lassen
wir einmal einen Moment lang die gegenwärtigen gesellschaft-

lichen Zustände außer acht: Die geweihte Ehe, in der sich die Partner als Ausdruck des Geistes einander hingeben, ist etwas Natürliches. Sie ist das Reifen der Frucht der Liebe nach dem Aufblühen in der Phase der Verliebtheit.

Verliebt zu sein, ist ein vorübergehender Zustand des Geheiligten. In der festen Beziehung der Ehe wird er zum Dauerzustand.

Das altindische Wort *Dharma* ist eine viel umfassendere Bezeichnung für das, was ich hier mit »geheiligt« meine. Das Nomen *Dharma* leitet sich ab aus einem Verb, das »aufrechterhalten, wahren, unterstützen« bedeutet. Wie so oft im Sanskrit, hat auch dieses Wort viele Bedeutungsnuancen. Alles, was den Menschen am Leben erhält und dafür sorgt, daß er nicht vom Kurs abkommt, gilt als »dharmisch«. Es ist dharmisch, die Wahrheit zu sagen und nicht zu lügen oder in einer Ehe treu zu sein und nicht fremdzugehen.

Dharma kann auch »Gesetz« oder »Rechtschaffenheit« heißen. In Indien sagt man heute noch von jemandem, der sich an die beruflichen, religiösen und sozialen Traditionen seiner Familie hält, er sei »in seinem *Dharma*«. Unsere moderne westliche Gesellschaft ist aber alles andere als dharmisch: Unsere Kinder wählen frei ganz andere Berufe, Verhaltensweisen und Wohnorte als die Eltern. In diesem Jahrhundert wurde im Westen wie im Osten die Verwurzelung der Gesellschaft im *Dharma* untergraben.

Dharma ist jedoch mehr als eine gesellschaftliche Übereinkunft. Es ist eine Lebenskraft, die uns helfen kann, die vielfältigen Herausforderungen und Bedrohungen des Lebens zu bewältigen. Unser Ego wird das niemals glauben, denn für das Ego ist *Dharma* kein Begriff. Das Ego hat mit der Liebe nichts zu schaffen, doch *Dharma* und Liebe gehören eng zusammen.

Im westlichen Kulturkreis kommt die Idee von der Gnade als liebender Gegenwart Gottes, der schützend seine Hand über die Menschen hält, der Vorstellung vom *Dharma* am nächsten. Wenn Jesus im Lukasevangelium davon spricht, daß von den Sperlingen nicht einer von Gott vergessen ist, dann ist das gemeint, was hier mit *Dharma* bezeichnet wird.

In China ist diese Vorstellung als *Tao* bekannt, als »der Weg«, der als unsichtbare, aber dennoch wirkliche Kraft verstanden wird, die alles Leben ordnet. Der Einklang mit dem »Weg« ist das gleiche, wie im *Dharma* zu leben.

Alle spirituellen Traditionen lehren uns, daß es im Leben darauf ankommt, den »Weg« zu finden und nicht der Ablenkung durch Äußerlichkeiten zu erliegen. Unser Ego besteht jedoch darauf, daß das Überleben von der völligen Aufmerksamkeit für die äußere Welt abhängig ist. Die wichtigsten Taktiken des Ego – Wachsamkeit und Verteidigungsbereitschaft – sind das absolute Gegenteil von Hingabe.

Hingabe in einer Beziehung gewinnt nur Wert
als Hingabe an den Geist.

Eine Liebesbeziehung, die auf Unterschieden beruht, kann niemals zur spirituellen Hingabe führen. Man muß deshalb seine Wahrnehmung neu ausrichten und lernen, auf die in jedem Konflikt verborgenen Chancen für die Partnerschaft zu achten. Der Segen ruht auf uns, wenn wir zur Einheit mit der Person finden, die wir lieben. Der spirituelle Zweck von Unterschieden liegt darin, uns aus dem Zustand des Getrenntseins herauszuführen, auch wenn das Ego uns glauben machen will, daß die Isolation notwendig sei.

Mit Sätzen wie den folgenden stoßen wir den geliebten Menschen zurück:

Was du denkst, ist mir egal.
Was du willst, ist mir egal.
Ich mache das jetzt so. Du kannst es ja selber machen,
    wenn es nach deinem Kopf gehen soll.
Ich kümmere mich schon selber um das, was ich brauche.
    Das solltest du übrigens auch tun.
Wenn du dies tust, dann werde ich das tun …

Diese Sätze klingen brutal und streitsüchtig, aber es sind nur ganz gewöhnliche Verlautbarungen des Ego ohne beschönigende Verbrämungen. Jeder hat natürlich gelernt, die Bedürfnisse seines Ego in höflicher Form anzumelden, sofern man uns nicht gerade in die Ecke drängt. Doch das hilft nicht darüber hinweg, daß das Ego Trennung schafft, denn das »Ich« ist ihm wichtiger als das »Du«.

Im *Dharma* zu leben, heilt die Trennung, indem das »Wir« zur Realität wird, und zwar nicht im Sinn von aus zwei mach eins, sondern als Einswerden im Geist. Wir leben und handeln im *Dharma*, wenn wir die Dinge zulassen, anstatt uns ihnen entgegenzustemmen. Das Zulassen drückt sich in Bemerkungen wie den folgenden aus:

Brauchst du irgend etwas? Kann ich dir irgendwie helfen?
Ich weiß, was mit dir los ist, aber das ist schon in Ordnung.
Mach nur weiter. Ich werde hier sein.
Ich weiß genau, was du meinst.
Du hast recht.

Aus der Sicht der Liebe sind das nicht nur Floskeln. Wenn wir mit einem anderen Menschen eins geworden sind, wird uns seine Betrachtungsweise vollkommen klar; wir können eine Person verstehen, die außerhalb von uns selbst steht. Das wird möglich durch die Erkenntnis, daß die geliebte Person eben nicht außerhalb von uns selbst ist – sie ist nur außerhalb unseres Ego und meldet ihrerseits manchmal Bedürfnisse an, die aus ihrem Ego und nicht aus ihrem Wesenskern kommen. Im Kern unseres Wesens sind wir und der Mensch, den wir lieben, nicht getrennt, denn alle Wünsche, Bedürfnisse, Vorlieben, Abneigungen und Defizite haben nichts mit dem Kern unseres Wesens zu tun.

Dharma *ist eine Vision der Gleichheit im Geist.*
Sobald wir mit dieser Vision leben, endet das Getrenntsein.

Dharma in seiner tieferen Bedeutung zu folgen, meint nicht nur, daß man sich in Rechtschaffenheit übt oder brav die Regeln einer

Gesellschaft befolgt. Überhaupt gibt es keine feste Formel, nach der man »den Weg« ausfindig machen kann. Jeder, der sich ein spirituelles Ziel gesetzt hat, das er zäh verfolgt, ist im *Dharma*. Da Beziehungen heute gefährdeter sind denn je, brauchen sie einen neuen Nachweis ihrer Berechtigung. Das Verständnis von *Dharma* in dieser weiter gefaßten Bedeutung ist daher ganz besonders wichtig.

HINGABE UND »DER WEG«

Wenn wir das Wort »Hingabe« hören, neigen wir unwillkürlich dazu, an so etwas wie »Selbstaufgabe« zu denken. Aus dem Blickwinkel des Ego ist das eine ganz natürliche Assoziation. Niemand handelt in Konfliktsituationen aus liebevollen Motiven, und daß immer nur eine Seite gewinnen kann, ist ebenso klar. Sie brauchen sich nur an Ihre letzte Auseinandersetzung zu erinnern, um zu erkennen, daß einem in einer solchen Situation nichts ferner liegt als zu einem gemeinsamen Standpunkt der Liebe zu gelangen.

Aber Hingabe bedeutet auch noch etwas anderes, wie wir aus den Zeiten des Verliebtseins wissen. Wenn man sich verliebt, gibt man sich seinen tiefsten Sehnsüchten hin und nicht dem, was jemand anderes uns einzureden versucht.

Stellen Sie sich einmal eine ganz alltägliche Situation vor: Ein Mann sieht gerade fern oder ist in ein interessantes Buch vertieft, das er nicht beiseite legen will, und seine Partnerin bittet ihn, ein bißchen beim Putzen zu helfen. Wie wird er mit dieser Situation umgehen?

Sein Ego wird sagen: »Sie verlangt etwas von mir, wozu ich keine Lust habe. Ich überlege, ob ich nachgebe oder nicht.« Die Seele wird sagen: »Ich merke, daß sie mich braucht.«

Wie man sieht, geht es gar nicht um das Ergebnis. Das Ego erlebt die Situation in jedem Fall als Konflikt – unabhängig davon, ob es nachgibt oder nicht. Es will auf jeden Fall seine Machtposition erhalten, und deshalb muß es aus dem Konflikt als Sieger hervorgehen. Zu gewinnen heißt in diesem Fall, entweder nein zu sagen und damit durchzukommen oder ja zu sagen und sich selbst dabei großartig vorzukommen. Es geht immer nur darum, eine Niederlage zu verhindern.

Die Seele kennt keine solchen mittelbaren Motive. Sie nimmt zur Kenntnis, daß der andere Hilfe braucht, aber sie übernimmt weder die Verantwortung für sein Bedürfnis, noch stellt sie sich dem entgegen. Auf diese Weise wird der andere so gesehen, wie er ist, denn wer etwas braucht, der braucht es eben.

Das einzig unabdingbare Bedürfnis eines Menschen ist es, ernst genommen zu werden.

Die meiste Zeit über verlieren wir uns in Bedürfnissen, die nicht wirklich echt sind. Die Partnerin in unserem Beispiel, die den Hausputz veranstaltet, kann ein Dutzend Gründe haben, weshalb sie um Hilfe bittet. Vielleicht ist sie zornig oder beleidigt, weil sie das Gefühl hat, daß sie sich immer um den ganzen Haushalt kümmern muß. Vielleicht kommt sie sich erniedrigt vor, mißachtet, unterdrückt, vielleicht ist sie übereifrig, ein Putzteufel oder ein Hausdrachen – oder vielleicht braucht sie eben einfach nur Hilfe.

Das Fehlen von indirekten Motiven ist es, was den Geist kennzeichnet. Die Bedürftigkeit eines unsicheren Ego läßt sich durch geschicktes Taktieren nicht kaschieren. Wer mit dem Geist in Einklang steht, hat nicht den Drang zu manipulieren, zu beschwatzen, zu verführen, zu fordern, zu betteln oder auf etwas zu bestehen, sondern läßt einfach die Situation zu und schafft dadurch den Raum, in dem die Liebe ungehindert fließen kann.

Heißt das nun, daß ein »spiritueller« Mensch immer sofort den Fernseher ausschaltet oder das Buch weglegt, um beim Hausputz zu helfen? Nein, denn der Geist schreibt kein starres Verhaltensmuster vor. Im allgemeinen wird man eben helfen, wenn man merkt, daß der- oder diejenige, den oder die man liebt, Hilfe braucht. Es gibt gewisse – sozusagen unbewußt – liebevolle Verhaltensweisen, die sich ganz natürlich einstellen, wenn man auf die Stimme des Geistes hört:

Man ist nicht störrisch.
Gefühle sind einem wichtiger als Resultate.
Man ist hilfsbereit. Helfen macht Freude.
Man nimmt die Wünsche des anderen genau so wichtig
    wie die eigenen.

Die Hingabe läßt diese liebevollen Instinkte im Lauf der Jahre wachsen und reifen. Aber wenn wir uns an die Zeit des frisch Verliebtseins zurückerinnern, dann sehen wir, daß wir es hier nicht mit erlernten Reaktionen zu tun haben. Sie sind in der Liebe schon vorhanden. Zu lieben bringt automatisch die Erlösung aus Konflikten des Ego und Selbstbehauptungskämpfen.

    Eine einzige Erfahrung der Verliebtheit bringt keine völlige Erlösung, denn Auseinandersetzungen sind unvermeidlich. Aber die Verliebten erhaschen zumindest einen kurzen Blick auf den Weg. Ob sie es nun ausdrücken können oder nicht, sie machen jedenfalls folgende Entdeckungen:

Liebe macht nicht die geringste Mühe.
Lebendig zu sein bereitet von innen heraus Freude.
Wenn das Bewußtsein wach genug ist, beantwortet sich
    jede Frage von selbst.
Es gibt im Leben Sicherheit.
Es lebt sich am unkompliziertesten, wenn man sich
    dem Strom des Lebens anvertraut.
Widerstand führt letztlich nie zum Erfolg.
Es ist unmöglich, den Strom des Lebens zu kontrollieren.

Wenn man das begriffen hat, öffnet sich der Ausweg aus dem ewigen Kampf um die Selbstbehauptung. Dieser Kampf nährt sich aus der Isolation des Ego. Er endet, sobald wir den Weg gefunden haben und uns seiner lenkenden Kraft anvertrauen.

Der Kampf scheint sich gegen andere oder gegen uns selbst zu
richten, aber in Wirklichkeit richtet er sich immer gegen Dharma.
Ein Leben im Dharma *kennt keinen Kampf.*

Weil die Fähigkeit, Hindernisse zu überwinden, als eine der wertvollsten menschlichen Eigenschaften gilt, paßt die Vorstellung von
einem Leben ohne Kampf in keiner Weise in unser gegenwärtiges
Weltbild. Aber ein Handeln aus Liebe kann ja offensichtlich kein
Kampf sein. Wie soll das zusammengehen?

Die Antwort ist unser freier Wille. Es liegt in der Entscheidung
des Menschen, ob er den Kampf beenden möchte, um aus der
Liebe zu leben. In unseren Beziehungen zum Beispiel stehen wir
jeden Tag vor genau dieser Entscheidung.

Die Ehe ist das Versuchsgelände und gleichzeitig der Spiegel.
Sie testet unsere Bereitschaft, auf die Erlösung durch die Liebe zu
vertrauen. Sie spiegelt wider, in welchem Maß unsere Überzeugungen, nach denen wir unser Verhalten ausrichten, entweder in der
Liebe oder in der Lieblosigkeit zu Hause sind.

Kampf oder Hingabe sind die beiden Pole der menschlichen
Entscheidungsfreiheit. Da wir alle – mehr oder minder oft – an die
Liebe glauben, ist ein Leben in Konflikten unser Schicksal, solange
es uns nicht gelingt, diesem Dualismus zu entkommen. Daher die
große Bedeutung des *Dharma*.

Bei Tieren und Pflanzen vollzieht sich die Wirkung des *Dharma*
automatisch. Es gibt keine Selbstzweifel oder Fragen und auch
keine Möglichkeit, vom Weg abzukommen. Wachstum und Verhalten sind angeboren. Dem Tiger tut es nicht leid, daß er ein
Raubtier ist, er hat kein Mitleid mit seiner Beute. Er kann sich nicht
in einen friedlichen Pflanzenfresser verwandeln, selbst wenn er es
wollte. Eine Wandlung des Tigers kann nur schrittchenweise über
Zeiträume von Jahrtausenden als Wandlung der gesamten Spezies
erfolgen.

In modernen wissenschaftlichen Begriffen bedeutet das, daß
der genetische Code, durch den sich ein bengalischer Feigenbaum
von einem Tiger unterscheidet, auf einer so tiefen Ebene des Zell-
gedächtnisses gespeichert ist, daß eine Kreatur auf der Verhaltens-
ebene überhaupt nichts unternehmen kann, um die Programmie-
rung ihrer Erbsubstanz (der DNA, der Desoxyribonukleinsäure) zu
ändern – es sei denn, sie würde sterben.

Spirituell gesehen heißt es, daß das Dharmische eines Geschöp-

fes stärker ist als das einzelne Individuum der jeweiligen Art.
Dharma erhält das Leben der Art auf seinem vorgegebenen Weg
aufrecht, solange die Individuen dieser Art eine für ihr Überleben
geeignete Umgebung vorfinden.

Dharma wirkt auch auf den Menschen ein, jedoch in einer
Weise, die offen ist für den freien Willen. Jeder einzelne von uns
wächst haargenau nach der Vorgabe seiner Erbinformation aus
einer einzigen befruchteten Eizelle zum ausgereiften Erwachsenen
heran. Unsere Milchzähne hörten nicht deshalb auf zu wachsen,
weil uns das weh tat und uns zum Weinen brachte, und ebensowenig beschleunigte das Durcheinander der Gefühle das Einsetzen
unserer Pubertät.

Doch innerhalb dieses Musters besitzt der einzelne einen großen Spielraum für sein Verhalten, seine Gefühle und sein Denken. Viele unserer Willensentscheidungen beeinflussen unsere
psychische Befindlichkeit weitaus mehr, als es unter dem Aspekt
des Überlebens notwendig wäre.

Viele Jahrhunderte lang wurde darüber gerätselt, wie sich Wil-
lensfreiheit und Vorbestimmung miteinander vereinbaren lassen.
In den Veden wird gelehrt, daß der Mensch zur persönlichen Evolution fähig ist, also nicht nur in die Evolution seiner Art einge-
bunden ist. Ein Mensch, der sich von Wut, Selbstsucht, Mißtrauen
und Eifersucht leiten läßt, hat immer die Wahl, sich höher zu entwickeln und eine neue Ebene zu erreichen, auf der diese niederen
Antriebe von Liebe, Mitgefühl, Nachsicht und Wahrheitsliebe er-
setzt werden. Mit anderen Worten: Der Geist erwidert, was wir ihm
entgegenbringen. Je mehr wir ihm zutrauen, desto mehr werden
wir uns entfalten.

*Welchen Raum Glück, Erfolg und Liebe in unserem Leben
einnehmen werden, hängt in vollem Umfang von unserem
Anspruch an* Dharma *ab.*

Für unsere westliche Kultur ist das eine erstaunliche Behauptung.
Wir glauben an eine Welt des Ungewissen, der Zufälle und der un-
vorhersehbaren Faktoren. Wir glauben nicht daran, daß der Geist

sich unablässig unserem Erwartungshorizont anpaßt und darauf
reagiert. Doch auf dem Pfad der Liebe gibt es nur scheinbar zufäl-
lige Elemente.

Der Geist kennt keine Zufälle. Alles, was um uns herum geschieht, spiegelt unseren gegenwärtigen spirituellen Zustand wider. Wenn dieser Zustand auf Angst, Verwirrung und Zweifeln beruht, wirkt in unserem Leben nur ein schwaches *Dharma*, und wir
haben uns dem natürlichen Gesetz entfremdet, das eigentlich dem
Leben eines jeden Menschen von der Geburt bis zum Tode Halt
und Sinn verleihen soll.

In einem Leben ohne *Dharma* gibt es keine Liebe, denn die
Liebe ist ein Teil seiner lebenspendenden Kraft. Grenzenlose Teil-
nahme an der Liebe wird möglich, wenn das Leben im *Dharma* gelebt wird. *Dharma* ist ein unaufdringlicher, flexibler und stets
wandlungsbereiter Führer. Es ist immer bereit für den nächsten
Schritt, der nur von uns selbst und von niemandem sonst getan
werden kann.

Hieraus ergibt sich die logische Frage: »Warum habe ich diese
universelle Kraft, die mich angeblich durch mein Leben führen
kann, nicht schon längst erlebt oder gefühlt?« Die Antwort liegt
darin, daß sich die Vorstellungswelt des Ego dem Geist blockierend
entgegenstellt. Wer in der Vorstellung einer auf sich selbst gestell-
ten, abgesonderten Identität lebt – was praktisch auf uns alle zutrifft –, kann mit einer neuen Vision nicht viel anfangen. Liebe und
Ego sind unversöhnliche Gegensätze. Das Umdenken und die Hingabe müssen im kleinstmöglichen, intimsten Rahmen ihren Anfang nehmen. Es beginnt damit, daß jeder für sich lernt, mit einem
geliebten Menschen ohne Angst und Widerstreben zusammen-
zusein.

Wenn zwei Menschen beschließen, das Leben gemeinsam als
einen Pfad der Evolution anzugehen, haben sie eine dharmische
Beziehung. Der Mensch, den Sie lieben, und Sie selbst beschreiten
einen Weg, der noch von keinem Menschen, der je gelebt hat, in
der gleichen Weise gegangen wurde.

Kein Atemzug, den Sie tun, kein Gedanke, den Sie denken, kein
Gefühl, das Sie empfinden, haben je zuvor existiert, und niemand

nach Ihnen wird jemals von der Vertrautheit erfahren, die Sie mit
Ihrem Partner aufbauen. Es gibt so viele verschiedene Pfade zur
Liebe, wie es Menschen auf der Welt gibt, und doch muß jeder einzelne davon – wie einem unsichtbaren Ariadne-Faden – dem Weg
des Lebens folgen, der zum Geist führt.

♥ LIEBESLEKTIONEN:
   LOSLASSEN LERNEN

Praktisch gesehen bedeutet Hingabe, loslassen zu können. Die
Wirklichkeit ist keine gegebene Größe, auch wenn wir es nicht
merken. Jeder wohnt in seiner eigenen Realität. Unser Bewußtsein
schafft und unterhält unsere persönliche Version von Wirklichkeit,
indem es sie mit Überzeugungen, Erwartungen und Interpretationen ausstaffiert und abstützt. Mit dem Satz »So sind die Dinge
und nicht anders!« blockiert unser Bewußtsein den freien Fluß der
Lebenskraft. Das Loslassen befreit uns aus diesem Würgegriff, so
daß wir neue Formen der Realität erfahren können.

Wer schon einmal mit der Achterbahn gefahren ist, der konnte
unschwer feststellen, daß diejenigen, die sich fallenlassen und wi-
derstandslos auf und ab tragen lassen können, viel mehr Spaß an
der Sache haben, als jene, die sich mit verkrampften Fäusten und
zusammengebissenen Zähnen an ihre Sitze klammern.

Loslassen ist ein Prozeß. Man muß wissen, wann es angebracht
ist, loszulassen, was und wie man loslassen soll. Unser Verstand
läßt uns hier vollkommen im Stich, ja, schlimmer noch, unser Ego
stellt sich jedem Fortschritt in dieser Richtung in den Weg, denn es
glaubt, daß man an allem festhalten muß, um zu überleben.

Unser einziger Verbündeter beim Loslassen ist der Geist, der die
Wirklichkeit als eine Einheit begreift und für den es deshalb keinen
Anlaß gibt, auf Abspaltung gegründete Teilrealitäten zu schaffen.
Die folgenden Übungen sollen Ihnen helfen, loszulassen und sich
dem Geist anzuvertrauen.

Man kann den ganzen Pfad der Liebe als einen Lernprozeß im
Loslassen auffassen, aber das geht eben nicht mit einem Schlag

und alles auf einmal. Es ist ein Weg mit vielen einzelnen kleinen Schritten. Diese Schritte sind eigentlich immer die gleichen: Bewußte Wahrnehmung wird an die Stelle von eingeschliffenen Reaktionen gesetzt. Diese Reaktionen kommen automatisch. Sie greifen zurück auf feste Glaubenssätze und Erwartungen, auf vergangene Erlebnisse von Schmerz und Lust. Sie sind in unserem Gedächtnis abgespeichert und warten darauf, von uns in zukünftigen Situationen als »Leitbild« abgerufen zu werden.

Wenn Sie als Kind von einem Hund gebissen wurden, würden Sie wahrscheinlich auch heute noch am liebsten weglaufen, wenn Sie einen großen Hund sehen, denn in Sekundenbruchteilen informiert Sie Ihr Gedächtnis darüber, daß in dieser Situation Angst angebracht ist.

Solche Reaktionen lassen sich nur durch bewußte Selbstwahrnehmung überwinden. Das Bewußtmachen blockt die vom Gedächtnis eingestreuten Erinnerungen nicht ab, sondern läßt sich im Gegenteil auf sie ein und klopft sie daraufhin ab, ob sie uns auch heute noch sinnvolle Dienste leisten können.

Angesichts eines großen Hundes wird uns das Bewußtsein also sagen, daß wir kein kleines Kind mehr sind und daß auch nicht alle Hunde beißen. Wenn uns das erst einmal klargeworden ist, können wir uns fragen, ob wir unsere Angst nicht ablegen wollen. Jetzt ist es unsere freie Entscheidung, ob wir gar den Hund streicheln, ihn überhaupt nicht beachten oder uns eben doch zurückziehen. Eingeschliffene Reaktionen lassen nur eine beschränkte Zahl von Verhaltensmöglichkeiten offen, Bewußtheit hebt diese Beschränkung auf.

Immer wenn Sie in Versuchung sind, auf die altvertraute Weise zu reagieren, sollten Sie sich fragen, ob Sie ein Gefangener Ihrer Vergangenheit sein wollen oder ein Pionier Ihrer Zukunft. Die Vergangenheit ist abgeschlossen und restriktiv – die Zukunft ist offen und frei.

Da sich in unserem Kopf ein endloses Sammelsurium von Erwartungen, Überzeugungen und Bildern tummelt, könnte man sich praktisch jede Sekunde des Daseins im Loslassen üben. Das läßt sich leider nicht machen, doch es gibt starke Signale, die uns darauf hinweisen, wann es wirklich an der Zeit ist loszulassen.

Wann soll man loslassen?

Gerade dann, wenn es uns am stärksten drängt, nicht loszulassen, ist es am notwendigsten. Immer wenn wir uns von Angst, Zorn, Stolz und Mißtrauen leiten lassen, sind wir am sperrigsten. Doch diese Kräfte haben keinen spirituellen Wert. Jedesmal wenn wir besonders angstvoll, wütend, stur oder mißtrauisch sind, hat uns der Realitätsverlust fest im Griff. Unser Ego zwingt uns dann die alten Reaktionen auf und macht uns blind für die Möglichkeiten, die sich hier und jetzt bieten.

Ein Bewußtsein, das sich verzweifelt an die Vergangenheit klammert, drückt sich etwa in folgender Weise aus:

Ich hasse das. Das muß aufhören.
Ich kann das nicht mehr aushalten. Wenn das so
    weitergeht, bringt es mich um.
Ich bin am Ende. Jetzt ist alles aus.
Ich kann nicht anders. Entweder so, wie ich will,
    oder gar nicht.
Du hast überhaupt nichts begriffen.
Keiner versteht mich.
Immer machst du das mit mir.
Warum tust du das nur immer?

Diese Stoßseufzer gibt es in endlosen Variationen, aber die ihnen zugrunde liegenden Gefühle sind bemerkenswert einheitlich. Wir glauben, daß wir es nicht mehr schaffen. Wir kommen uns vor wie in einem Käfig. Wir glauben, wir werden es nicht überleben. Wir denken, daß unerfreuliche Dinge ausgerechnet immer uns passieren. Diese Gefühle haben eine starre und widerspenstige Abwehrhaltung zur Folge, die sich davor verschließt, daß auch jederzeit angenehme Dinge geschehen können.

Der Geist bietet in jeder Situation einen guten Ausgang,
falls wir bereit sind, uns dafür zu öffnen.

Der Schlüsselbegriff für die rückwärtsgewandte Fixierung ist das
Wörtchen »immer«. Sobald wir im Hinterkopf das Gefühl haben,
daß irgend etwas »immer« geschieht, hat uns eine falsche Gewißheit fest an der Kandare. »Immer« stimmt nie, denn die Wirklichkeit ist keine riesige, alles umfassende Verschwörung, in deren
Netz wir hilf- und ausweglos herumzappeln. In jedem gegebenen
Moment ist es uns vollkommen freigestellt, aus dem Käfig auszubrechen, der uns wirklich gefangen hält – aus all den automati-
schen Reaktionen, die wir aus unserer Vergangenheit mit uns her-
umschleppen.

Was soll man loslassen?

Wie der Augenblick, in dem man es am wenigsten möchte, der
richtige Moment zum Loslassen ist, so ist in gleicher Weise all das,
woran man glaubt, festhalten zu müssen, genau das, was man aufgeben sollte. Zorn, Angst, Sturheit und Mißtrauen dienen sich uns
als unsere Retter an, aber in Wirklichkeit lassen uns diese Energien
nur mehr und mehr ins Abseits driften. Mit Panik hat noch niemand eine Situation gemeistert, und auch nicht dadurch, daß er
die Ohren vor neuen Antworten verschlossen oder innerlich die
Rolläden heruntergelassen hat – das sollten Sie sich immer wieder
vor Augen halten.

In Ihren ruhigeren Momenten wissen Sie das ja ohnehin, aber –
ob aus Gewohnheit und Trägheit – Sie machen sich nicht die
Mühe, den Realitätsverlust zu durchbrechen. Leute, die schnell
durchdrehen, tun das, weil sie es immer tun. Das gleiche gilt für
die jähzornigen und sturen Zeitgenossen. Es ist hilfreich, die gewohnten Reaktionen dadurch in Frage zu stellen, daß man ihnen
das Vertrauen aufkündigt. Hier einige Beispiele, wie das zu verstehen ist:

• Wenn Sie bisher gesagt haben: »Es muß nach meinem Kopf gehen«, dann sagen Sie ab jetzt statt dessen: »Man kann nicht alles wissen. Ich bin bereit, ein Ergebnis auch dann zu akzeptieren, wenn ich es mir im Moment noch nicht vorstellen kann.«

• Wenn Sie bislang dachten: »Ich kann das nicht mehr aushalten«, dann denken Sie jetzt: »Sowas habe ich bis jetzt immer überstanden.«

• Wenn Sie bislang gesagt haben: »Ich habe furchtbare Angst«, dann sagen Sie sich jetzt: »Die Angst hat mit mir nichts zu tun. Die Angst macht überhaupt nichts besser.« (Diese Technik kann man auch anwenden, wenn man besonders aufgebracht oder mißtrauisch ist, sich abgewiesen fühlt und so weiter.)

• Und immer, wenn Sie sagen wollen: »Ihr habt überhaupt nichts begriffen. Keiner versteht mich«, sagen Sie jetzt zu sich selbst: »Diese Situation ist zu schwierig, als daß sie ein einzelner Mensch verstehen könnte.«

Es geht hier ganz allgemein darum, daß Sie jedesmal innehalten, wenn Sie sich dabei ertappen, wie Sie sagen: »Die Situation X muß so oder so sein, sonst geht überhaupt nichts«, und dann ganz bewußt den Satz: »X ist in Ordnung, so wie es ist«, dagegensetzen.

Wie man losläßt: körperlich, geistig, emotional

In besonders gefühlsgeladenen oder schwierigen Situationen schafft es niemand loszulassen. Wir sind keine Übermenschen. Wenn Ihre Wut, Angst, Unsicherheit oder Sturheit so stark werden, daß Sie diesen Gefühlen freien Lauf lassen müssen, dann sollten Sie sich bewußt machen, daß Sie gerade dabei sind, extrem zu reagieren. Sagen Sie zu sich selbst: »Ich nehme mich wirklich zusammen, aber was ich jetzt gerade spüre, bin nicht ich. Das geht vorbei, und dann werde ich diese Gefühle loslassen.« Die Absicht zum

Loslassen kann man sich auch in extremen Situationen bewahren, und das allein ist schon ein großer Schritt.

In einer derartigen Zwangslage sind wir jedoch selten, so daß dem Loslassen normalerweise nichts im Weg steht. Da es sich hierbei um eine sehr persönliche Angelegenheit handelt, muß jeder sein eigener Lehrer sein. Dieser Prozeß spielt sich auf allen Daseinsebenen ab – auf der körperlichen, geistigen und gefühlsmäßigen – auf denen Energien gestaut und zurückgehalten werden.

Es gibt keine zwei Menschen, die exakt die gleichen Probleme haben. Dem einen fällt es beispielsweise leichter, körperlich loszulassen, während der andere mit dem emotionalen Loslassen besser zurechtkommt. Auch hier ist es wichtig, das individuell richtige Gleichgewicht herauszufinden.

• *Körperlich loslassen:* Körperlich loszulassen hat etwas mit Streßbewältigung zu tun. Unter Streß verkrampft und verspannt sich der Körper, die Atmung geht stoßweise und flach, und der Hormonspiegel schnellt auf die stark erhöhten Werte der Fluchtreaktion empor.

Niemand kann all diese Symptome gleichzeitig und auf einen Schlag in den Griff bekommen. Man sollte sich deshalb langfristig zu einem Streßbewältigungsprogramm mit Meditation, Yoga oder einer der zahllosen anderen Methoden entschließen. Streß ist allgegenwärtig, deshalb muß man sich auch dauernd um den Streßabbau bemühen.

• *Entspannung durch Atmen:* Kurzfristig kann man dem Streß mit Entspannungsübungen begegnen. Atmen Sie tief und gleichmäßig ein, und lassen Sie dann den Atem, ohne ihn irgendwie zu stauen, wieder ausströmen. Legen Sie sich dazu nach Möglichkeit auf den Rücken, und nehmen Sie sich so viel Zeit, wie Sie für den Spannungsabbau brauchen.

Gähnen, Seufzen, leises Schluchzen, Husten, Niesen und Schläfrigkeit sind Zeichen dafür, daß sich die Spannung ausreichend abgebaut hat. Lassen Sie Ihren Körper bei all diesen Dingen gewähren.

• *Entspannung durch Aktivität:* Neben dieser Atemtechnik gibt es
noch andere Möglichkeiten, körperliche Spannungen abzubauen,
wie Lachen, Schreien, Brüllen, Spazierengehen, Schwimmen, ein
ausgiebiges Vollbad, Tanzen und Aerobics. Den Streß aus dem Körper herauszuschütteln, funktioniert tatsächlich – zumindest teilweise.

Es geht immer darum, daß Ihr Körper das loswerden kann, was er
möchte. Der Körper mag keinen Streß. Es ist unser Kopf, der den
Streß aufrechterhält. An etwas anderes zu denken und dem Körper
die Gelegenheit zu geben, seine überschüssigen Energien loszuwerden, kann deshalb sehr hilfreich sein.
    In extremen Streßsituationen sollte man weggehen. Teilen Sie
den anderen Beteiligten mit, daß Sie jetzt einen Moment lang
allein sein müssen, um Ihre Fassung wiederzugewinnen. Machen
Sie deutlich, daß Sie zurückkommen. Aber nehmen Sie sich die
Freiheit zu tun, was Ihr Wohlbefinden verlangt – auch wenn man
versuchen sollte, Sie durch Druck zum Bleiben zu bewegen.

• *Geistig loslassen:* Ich habe schon ausführlich beschrieben, wie
wir uns im Kopf an Überzeugungen, Erwartungen und Interpretationen klammern. Das sind bedingte Reflexe, die sich ein Leben
lang aufbauen, aber sie können auch jederzeit wieder aufgelöst
werden.
    Der richtige Moment, um damit anzufangen, ist jetzt sofort.
Wenn Sie in eine Situation geraten, in der Sie mit einem Schick-
salsschlag, einem Verlust, mit Schmerzen oder sonst einem negativen Ergebnis rechnen müssen, sollten Sie auf eine geeignete Formel aus der folgenden Aufstellung zurückgreifen:

Es ist nur eine Erfahrung. Schließlich bin ich auf der Welt, um Er-
    fahrungen zu sammeln. Das hat schon seine Richtigkeit.
Mein höheres Selbst weiß, was hier geschieht. Es ist alles nur zu
    meinem Besten, auch wenn ich es im Moment noch nicht er-
    kennen kann.
Es kann schon sein, daß meine schlimmsten Befürchtungen wahr

werden, aber das bringt mich nicht um. Vielleicht hat es sogar etwas Gutes. Ich werde mal schauen, was dabei herauskommt. Im Moment bin ich zwar furchtbar daneben, aber das bin nicht wirklich ich. Das geht vorbei.

Wenn ich Angst davor habe, daß ich jetzt etwas einbüßen werde, dann soll es wohl so sein. Es ist ohnehin besser für mich, wenn sich neue Energien auftun.

Mich kann nichts umbringen – da mag meine Angst mir einflüstern, was sie will. Wer hinfällt, der steht auch wieder auf.

Wandel ist unvermeidlich. Man kann sich nicht dagegen stemmen.

Wenn ich mich nicht davor verschließe, dann hat auch das für mich etwas Gutes.

Das, wovor ich mich am meisten fürchte, ist doch schon längst passiert.

Ich möchte mich nicht mehr verkrampft an das Bisherige klammern. Ich sollte lieber loslassen und das, was jetzt auf mich zukommt, willkommen heißen.

Das Leben ist auf meiner Seite.

Ich werde geliebt, und deshalb kann mir nichts passieren.

Diese Sätze sind weitaus mehr als leere Formeln. Mit neuem Glauben und Zuversicht gefüllt, sorgen sie dafür, daß der Geist uns unterstützt. Wenn wir uns eine neue Realität aufbauen wollen, brauchen wir neue geistige Strukturen. Man sollte sich genau den Situationen stellen, gegen die sich unser Ego mit Händen und Füßen sträubt, denn aus der spirituellen Perspektive ist all das besonders wertvoll, was die Grenzen unserer beschränkten Vorstellungswelt sprengt. Wir müssen eine Bresche in das Bekannte schlagen, damit das Unbekannte Einzug halten kann.

• *Emotional loslassen:* Gefühle sind störrischer als Gedanken. Unsere Gefühle sind der Leim, der uns an alten Überzeugungen und Erwartungen haften läßt. Wann immer Sie sich sagen, daß Sie irgend etwas nicht loslassen können, machen Sie eine Aussage über Ihre Gefühle. In Wirklichkeit kann man sich aus jeder Situation auch jederzeit zurückziehen. »Ich kann nicht« bedeutet eigentlich:

»Ich habe Angst vor den emotionalen Konsequenzen.« Unser Ego
zieht eine Linie in den Sand und behauptet dann steif und fest, daß
wir die innere Misere nicht überleben, wenn wir diese Linie überschreiten.

Damit erlegen wir uns eine gewaltige Selbstbeschränkung auf,
die zu allem Überfluß noch nicht einmal gerechtfertigt ist. Gefühle
überlebt man *immer* – und mehr noch: Das, was wir für ein uner-
trägliches Maß an Angst, Verlust, Erniedrigung, Kritik und Zurückweisung halten, ist alles schon längst eingetreten, denn wenn wir
die Linie nicht schon manches Mal überschritten hätten, dann
wüßten wir ja gar nicht, wo sie ist. Eigentlich will unser Ego sagen,
daß wir diese Linie nicht *noch einmal* überschreiten können. Doch
aus der Sicht des Geistes ist das ohnehin nicht nötig.

Ein Gesetz im Unterbewußtsein lehrt uns, daß man immer über
das stolpert, was man zu vermeiden versucht, und zwar um so heftiger, je mehr man sich darum bemüht, dem Problem auszuwei-
chen. Wer sich schwört, nie wieder solche Angst zu haben, so wütend zu werden oder sich derart umhauen zu lassen, macht sich
damit nur bereit für den Start in die nächste Runde von Angst, Wut
und Kränkung. Die Weigerung, dieser Tatsache ins Auge zu sehen,
verursacht viel unnötiges Elend.

Mit einem Gefühl räumt man am besten dadurch auf,
daß man über den eigenen Schatten springt, das Gefühl
ungeniert zur Kenntnis nimmt und es vollkommen zuläßt –
und nicht dadurch, daß man sich dagegen wehrt.

Schmerzliche und peinliche Gefühle kommen nicht von ungefähr.
Sie kehren immer wieder zurück, weil sie ein Teil von uns sind. Wir
haben sie selbst erschaffen, bevor wir sie abstoßen. Jede Emotion,
die wir spüren, gehört zu uns.

Wir alle machen den Fehler zu glauben, es sei etwas »da draußen«, das uns ängstlich, wütend oder depressiv und so weiter
macht. In Wirklichkeit sind äußere Ereignisse nur Auslöser. Jedes
belastende Gefühl hat seine Ursache in uns selbst, deshalb kann es
auch durch unsere eigene innere Arbeit geheilt werden.

Der erste und wichtigste Schritt ist der Entschluß, sich an diese innere Arbeit zu begeben. Wenn wir uns wieder einmal miserabel fühlen, wird es auch nach jahrelanger emotionaler Heilung Momente geben, in denen wir darauf schwören, daß irgend jemand anderes daran schuld ist. Die innere Arbeit wirklich ernst zu nehmen, bedeutet aber, nicht bei dieser Sichtweise stehenzubleiben, gleichgültig wie oft sie auch wiederkehrt.

Spirituell gesehen sind wir die Schöpfer unserer eigenen Realität. Wir sind der Dolmetscher, der Seher, derjenige, der die Entscheidungen und die Auswahl trifft. Wenn Sie merken, daß Sie ein negatives Gefühl überkommt, versuchen Sie zuerst, es körperlich abzuleiten, denn die Hälfte oder sogar noch mehr von dem, was wir dabei spüren, sind körperliche Empfindungen.

Suchen Sie sich dann aus den folgenden Ratschlägen einen passenden aus, um wieder ins emotionale Gleichgewicht zu kommen.

Tips für das innere Gleichgewicht

• Halten Sie sich nicht damit auf, sich selbst vorzuwerfen, daß Ihr Gefühl schlecht ist. Fragen Sie sich statt dessen, was Ihnen Ihr Gefühl eigentlich mitteilen will. Jedes Gefühl hat einen Zweck, nämlich den, uns zu helfen. Gefühle sind dazu da, uns zu nützen.

• Schieben Sie ein Gefühl nicht beiseite. Sagen Sie ihm, daß Sie es gerne aus der Nähe betrachten würden. Fordern Sie das Gefühl auf, hinter seiner Maske hervorzutreten. Sie werden häufig feststellen, daß mehrere Gefühle in Schichten übereinanderliegen. Wut verbirgt die Angst, und die Angst verbirgt das Gekränktsein. Ein Gefühl zu bewältigen heißt, durch die verschiedenen Schichten bis zum eigenen Kern vorzudringen.

• Wenn Sie von einem Gefühl vollkommen überwaltigt werden, sagen Sie sich: »Es soll erst einmal seinen Lauf nehmen, bevor ich es näher betrachte.« Machen Sie sich klar, daß das Gefühl, das Sie so unwiderstehlich bedrängt, nichts mit Ihrem wirklichen Selbst

zu tun hat. Es ist nur ein vorübergehender Zustand, den Sie hinter
sich bringen werden.

• Vielleicht fällt Ihnen irgendwann plötzlich auf, daß bestimmte
Situationen bei Ihnen immer die gleiche Reaktion hervorrufen.
Dann sollten Sie sich fragen, was Sie besser machen können, damit
Ihre Reaktion sich ändert. Wiederholung ist wie ein Klopfen an Ih-
rer Tür. Das Klopfen hört in dem Moment auf, in dem Sie die Tür
öffnen und den Besucher willkommen heißen.

• Hören Sie auf, imaginäre Linien zu ziehen. Wenn man sich gegen etwas sperrt, wird es nur schlimmer. Lassen Sie Ihre Gefühle
hochkommen, und lösen Sie sie auf, indem Sie weinen, schreien,
toben, vor Angst schlottern oder wonach immer Ihnen zumute ist.
Gefühle kommen und gehen in erkennbaren Rhythmen. Versuchen Sie, die einzelnen Rhythmen zu erkennen und sich ihnen an-
zugleichen. Wer von einer Welle nicht verschluckt werden will,
muß auf ihr reiten.

Wenn Sie mit Geduld, Hingabe und Liebe die Kunst des Loslassens
meistern lernen, wird sich Ihre Lebenswirklichkeit verändern. Sie
muß es einfach, denn die Dinge »außerhalb« sind immer ein Spiegel dessen, was »im Inneren« vorgeht. Beim Prozeß des Loslassens
werden Sie sich von vielem trennen, das Sie sich aus der Vergangenheit bewahrt haben, aber Sie werden sich selbst dabei finden.
Es wird nicht das Selbst sein, das sich aus Überzeugungen, Erwartungen und Interpretationen zusammensetzt, denn das sind
Dinge, die kommen und gehen. Es wird ein dauerhaftes, in Bewußtsein und Kreativität verwurzeltes Selbst sein. Wer das begriffen hat, hat die Welt verstanden.

»... UND WAS IST MIT MIR?«

Della und Frank waren an einem Punkt angelangt, wo praktisch alles in Streit ausartete. Über eines waren sie sich allerdings einig: Je-

der von ihnen war mit dem selbstsüchtigsten Menschen der Welt verheiratet. Ihre bissigen Bemerkungen waren Meisterleistungen des Sarkasmus, doch sie waren auch dickfellig genug geworden, um alles wegzustecken, was der andere ihnen servierte. Es gelang ihnen zwar gerade noch mit einiger Mühe, vor anderen Leuten die Fassade zu wahren, aber an manchem Morgen beschränkte sich ihre Kommunikation auf eine knappe Zettelnotiz, die der eine dem anderen auf dem Frühstückstisch hinterließ.

»Wir schlafen noch im gleichen Bett«, sagte Della. »Es gibt ganz gute Tage und manchmal auch Wochen, aber aus irgendeinem Grund müssen wir einfach immer wieder aufeinander losgehen.«

Die meisten ihrer Freunde murmelten nur: »Anwälte!«, und damit war der Fall für sie erledigt. Della hatte Frank acht Jahre zuvor gegen Ende ihres Jurastudiums in einem Seminar über aktuelle Gerichtsentscheidungen kennengelernt. Sie waren keineswegs mit fliegenden Fahnen in den Hafen der Ehe eingelaufen – es hatte eher wie das Liebeswerben von zwei Stachelschweinen ausgesehen –, und keiner der beiden sah einen Grund, seinem starken Charakter Zwang anzutun.

Jeder der beiden hatte seinen eigenen Kopf, und sie waren nicht geneigt, irgend etwas unter den Teppich zu kehren. Ein Wort gab das andere, aus Spaß wurde Ernst, und als sie sich schließlich gegenseitig ernsthaft weh taten, konnte man nicht mehr ausmachen, wessen Schuld es eigentlich gewesen war.

»Kein Mensch weiß, wieviel Mühe wir uns geben«, sagte Della. »Vom ersten Moment an haben wir fest daran geglaubt, daß unsere Ehe eine gute Chance hatte. Viele Probleme hatten wir schon vorab geklärt. Frank war zum Beispiel damit einverstanden, daß jeder über sein eigenes Einkommen verfügen soll. Wir führen nämlich über alles ganz genau Buch, damit die Ausgaben gerecht verteilt werden können. In meinen Augen gibt es nichts Schlimmeres als eine Frau, die zwar einen eigenen Etat beansprucht, aber ihrem Mann auf der Tasche liegt.«

Das war eines der ersten Gebiete, auf dem sich zeigte, daß die beiden aus sehr unterschiedlichen sozialen Verhältnissen stammten. Della kam aus einer sehr wohlhabenden Anwalts- und Richter-

familie aus den vornehmen Vororten von Rhode Island, während
Frank in einem der ärmeren Viertel von Providence aufgewachsen
war und sich sein Studium im Juweliergeschäft seines Vaters hatte
verdienen müssen.

»Wir waren kaum verlobt, da hatten wir schon unseren ersten
Krach«, erzählte Della. »Ich wollte gern, daß meine Familie zuerst
davon erfuhr, und Frank hatte offenbar auch nichts dagegen. Wir
beschlossen also, uns für ein verlängertes Wochenende von der
Uni zu verabschieden. Als alles schon gepackt war, holte ich zum
Schluß noch ein Foto von meinen Eltern hervor, um es Frank zu
zeigen. Da drehte er völlig durch und weigerte sich hinzufahren.«

»Für mich war das kein Foto von ihren Eltern«, warf Frank ein.
»Ich habe den Bentley gesehen und dahinter das zweistöckige Her-
renhaus aus Backstein. Dellas Vater stand davor wie der Herrscher
über all seine Untertanen. Da dachte ich mir, sie braucht vielleicht
gar keinen anderen Mann, der sich um sie kümmert. Sie hat ja
schon einen, der auch noch zum Fürchten aussieht!«

In Franks Familie war es ganz normal, daß eine Frau von ihrem
Mann erwartete, für den gemeinsamen Lebensunterhalt aufzukom-
men. In Dellas Familie gab es dagegen schon seit ein paar Generationen Frauen, die ihre finanzielle Unabhängigkeit hatten. Trotz
des sorgfältigen Arrangements, das die beiden sich für die Führung
ihrer Konten ausgedacht hatten, reichte der Streit über »mein
Geld« und »dein Geld« sehr tief.

Unter all den Leuten aus Dellas und Franks Bekanntenkreis
gehörte ich zu denen, die betrübt zusehen mußten, wie sich dieser
Graben zwischen ihnen auftat. Es war nicht der einzige. Frank und
Della hatten sehr entgegengesetzte politische Ansichten, die sie
lautstark, um nicht zu sagen aggressiv, verfochten. Frank aß Fleisch,
Della war Vegetarierin. Della wollte Geld beiseite legen, um die
beiden Kinder, sobald sie schulpflichtig waren, auf die Montessori-
schule schicken zu können, aber Frank war der Meinung, daß die
öffentlichen Schulen genau so gut wären. Waren sie nicht auch gut
genug für ihn gewesen?

Die abschätzige Bemerkung »Anwälte!« reicht als Erklärung für
das, was sich zwischen diesen beiden abspielte, nicht aus. Ich hatte

den Eindruck, daß sie sich trotz all ihrer Differenzen in einem
Punkt ihrer Weltanschauung einig waren, der sich in dem Stoßseufzer zusammenfassen läßt: »... und was ist mit mir?«

Sie lieben einander, aber ihre Liebe hat das, was ich die Rückkehr des Ego nennen möchte, nicht verhindern können. Diese
Rückkehr rüttelt heftig an dem Fundament der Beziehung. Bald
nach den Flitterwochen – vermutlich sogar schon dann – entdecken zwei Menschen auf einmal, daß sie immer noch nicht eins
geworden sind. Das ist ein Störfall im Paradies, der unweigerlich
zu Meinungsverschiedenheiten führt, und die meisten Paare erinnern sich deshalb noch lebhaft an ihren ersten großen Krach. Auf
den eigentlichen Anlaß des Streits kommt es dabei überhaupt
nicht an, denn worum es eigentlich geht, ist die Rückkehr des Ego.

Daran sind komplizierte Probleme beteiligt. Zweifel kommen
auf, ob der Partner auch der oder die »Richtige« ist. Meistens sind
solche Zweifel nicht rational, aber die Vernunft hat einen harten
Stand, wenn sie gegen die Angst antreten muß – besonders dann,
wenn klar wird, daß der geliebte Partner für unsere Bedürfnisse
nicht immer ein offenes Ohr haben kann. Frauen zweifeln in dieser Zeit daran, ob sie genügend Zuwendung erhalten werden und
ob der Partner ihnen zuhört. Männer ärgern sich oft darüber, daß
sie sich nicht gebührend unterstützt fühlen.

Diese Reaktionen des Ego sind jedoch nicht ganz ehrlich, denn
darunter verbirgt sich eine Unsicherheit, die noch viel tiefer reicht:
Kann ich dir überhaupt vertrauen? Wirst du mir weh tun, wenn ich
dir nahekomme? Warum hast du nicht dafür gesorgt, daß ich mich
nicht einsam fühlen muß und keine Angst zu haben brauche? Der
Vorwurf: »Du bist so unaufmerksam!« bedeutet verschlüsselt
»Warum hilfst du mir denn nicht?«

Della und Frank waren zu diesem Zeitpunkt gestrandet, und
das verhinderte jeden weiteren Fortschritt in ihrer Beziehung zueinander. Als die beiden im letzten Frühjahr einen meiner Medita-
tionskurse besuchten, ergab sich die Möglichkeit zu einem einge-
henden Gespräch über ihre Situation.

»Ich würde euch gern einen Vorschlag machen«, sagte ich zu ihnen, »aber ihr werdet mich bestimmt für total verruckt erklären.«

Ehrgeizig, wie sie waren, nahmen Della und Frank sofort die Herausforderung an und spitzten die Ohren.

»Ich möchte euch vorschlagen, daß sich jeder von euch einem spirituellen Meister, einem *Guru*, anvertraut«, sagte ich. »Ein weiser Lehrer könnte euch mit spirituellem Rat zur Seite stehen, wenn ihr Meinungsverschiedenheiten habt. Ihr könntet herausfinden, was euch wütend macht und was euch Angst einjagt. Vor allem aber hättet ihr eine Quelle des Mitgefühls und des Vertrauens, jemanden, der euch auf der tiefsten Ebene akzeptiert.«

Franks Einwand ließ nicht lange auf sich warten. »Ich weiß nicht. Ich halte eigentlich nicht besonders viel davon, bei einem Meister den Jünger zu spielen.«

»Ich glaube, für mich wäre das auch nichts«, meinte Della. »Aber so verrückt ist die Idee nun auch wieder nicht. Wer sollte denn unser *Guru* sein?«

»Ihr beide. Jeder für den anderen«, sagte ich.

Die Atmosphäre im Raum begann augenblicklich zu knistern. Die beiden erklärten mich für verrückt, genau wie ich es erwartet hatte.

»Es wäre eine Möglichkeit«, versuchte ich ihnen zu erklären. »Wenn ihr einmal genau darüber nachdenkt, dann seid ihr beide bestens dafür geeignet. Ihr liebt euch, und wer kennt die Schwächen des anderen besser als ihr? Die Möglichkeiten, euer Mitgefühl zu beweisen, sind endlos!«

Frank lachte nervös. Della blickte zur Seite.

»Es liegt mir fern, mich über die Probleme lustig zu machen, die ihr in eurer Beziehung habt«, sagte ich nun etwas ernsthafter. »Ihr habt beide das Gefühl, daß euch der andere zuwenig Verständnis entgegenbringt, und gebt euch gegenseitig die Schuld für eure Schwierigkeiten. Das macht es extrem schwer, etwas mehr psychologischen Spielraum zu gewinnen. Ihr seid die Gefangenen eurer eigenen reflexartigen Reaktionen auf den Partner. Der Zorn auf den anderen ist bei euch schon zum Ritual geworden, aber aus lauter Sturheit haltet ihr eisern an eurer Selbstgerechtigkeit fest, auch wenn euch das Ganze schon zum Hals heraushängt.

Denkt doch einmal darüber nach, ob es wirklich immer der andere ist, der euch zu dem Verhalten zwingt, das ihr an den Tag legt. Ihr habt eure Ehe als Wettbewerb gestaltet, als eine Konkurrenzveranstaltung, und manchmal als einen Krieg.

Man merkt natürlich, daß euch eure Gefechte auch ein bißchen Spaß machen, aber letzten Endes bringt euch dieser Hickhack doch überhaupt nichts. Selbst wenn einer von euch aus den täglichen Scharmützeln oder sogar aus dem ganzen Krieg als Sieger hervorgeht, hat er dadurch weder Liebe noch Anerkennung gewonnen. Das ist kein Bezugsrahmen, in dem Liebe gedeihen und reifen kann. Sie kann nur dann gedeihen, wenn ihr eure Ehe unter ein anderes Motto stellt. Macht den andern zu eurem Lehrer!«

»Wir wollen uns doch gegenseitig lieben«, wandte Della ein. »Wirklich! Aber oft wissen wir einfach nicht, wie wir es dem anderen begreiflich machen sollen.«

»Ich weiß nicht, was ihr unter Liebe versteht«, gab ich zurück, »aber heißt Liebe nicht dasselbe wie Akzeptanz, Anerkennung und Gewährenlassen? Jemanden zu lieben bedeutet doch, daß man seinem beziehungsweise ihrem Willen nichts in den Weg legt, und das wäre vermutlich das erste, was ihr euch gegenseitig beibringen könntet.«

Ich erläuterte ihnen die alte Vorstellung des *Upaguru*. Das Wort kommt aus dem Sanskrit und heißt soviel wie »der Lehrer, der neben uns steht«. Im Unterschied zum *Guru*, der ein Erleuchteter, ein Weiser ist, kann jeder unser *Upaguru* sein. Dazu ist es allerdings notwendig zu erkennen, daß jeder Mensch uns jederzeit das vermitteln kann, was der Geist uns offenbaren und beibringen möchte. Wenn der Augenblick der Erleuchtung vorüber und die Einsicht gewonnen ist, wird der *Upaguru* wieder zum Freund, Partner oder auch zum unbekannten Gesicht in der Menge wie zuvor.

Frank war argwöhnisch. »Du meinst also, ich soll einfach machen, was sie von mir will? Ohne irgendeinen Widerspruch? Also, das ist doch die totale Unterwerfung!«

»Frank, nur keine Bange!« unterbrach ihn Della spitz. »Du mußt erst einmal dem zuhören, was jemand sagt, bevor du ihm gehorchst.«

Ich erklärte ihnen, daß es nicht darum ging, sich dem Willen eines anderen zu unterwerfen. »Ein Meister läßt sich in seinem Tun von der Liebe leiten«, sagte ich, »aber es ist eine Liebe, die ein klein bißchen anders schmeckt als die Liebe, die uns vertraut ist. Für einen Meister hat die Kluft zwischen ›mir‹ und ›dir‹ keine Bedeutung, und er kann sie zum Verschwinden bringen, denn sie existiert in Wirklichkeit ja überhaupt nicht. Die Trennung in zwei Lager ist nichts als bloßer Schein, der allerdings besonders zerstörerische Folgen hat, wenn man so bedingungslos an diese Zwei-Lager-Theorie glaubt wie ihr beide.«

Della und Frank sind natürlich bei weitem nicht so schlicht strukturiert, wie ich sie hier dargestellt habe. Meine Ausführungen trafen sich durchaus mit manchen Erfahrungen, die ihnen schon längst vertraut waren. In ihrer Ehe hatte es anfangs eine ganze Menge Bewußtheit und eine echte Bereitschaft gegeben, voneinander zu lernen. Beide Partner waren ehrlich davon überzeugt, daß es ohne Gleichberechtigung und Fairneß nicht geht.

Frank hatte miterleben müssen, wie seine passive Mutter allmählich zur »Haussklavin« wurde – so nannte er sie voller Bitterkeit –, und er hatte sich schutzlos einem Vater ausgeliefert gefühlt, dessen Zärtlichkeit von einem Moment zum anderen in Unzufriedenheit und Strenge umschlagen konnte. Er war deshalb sehr froh, eine starke Frau in seinem Leben zu haben.

Auch Della hatte in ihrer Vergangenheit massive Prägungen erfahren, die es aufzuarbeiten galt. Sie war das Kind von zwei beruflich stark engagierten liberalen Eltern, die sich pausenlos so vielen guten Sachen widmeten, daß Della nachts oft allein zu Hause gewesen war. Dann hatte sie sich gefragt, warum sie nicht gut genug war, um die Aufmerksamkeit ihrer Eltern zu verdienen. Es war deshalb nun außerordentlich wichtig für sie, daß sie beachtet wurde, aber sie merkte auch, daß die Vertrautheit ihre alten emotionalen Wunden wieder aufbrechen ließ. Della und Frank hatten voreinander kein Geheimnis aus diesen Dingen gemacht. Sie hatten sich auf einer ehrlichen Ebene aufeinander eingelassen, die ihre Ehe weit über das gängige Stereotyp einer Beziehung von zwei cleveren Rechtsvertretern hinaushob, die sich mit ihrem eingefleischten Egoismus gegenseitig das Leben zur Hölle machen.

Am Ende wurde zwar mein »verrückter« Vorschlag nicht angenommen, aber immerhin versprachen die beiden, sich die Sache in Ruhe durch den Kopf gehen zu lassen. Ich meinte, es sei doch eine gute Idee, wenn sie ihre neue Rolle erst einmal nur in Gedanken spielen würden. Sie baten mich, ihnen das ein bißchen näher zu erklären.

»Jedesmal, wenn ihr merkt, daß ihr kritisch, abweisend oder unwillig auf den Partner reagiert, solltet ihr euch vorstellen, es sei genau umgekehrt«, sagte ich. »Seht im Partner nicht den Gegenspieler, sondern stellt euch vor, er wäre hundertprozentig auf eurer Seite. Achtet nicht so sehr darauf, womit ihr euch gegenseitig geärgert habt, sondern versteht es einfach als einen Akt der reinen Liebe, der genau deshalb in genau diesem Moment stattfinden mußte, weil er euch eine Lektion erteilen sollte, die ihr in diesem Moment gebraucht habt. Das ist kein Gedankenspiel oder ein Trick: Auf der geistigen Ebene handelt der Liebende nur aus der Liebe und will dem anderen von Herzen wohl.«

»Ein berückender Gedanke«, sagte Frank reserviert. Della kaute nachdenklich auf ihrer Unterlippe. Sie überlegte, ob sich hier vielleicht nicht doch ein Ausweg auftun könnte.

»Euer Widerstand ist wie eine Mauer, die den Strom der Liebe aufhält«, sagte ich. »Die Liebe ist wie eine Woge, die Vergebung, Zärtlichkeit und Vertrauen von der Ebene des Geistes hinüberträgt. Man kann diese Dinge nicht erzwingen. Wir können uns nur auf die Woge einlassen, und deshalb müßt ihr eure täglichen Gefechte zu Schleusen umgestalten, durch die der Geist hereinströmen kann. Der kleinste Zeitsplitter ist ein Spalt zur Ewigkeit. Könnt ihr euch durch dieses Nadelöhr hindurchwagen?

Zuerst und vor allem geht es darum, daß ihr euch gegenseitig in einem neuen Licht seht. Ich verlange ja überhaupt nicht, daß einer nach der Pfeife des andern tanzt oder daß jeder ab sofort seine Bedürfnisse aufgibt. Bedürfnisse verschwinden nicht von allein. Projektionen und Schuldzuweisungen sollten allerdings aufhören, denn außer in eurer eigenen Einbildung gibt es überhaupt keinen Grund, weshalb ihr den anderen ins Unrecht setzen solltet.«

»Klingt gut, aber wie sollen wir das machen?« fragte Della.

»Hört auf, das Monster zu füttern«, sagte ich. »Dieser innere Quälgeist, der immer nur schreit ›... und was ist mit mir?‹, ist ein Monster, eine mißgestaltete Ausgeburt eures Ego.«

Ich bat die beiden, die Augen zu schließen und sich dieses Monster in allen Einzelheiten vorzustellen. Es war ein häßliches, schuppiges, steinhartes Reptil mit einem Rückenstachel, dem ich die Bezeichnung Streitstachel verlieh. Es trug ständig einen verächtlichen Ausdruck zur Schau, und das einzige Wort, das es mit seiner lauten und drohenden Stimme herauszubringen gelernt hatte, hieß »Nein!«.

»Das Biest hat den Namen ›Widerstand‹«, sagte ich. »Ruft euch jetzt einmal die letzte Situation ins Gedächtnis, bei der ihr euch den Wünschen des Partners absolut verweigert habt. Und jetzt seht zu, wie das Monster hervorgekrochen kommt und zu eurer Verteidigung einen Wall aus lauter Ablehnung aufrichtet, tausend Gründe liefert, warum der eine recht hat und der andere spinnt, und eine Salve von ätzender Kritik nach der anderen abschießt! Wie fühlt ihr euch, wenn das passiert?«

»Verhärtet. Wütend. Zornig«, sagte Frank.

»Unsicher, leer und einsam«, meinte Della.

Ich erklärte ihnen, daß ihre Reaktionen zwei Seiten der gleichen Medaille sind. Mit seiner harten Schale drückt das sperrige Monster Wut und Härte aus, aber nur, um damit den weichen Kern aus Unsicherheit und Einsamkeit zu kaschieren, der darunter steckt. Wenn man die Schichten abträgt, merkt man, daß der Widerstand in Wahrheit aus der Angst geboren ist, und die Angst beruht auf früheren tiefen Verletzungen.

»Und jetzt müßt ihr das Monster auffordern, sein furchterregendes Kostüm auszuziehen und sich so zu zeigen, wie es eigentlich ist. Was seht ihr dann?« fragte ich.

Frank blieb stumm und rutschte unbehaglich auf seinem Stuhl hin und her. Della besann sich einen Moment, bevor sie antwortete.

»Ich sehe ein kleines Mädchen. Es hat überhaupt nichts an und sieht verängstigt aus.«

»Sagt die Kleine etwas zu dir?« wollte ich wissen.

»Ich weiß nicht recht«, zögerte Della.

»Hält sie die Arme irgendwie besonders?« forschte ich weiter.

»Sie streckt mir die Ärmchen entgegen. Ich soll sie auf den Arm nehmen«, sagte Della leise und von Gefühlen bedrängt.

»Sie möchte, daß du sie liebhast, nicht wahr?« sagte ich bestätigend. Della nickte sanft.

Ich wendete mich Frank zu. »Und was ist mit dir?«

Er stockte etwas. »Ich sehe im Grunde genommen das gleiche, aber ich kann nicht so gut darüber sprechen«, sagte er dann mit belegter Stimme.

Ich bat die beiden, die Augen wieder aufzumachen. »Wenn ihr euch vom furchtbaren Äußeren der inneren Monster nicht abschrecken laßt, dann merkt ihr, daß sie alle schwach, ängstlich und einsam sind. Vor langer Zeit habt ihr diesen Teil von euch abgespalten, und deswegen taucht er jetzt wie euer kindliches Ebenbild wieder bei euch auf und möchte angenommen werden. Jetzt fragt euch doch einmal selbst: Warum hat er sich in ein Monster verwandelt?«

»Angriff ist die beste Verteidigung«, sagte Frank wie aus der Pistole geschossen.

»Ganz genau! Wenn du dich schwach und ängstlich fühlst, dann ist das Letzte, woran dir gelegen sein kann, daß andere Leute mitbekommen, was mit dir los ist. Also legst du dir eine Maske zu. In diesem Fall dient dir das Wort Nein als Maske, um zu verbergen, wie sehr du dir wünschst, verstanden und geliebt zu werden. Dieses Nein ist die bis zur Unkenntlichkeit entstellte Aufforderung ›Liebe mich doch!‹. Ich glaube, das ist der Grund, warum ihr euch gegenseitig derartig erbittert Widerstand leistet. Euer Angriff zielt auf den Menschen, dessen Liebe ihr ersehnt.«

Della und Frank waren sehr still geworden. Sie hatten nicht damit gerechnet, daß ihnen die Übung mit dem inneren Monster so tief unter die Haut gehen würde.

»Ich erwarte nicht von euch, daß ihr hier und jetzt Frieden schließt«, sagte ich. »Über Jahre hin angesammelter Kummer und Ärger lassen sich nicht mit einem Schlag beiseite wischen. Aber ich möchte, daß ihr euch einmal daran zurückerinnert, wie alles war,

bevor eure Probleme anfingen. Damals wart ihr ineinander verliebt, und zusammen zu sein war für euch das Tollste, was es gab.
Ihr konntet an nichts anderes denken als an euer nächstes Wieder-
sehen. Bleibt jetzt einmal in dieser Zeit und sagt mir, ob ihr auch
damals schon Widerstand verspürt habt.«

Sie schüttelten beide wortlos den Kopf.

»Könnt ihr mir jeder ein Beispiel aus dieser Zeit erzählen, an
dem sich gezeigt hat, daß jeder den anderen liebt?«

Della meldete sich als erste. »Wir waren noch nicht verlobt, und
Frank kam nach einem langen Heimflug von Europa. Er hatte diesen Flug gebucht, als wir uns noch nicht kennengelernt hatten,
und als der Abflugtermin näher rückte, wollte er eigentlich überhaupt nicht mehr fliegen. Aber das Ticket hatte einen Haufen Geld
gekostet, und da ist er eben geflogen.

Wir konnten es kaum erwarten, wieder zusammen zu sein, und
er war noch gar nicht richtig in New York aus dem Flugzeug aus-
gestiegen, da sprudelte ich schon über vor lauter Plänen, was wir
alles machen würden – ins Theater gehen, essen gehen in unserem
Restaurant, all die Dinge, die ich gerne tun wollte, wenn er wieder
da war.

Weil er so glücklich dreinschaute, als er mich wiedersah, kam
ich gar nicht auf die Idee, daß er erschöpft sein könnte. Wir nahmen uns ein Taxi und fuhren schnurstracks zu einer Matinee, die
ich unbedingt sehen wollte.

Wir hatten händchenhaltend die halbe Strecke hinter uns, da
hörte ich auf einmal ein rasselndes und gurgelndes Geräusch –
Frank war auf seinem Sitz total weggetreten und schnarchte, was
das Zeug hielt. Und mir wurde auf einmal klar, daß er einzig und
allein meinetwegen mitgekommen war, egal, wie kaputt er war,
und egal, was sonst noch.«

»Und was hast du gemacht?« wollte ich wissen.

»So schnell, wie es sich machen ließ, bugsierte ich ihn in unser
Hotel«, sagte Della und lächelte. »Er fiel komplett angezogen aufs
Bett und wachte die nächsten zehn Stunden nicht mehr auf.«

»Was du mir gerade von Frank erzählt hast, ist das, was ich mit
Hingabe meine«, sagte ich. »Frank hat sich über seine unmittel-

baren Bedürfnisse hinweggesetzt, weil er deine sehnlichsten Wünsche erfüllen wollte.«

»Aber als Della mich statt dessen in das Hotel geschafft hat, hat sie sich mir gegenüber genau so verhalten«, schaltete Frank sich ein. »Sie hatte sich monatelang auf die Show gefreut, und die Eintrittskarten waren für ihre Verhältnisse eigentlich viel zu teuer.«

»Und was für ein Gefühl hattet ihr bei der ganzen Sache? Fühlte sich einer vom anderen übergangen? Habt ihr eurem Partner daraus einen Vorwurf gemacht?« erkundigte ich mich.

Die beiden schüttelten erneut den Kopf.

»Für einen Außenstehenden ist an der Geschichte vielleicht nichts Besonderes«, sagte ich, »aber damals hat einer dem anderen signalisiert ›Du bist nicht allein‹. Das sind Worte aus dem Geist. Solange die Liebe sich noch regt, ist auch der Impuls zu dieser Botschaft noch vorhanden. Er hat sich damals geregt, und ich glaube, er ist euch bis heute nicht abhanden gekommen.«

»Wohl nicht«, meinte Frank, »aber die Dinge ändern sich.«

»Gewiß. Verheiratet zu sein und verliebt zu sein sind zwei Paar Schuhe«, gab ich ihm recht. »Doch ihr habt die Erinnerung an ein paar wichtige Dinge aufgefrischt, vor allem daran, daß es keine Niederlage ist, wenn man jemandem, den man liebt, seinen Willen läßt. Es ist ein Vergnügen, das einem unvergleichlich viel mehr schenkt, als man dafür aufgeben muß.«

Die Atmosphäre im Raum hatte sich entspannt. Della und Frank schauten sich beim Hinausgehen nachdenklich in die Augen. Sie versprachen, über unser Gespräch nachzudenken und wiederzukommen, sobald sie etwas mehr Zeit hätten – Anwälte eben. Doch wir spürten alle drei, daß der entscheidende Durchbruch geschafft war.

IST ABHÄNGIGKEIT WIRKLICH LIEBE?

Der Pfad zur Liebe endet nicht mit der Hingabe, obwohl es in gewisser Weise nichts mehr zu tun gibt. Der Prozeß des Loslassens ist alles, was der Geist braucht, um in unser Leben eintreten zu können. Der Rest besteht aus dem Reiferwerden der Einheit von Ich und Selbst.

Das gewaltige Problem, wie zwei Menschen in vollkommener Hingabe miteinander verschmelzen können, bleibt trotzdem bestehen. Wie sehr Sie auch immer von Liebe erfüllt sind, Sie müssen diese Liebe der geliebten Person erst noch vermitteln. Wenn zwei spirituell ausgerichtete Menschen zusammenleben, entsteht nicht automatisch auch eine spirituelle Beziehung.

Was können wir also praktisch tun, damit die Liebe zwischen zwei Seelen weiterwachsen kann? Das Ego mit seiner Fixierung auf alles, nur nicht auf die Liebe, läßt sich nicht so leicht zurückdrängen.

Hingabe bleibt unvollkommen, bis man in dem geliebten
Menschen vollkommen aufgegangen ist. Um das zu erreichen,
müssen wir alles, was die Liebe behindert, über Bord werfen
und alles fördern, was aus der Liebe kommt.

Eine Art, mit der sich die Menschen selbst die Liebe versagen, ist besonders irritierend, weil dieses Verhalten die Liebe scheinbar gedeihen läßt: Ich spreche von der Abhängigkeit.

In der mildesten Form ist es die Sehnsucht, jemandem nahe zu sein. Ein Baby, das von seiner Mutter abhängig ist, akzeptiert keine andere Frau als Ersatz; ein zwölfjähriges Mädchen sucht sich seine »beste Freundin« unter den Mädchen, die es bereits kennt.

Abhängigkeit hat also von Anfang an zwei Seiten – sie schließt sowohl ein wie auch aus. In den Beziehungen der Erwachsenen wird sie auf eine tiefere Ebene getragen, aber ihre Exklusivität bleibt bestehen. Das Ehegelöbnis »... und allen anderen zu entsagen« bezieht sich nicht nur auf die Treue, sondern auch auf ein gemeinsames Leben in exklusiver Zweisamkeit.

Aber ist es denn nicht Liebe, seine Welt mit einem anderen Menschen zu teilen? Sollte eine intime Beziehung denn nicht auf eben diese Weise ausschließlich sein? Die Antwort überrascht, denn wenn man etwas genauer hinschaut, stellt sich heraus, daß Liebe und Abhängigkeit nicht dasselbe sind.

Liebe gesteht der geliebten Person ihr Anderssein zu. Abhängigkeit verlangt den Gleichklang der Wünsche und Bedürfnisse.

Liebe verlangt nichts. In der Abhängigkeit drängt sich die Forderung »Mach mich heil!« in den Vordergrund.

Liebe greift über die Grenzen zweier Menschen hinaus. Abhängigkeit will nichts als die Zweierbeziehung und versucht, alles andere auszuschließen.

Die meisten von uns spüren diese Unterschiede nicht auf Anhieb, denn wir brauchen das Gefühl, eng an jemanden gebunden zu sein. Aber eine Beziehung, die auf Bedürfnissen aufbaut, ist nichts anderes als ein erweitertes Ego. Das eigene Ego mit dem eines anderen Menschen vollkommen verschmelzen lassen zu können, gibt ein Gefühl der Sicherheit. Es rechtfertigt die Selbstsucht, weil es ja eine gemeinsame Selbstsucht ist. »Bei uns« macht man das so und nicht anders, »wir« haben unsere Vorlieben und Abneigungen und »unser« Gefühl für das, womit wir uns von anderen Menschen abheben.

In der extremsten Ausprägung wird die Abhängigkeit zu einer Art gemeinsamen Irrsinns – »folie à deux«, wobei zwei Menschen mit Haut und Haaren, Körper und Seele voneinander Besitz ergreifen. In einer leidenschaftlichen Liebesaffäre nähern sich die meisten Menschen diesem Phänomen. In normalen Beziehungen ist auch die gegenseitige Abhängigkeit normal.

Das Verführerische an der Abhängigkeit besteht darin, daß sie uns durch die Abschottung von der Welt um uns herum ein Gefühl der Sicherheit schenkt. Die Kosenamen, die niemand sonst kennt, die gemeinsame Sprache und besondere Rituale, die Verhaltensweisen, die so eingefahren sind, daß man es gar nicht mehr merkt – all das verleiht Sicherheit, weil dadurch das »Wir« zu einer in sich geschlossenen, abgeschotteten kleinen Welt wird.

Doch die Abhängigkeit hat auch eine tiefere, spirituelle Bedeutung. Sie ist der Versuch, durch das Verschmelzen mit einer anderen Seele die Vereinzelung aufzuheben. Mehr oder weniger bewußt meldet sich auf einer bestimmten Ebene das Gefühl, von Gott getrennt zu sein. Diese Vorstellung ist mit Angst und Unsicherheit verbunden. Ein Teil von uns sieht sich als abgesondert vom Ganzen.

Ich kenne einen Mann, der sechzehn Jahre lang glücklich verheiratet war. Eines Morgens bemerkte er, daß ein leerer Möbelwagen vor der Tür stand. Als er seine Frau fragte, was das zu bedeuten habe, gab sie ihm knapp zur Antwort: »Ich ziehe aus. Mein Anwalt hat gesagt, ich kann die Hälfte von allem mitnehmen. Überleg' dir, was du behalten willst.«

Dieser brutale Abschied kam für meinen Freund wie ein Blitz aus heiterem Himmel. Rückblickend gab er allerdings zu, daß er und seine Frau, praktisch ohne miteinander zu reden, in den letzten Jahren nur noch nebeneinander her gelebt hatten. Sie hatte also kaum eine Möglichkeit, über ihre Sorgen zu reden.

Er hatte keine andere Wahl, als sie ziehen zu lassen, wobei sein Gefühl der Bindung an seine Frau blitzartig in schmerzhafte Eifersucht umschlug. Er hatte den Verdacht, daß ein anderer Mann dahintersteckte – zu Unrecht, wie sich herausstellen sollte. Er fühlte sich betrogen, für dumm verkauft und hintergangen.

Diese Schmerzen entstehen aus der Trennung als solcher, nicht durch das, was ein anderer Mensch uns antut. Im Zustand der Einheit empfindet das Selbst bedingungslose Liebe – und betrogen oder verlassen zu werden, kann ihm nichts anhaben. Wenn wir mit dem höheren Selbst eins geworden sind, kann uns niemand wirklich verlassen.

Aber in unserer »normalen« Lebenswirklichkeit – normal im Sinne unserer westlichen Kultur – sind wir nicht im Zustand der Einheit. Dennoch ist es uns angeboren, daß wir wieder heil und ganz werden wollen, daß wir die Trennung durch die Verschmelzung mit einem anderen Menschen zu überwinden versuchen. Durch diesen grundlegenden Drang erhalten Beziehungen eine immense Bedeutung.

Wenn die gegenseitige Abhängigkeit das Allheilmittel wäre, brauchten die Menschen einfach nur zu heiraten, um heil und ganz zu werden. Aber das ist leider nicht so. In einer Ehe kann man sich heil und ganz *fühlen*; in gewisser Hinsicht gibt sie tatsächlich mehr Sicherheit. (Das trifft insbesondere auf Männer zu, die sich häufig für das stärkere Geschlecht halten. Soziologische Studien haben aber gezeigt, daß verwitwete Männer mit dem Alleinsein wesentlich schlechter fertig werden als verwitwete Frauen, daß alleinstehende weibliche Studenten den Studienabschluß mit größerer Wahrscheinlichkeit schaffen als ihre alleinstehenden Kommilitonen und daß Frauen das Alleinsein generell besser bewältigen als Männer.)

Die Chancen, eins zu werden, verbessert eine Heirat jedoch nicht. Oft haben Verheiratete ganz im Gegenteil das Gefühl, daß die Ehe ihnen eine doppelte Sorgenlast eingebracht hat und nicht eine zweifache Chance, in die Freiheit einzutreten.

Es stellt sich daher die Frage, wie man die Treue und Hingabe der Ehe erhalten kann, ohne vor dem Drang nach Abhängigkeit und der Erfüllung der eigenen Bedürfnisse zu kapitulieren. Dazu bedarf es einer Haltung der »Un-Abhängigkeit«.

Das klingt auf den ersten Blick ein bißchen nach Unverbindlichkeit und hat einen Beigeschmack von Gleichgültigkeit und Abstandhalten, aber ich meine damit einen Zustand der Freiheit, der die gegenseitige Liebe bewahrt und sogar wachsen läßt. Abstand hält man dadurch, daß man dem Partner gegenüber gleichgültig ist. In der Haltung der Un-Abhängigkeit dagegen kann man den Partner gewähren lassen, und das setzt ein ungeheuer starkes Interesse an ihm voraus.

Die Einsichten, die mit der Un-Abhängigkeit oder der freiwilli-

gen Bindung einhergehen, führen uns tiefer hinein in die spirituelle Bedeutung des Loslassens:

> *Abhängigkeit ist eine Form der Unmündigkeit, die aus dem Ego
> kommt. Liebe ist Un-Abhängigkeit, die auf dem Geist beruht.*

> *Je un-abhängiger Sie sind, desto mehr echte Liebe wird möglich.*

> *Ein Verhalten, das nicht einengt, kommt unmittelbar aus der
> Liebe. Jedes andere Verhalten wird indirekt von der Vergangenheit
> bestimmt.*

GEISTIGE ABHÄNGIGKEIT
UND DAS GESETZ DES AUSGLEICHS

Die spirituelle Erscheinungsform der Abhängigkeit ist die geistige
Unterwerfung. Damit ist alles gemeint, was uns an die Illusion bin-
det, daß wir voneinander getrennte Wesen sind. Ohne diesen
Schein wären wir uns automatisch der Einheit bewußt.

Die geistige Abhängigkeit wurzelt im *Karma*. Dieses Wort aus
dem Sanskrit bedeutet »Tat, Handlung«. Alles in der Schöpfung –
vom Regenguß oder der Drehung der Erde um ihre eigene Achse
bis zu den äußerst vielschichtigen, sehr persönlichen Handlungen
der Menschen bei der Bewältigung ihres komplizierten Lebens –
steht unter der Überschrift *Karma*.

Karma bildet eine endlose Kette von Ursache und Wirkung, Aktion und Reaktion. Es gibt Liebe und Abneigung auf den ersten
Blick, aber weder das eine noch das andere ist möglich, ohne daß
wir uns in den karmischen Tanz einreihen, der vor langer Zeit in
unserer Vergangenheit begonnen hat. Vielleicht fehlt uns die persönliche Erinnerung an diese Vergangenheit, aber im karmischen
Gedächtnis ist sie unauslöschlich vorhanden.

Zum besseren Verständnis hier ein kleines Beispiel: Wenn ich
mich in Sie verliebe, und Sie geben mir einen Korb, vergeht meine
Liebessehnsucht nicht einfach. Ein karmisches Band verknüpft mich

trotz Ihrer Ablehnung mit Ihnen, und bis Sie mich erhören oder ich die unerwiderte Liebe emotional bewältigt habe, wird uns *Karma* aneinander fesseln. Jede zukünftige Liebe wird durch den Filter der Eindrücke laufen, die Sie bei mir hinterlassen haben. Mein altes *Karma* wird deshalb den frischen Strom einer neuen Liebe hemmen.

Wenn mich die Liebe berührt, wird das auf allen Entwicklungsstufen meines Lebens angesammelte *Karma* mit berührt: Das Bedürfnis des Kindes nach Schutz, die wirren Sehnsüchte des Heranwachsenden, das gereifte Verlangen des Erwachsenen – all das wird wieder aufgewühlt. Die Wunden, die nichterfüllte Liebessehnsüchte in der Vergangenheit hinterlassen haben, brechen auf und wollen geheilt werden, und immer wieder keimen die zarten Hoffnungen des Herzens auf. *Karma* hat daher eine doppelte Wirkung: Es bindet uns gleichzeitig an alte und an zukünftige Sehnsüchte. Das ist keine bloße Theorie.

Millionen von Menschen zappeln hilflos im Netz ihres *Karma*. Eine Beziehung voller Enttäuschungen und Schmerzen kann nicht geklärt werden, solange man versucht, den Anschein von Liebe notdürftig aufrechtzuerhalten, sich dem Gefühl, in der Falle zu sitzen, zu verweigern oder davonzulaufen. Wohin wir auch flüchten, der Schatten des *Karma* wird uns überallhin folgen.

Karma wurde oft fälschlicherweise als Fatalismus aufgefaßt. Wenn Sie schicksalsgläubig sind, meinen Sie, daß es eigentlich egal ist, was Sie tun. *Karma* ist aber das absolute Gegenteil. Der Satz »Wie ihr säet, so werdet ihr ernten« ist ein entscheidender Punkt in der Theorie des *Karma*. Als Jesus diese Lehre verkündete, bezog er sich auf eine Vorstellung von *Karma*, die den meisten Menschen unseres Kulturkreises vertraut ist.

Säen und ernten sind Sinnbilder für das Verhältnis von Ursache und Wirkung. Dahinter steht der Gedanke, daß alles, was man in die Welt hineingibt, auf eine entsprechende Weise auch wieder herauskommt. Wenn man Geld in die Welt hineinsteckt, kommt auch wieder Geld heraus – läßt man Liebe in die Welt hineinfließen, dann fließt Liebe zurück.

Das von Gottes Gnade durchwaltete Universum wird als ein Ort verstanden, an dem keine Schuld uneingelöst bleibt. Das Konto des *Karma* überspannt mehrere Generationen, und deshalb wird der Kontostand auch nicht täglich ausgeglichen. Wie jeder weiß, ist es durchaus möglich, daß wir unser Geld investieren und kurzfristig eben nichts zurückbekommen oder daß wir jemanden aus tiefster Seele lieben und abgewiesen werden. Was also kann uns die Vorstellung von *Karma* im Alltagsleben nutzen?

»Wie ihr säet, so werdet ihr ernten« – dieser Lehrsatz verlangt den Beweis, daß das Universum die Handlungen des Menschen abwägt und darüber richtet. Ist das überhaupt denkbar, wenn offenkundig böse Menschen belohnt werden und gute Menschen oft leer ausgehen?

Vor kurzem las ich, daß ein Gangster aus Chicago, das Oberhaupt einer Mafia-Familie, friedlich in seinem Bett gestorben war. Er hatte niemals ein Gefängnis von innen gesehen, trotz zahlreicher, über fünfzig Jahre währender Versuche, ihn vor den Kadi zu bringen. Jeder Prozeß gegen ihn hatte mit einem Freispruch geendet oder damit, daß die Geschworenen sich nicht einigen konnten. Seit den Tagen Al Capones hatte er, dem wunderbarerweise auch von seinen Rivalen kein einziges Haar gekrümmt worden war, bis hoch in die Achtzig mit Glücksspiel, Alkoholschmuggel und Prostitution das Geld nur so gescheffelt. Wenn man sich dieses Leben ansieht, hätte man allen Grund anzunehmen, daß die größten Gauner ungeschoren bleiben. Und was hat die Theorie des *Karma* dagegenzusetzen?

Der Beweis für *Karma* liegt nicht in Lohn und Strafe, die ein kosmischer Richter verteilt. Wenn man die Leute von »gutem« oder »schlechtem« *Karma* reden hört, verwechseln sie es mit Lohn und Strafe. Doch *Karma* wirkt auf einer viel tieferen Ebene.

Wenn es so etwas wie gutes und schlechtes *Karma* gäbe, wäre der Geist nicht eins mit der Liebe, denn das würde heißen, daß er gespalten ist. Der Geist kennt aber keine Spaltung und Gott ebensowenig. Das Göttliche straft niemals, denn was könnte es denn strafen, wenn nicht sich selbst? Es gibt ja nichts anderes.

In unseren Augen ist der Mafia-Boß ein übler Zeitgenosse – aus göttlicher Perspektive gibt es zwischen ihm und einem Heiligen keinen Unterschied. Unser *Karma* weist uns unsere Rollen zu: Heiliger oder Sünder, Mann oder Frau, König oder Bauer. Aber diese Rollen sind vorübergehender und wechselhafter Natur. Keine davon ist wirklich identisch mit uns selbst. Der Geist verteilt diese Rollen so, wie ein Regisseur ein Bühnenstück mit Schauspielern besetzt. Wie überzeugend jemand den »Hamlet« auch gibt, wir glauben trotzdem nicht, daß er am Ende des fünften Akts durch den Hieb eines vergifteten Degens stirbt.

Im wirklichen Leben ist es schon schwieriger, die Rollen und die Realität auseinanderzuhalten. Aber der Heilige ist nur der Sünder in einer anderen Verkleidung, und der Sünder muß nur ein Weilchen warten, dann darf auch er sich das Gewand des Heiligen überstreifen.

Wozu spielen wir diese Rollen? Um Erfahrungen zu sammeln, um daran zu reifen und zu wachsen und um den Weg zurück zu Gott zu finden. *Karma* kann letztlich nur zwei Zwecken dienen: Entweder ist es ein Zeichen der Liebe des Geistes oder eine Lektion in Sachen Liebe.

Das Wort, das in Verbindung mit *Karma* in den vedischen Schriften am häufigsten vorkommt, lautet »unergründlich«. Nur wenn wir in unserem Leben jede Handlung bis ins kleinste verstehen würden, könnten wir die karmischen Schulden begleichen. Das ist keine fatalistische Feststellung, sondern lediglich ein Hinweis auf den wahren Quell der Freiheit, der in unserem Inneren liegt.

Die Freude über Äußerlichkeiten, an die wir uns gebunden haben – Geld, Macht, befriedigende Arbeit, einen anderen Menschen –, kann ohne Warnung von einer Sekunde zur anderen in Schmerz umschlagen. In spirituellen Begriffen ist Freude eine ebensolche Fessel wie der Schmerz. Da jede Handlung die Möglichkeit enthält, ins Leidvolle umzuschlagen, versuchten die alten Weisen vor allem, sich aus dem Kreislauf des *Karma* zu befreien.

In der »Bhagavad-Gita« erklärt Lord *Krishna*, daß jeder, der für die Früchte seiner Taten lebt, »bemitleidenswert« sei, dazu verdammt, unter den »Fesseln der Geburt« und unter der »aus der Dualität geborenen Angst« zu leiden. Wie ein Rad trägt uns *Karma* in einem ewigen Kreislauf von der Güte zur Bosheit, von der Unkenntnis zur Erkenntnis, vom Schmerz zur Glückseligkeit und wieder zurück.

In unserer Kultur wird die Theorie des *Karma* selbst in ihrer christlichen Ausprägung nur begrenzt akzeptiert, und es wird auch kaum verstanden, daß es ein spirituelles Gleichgewicht gibt. Wir sollten es aber darauf ankommen lassen, ob uns nicht Vergebung, Gnade und die Liebe Gottes zuteil werden können, bevor wir es bewußt verstehen.

Die Entdeckung, daß ewige Freude, Erkenntnis, Friede und Schöpferkraft keine leeren Versprechungen sind, bedeutet für den Wanderer auf dem geistigen Pfad einen unermeßlichen Lohn. Auch wenn die Wahrheit nur nach und nach hinter ihrem Schleier hervortritt, vergeht dennoch kein Tag, an dem der Glaube an die Liebe als eine reale Kraft keine Bestärkung erfährt.

Wer sein Leben darauf ausrichtet, daß »Der Weg« wirklich existiert, dem wird er sich auch öffnen. Genau das meinte Jesus mit seinen Worten: »Denn wer da bittet, der empfängt … Und wer da anklopft, dem wird aufgetan.«

Der Kampf mit dem Karma *befreit uns nicht aus seinem bindenden Einfluß. Freiheit erlangen wir nur durch Besinnung auf unser wirkliches Wesen.*

Unser wirkliches Wesen ist grenzenloser Geist jenseits des Karma.

Karma *ist kein bloßes System der Zuteilung von Lohn und Strafe, denn es ist der Weg, der uns zur Liebe führt.*

Im tiefsten Grund ist der Pfad zur Liebe immer derselbe, gleichgültig, ob ein Sünder oder ein Heiliger auf ihm geht, denn der eine wie der andere muß seine Rolle als zeitweilig und vorübergehend erkennen und ablegen.

In dem berühmten Text eines christlichen Mystikers aus dem vierzehnten Jahrhundert mit dem Titel »Die Wolke aus Nicht-Wissen« erklärt der unbekannte Dichter, die Liebe zu Gott könnte sich niemals auf etwas beziehen, das wir erkennen oder orten können.

Die Seelenliebe verlange vielmehr von uns, alle bisherige Erkenntnis aufzugeben:

»Laß fahren dies Überall und Etwas, und tausch' es ein für dies Nirgends und Nichts. Sei unbesorgt, wenn deine Sinne dies Nichts nicht verstehen, denn dafür lieb' ich es um so mehr ... Wer ist denn jener, der es nennet ein Nichts? Gewiß ist's unser äußerer Mensch und nicht unser innerer. Unser innerer Mensch nennt es das Alles.«

Der anonyme Mystiker berührt hier die grundlegende Wahrheit, daß unsere Vernunft, die im »Etwas«, also im Dinglichen, gefangen ist und »überall« forscht, vor dem Göttlichen versagt. Gott ist jenseits des *Karma* und der Geist ebenso, denn Gott ist nichts anderes als allumfassender Geist. Der »äußere Mensch« nimmt die Welt als etwas ganz anderes wahr als der »innere Mensch«.

Wenn ich mich frage: »Wer bin ich?«, dann gibt es eine Antwort, die sich nur auf Äußerlichkeiten bezieht: Ich bin ein Mann von neunundvierzig Jahren, in Indien geboren, als Mediziner in den USA tätig, verheiratet, ich habe zwei Kinder und so weiter. Das alles sind karmische Eigenschaften, Resultate von Handlungen oder Ereignissen, die mich betreffen. Sie drücken mir Etiketten auf, mit denen ich mich identifizieren kann.

In einem anderen, tieferen Sinn aber wird meine Identität durch diese Eigenschaften in keiner Weise bestimmt, selbst wenn noch tausend weitere Merkmale hinzukämen. Keine Eigenschaft, die irgend jemand mir zuschreibt, bin wirklich ich, ist nicht mein Selbst, das sich als inneres Wesen, freier Wille, stummes Bewußtsein, unbegrenztes Potential und grenzenloser Geist begreift.

Dieses Selbst, dieser »innere Mensch«, kennt keine geistige Unterjochung. Man kann es »eher fühlen als sehen«, wie unser mittelalterlicher Mystiker sagt, und er beschreibt es als »die Wolke aus Nicht-Wissen«. Diese Wolke gleicht einem sanften Leuchten im Herzen, an dem sich ein Bewußtsein des Göttlichen entzündet, das die fünf Sinne nicht erfassen können und von dem die rationale, lineare, in den Begriffen von Ursache und Wirkung denkende Vernunft nichts weiß.

GEWÄHREN LASSEN UND UNTERDRÜCKEN

Wenn die Theorie des *Karma* zutrifft, ist die reinste Form der Liebe die Un-Gebundenheit. Ich weiß sehr wohl, daß sich das sehr abstrakt anhört, aber man kann diese Dinge auch so darstellen, wie sie sich im alltäglichen Verhalten ausdrücken, und dabei die Abstraktion auf den Boden der Tatsachen bringen.

Jeder von uns möchte tun und lassen können, was ihm beliebt. Wenn jemand versucht, uns Vorschriften zu machen, meldet sich sofort ein rebellischer Impuls in unserem Herzen zu Wort. Die beiden Worte gewähren lassen und unterdrücken sind gleichbedeutend mit Un-Gebundenheit und Abhängigkeit. Gewährenlassen bedeutet, dem anderen liebevoll seine eigenen Entscheidungen zuzugestehen. Wer den anderen beherrschen will, kettet ihn statt dessen an seine eigenen Verhaltensweisen, Überzeugungen und Erwartungen.

Das Problem, mit dem wir uns hier beschäftigen, ist von großer psychologischer Sprengkraft und spielt auf die eine oder andere Weise in so gut wie alle Beziehungen hinein. Wer in einer Beziehung den Kontrolleur spielt, wird das normalerweise nicht zugeben. Er wird vielmehr vorgeben, aus reiner Liebe zu handeln. Ist es denn nicht ein Zeichen von Liebe, wenn man auf die Partnerin aufpaßt und sich über ihre Interessen, Wünsche und Sehnsüchte Gedanken macht? Viele Männer halten das für echte Liebe.

Ein gutes Beispiel ist eine Beziehung, in der der Mann seiner Frau jeglichen Einblick in die finanziellen Angelegenheiten verwehrt. Sie bekommt nie einen Kontoauszug zu Gesicht, die Höhe seines Einkommens ist ihr nur in groben Zügen bekannt, all ihre Versuche, selbst etwas zu verdienen, werden abgewiesen und als unnötig abgetan.

Früher war das in den meisten Ehen so üblich, aber inzwischen haben die Frauen mehr Selbstbewußtsein. Wenn ein Mann heute eine Frau finanziell abhängig zu machen versucht, wird seine Absicht nur allzu deutlich: Er will sie an die Kandare legen.

Die Wurzel dieser männlichen Herrschsucht liegt wohl in der Überzeugung, die Frauen seien zu kindisch, irrational und oberflächlich für den Umgang mit Geld. (Die Soziologen haben natürlich schon längst mit diesen Parolen aufgeräumt. Es wurde nachgewiesen, daß Frauen im Vergleich zu Männern eher eine konservative und nüchterne Einstellung zu finanziellen Angelegenheiten haben. Bislang war es jedenfalls noch keiner Frau vergönnt, eine Sparkasse oder einen Staatshaushalt in den Ruin zu treiben.)

Aber dieser Versuch, aus diesen angeblichen weiblichen Schwächen Kapital zu schlagen, ist ein Tarnmanöver für die eigentlichen Motive, nämlich die männliche Befürchtung, daß ohne finanzielle Kontrolle das männliche Überleben in Frage gestellt ist. Fast immer findet sich noch der zweite Motivationsstrang, daß die Liebe einer Frau nur über das Portemonnaie zu kontrollieren sei, denn repressive Männer haben tiefsitzende Ängste vor dem Verlassenwerden.

Stellen Sie sich einmal vor, man würde einem solchen Mann sagen, er müßte die Kontrolle aufgeben, indem er seine Frau in alle finanziellen Geheimnisse einweiht und das Geld mit ihr teilt. Außerdem dürfte sie einen Teil des Geldes ganz selbstverständlich nach ihrem eigenen Gutdünken ausgeben, ohne daß er ihr dazwischenredet. Dadurch wäre er unmittelbar mit seinen Ängsten konfrontiert. Der Mangel an Liebe, der sich hinter seinem Verhalten verbirgt, käme ans Licht. Aber auch eine Verhaltensänderung in dieser Hinsicht würde die Angst nicht beseitigen. Dazu ist ein Bewußtseinswandel nötig.

Das Beherrschen ist die Methode, mit der unser Ego das Problem der Angst »löst«. Wann immer man ein solches Verhalten an den Tag legt, liefert dafür immer eines der folgenden Szenarien im Unterbewußtsein den Hintergrund:

Wir haben Angst, zurückgewiesen zu werden.
Wir haben Angst zu versagen.
Wir haben Angst, im Unrecht zu sein.
Wir haben Angst, machtlos zu sein.
Wir haben Angst, vernichtet zu werden.

Keine dieser Ängste macht uns zu einem schlechten oder schwachen Menschen. Jeder von uns muß sich mit ähnlichen Ängsten auseinandersetzen, wobei allerdings nur diejenigen die rettende Zuflucht zu repressivem Verhalten nehmen, die sich nicht zu ihren inneren Schwierigkeiten bekennen können.

Ein dominanter Mensch hat offenbar keine Ängste – das ist die Fassade, die er der Welt zukehrt. Wer sein Leben im Griff zu haben scheint, kann in unserer Gesellschaft mit großem Wohlwollen rechnen, und das bestärkt unser Ego in dem Glauben, daß die Sache mit der Kontrolle funktioniert. Dabei bleibt aber unberücksichtigt, daß die darunterliegende Unsicherheit auf diese Weise niemals wirklich bewältigt werden kann. Im Gegenteil: Die Angst wird noch größer, wenn man sich davor drückt zuzugeben, daß sie existiert.

Von welchen Verhaltensmustern ist hier eigentlich die Rede? Die klinische Psychologie kennt viele Arten von repressivem Verhalten – Perfektionismus, das sture Beharren auf einem Standpunkt, Intoleranz oder anderen die Aufgaben abnehmen. Menschen, die beherrschen wollen, sind enttäuscht, wenn ihre Erwartungen nicht erfüllt werden. Sie bauen unberechtigte Hoffnungen auf, sind besitzergreifend, geizig und neigen dazu, ärgerlich zu werden, wenn Kritik oder Widerstand aufkommt.

In dieser Aufzählung kommen zahlreiche Verhaltensweisen vor, die viele Menschen für ganz normal halten. Betrachten Sie jetzt einmal die folgende Liste, und stellen Sie fest, ob Sie sich selbst darin wiederfinden können:

Haben Sie vor Ihrem geliebten Partner Geheimnisse, insbesondere im Hinblick auf Geld?
Versuchen Sie, das Gespräch zu bestimmen, und erwarten Sie, daß Ihre Ansichten als die richtigen anerkannt werden?
Führen Sie im Kopf eine Strichliste über die Gelegenheiten, bei denen Sie von jemandem, den Sie lieben, enttäuscht worden sind?
Hegen Sie heimlichen Groll?
Sie machen einen Vorschlag. Sind Sie gekränkt oder beleidigt, wenn er nicht angenommen wird? Glauben Sie insgeheim, Sie

hätten trotzdem recht, auch wenn sich kein Mensch um Ihren
Vorschlag kümmert und jeder macht, was er will?
Sie haben den großen Durchblick? Sie wissen, wie der Hase läuft?
Bemühen Sie sich wirklich um eine Korrektur Ihrer Ansichten,
wenn Sie auf Widerspruch stoßen oder gar feststellen müssen,
daß Sie sich geirrt haben?

Wir alle nehmen gelegentlich im Namen der Liebe Zuflucht zu diesen lieblosen Verhaltensweisen. Wir sagen zu jemandem: »Ich liebe
dich«, aber wir führen dabei im Hinterkopf heimlich eine Strichliste seiner Schwächen. Das Ende dieses Verhaltens zeichnet sich
erst dann ab, wenn wir begreifen, daß Repression und Kontrolle
sich mit der Liebe nicht vereinbaren lassen. Die Sätze: »Ich liebe
dich«, und: »Ich erwarte, daß du dich so verhältst, wie ich es will«,
kommen aus zwei völlig verschiedenen Bereichen unserer Psyche –
der eine kommt aus der Seele, der andere aus unserem Ego.
    Wer schützend die Hand über seine Partnerin hält, scheint ihr
innerhalb seines Einflußbereiches alles Unangenehme vom Hals
halten zu wollen, aber er verhindert gleichzeitig, daß sie diesen
Einfluß in Frage stellt oder selbst Einfluß ausübt. Wem das nicht
unmittelbar einleuchtet, der braucht nur einmal an die Staats-
chefs von Diktaturen zu denken, die alle stets davon ausgehen,
daß ihre Machtergreifung nur zum besten des Landes sei. Die Be-
völkerung wird in die Rolle eines machtlosen Kindes gedrängt,
das vom Wohlwollen und der Gnade einer politischen Vaterfigur
abhängig ist. Doch Diktatoren mögen um das Wohl ihrer Landes-
kinder noch so besorgt sein, sie leben unweigerlich in Angst. Keinen muß man so sehr fürchten wie den, den man seiner Macht
beraubt hat – auch dann, wenn er sich nicht dagegen gewehrt hat.
Zum Schutz seiner Macht muß der Diktator zu immer härteren
Repressionsmaßnahmen greifen, und immer mehr Menschen
fürchten ihn, bis das Faß schließlich überläuft und die Revolution
ausbricht.
    Viele Beziehungen entwickeln sich im Prinzip ganz ähnlich. Im
Namen der Liebe übernimmt der eine die Macht, und der andere
gibt sie aus der Hand. Doch die Bindung wird dadurch nicht enger,

sondern die Partner merken auf einmal, wie sich eine wachsende
Distanz zwischen ihnen aufbaut, denn derjenige, der die Macht
hat, wird immer dominanter oder bekommt Schuldgefühle, während der Machtlose Vorbehalte entwickelt und schließlich auf-
muckt. Für das Problem der Angst bietet die Repression keine Lösung.

Wie man sich endgültig von der Angst befreit

Falsche Lösungen zeigen immerhin das Problem auf. Die meisten
von uns nehmen Beziehungen auf, um Geborgenheit zu finden.
Wir möchten mit jemandem zusammensein, der uns das Gefühl
von Sicherheit gibt. Zu zweit kann man sich besser gegen mögliche
Bedrohungen und Tragödien wehren als allein. Doch das Zusammensein als solches – auch auf gleicher Ebene – läßt die Angst
noch nicht verschwinden. Spirituell gesehen ist die Antwort auf die
Angst simpel: Wir sind bereits geborgen. Wenn wir für diese Tatsache ein Gespür hätten, hätten wir auch keine Angst.

Aus der Sicht des Geistes ist jede Angst eine Projektion aus unserer Vergangenheit, und solange diese Übertragungen andauern,
werden wir immer wieder gefahrvolle Situationen heraufbeschwören, um uns in ihnen vor uns selbst beweisen zu können.
Doch was wir am meisten fürchten – verstoßen zu werden, Zurückweisung, Versagen, Verlust, Erniedrigung –, ist alles schon längst
passiert. Was wir als gegenwärtige oder zukünftige Bedrohungen
wahrnehmen, sind in Wirklichkeit lange Schatten aus unserer Vergangenheit.

Der Grund dafür, daß sich Verliebte so sicher und geborgen
fühlen, liegt nicht darin, daß sie sich im Schutz eines anderen
Menschen befinden, sondern im Schutz der Liebe. Die meisten
Menschen sind überzeugt, daß die Liebe nur in der frühen Kindheit eine derartige Kraft entfalten kann.

In der Kindheit war Liebe gleichbedeutend mit der Gegenwart
einer liebenden Mutter und eines liebenden Vaters. Solange sie
über uns wachten, fühlten wir uns sowohl geliebt als auch sicher.

Doch als Heranwachsende mußten wir feststellen, daß unsere Eltern ihre eigenen Schwächen und Ängste hatten und daß sie nicht so vollkommen fest und sicher in dieser Welt verankert waren, wie wir immer geglaubt hatten. Diese Lektion wurde uns in der Regel auf eine Art und Weise verpaßt, die Schock und Enttäuschung bei uns auslöste.

Es kam der Tag, an dem unser Vater nicht da war, um einen Grobian zu verjagen, oder unsere Mutter keine Zeit fand, uns mit unserem Wehwehchen in den Arm zu nehmen. Wenn man ein kleines Kind allein läßt, kommt ihm mit der Geborgenheit auch die Liebe abhanden.

Aber an dieser Stelle hat sich ein Fehler in unsere Anschauung eingeschlichen. Die eine Lektion – Eltern können uns nicht immer schützen – ist zwar richtig, die andere jedoch – die Liebe gewährt uns keinen Schutz – ist falsch. Wenn das Bedürfnis, andere Menschen zu kontrollieren und zu dirigieren, verschwinden soll, müssen wir diese zweite Lektion wieder verlernen, denn es war damals, als wir klein waren, daß dieses Bedürfnis entstand, und zwar in genau jenem Moment, als man uns zum ersten Mal uns selbst überlassen hat.

So normal uns das kontrollierende Verhalten vorkommen mag, es ist ein Fehler, der auf dem Gefühl der Vereinzelung beruht. Dieser Fehler muß korrigiert werden, wenn wir das Bedürfnis, andere zu beherrschen, ablegen wollen.

Man kann nicht über Nacht lernen, die Welt als sicheren Ort anzusehen. Bei all der Angst und dem Mißtrauen, die jeder von uns mit sich herumschleppt, ist die Welt als eine Ganzheit viel zu überwältigend. Aber die Liebe, die wir einem einzigen Menschen entgegenbringen, ist ein eingefriedeter Bereich, und deshalb kann man dort gut damit beginnen.

Die geliebte Person ist wie ein Hafen, in dem unser Herz Zuflucht findet. In einem gleichgültigen und feindseligen Universum gibt es mindestens einen Menschen, der uns versteht, der uns mag und dem unser Wohl am Herzen liegt. Wunderbarerweise scheint das Vorhandensein dieses einzigen Menschen zu genügen, um sich gegenüber einer ganzen feindseligen Welt zu behaupten.

An jedem Tag ergeben sich zahllose Gelegenheiten, um Kontrolle und Repression durch Gewährenlassen zu ersetzen. Wenn wir die geliebte Person in diese neue Haltung einbeziehen, entfaltet sich noch eine zweite Wirkung: Die Abhängigkeit löst sich ebenfalls auf, so daß ein und derselbe Vorgang beiden Partnern seelischen Gewinn bringt. Wenn man das kontrollierende Verhalten abbauen will, spielen sämtliche Formen des Gewährenlassens – Annehmen, Toleranz und Gefälligkeit – eine Schlüsselrolle. Der Drang, das Leben zu kontrollieren, sei es das eigene oder das anderer, beruht auf seelischer Verzweiflung. Klopfen Sie die Wechselbeziehung zu Ihrem Partner einmal ganz ehrlich daraufhin ab, wann und wo Sie ein Verhalten an den Tag legen, das durch Ängste diktiert ist.

Wenn das Beherrschenwollen allmählich schwächer wird, stellt sich eine spürbare Entspannung ein. Die Fassade des anspruchsvollen, kritischen und schnell beleidigten Partners bröckelt langsam ab. Sie werden wieder die Liebe spüren – nicht nur als eine Vorstellung, sondern als ein warmes Gefühl in Ihrem Herzen. Und endlich werden Sie den anderen gewähren lassen können.

Sobald Sie im Verhältnis zu dem Menschen, den Sie lieben, diese Stufe erreicht haben, beginnt der Heilungsprozeß auch auf andere Bereiche Ihres Lebens auszustrahlen. Sie werden häufig folgende Veränderungen beobachten können:

• Sie beurteilen Menschen nicht mehr danach, ob sie Ihren Erwartungen genügen. Sie widerstehen der Versuchung, die Fehler anderer Leute zu korrigieren oder unaufgefordert Ratschläge zu erteilen.

• Sie geben immer weniger Ihrer Neigung nach, sich um die Belange andere Leute zu kümmern, ohne sich wirklich für diese Menschen zu interessieren.

• Es wird Ihnen lästig, sämtliche Einzelheiten Ihres Lebens bis ins letzte Detail aufzudröseln. Leute, die Ihnen nie Paroli geboten haben, langweilen Sie mehr und mehr.

• Sie nehmen Einwände ernst und sehen darin nicht mehr nur ein Startsignal, um Ihre eigene Meinung kundzutun.

• Unerwartete Gefühle kommen an die Oberfläche. Das ruft gewöhnlich Selbstkritik hervor, weil Sie Gefühle nicht mehr so souverän beiseite schieben können wie früher. Auf einer anderen Ebene erleben Sie diese Gefühlsausbrüche jedoch als große Erleichterung.

• Ihre Ungeduld nimmt ab. Sie leben immer weniger nach der Uhr.

• Sie nehmen Streß und Anstrengung ernst und glauben nicht mehr, daß das alles Ihnen nichts ausmacht.

• Sie fangen an, auf die Signale Ihres Körpers zu achten, der Ihnen schon seit langem seine Anspannung, Müdigkeit, Verkrampfung und Überreiztheit signalisiert.

• Sie hören auf, Ihr Leben wie eine Schachpartie vorauszuberechnen und lassen mehr Raum für spontane Entschlüsse.

• Sie hören auf, an altem Groll und früheren Kränkungen festzuhalten. Toleranz tritt allmählich an die Stelle von Ärger.

• Sie hören damit auf, sich selbst äußere Ziele zu stecken, und Sie glauben auch nicht mehr, Sie wären ein guter Mensch, wenn es Ihnen gelingt, diese Ziele schneller, besser und stets unermüdlich zu verwirklichen.

Das Liebevollste, was Sie für einen geliebten Partner tun können, der zu einem kontrollierenden Verhalten neigt, ist, diese Wandlungen zu unterstützen. Doch das kann man nur leisten, wenn man die eigenen Sehnsüchte bewältigt hat, denn für den Bedürftigen ist jede Verminderung der gegenseitigen Abhängigkeit eine Verminderung der Liebe.

In Wirklichkeit ist jedoch genau das Gegenteil der Fall, denn das Verlangen, zu besitzen und zu klammern, erstickt die Liebe. Im Zustand der Abhängigkeit wird unsere Liebe von unseren unerfüllten Wünschen überschattet. Wie können wir uns daraus lösen?

Wir müssen den Unterschied zwischen dem Ego und der Seele erkennen. Das Ego ist bedürftig, die Seele aber nicht. Die Seele will geben und nicht nehmen. Sie möchte Freude bringen und sehnt sich nicht nach Anerkennung. Sie braucht nicht die Unterordnung oder den Gehorsam eines anderen Menschen, und sie stellt keine Forderungen.

Wenn wir uns in diesem Licht sehen, wird unser Verhältnis zum Partner zu etwas Heiligem. Ohne die Aufhebung der Abhängigkeit wird es nicht dazu kommen. Wir hatten immer und jederzeit die Wahl zwischen dem Profanen und dem Heiligen, und es wird sich nie etwas daran ändern, daß das Heilige zu wählen die Entscheidung für die Liebe bedeutet.

♥ LIEBESLEKTIONEN:
   DIE INNEREN WUNDEN HEILEN

Jeder von uns bringt seine unerfüllten Sehnsüchte in die Beziehung ein, aber sie müssen sich nicht zu Abhängigkeiten auswachsen. Abhängigkeit entsteht, wo innere Defizite nicht erkannt und aufgedeckt werden.

Bedürfnisse, die man dem Partner aufhalst, werden nie wirklich behoben. Selbst wenn sich unser Partner ein Bein ausreißt, um allen unseren Anliegen gerecht zu werden, ist es deshalb am Ende dasselbe, als wenn er sich überhaupt nicht darum gekümmert hätte: Wir müssen selbst herausfinden, *warum* wir diese inneren Defizite haben.

Dieses »Warum« wird beantwortet, indem wir uns mit dem Gefühl unserer inneren Spaltung und Entfremdung auseinandersetzen, denn die Hauptursache der inneren Bedürftigkeit ist die Angst vor der Entfremdung von Gott, Seele und Selbst.

*Sobald die Entfremdung geheilt ist, sind unsere inneren
Bedürfnisse frei von Angst und Unsicherheit.*

In einer partnerschaftlichen Beziehung soll die Entfremdung aufgehoben werden. Deshalb ist es die richtige Einstellung, die unerfüllten Bedürfnisse befriedigen zu können. In vielen Beziehungen
ist es allerdings völlig ungeklärt, was den höchsten Stellenwert für
die Partner haben soll. Wie sollen die inneren Wunden geheilt werden, wenn sich zwei Leute nicht einig darüber sind, was sie eigentlich wollen?

Wir müssen unterscheiden zwischen äußeren Bedürfnissen, wie
zum Beispiel nach Nahrung und Unterkunft, und den inneren Bedürfnissen, die all jene Dinge betreffen, aus denen wir ein Gefühl
der Sicherheit ziehen. In dem folgenden Fragebogen sind einige
dieser Haltungen genannt:

TEIL I:

Lesen Sie – am besten zusammen mit Ihrem Partner – die folgenden Aussagen durch, und kreuzen Sie von den beiden ergänzenden
Sätzen (a) und (b) jeweils diejenige an, die auf Sie zutrifft – bitte
auch dann, wenn die beiden Aussagen Ihnen fremd oder nicht geeignet vorkommen.

1. Für mich wäre es der Gipfel der Peinlichkeit, wenn meine Bekannten herausbekommen würden, daß ich
   ⨉ a. mein ganzes Geld verloren habe.
   ⨉ b. eine Schönheitsoperation hatte.
2. Es wäre mir lieber, wenn ich
   ⨉ a. befördert würde.
   b. mein Idealgewicht hätte.
3. Es würde mir viel besser gehen, wenn ich mich mehr darum
   kümmern würde,
   ⨉ a. wieder in Form zu kommen.
   b. mich vernünftig zu ernähren.

4. Ich möchte lieber
    a. respektiert werden.
    b. akzeptiert werden.
5. Ich würde niemandem etwas davon erzählen, wenn ich
    a. einen neuen Job suchte.
    b. eine Affäre anfangen wollte.
6. Ich möchte, daß meine Kinder mich als jemanden in Erinnerung behalten, der ihnen beigebracht hat,
    a. was richtig und was falsch ist.
    b. andere nicht zu verletzen.
7. Bei einer Überschwemmungskatastrophe würde ich gerne derjenige sein, der
    a. Leute rettet.
    b. Leuten eine Notunterkunft gewährt.
8. All meine Probleme wären gelöst, wenn ich
    a. genügend Geld hätte.
    b. mich selbst besser verstehen würde.
9. Wenn du mein Freund sein willst, mußt du
    a. zu mir halten.
    b. mir zuhören.
10. Wenn ich in meiner Schulzeit eine Arbeit verbaut habe, lag das daran, daß ich
    a. schlecht vorbereitet war.
    b. nicht in der richtigen Stimmung war.
11. Das Schlimmste, was ein mißgünstiger Mensch über mich in die Welt setzen könnte, wäre, daß ich
    a. keinen Mumm und keine Ahnung habe.
    b. selbstsüchtig bin und mich um nichts kümmere.
12. In meinen schlimmsten Träumen hält mich alle Welt für
    a. dumm.
    b. häßlich.
13. Wenn ich mich entscheiden müßte, wäre ich lieber
    a. produktiv.
    b. glücklich.

9 a/ 56

AUSWERTUNG:

Zählen Sie jetzt zusammen, wie oft Sie mit (a) und wie oft Sie mit (b) geantwortet haben. Die Punkte für (a) werden als männlich, die für (b) als weiblich gewertet.

Bei *Frauen* werden die Antworten mehr zu der Sparte (b) tendieren, bei *Männern* mehr zur Sparte (a). Allein diese Abweichung kann in einer Beziehung Konflikte heraufbeschwören. Unsere unterschiedliche gesellschaftliche Prägung führt dazu, daß für Männer und Frauen Sicherheit und Geborgenheit aus verschiedenen Quellen schöpfen.

Männer neigen dazu, ihre Sicherheit aus Macht, Karriere, Wissen, Überlegenheit und körperlicher Stärke abzuleiten, während Frauen eher auf die Familie, einen starken Lebensgefährten, Anteilnahme, Kommunikation, die eigenen Gefühle und die Liebe des Partners bauen.

Wenn mehr als fünf Ihrer Antworten in die Kategorie des anderen Geschlechts fallen, sind Sie vermutlich souverän genug, um Ihre Bedürfnisse ohne den Rückgriff auf gesellschaftliche Standards zu bestimmen. Bei mehr als acht Antworten aus der weiblichen Kategorie (b) ist Ihr weiblicher Charakteranteil stark entwickelt – ob Mann oder Frau, Sie legen großen Wert auf Ihre Gefühlswelt und auf Ihr Wohlbefinden. Es gibt für Sie kaum etwas Wichtigeres, als mit sich selbst im reinen zu sein, und die Selbstverwirklichung hat bei Ihnen Vorrang vor Anforderungen, die von außen an Sie herangetragen werden.

Vergleichen Sie jetzt Ihr Ergebnis mit dem Ihres Partners. Richtig und Falsch gibt es hier nicht, doch die Werte sagen viel über die Dynamik Ihrer Beziehung aus. In einer Ehe, bei der die Frau hohe männliche Werte erreicht und der Mann hohe weibliche Werte aufweist, findet man häufig einen Tausch der sozialen Rollen. Die Frau läßt sich vom Erfolg leiten und der Mann vom Gefühl.

Wenn beide Partner hohe Werte in der gleichen Kategorie erreichen, teilen sie vermutlich die Ansichten über die Welt, doch das Gegengewicht durch die andere Kategorie wird fehlen. Eine Ehe mit sehr männlicher oder sehr weiblicher Ausprägung kann durch-

aus glücklich sein, aber in streßgeladenen Zeiten kann es durch die
einseitige Festlegung auf eine bestimmte Einstellung schwierig
werden, den richtigen Dreh zur Bewältigung der Situation zu finden.

Es wird zum Beispiel Spannungen geben, wenn beide Partner so
gefühlsbetont sind, daß jede Entscheidung in der Familie zu einem
großen Drama ausartet und für die Vernunft kein Raum bleibt.

Wenn schließlich der Mann eine hohe männliche und die Frau
eine hohe weibliche Punktzahl hat (zehn oder mehr), kann das bedeuten, daß es zu einem Konflikt der Wertvorstellungen und folglich auch zu einem Konflikt der Bedürfnisse kommt. Die Verbindung zwischen einem stark maskulin geprägten Mann und einer
femininen Frau ist zwar eine gesellschaftliche Idealvorstellung,
doch ein Verhältnis von gleich zu gleich wird sich in einer solchen
Ehe kaum herstellen oder gar aufrechterhalten lassen, denn der
Mann lebt aus dem Streben nach Macht und Status, während für
die Frau Gefühle und Kommunikation weitaus wichtiger sind.

Hier beschreiten die Partner zwei verschiedene Pfade und nicht
einen gemeinsamen. Wenn man immer der schwächere Partner ist,
wird man früher oder später dem stärkeren nachgeben müssen beziehungsweise man selbst oder der Partner muß seine wahren Bedürfnisse unterdrücken, in der Hoffnung, daß die Selbstaufopfe-
rung mit dem gemeinsamen Glück belohnt wird.

Das klappt jedoch höchst selten. Sich den Bedürfnissen eines
anderen Menschen unterzuordnen, ist auch nur eine Form der
Abhängigkeit. Wer seine eigenen Wünsche und Sehnsüchte aufgegeben hat, kann nur Befriedigung finden, wenn er sich an einen
anderen Menschen klammert. Doch das ist eine Art der Selbstent-
fremdung von der wahren eigenen Identität, und man darf nicht
hoffen, daß sich Einheit über irgendeine Art von Entfremdung erreichen ließe.

Was kann man also tun? Wir müssen darauf achten, daß in unserer Partnerschaft die Geschlechterrollen ausgeglichen sind, und
wir müssen die Verantwortung für unsere Rolle übernehmen. Ein
Mann mit starken weiblichen Bedürfnissen sollte nicht alle Entscheidungen seiner Frau zuschieben, und eine Frau mit starken

männlichen Seiten sollte sich nicht über die Gefühle ihres Partners
hinwegsetzen.

Es kommt darauf an, das Gleichgewicht zwischen männlich
und weiblich in sich selbst zu finden und nicht den bequemen
Weg zu gehen, indem man sich von jemandem abhängig macht,
der stark genug ist, unsere eigenen Schwächen auszugleichen. Es
geht nun darum, wie man das vermeiden kann.

TEIL II:

Die Befriedigung der inneren Sehnsüchte muß tiefer gehen als das,
was die Gesellschaft oder unser Ego für ausreichend halten. Abgetrennt zu sein bedeutet immer auch, unsicher zu sein.

Bevor man sich sicher und geborgen fühlen kann,
muß man sich der inneren Bedürftigkeit stellen.

Es ist gesund, sich seine inneren Anliegen bewußt zu machen – sie
zu verdrängen ist ungesund. Jeder bringt seine Sehnsüchte in die
Beziehung mit, und die Ehrlichkeit erfordert, daß man es auch
zugibt. Die inneren Bedürfnisse können aber so drückend werden, daß sie unsere Selbstwahrnehmung beeinträchtigen. Wer von
ihnen beherrscht wird, hat immer wieder Gedanken wie diese:

Ich bin nicht schlau genug.
Ich sehe nicht gut genug aus.
Ich bin zu wenig anziehend.
Ich bin zu wenig liebenswert.
Ich mache immer alles falsch.
Mit mir stimmt etwas nicht.
Ich bin nicht so gut wie der/die Sowieso.

Was immer der Auslöser für diese Selbsteinschätzungen sein mag,
und so sehr Sie auch davon überzeugt sein mögen – Sie liegen damit vollkommen falsch. In geistiger Hinsicht sind wir alle voll-

kommen, und deswegen fehlt uns überhaupt nichts. Wir werden geliebt, und folglich sind wir liebenswert und anziehend. Wir sind einzigartig und können deshalb mit niemand anderem verglichen werden.

Vor dem Auge des Geistes sind wir in Ordnung, so wie wir sind.

Eine Beziehung sollte beständig die Überzeugung festigen helfen, daß jeder der beiden Partner nichts zu wünschen übrig läßt und daß die Erfüllung ihrer Natur nach in der Beziehung angelegt ist. »Ich bin« ist das Grundgefühl unseres Seins, und in diesem »Ich bin« herrschen vollkommener Friede und absolute Geborgenheit. Aber die wenigsten Beziehungen sind in bezug auf das Gefühl der Geborgenheit und der inneren Bedürftigkeit der Partner im Gleichgewicht. Darum geht es in dem folgenden Fragebogen, den Sie so ehrlich wie möglich beantworten sollten.

Geben Sie sich für jede zutreffende Aussage einen Punkt.

In meiner Beziehung bin ich derjenige/diejenige,
1. der/die sich abends allein zu Hause besonders unglücklich fühlt.
2. dem/der Entscheidungen schwerer fallen.
3. der/die häufiger um Hilfe bittet.
4. der/die mehr Angst hat, ob man ihn/sie auch liebt.
5. der/die bei einer Affäre größere Schuldgefühle hätte.
6. der/die sich allen Plänen fügt, wenn sie erst einmal gemacht sind.
7. der/die Streit haßt.
8. der/die sich öfter erkundigt, wie es dem anderen geht.
9. der/die die Familie zusammenhält.
10. der/die möchte, daß der Fernseher abgestellt wird und alle sich an den Tisch setzten.
11. dem/der man einfach immer ansieht, wie es ihm/ihr geht.
12. der/die immer die ganze Weihnachtspost erledigt.
13. der/die sich mehr darum bemüht, die Gefühle anderer Leute nicht zu verletzen.

14. der/die lieber mitmacht, als eine Auseinandersetzung zu riskieren.
15. der/die davon ausgeht, daß ein Arzt schon weiß, was er sagt.
16. dem/der es besonders schwerfällt, seinen/ihren Standpunkt zu vertreten.
17. der/die stumm vor sich hin leidet.
18. der/die jemanden braucht, der/die für das Nötigste sorgt.
19. der/die sich so sehr wünscht, daß an Weihnachten alle nett zueinander sind.
20. der/die sich niemals bei einem Freund über dessen Verhalten beschweren würde.
21. dem/der es schwerer fallen würde, den Chef um eine Gehaltserhöhung zu bitten.
22. der/die sich eher bereit erklärt, freiwillige Aufgaben zu übernehmen.

AUSWERTUNG:

15 – 22 Punkte: Sie neigen sehr zur Abhängigkeit und suchen Sicherheit und Geborgenheit bei einem starken Partner. Die Aussage: »Ich bin in Ordnung, so wie ich bin«, dürfte Ihnen nur schwer über die Lippen kommen, weil sie sich so stark mit Ihrer Familie identifizieren. Sie haben Angst davor, in Ihrer Beziehung die Macht zu beanspruchen, weil Sie das mit dem Verlust der Liebe gleichsetzen. Ihre Antworten lassen vermuten, daß Sie eine Frau sind.

8 – 14 Punkte: Es macht Ihnen nichts aus, in Ihrer Beziehung auf einen Teil der Macht zu verzichten, und Sie fühlen sich trotzdem sicher. Der Aussage: »Ich bin in Ordnung, so wie ich bin«, könnten Sie sich unter Umständen anschließen, aber sie ist Ihnen nicht besonders wichtig.

Die bewußte Auseinandersetzung mit Ihren inneren Bedürfnissen ist bei Ihnen noch nicht besonders weit gediehen. Ihr Motto lautet immer noch: »Zwei können das Leben besser meistern als einer allein.«

In diese Kategorie gehören die meisten Menschen, wobei viele Männer eine vergleichsweise geringere Punktzahl haben als ihre Frauen.

o – 7 **Punkte:** In Ihrem Verständnis, was eine Beziehung ausmacht, nehmen Bedürfnisse des Ego und kontrollierendes Verhalten einen großen Raum ein. Sie wiegen sich in dem Irrglauben, Sie seien in Ihrer ehelichen oder sonstigen Beziehung der Stärkere, wobei Sie höchstwahrscheinlich nur der Selbstsüchtigere sind. Die Aussage: »Ich bin in Ordnung, so wie ich bin« bedeutet für Sie: »Ich bekomme, was ich möchte.«

Falls Sie sich jedoch in der Tat so gut selber kennen sollten, daß Sie die obige Beschreibung guten Gewissens nicht auf Ihre Person zu beziehen brauchen, dann gehören Sie zu den ganz seltenen Menschen, die die volle Verantwortung für ihre inneren Bedürfnisse übernommen und auch daran gearbeitet haben, diesen Bedürfnissen gerecht zu werden, ohne sich dabei von einem anderen Menschen abhängig zu machen.

Nach jahrelangem Bemühen um eine größere Bewußtheit haben Sie gelernt, im Einklang mit Ihrem spirituellen Glaubensbekenntnis »Ich bin in Ordnung, so wie ich bin« zu leben.

TEIL III:

Wir sind nun auf jener Ebene der inneren Bedürfnisse angekommen, wo das spirituelle Motto »Ich bin in Ordnung, so wie ich bin« eine entscheidende Rolle spielt. Solange es sich nur um oberflächlichere Bedürfnisse dreht und solange wir uns an die Rockschöße eines Stärkeren hängen können, der uns durchschleppt, kommt die Trennungsangst nicht wirklich zum Tragen – und vielleicht ist Ihnen das im Moment ganz recht. Es bedarf eines großen spirituellen Einsatzes, um die ins Unterbewußte verbannten Verwundungen aus Trennungserlebnissen ans Tageslicht zu zerren.

Bei genauer Betrachtung sind diese Wunden »Schwarze Löcher« in unserem Selbstempfinden. Wie die Schwarzen Löcher im Welt-

all, die im Universum alle Energie, die in ihre Nähe kommt, an
sich reißen und verschlucken, so verschlucken die tiefen Abgründe
in unserer Psyche unser Selbstvertrauen, unser Selbstwertgefühl
und unser Vertrauen in unsere Überlebensfähigkeit.

Wenn man sich auch nur einem kleineren Exemplar dieser
Schwarzen Löcher nähert, setzt eine ganze Reihe von heftigen
Empfindungen ein, die durchweg wenig angenehm sind. Je nachdem, wie nahe wir an unser Schwarzes Loch geraten sind, reichen
die Reaktionen von leichtem Unbehagen und Beeinträchtigungen
des Körpergefühls über Benommenheit, Übelkeit und Schwindel-
gefühl bis hin zu panischer Angst und Entsetzen. Manchmal glaubt
man auch, in Brust oder Bauch ein Loch zu haben, oder man empfindet einen würgenden Druck, als ob einem sämtliche Luft aus
den Lungen gepreßt würde.

So schrecklich diese Empfindungen auch sein mögen, spirituell
gesehen sind sie nicht wirklich. Es sind bedingte Reflexe. Das Erlebnis eines Schwarzen Lochs wird durch angestaute Ängste noch
verstärkt, da wir alle ohnehin große Energien für die Abwehr der
Existenzangst aufwenden, der Angst, die uns unser irdisches Dasein als solches einflößt.

Man könnte meinen, es sei eine gute Taktik, einen großen Bogen um diese Schwarzen Löcher zu machen, aber es ist nicht das
gleiche wie Heilung. Ein unverheiltes Schwarzes Loch wird immer
größer, bis es sich zur klaffenden Wunde ausgewachsen hat. Die
größte und schlimmste Wunde, die wir mit uns herumtragen können, ist die Wunde der Entfremdung, das Trauma des Verlusts von
Liebe, Seele und Gott. Das ist das Schwarze Ur-Loch, das uns von
den Quellen der Liebe, des Friedens und der Freude abschneidet.

Solange dieser Ur-Defekt nicht geheilt ist, fehlt uns die Energie,
um mit dem Leben anders als nur auf der alltäglichsten Ebene fer-
tigzuwerden. Das Schwarze Loch scheint jeglichen Optimismus
und alles Bedeutungsvolle aufzusaugen, und ein unbestimmtes
Gefühl der Bedrohung, das sich nirgendwo unmittelbar festma-
chen läßt, raubt dem Dasein die Vitalität. Das ist der Zustand, den
wir Verzweiflung nennen.

Wenn wir dem Schwarzen Loch am Ursprung zu Leibe rücken

wollen, setzen wir uns Gefühlen der Vernichtung, des absoluten Mangels und des totalen Ausgeliefertseins aus, und wir geraten in massive Todesangst. Der folgende Test befaßt sich mit diesen Ur-Überlebensängsten. Beantworten Sie die Fragen so ehrlich Sie können.

Welches der nachfolgend genannten Ereignisse könnte Sie Ihrer Meinung nach bis zu Ihrem siebzigsten Lebensjahr treffen? (Falls Sie bereits die Siebzig überschritten haben, lautet die Frage, welche von diesen Ereignissen Ihnen Ihrer Meinung nach noch bevorstehen könnten.)

Ich könnte meinen Job verlieren und ein Jahr lang arbeitslos sein.
Ich könnte mein Haus oder meine Wohnung verlieren.
Ich könnte eine Steuerprüfung haben.
Ich könnte an Krebs erkranken.
Ich könnte ins Gefängnis kommen.
Ich könnte bankrott gehen.
Ich könnte meine Angehörigen verlieren.
Ich könnte geschieden werden.
Ich könnte aus meiner Firma hinausgeworfen werden.
Ich könnte wegen einer Affäre oder wegen einer sexuellen Verfehlung allgemeine Verachtung auf mich ziehen.
Ich könnte einen Herzinfarkt erleiden.
Ich könnte um eine größere Geldsumme betrogen werden.
Ich könnte einen Prozeß an den Hals bekommen.
Ich könnte anfangen, zuviel zu trinken.
Ich könnte in die Lage kommen, daß ich meine Rechnungen nicht mehr bezahlen kann.
Ich könnte sterben.

AUSWERTUNG:

Mit diesem Test können Sie feststellen, ob sie mit Überlebensängsten zu kämpfen haben. Geben Sie sich für jedes Ja einen Punkt. Die maximale Punktzahl beträgt 16.

• *Bei neun Punkten oder darüber* leiden Sie stark an Überlebensangst. Ihre Lebenseinstellung ist sehr defensiv, und es ist Ihnen vermutlich nicht gelungen, zu einem geistigen oder sonstigen für Sie
wichtigen inneren Lebenszweck zu finden.

Sie sind so sehr damit beschäftigt, all die schrecklichen Dinge,
mit denen das Leben Sie heimsuchen könnte zu vermeiden, beziehungsweise darüber nachzudenken, wie Sie diese vermeiden können, daß Ihnen für das Streben nach einem erfüllteren Leben kaum
noch genügend Zeit bleibt.

• *Bei acht Punkten und darunter* haben Sie eine realistische Ein-
schätzung der Gefahren, die das Leben mit sich bringt. Ob sie nun
eine spirituelle Ader haben oder nicht, und ob Sie ein Suchender
sind oder nicht – Sie haben jedenfalls so viel innere Spannkraft,
daß der Geist bei Ihnen einen Ansatzpunkt finden kann.

Sie begegnen der Welt mit Offenheit und Interesse für ihre Möglichkeiten. Während ein Mensch mit starken Überlebensängsten
das Leben für einen Ozean der Gefahren hält, in dem es hin und
wieder eine Insel der Sicherheit gibt, ist für Sie das Leben ein Meer
der Sicherheit mit gelegentlich eingestreuten Klippen der Gefahr.

• *Wenn Sie überhaupt keinen Punkt haben,* leiden Sie an Realitätsverlust. Entweder haben Sie den Test nicht ernst genommen, oder
Sie leben in einem Wolkenkuckucksheim der Unverwundbarkeit.
Es besteht die Gefahr, daß Sie sich auf riskante Sachen einlassen,
die selten gutgehen – wobei Sie bei einer Pleite vermutlich nicht
zugeben, daß es Ihr Fehler war.

Überlebensangst ist die stärkste Triebkraft der Abhängigkeit. Immer wenn Sie meinen, Sie dürften nicht lockerlassen und Sie müßten sich an jemanden oder etwas klammern, um zu überleben,
machen Sie einen Spagat über einem Schwarzen Loch. Das ist zwar
ein sehr treffendes Bild, doch viele Leute glauben nicht daran, daß
es diese Schwarzen Löcher überhaupt gibt.

Nehmen wir ein Beispiel: Für fast jeden, ob Mann oder Frau, ist
die äußere Erscheinung eine Quelle der Unsicherheit. Frauen spre-

chen diese Unsicherheit mit Sätzen wie »Ich bin überhaupt nicht hübsch«, »Ich bin zu dick«, »Mein Busen ist zu klein«, »Ich werde langsam alt« unmittelbar an.

Männer neigen eher dazu, diese Unsicherheit indirekt auszudrücken mit Stoßseufzern wie »Ich bin nicht in Form«, »Ich bin im Bett nicht mehr so gut wie früher«, »Keine Frau schaut mich mehr an«, »Ich kann von Glück sagen, wenn mich überhaupt noch eine haben will«.

Das sind lauter negative Gedanken, an die wir uns nur aus einem einzigen Grund klammern: Sie sollen uns vor den noch weitaus unerträglicheren Gedanken schützen, die sich darunter breitmachen. Wenn eine Frau beispielsweise sagt: »Ich finde dieses Kleid unmöglich!«, kann das die Abwehr des Gedankens »Ich bin zu dick« sein, der sich seinerseits über »Jeder hält mich für häßlich« geschoben hat, was wiederum vielleicht die Überzeugung »Ich verdiene es nicht, daß man mich liebt« verbirgt.

Mit einem solchen Gedanken leben zu müssen, wäre schon schrecklich genug, doch auch er ist noch ein Abwehrmanöver, an das sich unsere Psyche nötigenfalls klammert, denn die nächsttiefere Schicht behauptet: »Ich verdiene es nicht zu leben«, und darunter heißt es dann: »Ich bin ein Nichts.«

Das Schlimmste, was wir uns vorstellen können, ist die Annäherung an ein Schwarzes Loch, und deshalb tapezieren wir es Lage um Lage mit den Ausflüchten unserer Abwehr zu.

Diese Abwehr ist niemals positiv, es kommen durchweg nur negative Argumente darin vor, eines oft negativer als das andere. Wenn wir erst einmal die Überlebensangst als solche erkannt haben, gibt es nichts mehr, hinter dem wir Deckung suchen könnten. Der gähnende Abgrund des Schwarzen Lochs klafft dann direkt vor unseren Füßen. Zum Glück kann auf eine recht einfache Weise dem Schwarzen Loch der Schrecken genommen werden, bevor er uns in eine Krise oder in ein Trauma treibt:

Schwarze Löcher können geheilt werden, indem wir sie
mit dem Geist der Liebe füllen. So entsetzlich sie auch sind,
sie bestehen aus nichts anderem als aus fehlender Liebe.

Die folgenden Sätze sind Ausdruck einer heilsamen Einstellung gegenüber extremen Ängsten und dem Elend, das sie hervorrufen:

• Ich habe keine Mängel.

• Angst ist immer das Falsche. Auch die schlimmen Dinge, die mir zustoßen, vergrößern letztlich nur mein Wissen und meine Stärke.

• Ich habe mein Leben bekommen, um es zu meistern, und das werde ich auch.

• Der Geist ist mein Bundesgenosse.

• Was auch kommen mag – ich bin dem gewachsen.

Welche Rolle kann der Mensch, den wir lieben, hierbei übernehmen? Wir können uns gemeinsam mit ihm oder ihr auf eine heilbringende Reise machen, die von der Sicherheit und Geborgenheit ihren Ausgang nimmt, die wir erstmalig in unserer Liebe füreinander gefunden haben. Sich zu verlieben stillt den unmittelbaren Schmerz der Entfremdung und gibt uns einen Vorgeschmack darauf, was es heißt, ganz und heil zu sein. Aus Lebenserfahrung wissen wir jedoch, daß das nur ein vorübergehender Glückszustand ist. Die Liebe aus einer äußeren Quelle kann sich niemals aus der Allgegenwart des Wandels emporschwingen.
    Eine ewige Verbindung gibt es nur mit dem höheren Selbst der Seele. In den leidenschaftlichsten Augenblicken der Liebe gibt es Momente, in denen man glaubt, die geliebte Person mitten im eigenen Herzen spüren zu können. Dieses Gefühl entsteht, wenn sich ein von der Liebe ausgesparter Raum mit Liebe füllt.
    Die wirkliche spirituelle Arbeit besteht darin, diese Lücke durch eigenes Zutun auszufüllen. Das ist eine Art Kreislauf. Wir können uns die Liebe zu uns selbst antrainieren, indem wir unser Bewußtsein immer wieder aufs neue erleben lassen, daß das höhere Selbst ein sicherer Zufluchtsort der Liebe ist. Das Selbst kann uns erst

dann schützen, wenn wir seine Geborgenheit suchen, und dieser
Prozeß kommt nur dann in Gang, wenn wir Zeit und Energie dafür
aufwenden.

Die Selbstliebe kann wachsen,

• wenn wir unseren angstvollen und zornigen Impulsen nicht
nachgeben,

• wenn wir darauf vertrauen, daß das Universum auf unserer
Seite ist,

• wenn wir die Wünsche des Herzens sprechen lassen und dann
zuschauen, wie das höhere Selbst sie erfüllt,

• wenn wir daran glauben, daß wir als der Mensch, der wir sind,
vollauf genügen und nicht besser sein könnten,

• wenn wir darauf achten, anderen Menschen mit der Zärtlichkeit
und Süße unserer Liebe zu begegnen,

• wenn wir unsere Aufmerksamkeit in jeder Situation auf die positiven Energien lenken,

• wenn wir unseren eigenen Bedürfnissen auch ohne den Beifall
unserer Umgebung Rechnung tragen und

• wenn wir den Frieden der inneren Stille pflegen.

Indem wir darauf achten, daß diese Dinge in unserer Beziehung
nicht zu kurz kommen, helfen wir unserem geliebten Partner, sich
selbst zu lieben, denn wir bauen damit die Erwartung ab, daß er
den Strahl seiner Liebe unablässig auf uns zu richten hätte.
    Meistens gehen wir die Sache aber genau anders herum an. Wie
die kleinen Kinder erwarten wir, daß zunächst und zuerst der andere *uns* die Unsicherheit nimmt, indem er uns reichlich mit Zu-

neigung und Beifall bedenkt. Aber die Quelle der Liebe sind wir selbst – eine Quelle, die bis zum Überfließen angefüllt ist.

Wenn wir unsere spirituelle Arbeit vollbracht haben, sind die Schwarzen Löcher aufgefüllt, die uns den Zugang zu dieser Quelle versperren. Das Loslassen, so furchterregend es für unser Ego ist, bedeutet in Wirklichkeit, in den unendlichen Ozean der Liebe einzutauchen.

Ich muß hierbei an Walt Whitman denken, der in seiner überschäumenden Begeisterung am liebsten alles um sich herum stürmisch umarmt hätte und gleichzeitig der kühle Beobachter blieb, der sich in ruhigem Einklang mit seinem inneren Wesen befand:

»Ich existiere, wie ich bin, das genügt.
Gewahrt mich kein Mensch in der Welt, so sitz' ich zufrieden,
Und gewahren mich alle und jeder, so sitz' ich zufrieden.

Eine Welt ist meiner gewahr, bei weitem die größte für mich,
    und das bin ich selbst,
Und ob ich zum Meinigen heute gelange, oder in zehntausend
    oder in zehn Millionen Jahren,
Ich kann es fröhlich heute nehmen oder ebenso fröhlich
    warten …

Ich verlache das, was ihr Auflösung nennt,
Und kenne die Fülle der Zeit.«
(Deutsch von Hans Reisiger)

Irgendwann mündet jede Liebesgeschichte in diesen Zustand des allumfassenden inneren Friedens. Es führt kein anderer Weg zu wahrer Zufriedenheit, zu echter Erfüllung – nur der Weg über das Selbst.

»... BIS DASS DER TOD EUCH SCHEIDET?«

Eines Tages besuchte mich Connor, ein älterer Mann, der früher mein Patient war. Tief aufgewühlt erzählte er mir vom Schicksal seiner Frau Mary Patrick, mit der er seit dreißig Jahren verheiratet war. Connor und Mary waren aus Irland eingewandert, wo sie erst relativ spät in ihrem Leben geheiratet hatten. Sie waren jetzt beide um die siebzig Jahre alt, doch sie sahen noch immer attraktiv und vital aus.

Lange Zeit war ihr Leben in ruhigen und glücklichen Bahnen verlaufen, aber dann hatte sich der jüngste Sohn mit Aids infiziert und war gestorben. Es war ein harter Schlag für die Familie, doch die Mutter des Jungen heilte ihren Schmerz, indem sie sich dem Leid anderer Menschen zuwandte. Mary Patrick machte die Interessenvertretung von Aids-Opfern zu ihrer Lebensaufgabe. Sie engagierte sich bei einer Reihe von politischen Projekten, doch den größten Teil ihrer Zeit widmete sie sich persönlichen Hilfeleistungen, indem sie Aids-Patienten zum Einkaufen fuhr, im Krankenhaus besuchte und ihnen Wege zeigte, wie sie für die gewaltigen Behandlungskosten aufkommen konnten.

»Deine Frau kommt mir vor wie eine Heilige«, sagte ich, und ich schämte mich nicht, diese abgedroschene Floskel zu benutzen, denn alles andere wäre zu schwach gewesen.

Connor sah mich herausfordernd an. »Glaubst du? Und warum wurde dann letzte Woche bei ihr ein Lungenkrebs im fortgeschrittenen Stadium festgestellt?« sagte er voll Bitterkeit.

Ich war erschüttert und machte auch keinen Hehl daraus. Natürlich bot ich ihm an, mit allem, was in meiner Macht stand, zu helfen. »Ist deine Frau Raucherin?« erkundigte ich mich. Ich war eigentlich sicher, daß sie rauchte, denn Lungenkrebs bei Nichtrauchern ist außerordentlich selten.

Connor schüttelte den Kopf. »Sie raucht nicht, und sie trinkt nicht. Sie ist der allerliebste Mensch, den ich je getroffen habe, und jetzt muß ausgerechnet *das* passieren!«

Ich schwieg einen Moment, während mir verschiedene Gedanken durch den Kopf gingen. Die Frau, um die es hier geht, ist siebzig, sagte ich mir, und in diesem Alter ist Krebs keine Seltenheit. Die Medizin weiß längst, daß fast jeder im fortgeschrittenen Alter Tumore hat, die sich nicht unbedingt als bösartig herausstellen oder zum Tod führen müssen. Wir haben uns alle daran gewöhnt, daß Krankheiten, statistisch gesehen, nach dem Zufallsprinzip ausbrechen und weder die Guten noch die Bösen verschonen.

Doch wenn das Schicksal in unserem näheren Umfeld zuschlägt, fällt es uns nicht mehr so leicht, das zu akzeptieren, und angesichts von Connors Bitterkeit waren meine Überlegungen wohl eher kümmerliche Rationalisierungen. Wir wußten beide genau, was er meinte: Da bemüht man sich um Güte und Liebe, und dann kann man sehen, wo man bleibt.

Ich erkundigte mich nach der Prognose. Connor schüttelte den Kopf.

»Keine Hoffnung mehr«, sagte er. »Der Krebs hat sich schon überall ausgebreitet.«

»Wie wird deine Frau damit fertig?« fragte ich.

Connors Miene wurde weicher. »Viel besser als ich«, sagte er. »Mit einer geradezu unglaublichen inneren Ruhe macht sie immer noch ihren ehrenamtlichen Einsatz, aber tief innerlich weiß ich, daß sie leidet.«

Weißt du das wirklich? dachte ich im stillen. Ich hätte ihm natürlich, um meine Sympathie zu zeigen, irgend etwas Bestätigendes antworten können, aber wir machten uns nichts vor. Wir saßen eine Weile stumm da. Nach meiner Erfahrung wird eine Tragödie nicht von jedem gleich schwer genommen, und wenn Mary Patrick die liebevolle Person war, als die ich sie kannte, dann konnte es durchaus sein, daß sie den inneren Frieden und die Freiheit gefunden hatte, die sie über ihre »verhängnisvolle« Krankheit hinaussehen ließen.

»Auch Heilige müssen sterben«, sagte ich ruhig, »und sie sterben beileibe nicht alle auf der Kniebank beim Gebet.«

Ich hatte befürchtet, Connor würde mich wieder scharf ansehen oder meine Bemerkung wegwischen, aber er widersprach nicht und wollte sogar nach einer Pause noch mehr hören.

»Ich will damit sagen, daß der Tod keinen Sieg über die Liebe davonträgt. In dir und in eurem Sohn hat deine Frau etwas gefunden, über das der Tod keine Macht hat, und das hebt sie weit über andere Menschen hinaus, für die die Aussicht auf einen baldigen Tod meistens nur Schrecken und Untergang bedeuten.

Aber was ist, wenn der Tod keinen Untergang bedeutet? Du und ich, wir haben diese Erfahrung noch vor uns. Wir kennen sie nicht und projizieren deshalb unsere eigenen Vorstellungen in sie hinein, aber man kann sich dieser Erfahrung auch anders stellen. Man kann sich mit Liebe wappnen – und zwar Liebe nicht als Gefühlskostüm, sondern als Inbegriff der eigenen Identität.«

Das Leben konfrontiert uns an allen Seiten mit Verlusten. Der Tod ist der tragischste und auch jener, der uns am ratlosesten macht. Irgendwo weiß natürlich jeder, daß der Tod unvermeidlich ist, aber anstatt die Liebe als Chance zur Unabhängigkeit aufzufassen, reagieren wir damit, uns anzuklammern – jeder an den anderen und an alle möglichen Dinge, an das Leben selbst. Doch was ist damit erreicht, wo sich im Leben alles andauernd verändert? Man könnte genausogut versuchen, sich an einen Fluß zu klammern.

Wenn ein gramgebeugter Ehemann über den Tod seiner Frau sagt: »Es war, als hätte ich einen Teil von mir selbst verloren«, dann geht der Verlust bis ins Körperliche, er geht »an die Nieren«. Für das Ego ist der Verlust einer geliebten Person lebensbedrohlich, trotz der unleugbaren Tatsache, daß der eigene Körper nicht zugrunde gegangen ist. Ein anderer Mensch war so stark in das eigene Selbstgefühl einbezogen, daß es sich über die räumlichen und zeitlichen Grenzen der eigenen Person hinaus erstreckt hat. Auf diese Weise erscheint die Trauer im Gewand der Liebe, wobei der Trauer und der Liebe gemeinsam ist, daß sich bei diesen Gemütszuständen zwei Menschen als ein einziger empfinden.

Connors Reaktion auf die Krankheit seiner Frau war Wut, die Standardreaktion des Ego auf jegliche Art von Verlust. Die Wut protestiert: »Das ist nicht fair, das ist eine Schweinerei!« Der Verlust kam Connor absolut ungerecht vor. Hätte ich Connor zu einem anderen Zeitpunkt getroffen, dann hätte er vielleicht damit reagiert, den Verlust abzuleugnen, nach dem Motto: »Das kann gar nicht sein.« Dadurch, daß man ihn leugnet, wird der Verlust ins

Unwirkliche verdrängt. Connor hätte vielleicht auch mit Angst, die tiefer als Wut und Ableugnen angesiedelt ist, reagieren können. Die Stimme der Angst jammert: »Das überleb' ich nicht.«

Zwar war Connors Frau diejenige, die den Krebs bekam, doch auch er selbst hätte gut daran getan, die inzwischen wohlbekannten einzelnen Stadien des Sterbens zu durchlaufen. Die letzten Stufen des Sterbeprozesses sind das Annehmen und das Transzendieren. Erst wenn diese erreicht sind, kann ein Mensch das fruchtlose Feilschen mit dem Unvermeidlichen einstellen.

Im Gegensatz zu den Reaktionen des Ego ist das Annehmen ein spiritueller Zustand. Das Annehmen sagt: »Das ist die Realität, und ich bin mit ihr im reinen.« Sterbende beschreiben diesen Zustand als unglaublich schön und ohne Parallele in ihrem ganzen bisherigen Leben. Alle Ansprüche an diese Welt fallen allmählich ab, und eine höhere Wahrnehmung setzt ein, eben das Stadium der Transzendenz.

Die Sterbenden kehren jedoch nicht zu uns zurück, und deshalb müssen wir versuchen, uns selbst das Annehmen beizubringen, bevor die kritische Stunde unseres eigenen Todes kommt. Darum ist in so vielen geistigen Traditionen die Rede von »jeden Tag ein bißchen sterben« oder vom »Sterben zum Tode«. Das sind Metaphern für den Zustand der Un-Gebundenheit. Wenn Christus sagt, er sei in der Welt, aber nicht von dieser Welt, dann ist es genau das, was er damit meint.

Meine nächste Unterhaltung mit Connor fand erst ein Jahr später statt. Seine Frau war inzwischen gestorben. Trotz einer intensiven Strahlentherapie hatte sich Mary Patricks Zustand rapide verschlechtert. Bei Lungenkrebs können die Betroffenen manchmal bis in ihre letzten Tage sehr aktiv sein. Connors Frau hatte ihre Krankenhausbesuche bei Aids-Kranken erst abgebrochen, als sie sich selbst in stationäre Behandlung begeben mußte. Sie war friedlich im Kreis ihrer Familie gestorben, nachdem sie von allen Abschied genommen und darum gebeten hatte, ihre letzten Stunden nicht durch den Einsatz von lebenserhaltender Medizintechnik zu verlängern.

Nach außen schien Connor seinen Kummer gut im Griff zu haben, doch als er die Einzelheiten erzählte, schwang in seiner Stimme noch viel von seiner früheren Bitterkeit mit. Es fiel ihm nicht leicht, über das Sterben seiner Frau zu sprechen.

»Hast du dich schon mal mit dem Sterben beschäftigt?« fragte ich ihn.

»Nie«, antwortete Connor heftig. »Wenn es nach mir ginge, würde ich mich weigern zu sterben. Aber es langt nur dazu, daß ich jedesmal unglaublich wütend werde, wenn jemand stirbt.«

»In anderen Worten: Du wärst gern unsterblich«, sagte ich. Connor nickte. »Und was wäre, wenn sich herausstellt, daß du unsterblich bist?« fragte ich ihn. »Was wäre, wenn der Tod deiner Frau dir genau das deutlich machen soll?«

»Du sprichst in Rätseln«, meinte Connor ziemlich barsch. »Die meisten Leute würden doch wohl eher sagen, daß ein sterbender Mensch uns an unsere eigene Angst vor dem Tod erinnert.«

»Das ist die eine Möglichkeit der Interpretation. Es ist zwar schmerzhaft und grausam, einen Menschen sterben zu sehen, aber es ist wirklich. Und im Wirklichen steckt auch immer ein Fünkchen Geist.«

»Für mich ist das Sterben zu wirklich«, sagte Connor mit Bestimmtheit.

»Du meinst eigentlich, zu überwältigend«, gab ich zurück. »Nach meiner Erfahrung sind alle Vorstellungen, die man sich vorab vom Tod macht, reichlich irreal. Wie stellen wir uns den Tod denn immer vor? Als endgültiges Aus? Wie einen Sturz in ein bodenloses Loch? Als ewige Bewußtlosigkeit? Das sind doch alles nur Projektionen.

Stell dir doch einmal den Tag vor, an dem du nicht mehr existierst! Oder den Tag, an dem du noch nicht existiert hast. Beides ist doch grundsätzlich dasselbe, oder? Beides könnten doch Stadien des Lebens sein, mit denen wir einfach nur keine Verbindung aufnehmen können.«

»Wenn jemand einen starken Glauben hat, mag er dir vielleicht recht geben«, sagte Connor.

»Mit Glauben hat das nichts zu tun. Wenn du dich auf den Prozeß einläßt, die Wirklichkeit so zu akzeptieren, wie sie ist – was ja bedeutet, alles Nichtwirkliche abzustreifen –, dann wärst du hier und jetzt vom Tod befreit, denn unser Weltbild geht davon aus, daß der Tod das Ende sei, während das Sterben in Wirklichkeit nur eine Durchgangsstation ist.«

»Ein Durchgang wohin?«

»Laß es uns jetzt gleich herausfinden«, sagte ich. »Über den Tod können wir uns vorab so viele Gedanken machen, wie wir wollen, wir werden trotzdem nichts über ihn wissen. Angst, Wut und Verdrängung sind die Manöver, mit denen unsere Psyche uns die Dinge vom Hals hält und sie abweist.

Aber warum nehmen wir nicht die Angst, die Wut und die Verdrängung unter die Lupe und finden heraus, was sich darunter verbirgt? Weil wir uns selbst die Überzeugung verordnet haben, wir müßten uns ans Leben klammern, um so dem Tod entgegenzutreten.

Das ist aber leider das Verkehrteste, was man machen kann. Es ist eine Reaktion aus Angst und Nichtwissen. Erst wenn wir aufhören, uns an etwas zu klammern, dürfen wir hoffen, durch den Schleier der Illusion bis zu der Realität vorzudringen, die er verbirgt. Das ist vermutlich die Erfahrung, die wir beim Sterben machen.

Die Wirklichkeit ist unablässig in Bewegung. Sie läßt das Bekannte unter unseren Füßen davongleiten und bringt das Unbekannte ins Blickfeld. Das Sterben öffnet uns die Augen für ein Wissen, das wir auf keine andere Weise erlangen. Das ist das ›Sterben zum Tod‹, wie es in den alten Schriften heißt.

Der Tod ist das Urbild des Verlusts – das ist ein allgemein anerkannter Satz der modernen Psychologie. Jeglicher Verlust, vom Börsenbankrott über das Abbrennen des eigenen Hauses bis zum Rausschmiß aus der Firma, läßt einen tiefen inneren Schrecken entstehen, der mit dem Entsetzen vor dem Tod verwandt ist.«

Aus spiritueller Sicht jedoch ist der Verlust ohne Realität. Er ist eine Vorstellung, die sich in unserem Kopf gebildet hat. Durch die Bewertung in unserem Kopf werden Veränderungen zu Verlusten. Wenn die Sonne jeden Morgen aufgeht, ist das der Verlust der

Nacht. Wenn wir uns ein neues Auto kaufen, ist das der Verlust von Geld. Wenn wir uns verlieben, ist es ein Verlust der Einsamkeit. Wir betrachten diese Dinge nicht als Verlust, weil wir keine Vorbehalte dagegen haben. Erst die Mißbilligung durch das Bewußtsein verleiht einem »Verlust« die betrübliche Bedeutung.

Das Gesetz des *Karma* macht uns deutlich, daß alles seinen Ausgleich findet und nichts verlorengehen kann. Sobald etwas aus unserem Einflußbereich verschwunden ist, glauben wir, es sei fort, verlorengegangen. Doch bei karmischer Betrachtung kann das nicht richtig sein – wenn etwas »verloren« geht, geschieht nichts anderes als eine Um- und Neuordnug seiner Energie zu etwas anderem.

Der herabgefallene Apfel verfault und wird zum Dünger für das weitere Wachstum des Apfelbaums. Die von einem Löwen erjagte Gazelle erwacht in Form der Körperzellen ihres Jägers zu neuem Leben. Der Zyklus von Leben und Tod, der Rhythmus der Jahreszeiten, das Kommen und Gehen der Arten vollziehen sich im karmischen Maßstab, wobei die Elemente des Lebens von einem Ort zum anderen wandern, ohne dabei die vollkommene Ausgewogenheit des Ganzen in irgendeiner Weise zu beeinträchtigen.

»Trägst du Mary Patrick immer noch innerlich mit dir herum?« fragte ich Connor.

»Ja, aber nicht so, wie du vielleicht glaubst«, gab er zurück. »Ich weiß, daß Hinterbliebene oft die Gegenwart oder den Beistand ihrer verstorbenen Angehörigen zu spüren glauben, aber mit Mary Patrick ist das für mich noch etwas anderes. Sie ist einfach überhaupt noch nicht gegangen. Kannst du das verstehen, oder bin ich verrückt?

»Nein, was du da spürst, ist die Wahrheit«, sagte ich. »Ist dieses Empfinden mal da, und dann ist es wieder weg?«

Connor schüttelte den Kopf.

»Siehst du das Gesicht deiner Frau, oder hörst du sie sprechen?«

»Nein. Das ist es ja eben«, sagte Connor ziemlich ratlos. »Was immer ich da spüre, es ist eben nicht die Frau, mit der ich verheiratet war, sondern etwas anderes.«

»Die Frau, mit der du verheiratet warst, ist nicht hier«, sagte ich zu ihm, »aber das, was du an ihr geliebt hast, hat kein Hier oder Dort. Es ist eben einfach da. Es ist ein realer Teil von etwas Ganzem und Umfassenden.

Ich glaube, ihr habt in eurer Ehe zu einer Liebe gefunden, die über die geliebte Person hinausreicht und die deshalb diese Zeitlosigkeit hat. Das ist etwas, was nur wenige erreichen.«

Connor nickte nachdenklich. Er nahm meine Worte mit Befriedigung und Anerkennung zur Kenntnis.

»Die Priester in Cork haben uns damals beigebracht, daß unsere Seelen in den Himmel auffahren, wenn wir sterben«, sagte er. »Vielleicht empfindet man das dann so, mag ja sein. Aber Mary Patrick ist nicht fortgegangen, das weiß ich genau. Ich habe mir lange den Kopf darüber zerbrochen. Wenn es das ist, was du mit dem ›Sterben zum Tode‹ meinst, dann hat es damit wohl seine Richtigkeit.«

D I E

6. STUFE
LEIDENSCHAFT

S   T   U   F   E   N

D   E   R

L   I   E   B   E

WARUM WIR LEIDENSCHAFT BRAUCHEN

Bis jetzt ging es in erster Linie um die kosmische Dimension unseres Selbst, das jenseits der dreidimensionalen Realität angesiedelt ist. Wir müssen uns aber noch einmal der kosmischen Dimension unserer Beziehungen zuwenden.

Was bedeutet eine Ehe oder eine Partnerschaft, wenn man sie als die Vereinigung zweier geistiger Wesen versteht? Da es uns in unserem höheren Selbst an nichts mangelt, könnte es auf den ersten Blick so aussehen, als wäre es überhaupt nicht nötig, daß unsere Seele sich mit der Seele der geliebten Person verbindet. Doch allein schon die Tatsache, daß wir uns in Fleisch und Blut lieben können, basiert auf nichts anderem als dem Geist.

Die liebende Beziehung ist ein Spiel des Göttlichen, bei dem zwei geistige Wesen so tun, als seien sie nicht eins, um sich gegenseitig das Glück der Liebesvereinigung bereiten zu können.

Der Unterschied zwischen einer kosmischen und einer irdischen Liebesbeziehung ist etwa der gleiche wie zwischen Spiel und Arbeit. Ein gewisses Maß an Bedürfnissen geht in jede unserer irdischen Beziehungen ein, denn der Kampf ums Überleben ist zu anstrengend, als daß wir das Leben als reines Spiel auffassen könnten. In spiritueller Hinsicht gibt es allerdings nur das Spiel. Der Zweck unseres Daseins ist nicht zu überleben, sondern jedes Körnchen der Leidenschaft auszudrücken, das die Liebe in uns wachsen läßt.

Nach den vedischen Lehren hat überhaupt nur eine einzige eheliche Vereinigung jemals stattgefunden, nämlich die Vereinigung Gottes als dem Männlichen mit Gott als dem Weiblichen. Bei der Vereinigung dieser beiden Pole jagen Blitze der Leidenschaft zwischen ihnen hin und her. Doch diese Leidenschaft kann nur eine spielerische sein, denn Gott weiß ja, daß männlich und weiblich in Wirklichkeit eins sind. Die Aufteilung in zwei Geschlechter dient nur einem göttlichen Zweck, nämlich die Glückseligkeit der geschlechtlichen Vereinigung zu ermöglichen.

Die geschlechtliche Vereinigung im Geschlechtsakt ist die Nachahmung des göttlichen Schöpfungsaktes. Durch die Leidenschaft bringen wir die Liebe Gottes zu Gott zum Ausdruck.

Als nächstes müssen wir uns damit beschäftigen, wie eine Liebesbeziehung in geistiger Hinsicht vertieft werden kann, damit sie ihrer kosmischen Bestimmung gerecht wird. Wenn wir uns daran erinnern könnten, wie es war, als wir uns verliebt haben, kämen wir gar nicht auf die Idee zu fragen, warum wir die Leidenschaft brauchen. In der Unmittelbarkeit der sinnlichen Liebe kann diese Frage nicht aufkommen – diese Erfahrung erfaßt uns mit Körper und Geist.

Leidenschaft stellt zwei Liebende in eine eigene Welt, wie Walt Whitman in einem seiner erotischsten Gedichte mit wunderbaren Worten beschreibt:

»Oh Du und ich! Was bedeutet es uns, was die
anderen tun oder denken?
Was ist das alles für uns? Einzig daß wir uns freu'n aneinander,
und einander bis zur Vernichtung aufbrauchen,
wenn es sein muß. …
Aus Geschlecht, aus Gewebes Kette und Einschlag, …
Aus dem linden Streicheln von Händen über mich hin
und Wühlen von Fingern in meinem Haar und Bart,
Aus dem langen verweilenden Kuß auf Mund oder Busen,
Aus der engen Umschlingung, die mich und jeglichen Mann
berauscht, daß ihm die Sinne schwinden im Übermaß.«
(Deutsch von Hans Reisiger)

Dieses Gedicht läßt die Unmittelbarkeit der geschlechtlichen Vereinigung so deutlich werden, wie Worte es nur können. Doch so er-

regend Worte auch sein mögen – die Leidenschaft selbst über den
Moment hinaus festzuhalten ist unmöglich. Mit dem Glück verhält es sich nicht anders. Wer glücklich ist, hat keinen Grund, danach zu fragen, was das Glück eigentlich ist. Wenn es aber ent-
schlüpft ist, und sei es auch nur um eine Winzigkeit, läßt es sich
durch keine Fragen wieder zurückbringen. Das erotische Verlangen
ist noch unbeständiger. Sobald Zweifel oder Ängste an der Leidenschaft nagen, ist es um die Spontaneität geschehen.

In unserer Kultur wird der Begriff Leidenschaft immer mit der
Sexualität in Verbindung gebracht. Deshalb sind die Paare immer
sehr verwirrt, wenn in ihrer Beziehung das sexuelle Interesse langsam erlischt. Manchmal schließt sich eine ruhigere Zeit an, die der
Liebe zwischen guten Freunden ähnelt, aber manchmal bleibt
nichts als Gleichgültigkeit übrig.

Die Wiedererweckung der Leidenschaft auf einer nichtsexuellen
Ebene ist ein Thema, zu dem sich unsere Kultur ausschweigt. Wenn
in einer Beziehung erst einmal zehn Jahre oder mehr vergangen
sind, kämpfen deshalb oft beide Partner insgeheim mit der Langeweile. Das Schwinden der Leidenschaft läßt Unlust aufkommen,
und die Partner wissen meist nichts Besseres dagegen zu unternehmen, als in Nostalgie zu schwelgen.

Leider muß man immer wieder feststellen, daß Beziehungen,
die im lodernden Feuer der Leidenschaft begonnen haben, häufig
als die sprichwörtliche erkaltete Asche enden. Doch in jeder Ehe
und Beziehung sollte es um die Vereinigung mit der geliebten Person in einer lebenslangen Leidenschaft gehen, die sich nicht nur
auf die Sexualität beschränkt. Echte, dauerhafte Leidenschaft muß
ihre Nahrung von einer tieferen Ebene beziehen.

Die Intensität des menschlichen sexuellen Verlangens ist ein
schwacher Widerschein der angestauten Sehnsucht, die uns alle
auf die Suche nach dem Liebhaber schlechthin treibt – nach dem
höheren Selbst unserer Seele. Leidenschaft wird zwar durch eine
andere Person ausgelöst, doch sie ist nicht personenbezogen, sie
ist universell. Wenn Rumi erklärt, daß »alle Kräfte und Teilchen
dieser Welt von Liebe entflammt auf der Suche nach ihrem Liebhaber [sind]«, spricht er selbst der Schwerkraft Leidenschaft zu. Da-

mit gibt er gleichzeitig dem Geist eine seiner wesentlichsten Eigenschaften zurück – die Kraft. Ohne diese Kraft wäre der Geist zwar liebevoll und inspirierend, aber er könnte wohl kaum Einfluß auf das tägliche Geschehen nehmen. Er wäre eine hoch über den wirklichen Vorgängen des Alltags schwebende Abstraktion.

Das trifft natürlich exakt die Vorstellung, die viele Leute vom Geist haben. Aber die Seele ist mit einer eigenen Kraft ausgestattet, die im Sanskrit den Namen *Shakti* trägt. In der indischen Kosmologie verkörpert *Shakti* das weibliche Prinzip der Schöpfung. *Shakti* ist die Gattin *Shivas*, der das männliche Prinzip repräsentiert.

Shiva tritt nicht als Handelnder auf. Er ist unmanifest und bleibt unsichtbar. *Shakti* ist die sichtbare Schöpfung. Sie ist wie eine Mutter, die ihr Kind hütet, die sich beständig um alle Aspekte des manifest gewordenen Universums kümmert, und seien sie auch noch so unbedeutend.

Die Vereinigung dieser beiden Kräfte vollziehen wir in jeder sexuellen Vereinigung aufs neue, und jedesmal, wenn wir geliebt werden, fühlen wir in Wirklichkeit die Zuwendung der kosmischen Mutter, Gefährtin, Verführerin und Geliebten. *Shakti* wird in all diesen und noch zahllosen anderen Erscheinungsformen dargestellt. Sie ist die zärtliche kosmische Mutter, doch auch die zerstörerische *Kali* mit ihrem Raubtiergebiß und dem Halsschmuck aus Totenschädeln ist eine Spielart des Mütterlichen.

Viele von *Shaktis* Erscheinungsformen sind sexueller Natur. Ihr kosmischer Schöpfungstanz ist inspiriert von der Leidenschaft des *Shiva*, damit er sich daran erfreue. Auf diese Weise wird das gesamte Universum zu einer Geste der sinnlichen Liebe. Jedes einzelne Molekül vollführt seinen sehnsuchtsvollen Tanz für einen unsichtbaren Liebhaber. Diese Vorstellung klingt an bei Rumi, wenn er sagt:

»Jemand behütet uns
hinterm Vorhang verborgen.
Fürwahr, nicht wir sind hier,
's ist unser Schatten.«

Die göttliche Liebe zwischen *Shiva* und *Shakti* ist das einzig Wirkliche. Alles andere sind nur Erscheinungen dieser Wirklichkeit – sozusagen das Kostüm des Tänzers, aber nicht der Tänzer selbst.

Aber was ist *Shakti*, wenn wir die Mythologie einmal beiseite lassen? Eine direkte Entsprechung dafür gibt es im Deutschen nicht – *Shakti* ist sowohl der Inbegriff der unermeßlichen physikalischen Energien des Universums wie auch der geistigen Energien, die die moderne Physik ja bekanntlich noch nicht so recht in ihr Blickfeld gerückt hat.

Von *Shakti* angetrieben, wirbeln die Galaxien durchs All, doch sie trägt auch ein stilles Gebet an Gottes Ohr. Als der evolutionäre Impuls, der die Ordnung wahrt und der verhindert, daß alles ins Chaotische auseinanderfliegt, ist die ganze Schöpfung von *Shakti* durchwebt. Und doch ist ihre Gegenwart so intim, daß kein bislang entwickeltes Meßgerät empfindlich genug wäre, sie nachzuweisen.

In der Schöpfungsgeschichte der Bibel ist die Rede vom »Licht«, das Gott in die Welt schickt. Man kann darin eine geschlechtslose Entsprechung von *Shakti* sehen. *Shakti* erscheint jedoch nicht nur im Moment der Urschöpfung – solange das Universum bestehen wird, geht die Schöpfung als Ausdruck der unendlichen Liebe des Geistes zum Leben ununterbrochen weiter.

Shakti ist die kosmische Leidenschaft. Wenn wir für jemanden oder für etwas Leidenschaft empfinden, bringen wir Shakti durch uns selbst zum Ausdruck.

Die meisten von uns können froh sein, wenn sie in fortgeschrittenem Alter überhaupt noch irgendeine Leidenschaft empfinden können. Doch die Leidenschaft für unsere Arbeit, für die Politik und auch in der Sexualität ist etwas anderes als die Leidenschaft für das Leben.

Es ist nicht etwa so, daß das Leben größer und bedeutsamer wäre als Arbeit, Politik und Sexualität. *Shakti* ist das Leben selbst. Sie ist in jedem rhythmischen Pulsschlag unserer Existenz gegenwärtig. Leidenschaft für das Leben bedeutet, daß wir Leidenschaft *sind.* Leidenschaft und Begeisterung sind unser eigentliches Wesen. Unsere natürlichste Daseinsweise ist deshalb das Leben in Leidenschaft. Das langsame Abebben der Begeisterung ist gegen die Natur.

Wenn wir darüber klagen, daß die Leidenschaft dahinschwindet, sollten wir uns daran erinnern, daß auf der Oberfläche des Lebens, wo der Wandel das einzig Beständige ist, nichts von Dauer sein kann. Die Dinge und die Menschen kommen und gehen, und was einst die Flammen der Leidenschaft auflodern ließ, das läßt uns jetzt kalt.

Das gilt besonders für die Sexualität. Die erotische Anziehung ist kein Dauerzustand, sondern ein Vorgang der Öffnung, der es uns ermöglicht, die Schranken unseres Ego zu überschreiten und zeitweilig in das Liebesverhältnis von *Shiva* und *Shakti* einzutreten. Damit gibt uns die Sexualität die Gelegenheit, die Entfremdung aufzuheben und die Beschränkungen des vom Ego diktierten Alltagsbewußtseins abzuwerfen. Diese Gelegenheit müssen wir aber auch ergreifen, wann immer sie sich bietet, andernfalls wird unser *Shakti* – die in der Sexualität freigesetzte Energie – vergeudet.

Shakti ist, spirituell gesprochen, in jeder Situation gegenwärtig – nicht nur im Bereich des Sexuellen –, in der unser Interesse und unsere Begeisterungsfähigkeit angeregt werden. Die größte Vergeudung besteht darin, Leidenschaft und Begeisterung auf selbstsüchtige und geistlose Bedürfnisse und Triebe zu verschwenden – Besitz ansammeln, Geiz, Geldgier und das Streben nach Macht um ihrer selbst willen, lieblose Sexualität und Besessenheit.

Shakti ist der Rohstoff des Lebens, der darauf wartet, geläutert und verarbeitet zu werden. Alle Einsichten über die Leidenschaft führen deshalb immer wieder darauf zurück, wie wir *Shakti* in unserem Leben einen festen Platz geben und sie in unsere Beziehungen für die Liebe und das Einswerden einsetzen können.

Die Leidenschaft ist die Energie, die die Liebe
ausschließlich sich selbst zuliebe erschafft.

*Die aus der Liebe geborene Energie ist kreativ und schöpferisch.
Alles, womit sie in Berührung kommt, macht sie neu. Um unsere
Leidenschaft zu bemessen, brauchen wir uns nur umzuschauen
und das von uns Geschaffene zu betrachten.*

*Die Quelle der Leidenschaft liegt in uns selbst. Wenn die Leiden-
schaft erlischt, muß sie an ihrer Quelle wiedererweckt werden.*

»... EIN REST GLUT UNTER DER ASCHE«

»Was soll ich denn deiner Meinung nach tun? Ich habe fünfzehn
Jahre lang jeden Tag brav auf der Matte gestanden – und jetzt bin
ich plötzlich nur noch ein alter Hut! Es ist einfach kriminell. Wenn
ich noch den Mumm dazu hätte, würde ich den ganzen Verein am
liebsten vor den Kadi schleppen!« Nach diesem Ausbruch sackte
Jarret in seinem Sessel zusammen.

Während wir uns in meiner Praxis unter vier Augen unterhielten, wartete seine Frau Abigail vor der Tür. Eine halbe Stunde rede-
ten wir nun schon miteinander, ohne zu irgendeinem Ergebnis zu
kommen.

Jarrets gegenwärtige Situation – die Firma, an deren Aufbau er
maßgeblich beteiligt war, hatte ihm nach langen Jahren gekün-
digt – hatte ihn depressiv und teilnahmslos gemacht. Er war nicht
der Typ für einen dramatischen Auftritt. Bis zu diesem plötzlichen
Ausbruch hatte er nur ein bißchen herumgemeckert – fast schon
eine Erleichterung.

»Gar nichts sollst du machen«, sagte ich. »Du hast Geld genug,
und du kommst zurecht. Aber was steht als nächstes an?«

Jarret wandte den Blick ab und seufzte. Was auch immer an-
stand, ihm fehlte einfach die Energie dazu. »Abigail möchte nach
Florida ziehen, aber da käme ich mir nun wirklich total überflüssig
und verbraucht vor.«

Ich kannte dieses Ehepaar schon seit einiger Zeit durch meine
ärztliche Praxis. Abigail hatte ihren Mann unter dem Vorwand, daß
seine Depression vielleicht auch eine körperliche Ursache haben

könnte, mit sanfter Gewalt hergeschleppt. Eigentlich ging es ihr aber vor allem darum, daß sich einmal ein anderer Jarrets endloses Gejammer anhören sollte – mit offenem Ohr und ohne die bloßliegenden Nervenenden, die sie mittlerweile hatte.

»Abigail macht auf mich aber nicht den Eindruck, als wolle sie dich in eine Seniorensiedlung einpferchen«, sagte ich. »Doch nicht mit dreiundfünfzig. Vielleicht betrachtet sie Florida als einen neuen Anfang.«

Jarret hob die Schultern. »Wir haben früher da unten ein bißchen mit Segelbooten rumgemacht. Damals waren wir noch halbe Kinder.«

Ich ließ mir erklären, was genau »mit Segelbooten rumgemacht« heißen sollte.

»Regatta segeln. Wir sind sozusagen auf dem Wasser groß geworden. Abigail hat damals, als ich auf dem Boot von einem Kumpel in der Mannschaft war, ein Auge auf mich geworfen. Aber das ist mittlerweile alles schon graue Vorzeit.«

Diesen Eindruck hatte ich durchaus nicht.

»Hast du etwas dagegen, wenn ich Abigail wieder hereinrufe?« erkundigte ich mich.

Jarret zuckte wieder nur mit den Schultern. Er hatte nur seinen Kummer im Kopf und war sauer, daß ich nicht bereit war, mich ausgiebiger mit seinen Wehwehchen zu befassen. Als Abigail wieder hereinkam, sah sie zwar etwas beunruhigt aus, aber keinesfalls am Ende ihrer Kräfte oder gar verzweifelt. Der hoffnungsvolle Ansatz – falls es ihn gab – war sie.

»Ich möchte eines vorausschicken: Mit deinem Mann ist körperlich alles in bester Ordnung«, sagte ich, sehr zu ihrer Erleichterung. »Und in psychologischer Hinsicht kann ich auch nichts Negatives feststellen.«

Sie sahen mich beide erstaunt an. Jarret war nicht einverstanden. »Wenn du meinst, daß mir nichts fehlt, dann können wir ja tauschen«, meuterte er.

»Das würde ich sehr gerne«, sagte ich. »Man hat nur selten die Gelegenheit, an einem Scheideweg zu stehen. Es ist eine unglaubliche Chance. Leider siehst du es nur als einen Verlust – als den Verlust deines bisherigen Lebensinhalts. Du hast vermutlich für deinen Job gelebt, oder?«

»Diesen Laden würde es ohne mich überhaupt nicht geben«, knurrte er, ohne auf meine Frage einzugehen.

»Das erklärt, warum du dich vor fünfzehn Jahren mit Haut und Haaren dafür eingesetzt hast«, sagte ich. »Aber wie sah das denn in der letzten Zeit aus?«

»Er hat dort nur Däumchen gedreht«, warf Abigail ein. Jarret starrte sie böse an. Ihr Kommentar überraschte mich nicht, denn sie hatte mir schon vorher erzählt, daß Jarrets Stärke – neue Ideen bis zur Produktionsreife durchzupauken – in der Computerfirma, die er mit aufgebaut hatte, nicht mehr besonders gefragt war. Die Firma war in eine Phase der Konsolidierung eingetreten, in der ein geschicktes Management weitaus wichtiger war als neue Entwicklungen. Jarrets Beitrag war sozusagen überflüssig geworden, was ihm überhaupt nicht in den Kopf wollte.

»Deine Situation hat sich geändert, aber du willst dich nicht den Gefühlen stellen, die ein Wandel mit sich bringt«, versuchte ich ihm zu erklären. »Ich will damit nicht sagen, daß du deinen Ärger verleugnen sollst, und obwohl du es wahrscheinlich nicht zugeben willst, weiß ich genau, daß du auch verletzt bist. Du hast bestimmt das Gefühl, daß dich ausgerechnet diejenigen, die dir auf Knien danken müßten, über den Tisch gezogen haben.«

»Da sagst du was«, grollte Jarret.

»Aber du siehst nur das Negative an deiner Situation«, sagte ich. »Das Schöne am Wandel übersiehst du aber, nämlich daß auf einmal neue Leidenschaft und neues Engagement möglich werden, und das ist es eigentlich, was dir fehlt.«

Ich forderte ihn auf, sich vorzustellen, was er am liebsten tun würde, wenn Zeit und Geld keine Rolle spielten.

Er schüttelte nur den Kopf. »Nichts«, sagte er.

»Du bist jetzt bockig«, sagte ich. »Du hast dich in negative Gefühle hineingesteigert, und deshalb hast du die Quelle der Leidenschaft und der Begeisterung aus den Augen verloren, die dir dein ganzes Leben lang näher war als alles andere.«

Jarret blickte mich verwundert an.

»Schau doch mal nach rechts«, sagte ich. »Da steht sie.«

Jetzt war es an Abigail, verwundert und etwas peinlich berührt umherzuschauen.

»Du bist einfach davon ausgegangen, daß es bei diesem Problem nur um dich selber geht«, sagte ich. »Du hast deine Leidenschaft auf Null heruntergefahren, und Abigail hast du völlig außen vor gelassen. Du hattest eine wunderbare Gelegenheit, ein neues Abkommen mit dem Leben zu schließen, aber du hast nichts daraus gemacht.«

Jarret lehnte sich mit ärgerlicher Miene in seinem Sessel zurück.

»Ich habe nicht vor, dich anzugreifen, ich möchte nur sagen, daß du, ohne es zu merken, Abigail ganz schön weh getan hast. Wir sind hier, um darüber zu reden, wie ihr euch eure Ehe zunutze machen könnt, damit dein Leben für dich von einer ganz grundsätzlichen Ebene aus wieder lebenswert wird.

Als du dich damals mit Leib und Seele deiner Firma verschrieben hast, kam dein Engagement aus der Leidenschaft und der Begeisterung, aber ich habe das Gefühl, daß das, was dir heute abgeht, eher die äußeren Zugaben deiner ehemaligen Position sind: Macht, Geld, Status, Respekt. Aber das ist Schnee von gestern, das kann ich dir jetzt schon sagen.«

Die beiden schauten mich erstaunt an. Ich merkte, daß Abigail drauf und dran war, sich schützend vor ihren Mann zu stellen. Sie sagte aber nur: »In seiner alten Firma haben sie ihn sozusagen am langen Arm verhungern lassen. Deswegen dachte ich, wir könnten unsere eigene Bootswerft aufmachen oder wieder Regatten segeln.«

»Du betrachtest Jarret von einer tieferen Ebene aus, als er selbst sich sieht, nämlich von der Ebene der Liebe. Du möchtest seine Leidenschaft und Begeisterungsfähigkeit wieder wecken, weil Vitalität und Leidenschaft zusammengehören. Das hält doch eine Ehe in Schwung: mit Hingabe lebendig zu sein. Aber deine eigene Vitalität ist jetzt genau so wichtig wie seine – ich glaube nämlich nicht, daß er sich in dieser Beziehung besondere Mühe gibt.«

»Das stimmt nicht ganz«, wandte Abigail ein. »Ich fühle mich nie so lebendig wie dann, wenn wir gemeinsam eine Sache durchziehen.«

»Nur, daß dafür bislang wohl kaum Zeit gewesen sein dürfte«, sagte ich. »Die Segelei, oder was immer euch gemeinsam Spaß macht, solltet ihr euch ernsthaft durch den Kopf gehen lassen, und zwar als neuen Lebensinhalt, nicht bloß als einen Freizeitspaß, den ihr euch erlaubt, wenn die Arbeit – oder die Arbeitslosigkeit – es zulassen. Daß Jarret so früh in den Ruhestand gehen mußte, ist meiner Meinung nach das beste, was euch passieren konnte.«

Jarret machte ein nachdenkliches Gesicht. Seine Stimmung hatte sich gewandelt. Er schwelgte nicht mehr in Nabelschau und Selbstmitleid. Er wirkte jetzt eher ärgerlich (was ihn endlich wieder lebendig werden ließ). Sein Leben lang hatte er sich der Bewältigung von schwierigen Aufgaben gewidmet. Ich wußte, er würde das beste aus meinen Worten machen, wenn er sie nur als Herausforderung begriff.

»Ich weiß sehr wohl, daß dir jetzt alle möglichen Dinge angst machen«, sagte ich in etwas verbindlicherem Ton zu Jarret. »Doch damit wirst du am besten fertig, indem du dir eine neue Aufgabe suchst, weil die Angst sonst immer stärker wird.

Die schönste Aufgabe, die du dir stellen kannst, ist das Zusammenleben mit deiner Frau. Die Verschmelzung von zwei Energien, der männlichen und der weiblichen, ist etwas viel Großartigeres als Sexualität und Freundschaft zusammengenommen. Hier liegt ein spirituelles Potential, das aufgegriffen sein möchte. Setz dich damit auseinander! Versuche zu entdecken, was du jenseits von persönlichem Nutzen und isolierten Bedürfnissen durch deine Ehe gewinnen kannst.«

Ich wandte mich nun wieder Abigail zu. »Dasselbe gilt auch für dich. Das Wort, das du zu deinem Motto machen solltest, heißt Mut. Liebe und Zärtlichkeit sind nicht ohne Macht; Geduld und Toleranz können gewaltige Veränderungen bewirken. Doch wir müssen diese Energien mit der Leidenschaft verknüpfen, damit sie nicht in Resignation und Unterwerfung unter das Schicksal vergeudet werden.«

Die Leidenschaft für das Leben ist die Leidenschaft für die Ganzheit. Das bedeutet, daß wir auf einer ganz tiefen Ebene die männlichen und die weiblichen Anteile in uns selbst zur Aussöh-

nung bringen müssen. Die Ehe von *Shiva* und *Shakti* ist ein Sinn-
bild des spirituellen Potentials und nichts weniger.

Auf männlicher Seite müssen Zärtlichkeit, liebevolle Zuwen-
dung und Vertrauen Einzug halten. Es reicht nicht, wenn diese
Dinge nur von den Frauen beigesteuert werden. Die männlichen
Eigenschaften der Stärke und Gewalt haben in dieser Welt groteske
Ausmaße angenommen, weil die Männer die weiblichen Energien
ausgegrenzt und ausschließlich den Frauen überlassen haben.

Aggression und Gewalt werden überflüssig werden, sobald die
damit übertünchten negativen Schattenenergien – Angst und Im-
potenz – sich zu erkennen geben dürfen, um geheilt zu werden.
Verletzlichkeit wird dann zur menschlichen Tugend erhoben werden und nicht mehr als Schwäche gelten, die einem Mann die
Hälfte seiner Männlichkeit raubt.

Der Drang des aufgebrachten (und unsicheren) Ego, den anderen unterzubuttern, wird mit fortschreitender Heilung verschwinden, und die Fähigkeit zu produktiver Zusammenarbeit wird mehr
und mehr wachsen.

Die Wertschätzung der Frauen durch die Männer wird sich erst
dann richtig entfalten können, wenn die Männer endlich aufhören, Mann und Frau als einen Gegensatz zu begreifen. Spirituell
gesehen ist das Männliche die Ergänzung des Weiblichen. Das
muß man verstehen, bevor die Erweckung der männlichen Spiritualität vonstatten gehen kann, denn ohne daß dabei weibliche
Energien mitschwingen, können Körper und Geist nicht mit
dem schweigenden Feld der reinen Bewußtheit verschmelzen. Erst
wenn der Mann *Shakti* mit offenen Armen aufnimmt, wird er voll
und ganz zu *Shiva*.

Bei Frauen verläuft die Reise zur Ganzheit auf einem anderen
Gleis. Frauen müssen zuerst und vor allem ihre weiblichen Energien auf die Höhe der männlichen bringen. Eine Frau muß ihre
von der Gesellschaft so lange unterdrückten Energien aufbauen,
während ein Mann in der Regel seine dominanten Energien
zurücknehmen muß. In beiden Fällen geht es darum, ein Gleichgewicht herzustellen: Noch nie wurde beklagt, daß es in der Welt zuviel Liebe, Zärtlichkeit, Fürsorge, Intuition und Schönheit gäbe –

alles weibliche Eigenschaften –, während es nur allzu offensichtlich ist, daß Aggression, Gewalt, Auseinandersetzung und Wettbewerb – lauter männliche Eigenschaften – überhand genommen haben.

Die Frauen müssen sich die erforderliche Zeit nehmen, die sie
brauchen, um mit ihren *Shakti*-Energien die Reservate des männlichen Ego zu besetzen. *Shakti*-Energien fließen in jedem Menschen, aber Frauen verfügen zusätzlich noch über ihre Weiblichkeit, um den Unterschied zwischen der zarten und spirituellen
Shakti und der rohen Gewalt deutlich werden zu lassen. Diese Unterschiede drücken sich folgendermaßen aus:

Shakti versteht. Sie zwingt nicht auf, sondern kommuniziert.
Shakti ist geduldig. Sie besteht nicht auf einer sofortigen Antwort,
    sondern sie kann warten, bis der Geist eine Antwort liefert.
Shakti ist zärtlich. Sie ignoriert die Gefühle nicht, sondern sie stellt
    mit ihrer Hilfe fest, wann jemand zum Zuhören oder zum Han-
    deln bereit ist.
Shakti ist friedvoll. Eine Situation, zu deren Lösung Gewalt erfor-
    derlich wäre, gibt es nicht.
Shakti ist schöpferisch. Sie läßt Antworten entstehen, wo niemand
    sie vermutet hätte.
Shakti ist weise. Sie betrachtet das Ganze und verliert sich nicht in
    Teilaspekten; sie schaut aus der kosmischen Perspektive, die
    stets in der Liebe wurzelt.

Alle diese Eigenschaften waren in der Art und Weise, wie Abigail
sich mit der mißlichen Lage ihres Mannes auseinandersetzte, zu erkennen. Sie war in der Lage, einfühlsam und geduldig zu sein, sie
konnte gewähren lassen und zärtlich sein. Nicht nur, daß das der
Weg ist, wie man zu einer Lösung gelangt – *das ist die Lösung.*

»Wenn du mit dir selbst so liebevoll umgehen würdest, wie Abigail es mit dir tut«, sagte ich am Ende unseres Gesprächs zu Jarret,
»und wenn es dir genau so wichtig wäre wie ihr, dich selbst zu verstehen, mit genau so viel Liebe und mit genau so wenig Ego, dann
hättest du schon vor Monaten einen Ausweg gefunden. Ich hoffe,

daß du ihre Sichtweise übernehmen kannst und daß du verstehst, was für eine Gottesgabe deine Frau für dich eigentlich ist.«

Jarret nickte. Er war noch nicht ganz soweit, daß er hätte sagen können: »Ich werde es versuchen«, weil er noch zu sehr in seinem alten Motto: »Bloß nichts zugeben«, befangen war. Doch ich merkte deutlich, er hatte begriffen, daß er am Scheideweg stand. Er würde seine Verbitterung über die Niederlage bewältigen und sich dem Neuen öffnen können.

DIE GÖTTLICHE EINHEIT:
MÄNNLICH UND WEIBLICH

Nachdem wir schon weiter oben über die Idee der heiligen Liebesbeziehung gesprochen haben, können wir jetzt einen Schritt weiter gehen, indem wir in diese Vorstellung die Energien von *Shiva* und *Shakti* einbeziehen. Es geht an der Sache vorbei, wenn man *Shiva* als männlich und *Shakti* als weiblich bezeichnet, denn das ist eine Einschränkung, und Gott kann nicht eingegrenzt werden. Unser Verstand begreift männlich und weiblich als polare Gegensätze, aber die Heirat von *Shiva* und *Shakti* fand statt, längst bevor die Schöpfung und damit die Gegensätze heraufdämmerten. *Shiva* und *Shakti* sind das göttliche Ganze, das sich dadurch auszudrücken beliebt, daß es die Erscheinungsformen von männlich und weiblich annimmt.

Sie und ich verhalten uns ganz ähnlich. Mein Körper mag männlich sein, doch meine Seele identifiziert sich mit dem Geist als dem Ganzen, und deshalb umfaßt sie sowohl *Shiva* als auch *Shakti*:

Shiva ist Stille. *Shakti* ist Kraft.
Shiva ist Schöpferkraft. *Shakti* ist Schöpfung.
Shiva ist Liebe. *Shakti* ist Lieben.

Diese Qualitäten sind keine Gegensätze, sondern sie ergänzen sich. Das ist die vollkommene Beschreibung dessen, was eine ge-

segnete Ehe ausmacht. Eine gereifte Liebe zeigt sich darin, daß
man sich selbst in der geliebten Person und diese wiederum in sich
selbst erkennen kann. In geschlechtsbezogenen Stereotypen zu
verharren, die eigene Männlichkeit oder Weiblichkeit zu verteidigen, das andere Geschlecht anzugreifen, weil es angeblich lauter
Probleme verursacht – all das sind Verstöße gegen die geheiligten
Grundlagen der ehelichen Partnerschaft.

*Eine geheiligte Partnerschaft bezieht ihre Leidenschaft
aus der Einbeziehung des anderen. Die Leidenschaft für eine
andere Person muß verblassen, aber die Leidenschaft für
das Leben selbst ist zeitlos.*

Sobald die beiden kosmischen Energien, *Shiva* und *Shakti*, miteinander verbunden werden, beginnt der Strom der Leidenschaft zu
fließen und erzeugt ein unbegrenztes schöpferisches Potential.
Zwischen den Polen von Stille und Kraft baut sich ein Spannungs-
feld auf, gleich der Sehnsucht zwischen Mann und Frau, die nur
durch den Austausch in der Liebe gestillt werden kann.

Zwischen diesen Polen fließt der Strom der schöpferischen
Kraft des Universums, die sich nirgendwo so stark konzentriert
wie in uns selbst. Wir selbst sind der Ursprung und der Leiter dieses Stroms. Etwas oder jemand anderes braucht er nicht. Doch
wenn sich *Shiva* und *Shakti* in uns selbst vermählen, können wir
in eine geheiligte Verbindung mit einem anderen Menschen eintreten.

Wir wollen einen Moment von *Shiva* absehen, denn diese Energie ist abstrakter als *Shakti*. Wir wollen uns nun damit beschäftigen, warum *Shakti* als weiblich verstanden wird.

Unsere Kultur sah die Frau vorwiegend in der Rolle der Gehil-
fin, Mutter, Dienerin und Versorgerin, die keine eigene Macht beansprucht. Macht im Sinne der alten Weisen ist aber immer kreativ,
und Kreativität hat immer auch einen sexuellen Aspekt. Die Welt
ging aus einem göttlichen Geschlechtsakt hervor, und deshalb ist
das Weibliche als das Gebärende das natürliche Vehikel für Macht
und Kraft.

Shakti kann äußerst körperbezogen sein – wie jeder weiß, der schon einmal Zeuge einer Geburt geworden ist. Im Moment der Niederkunft erfüllt sich der Kreißsaal mit einer rohen, vibrierenden und unmittelbar von der Mutter ausgehenden Energie, und die Ankunft des Kindes ist nichts weniger als die Geburt einer Welt im kleinen. Obwohl der Fötus sich über die Dauer von neun Monaten allmählich im Mutterleib herangebildet hat, ist dieses plötzliche Erscheinen eines voll ausgebildeten kleinen Menschen etwas Wunderbares. Es ist diese Vorstellung von *Shakti* als einer Kraft, die aus dem Nichts etwas schaffen kann, die vor meinem inneren Auge schwebt.

Shakti ist in der Lage, uns komplett umzukrempeln und das Aussehen unserer inneren Landschaft völlig neu zu gestalten. Die *Yogis* berichten vom Meditationserlebnis einer Energie, die vibrierend im Rückgrat auf und ab steigt (sie trägt die esoterische Bezeichnung *Kundalini*, einer der tausend Namen der göttlichen Mutter). Diese Energie verleiht unmittelbares Wissen über das Wesen Gottes, führt zur Wahrnehmung anderer Welten und zur ekstatischen Vereinigung mit dem Göttlichen.

Doch wie offenbart sich *Shakti* für all jene, die kein *Yogi* und keine gebärende Mutter sind?

Shakti ist die verborgene Kraft, die tote Materie lebendig werden läßt. Sie ist der göttliche Funken, der Strom der göttlichen Liebe.

Jedem, der eine Verbindung zum Geistigen hat, offenbart sich *Shakti* in fünf Kräften, die das weibliche Göttliche manifestieren. In den alten »Shiva Sutra«, den Lehren über *Shiva*, werden diese fünf Kräfte benannt:

Chitta Shakti: Das Bewußtsein von Gott
Ananda Shakti: Die von Gott geschenkte Glückseligkeit
Icha Shakti: Die Sehnsucht und das Streben, sich mit Gott zu vereinen.
Gyan Shakti: Das Wissen von Gott
Kriya Shakti: Das auf Gott ausgerichtete Handeln

Die Kräfte des weiblichen Göttlichen lassen sich in fünf einfachen,
allgemeingültigen Sätzen zusammenfassen:

Chitta Shakti: »Ich bin.«
Ananda Shakti: »Ich bin glückselig.«
Icha Shakti: »Ich will«, oder »Ich beabsichtige.«
Gyan Shakti: »Ich weiß.«
Kriya Shakti: »Ich handle.«

Wenn ein Kind mich fragen würde: »Wie hat Gott mich gemacht?«,
würde ich ihm mit diesen fünf Sätzen antworten, denn *Shakti* hat
sich selbst genau so geschaffen oder sich uns doch zumindest so
offenbart. Auf jeder Stufe des Geborenwerdens gab sie einen neuen
Ausruf der Überraschung von sich.

Zuerst erfuhr sie sich selbst als reine Existenz (Ich bin!), dann
als freudig Schaffende (Ich bin glückselig!), dann als pulsierendes
Wollen (Ich will!), als kosmisches Bewußtsein (Ich weiß!) und
schließlich als die gestaltgebende Kraft aller Dinge (Ich handle!).
Jede dieser Urerfahrungen mit Ausnahme des »Ich bin« war erstmalig und neu und deshalb eine Offenbarung.

Diese Kräfte verwirklichen sich universell. Hier benutzen wir
aus bestimmten Gründen die Sprache der Lehre von *Shiva* und
Shakti, doch wo immer der Geist strömt – zwischen Liebenden,
durch die Hand des Malers in sein Bild, von einem Musiker zu seinem Instrument –, offenbart sich seine Kraft.

Eine graue Herbstlandschaft unter bedecktem Himmel ist wenig anregend, doch vom Pinsel eines Rembrandt gemalt, strömt
aus ihr eine starke *Shakti.* Das *Kriya,* das Handeln des Malers, ist an
den Geist angekoppelt. Gedruckt sind die Dramen Shakespeares
nicht besonders aufregend, doch in der Darstellung eines Laurence
Olivier oder eines John Gielgud ergießt sich *Shakti* elektrisierend
von der Bühne.

Auch eine Ehe kann ihre Leidenschaft und Energie aus den fünf
Shaktis beziehen, und zwar in der gleichen Reihenfolge, in der die
Göttin selbst sie entdeckt hat. Wenn die spirituellen Prioritäten
stimmen sollen, muß das Bewahren vor dem Handeln kommen.

»Zu Sein« bedeutet in diesem Fall, daß man sich mit dem Geist identifiziert, »handeln« ist die Identifikation mit der beruflichen Karriere und dem Erfolg sowie die Bewältigung des Alltags.

»Ich bin« kommt zuerst, denn dadurch wird der jeweilige Augenblick zum vollkommensten Moment um zu leben. »Ich bin glückselig« ermöglicht uns, das Leben aus freudvollem Herzen zu genießen. »Ich will« läßt wahr werden, was wir uns sehnlichst wünschen. »Ich weiß« ermöglicht uns das bedingungslose Vertrauen und die vorbehaltlose Selbstannahme, und »Ich handle« läßt die Kreativität zum Inhalt eines jeden Tages werden.

Diese fünf Kräfte bilden eine Kaskade, die sich wie Wasser vom noch unmanifestierten Geist bis in die materielle Welt ergießt. Tagore benutzt das gleiche Bild, wenn er poetisch die Frage stellt: »Wo ist dieser Quell, der diese Blüten ausspeit in solch stetem Ausbruch der Ekstase?« Mit einem einzigen Satz voll Schönheit beschreibt er präzise das Geheimnis. Wo liegt der Ursprung der unerschöpflichen Fülle der Natur? Blumen erblühen in der Außenwelt, doch die Quelle befindet sich in der Innenwelt, im Wesen des Göttlichen.

Wir müssen selbst zu dieser Quelle werden, um an dieser Erfahrung teilzuhaben. Wir müssen das Selbstvertrauen aufbringen, unser Wesen mit aller Macht vom Strom des Lebens durchfluten zu lassen. Dieser Zustand des Angekoppeltseins an den Geist ist Existenz in Vollendung. Wenn wir uns in den kosmischen Tanz einreihen, strömt die Macht der weiblichen Ausprägung Gottes in Gestalt der Schöpferin und Mutter in uns ein.

Wir wollen jetzt diese Kräfte im einzelnen betrachten.

• *Chitta:* *Chitta* ist göttliches Bewußtsein in der einfachsten Form. Wenn unser Bewußtsein völlig frei von Gedanken und Gefühlen ist, ruht es in sich selbst. Die einfache Bewußtheit ist eine göttliche Eigenschaft, denn in *Chitta* sind die Ablenkungen, die sich vor den Geist schieben, beiseite geräumt.

Statt komplizierter Probleme und Konflikte tritt die Liebe als die einzige Realität in unser Bewußtsein. Wir sehen, daß wir von Anbeginn an genährt und gestützt worden sind; die Notwendig-

keit, unsere Existenz zu rechtfertigen, entfällt mit einem Mal. Diese
Stille und bedingungslose Selbstgenügsamkeit sind die uranfäng-
lichen Eigenschaften Gottes. Wenn wir uns den Schöpfungsakt wie
ein vibrierendes Seil vorstellen, das an einem bestimmten Punkt
verankert ist, dann ist dies der besagte feste Punkt. *Chitta* ist reines
Sein.

• *Ananda: Ananda* ist die erste Eigenschaft Gottes, die sich manifestiert, wenn Gott im Akt der Schöpfung aus dem Urschweigen
heraustritt. Glückseligkeit, Liebe und Frieden sind *Shakti*s feinste,
aber dennoch machtvollste Schöpfungskräfte. Das zu begreifen
ist eine gewaltige spirituelle Offenbarung. *Ananda* gewährt uns
Erlösung von allem Leid, denn anstatt gegen das Leid anzukämp-
fen, können wir uns nach innen wenden und dort zu einer Ebene
des Bewußtseins aufsteigen, zu der das Leid nicht vordringen
kann.
   Ananda ist das heitere Antlitz Gottes. Sobald wir diesen Aspekt
des Geistes in uns selbst entdecken können, wird uns die vorbehaltlose Liebe so natürlich vorkommen wie das Atmen.

• *Icha:* Nach einem schönen Wort der *Shiva*-Lehre schuf Gott die
Welt, indem er »Seinen süßen Willen« in *Shakti*s Hände legte. Auf
Sanskrit heißt Wille *Icha*, mit der zusätzlichen Bedeutung von
»starker Wunsch« und »entschiedene Absicht«. Die nächste Stufe
nach der Freude ist der Wille, denn solange wir mit jauchzender
Freude erfüllt sind, muß sich alles, was wir beabsichtigen oder
wünschen, im Einklang mit dem Göttlichen befinden.
   Auf dieser Ebene sind verfehlte Wünsche und abträgliches Verhalten, mit denen wir uns selbst oder andere beschädigen könnten, völlig ausgeschlossen. Man mag sich *Shakti* vorstellen als jemanden, der an allen Seiten von Spiegeln umgeben ist, so daß sie
wohin sie auch schaut, immer nur ihr eigenes Spiegelbild erblickt.
Es gibt nichts, was darüber hinaus zu sehen wäre, und deshalb ist
alles, was sie erschafft, stets eine immer neue Form ihrer eigenen
Glückseligkeit. *Icha* gleicht einem Bogen, der das Leben nach
außen auf eine Bahn der Liebe abschießt.

• *Gyan:* Es gibt zweierlei Wissen von Gott, das direkte und das indirekte. Das indirekte Wissen erwerben wir uns, indem wir die Schriften studieren, Predigten und Gelehrten lauschen und uns auf diese Weise davon überzeugen lassen, daß Gott existieren muß. Aber von einem solchen Gott strömt keine Liebe zur Erde herab.

Gyan, das unmittelbare Wissen vom Göttlichen, ist deshalb unersetzlich. Hier denken wir nicht über Gott nach, sondern wir haben selbst Anteil an den Gedanken Gottes. *Shakti* als die Göttliche befaßt sich in Gedanken immer nur mit sich selbst. Das ist jedoch kein kosmischer Narzißmus, sondern ein Ergebnis der Tatsache, daß spirituelles Wissen ein Wissen um das Wesentliche ist. Wahrheit, Vertrauen, Hingabe und Liebe sind das innere Wesen unseres Denkens. *Gyan* ist das Einswerden des Bewußtseins mit dem Geist.

• *Kriya:* Die letzte *Shakti* ist auch die am besten sichtbare. Das Handeln Gottes rief die materielle Welt hervor. Auch das Wort *Karma* bedeutet »handeln«, aber es ist etwas anderes als *Kriya.* *Karma* ist das Handeln in den Bezügen von Ursache und Wirkung und folglich ein Handeln, das Spaltung und Entfremdung fördert. Kriya ist ein Handeln, das vom Geist inspiriert wird und deshalb die Entfremdung aufhebt und das Einswerden fördert.

In Indien glaubt man, daß von einem Heiligen, der sich in Trance befindet, *Kriya* ausgeht. Seine inspirierte Rede, die Gesten seiner Hände, sein Gesichtsausdruck und auch sein Atem gelten ebenfalls als *Kriyas.*

In den vedischen Schriften finden sich Tausende von detaillierten Beschreibungen, in denen bestimmte innere Zustände und bestimmte *Kriyas* einander genauestens zugeordnet werden (das Lächeln Buddhas oder die emporgehobene Hand mit den sich berührenden Daumen und Zeigefinger sind nur zwei Beispiele).

Die Veränderung im Verhalten eines Menschen, der die Erfahrung Gottes gemacht hat – der Wandel von Gewaltbereitschaft zu Friedfertigkeit, von Streitlust zu Heiterkeit, von Egoismus zu Nach-

stenliebe – vollzieht sich ganz allgemein gesprochen auf der Stufe
des *Kriya*. Bei der Umsetzung des Göttlichen in Schöpfung bildet es
die letzte Stufe der Kaskade.

Die Stille des reinen Bewußtseins ergießt sich in die Glückseligkeit, diese in den Willen, der Willen in das Wissen, und das Wissen
schließlich in das Handeln. Auf dieser Stufe hat sich die Offenbarung von der fünfgestaltigen Natur *Shakti*s vollendet.

STILLE UND KRAFT

Wenn es uns auf dem Hintergrund unserer westlichen Kultur
schon schwerfällt, *Shakti* als weiblich zu sehen, dann dürfte uns
das Schweigen *Shiva*s – bewegungslos, ohne Ursache, unaus-
sprechlich und in sich selbst ruhend – kaum wie ein Inbegriff
männlicher Kraft vorkommen. Männliche Kraft ist jedoch etwas
anderes als männliches Benehmen. Die Aggressivität des Kriegers
hat mit *Shiva* nichts zu tun, denn *Shiva* braucht nicht einzudrin-
gen, zu erobern, zu überwältigen, an sich zu reißen und im Wettstreit zu liegen.

In der »Bhagavad-Gita« wird *Shiva* zwar als »Weltenzerstörer«
bezeichnet, was jedoch bedeutet, daß er am Ende des Schöpfungsaktes die Schöpfung wieder in sich selbst zurücknimmt. Das ist
kein Akt der Gewalt – es ist nicht gewaltsamer als die Aufnahme
der Nervenbotenstoffe durch unser Gehirn, nachdem der zugehörige Gedanke abgeschlossen ist. In beiden Fällen wird dadurch die Voraussetzung zu einer neuen Schöpfung, im letzteren
Fall für einen neuen Gedanken, geschaffen.

Zumindest der Name *Shiva*s hat in der westlichen Welt einen
gewissen Bekanntheitsgrad, und man weiß, daß er mit *Brahma* und
Vishnu zu den drei wichtigsten Göttern Indiens gehört, von denen
jeder als eine bestimmte Ausprägung des Göttlichen verstanden
wird.

Brahma ist der Schöpfer des Universums, *Vishnu* sein Erhalter
und *Shiva* sein Zerstörer. Wie beschrieben, wäre es jedoch falsch,
sich *Shiva* als eine Art apokalyptischen Reiter vorzustellen, dem

eine eigene, außerhalb unserer selbst liegende Wirklichkeit zukommt.

Gott ist eine innere Realität, und die Dreigestalt des Göttlichen ist lediglich ein Bild oder eine Metapher für etwas, das grundsätzlich unteilbar ist.

Zum besseren Verständnis wollen wir uns vergegenwärtigen, wie ein Bild, zum Beispiel das Gesicht eines geliebten Menschen, vor unserem Bewußtsein aufsteigt. Das Bild entsteht, hält sich eine gewisse Zeit, um dann wieder zu verschwinden. Wir könnten unser Bewußtsein demnach in den Schöpfer, den Erhalter und den Zerstörer unterteilen, wobei der wirkliche gedankliche Vorgang jedoch bruchlos und kontinuierlich von einer Phase in die andere übergeht.

Ähnlich verhält es sich mit dem Geist, den wir immer als Ganzheit erfahren. Anders als das Bewußtsein kann der Geist jedoch nicht einem bestimmten Körperorgan zugeordnet werden, wie zum Beispiel die Gedanken üblicherweise dem Gehirn.

Gott ist weder hier noch dort, weder drinnen noch draußen. Man kann *Shiva* am besten als alles durchdringende Allgegenwärtigkeit begreifen. Unter der Dreigestalt der Götter ist nur *Shiva* Gott schlechthin, weil Gott alles durchdringt.

Bei der Erschaffung der Dinge wurde ihm *Shakti* an die Seite gestellt, um den materiellen Schöpfungsvorgang ins Werk zu setzen. Man kann darin einen frappierenden Anklang an die Art und Weise sehen, wie die Erbinformation in jede einzelne Zelle unseres Körpers verpackt ist. Als DNA (Desoxyribonukleinsäure) ist sie stumm, inaktiv und dem Blick verborgen, doch gleichzeitig hat sie einen biochemischen Zwillingsbruder, die RNA (Ribonukleinsäure), die aus der DNA hervorgeht, um sämtliche Zellprozesse in Gang zu setzen, die den Aufbau des Körpers auf der biochemischen Grundebene der Enzyme und Eiweiße besorgen.

Auch die Physiologie des Gehirns ist gleichzeitig stumm und aktiv. Milliarden von Erinnerungen sind in der Gehirnrinde gespeichert und können vom Gedächtnis einzeln abgerufen werden. In kosmische Größenordnungen umgesetzt, liegt hier die Parallele zu *Shiva*, dessen schöpferisches Potential ungleich größer ist als all seine Manifestationen, selbst wenn diese Manifestation die Form eines Universums mit Milliarden von Galaxien angenommen hat.

Shiva bringt die reine Bewußtheit in die geheiligte Partnerschaft und Ehe. Durch seine unsichtbare Einwirkung wird jedes Handeln zum Handeln Gottes.

Was genau ist »Handeln Gottes«? Eine wunderbare Rettung aus höchster Not? Eine Stimme, die vom Berggipfel erschallt? Millionen Menschen haben schon vergeblich auf solche Zeichen gewartet. Trotz meines Versuchs, die gedankliche Abstraktheit *Shivas* aufzulösen, könnte man ihn leicht als eine spukhafte Gestalt, als ein reines Gedankengespinst ohne Fleisch und Blut mißverstehen. Unsere fünf Sinne brauchen Fleisch und Blut, um sich daran festzuhalten. Wenn wir die Dinge der Außenwelt betrachten, beurteilen wir ihre Wirklichkeit in den Kategorien von Sehen, Hören, Fühlen, Schmecken und Riechen.

In der spirituellen Praxis gibt es jedoch auch noch das Phänomen des sechsten Sinnes als einer geschärften Wahrnehmung, die uns Dinge registrieren läßt, die sich unseren fünf regulären Sinnen nicht erschließen. Der sechste Sinn macht uns empfänglich für den Geist. Manchmal spricht man auch von der Gabe des zweiten Gesichts, die allerdings eine übernatürliche Komponente hat.

Der Geist schickt jedem von uns ununterbrochen seine Signale, die wir vielfach leider überhören, weil die Schärfe unseres sechsten Sinnes völlig unterentwickelt ist. Doch wenn wir ihn trainieren, wird er eine echte Sinnesleistung wie alle anderen Sinnesleistungen auch.

Auf welche Signale sind die Antennen des sechsten Sinnes ausgerichtet? Wie die Schwerkraft ist auch der Geist allzeit und überall gegenwärtig, wobei er jedoch nicht an die Materie gebunden ist. In völliger Selbstbestimmung behält *Shiva* sich vor zu sein, was, wann, wo und wie er will. Der sechste Sinn kann alle fünf Handlungen registrieren, die nach den alten *Shiva*-Texten die Merkmale Gottes sind, wenn er mit der Welt in Verbindung tritt:

Gott erschafft.

Gott zerstört.

Gott schützt und erhält seine Schöpfung.

Gott verdeckt oder verbirgt uns seine Natur.

Gott entdeckt oder offenbart uns seine Natur.

Das indische Denken ist nicht linear und empfindet es daher auch nicht als widersprüchlich, in einer Erscheinungsform *Shivas* den Zerstörer und in einer anderen den allgegenwärtigen Schöpfer und Erhalter der Welt zu sehen. Die fünf Handlungen *Shivas* sind die Rahmenbedingungen für Form und Inhalt jeglicher spirituellen Erfahrung. Da der Inhalt vollkommen auf die Person des jeweiligen Menschen zugeschnitten ist, darf man wohl kaum Einigkeit darüber erwarten, welche göttliche Handlung sich zu einem gegebenen Moment gerade manifestiert – geht es hier doch um die ganz persönliche Kommunikation zwischen dem Bewußtsein und dem höheren Selbst.

Meine eigenen diesbezüglichen Überzeugungen bildeten sich vor etwa dreißig Jahren. Als ich mein Medizinstudium begann, sah ich zwar jede Menge Leichen, aber ich hatte noch nie erlebt, wie jemand starb, und sah diesem Moment mit Beklommenheit entgegen.

Eine meiner ersten Begegnungen mit dem Tod fand in der Allgemeinstation eines altertümlichen Krankenhauses in New Delhi statt. Ich hatte Wachdienst und mußte mich um die Blut- und sonstigen Untersuchungen kümmern, die man den Medizinstudenten im zweiten Studienjahr zugeschoben hatte.

Es war mitten in der Nacht, und ich mußte den Patienten, der mir zugeteilt war, aus dem tiefsten Schlaf rütteln. Es ging nicht anders, denn die Untersuchungsergebnisse mußten vorliegen, bevor der Mann auf den Operationstisch kam, was für vier Uhr morgens vorgesehen war. Mein Patient war ein verunsicherter Dorfbewohner aus dem Punjab, der die Piekserei und Abklopferei mit unverhohlener Bangigkeit über sich ergehen ließ.

»Fast fertig«, beruhigte ich ihn, nahm das kalte Stethoskop von seiner Brust und stand auf. Der Mann hätte jetzt eigentlich sein hochgeschobenes Gewand wieder herunterziehen müssen, doch er starrte mit offenem Mund entgeistert über meine Schulter.

Ich fuhr herum und sah eine Frau mit kalkweißem Gesicht zur Tür herein taumeln. Ich bin sicher, der Mann aus dem Punjab hatte sie für ein Gespenst gehalten. Die Frau versuchte, etwas zu sagen, aber nur ein Laut zwischen Krächzen und Gurgeln kam aus ihrem Mund. Ich konnte gerade noch hinüberspringen, um die Zusammenbrechende aufzufangen.

Ärzte tippen in solchen Momenten sofort auf einen Herzanfall. »Notarztwagen!« schrie ich der mittlerweile herbeigeeilten Nachtschwester zu. Sie lief zum Telefon und alarmierte die Kollegen vom Notdienst.

In den zwei Minuten bis zu deren Eintreffen hielt ich die Frau im Arm. Ihre Augen waren geschlossen. Plötzlich stand ihr Atem still. Sofort begann ich die Notbeatmung mit den Händen auf ihrem Brustkorb, aber es war offensichtlich, daß sie im Sterben lag. Während ich weiter um Hilfe rief und gleichzeitig versuchte, den Brustkorb der Frau von der Kleidung zu befreien, überkam mich trotz meiner nur mühsam in Schach gehaltenen Panik eine große Ruhe. Ich könnte nicht sagen, ob sich die Ruhe in mich oder ich mich in die Ruhe senkte. Ich hatte das schwache, aber eindeutige Gefühl, daß etwas durch die Luft streifte, während sich eine Welle des Friedens ausbreitete.

Bevor ich mir weitere Gedanken darüber machen konnte, traf der Notdienst mit seinem Gerätewagen ein, und meine Empfindungen gingen unter im allgemeinen Tumult. Ein mit Wiederbelebungsgeräten bewaffneter Assistenzarzt stieß mich förmlich beiseite und riß das Kommando an sich. Im Aufstehen bemerkte ich, daß mir zwei Männer über die Schulter geschaut hatten – der Mann aus dem Punjab und ein zweiter, älterer Patient, den ich bis dahin noch nicht bemerkt hatte.

»Bitte, gehen Sie wieder ins Bett«, sagte ich zu den beiden. »Es tut mir leid, daß Sie Zeuge dieser Aufregung werden mußten.«

Sie rührten sich nicht und wirkten auch keineswegs aufgeregt. Der Mann aus dem Punjab murmelte etwas in einem mir unverständlichen Dialekt, dann sagte der Ältere zu mir: »Machen Sie sich keine Sorgen, das war schon in Ordnung.« Mein Dörfler murmelte noch etwas, und der andere dolmetschte für mich: »Die Frau war Ihnen dankbar.«

»Weil ich versucht habe, sie zu retten?« fragte ich mühsam.

»Nein, nein. Weil Sie sie in den Armen gehalten haben. Das hat ihr ein wenig die Angst vor dem Abschied genommen.« Mit diesen Worten drehten sich die beiden um und verschwanden im dunklen Flur der Station, um wieder zu Bett zu gehen.

Diese Begebenheit ist mir unvergeßlich geblieben als ein treffendes Beispiel für den Satz, daß sich hinter allem, was geschieht, die Hand Gottes verbirgt. Meine eigene Wahrnehmung des nächtlichen Notfalls war primitiv, aber die beiden einfachen Patienten vermittelten mir, was ich mit dem sechsten Sinn selbst hätte merken können. Der Geist wollte, daß ich erfuhr, wie friedvoll der Tod sein kann.

Das ist mittlerweile lange her, und ich habe inzwischen begriffen, daß die Botschaft noch viel tiefer reichte: Gott ist im Tod gegenwärtig. Um für diese Erkenntnis empfänglich zu werden, mußte mein Bewußtsein reifen, bis es den Urgrund aller Wahrheit über *Shiva* verstanden hatte: Die Hand Gottes verbirgt sich in allem, was geschieht.

Das Wissen um Gott ist ein Prozeß, der sich allmählich entfalten muß. Es ist keine plötzliche Erleuchtung mit einem ein für allemal feststehenden Ergebnis. Mit Gott wird man niemals fertig – die Augenblicke der Erkenntnis lassen uns nur immer stärker seine Nähe suchen. In jedem Ereignis unseres Lebens steckt die Möglichkeit, daß die Liebe uns erscheint, da sie sich von der Quelle her mitteilen möchte. Wie bei *Shakti* gibt es auch bei *Shiva* ein paar einfache Merksätze, die erläutern, welche Botschaften seine jeweiligen Handlungen enthalten:

Erschaffen: Die Liebe Gottes ist neu.
Zerstören : Die Liebe Gottes reicht über den Tod hinaus.
Erhalten und Schützen: Die Liebe Gottes trägt uns.
Verbergen: Die Liebe Gottes ist jenseits aller Form.
Offenbaren: Die Liebe Gottes äußert sich in einer bestimmten Form.

Der Geist hört nie auf, uns die Signale seiner Absichten in unsere
relative Welt zu senden. Wenn unser sechster Sinn wach genug ist,
werden wir jeden Tag mehrmals bemerken, wie der Geist unseren
Weg kreuzt, uns erhebt und uns seine Wahrheiten zuflüstert. Es
sind stets stumme Mitteilungen *Shivas*, dessen Natur die Stille ist.
Von der Schöpfung als Wille oder als tatsächlichem Vorgang ist
Shiva weiter entfernt als *Shakti*, doch der Schöpfung als Möglichkeit ist er näher, und seine fünf Handlungen berühren die Welt
durchaus.

Das Schweigen hat eine Stimme, mit der es sich ungefähr auf
folgende Weise vernehmen läßt:

• *Erschaffen:* Aus meiner übersprudelnden Liebe erschaffe ich
Situationen, die den Hintergrund für eine Lektion bilden. Stets
sind es Lektionen über die Liebe. Nichts wird außerhalb meines
Geistes geschaffen, Schöpfung fließt immer nur aus dem Inneren
meines Geistes.

• *Zerstören:* Ich zerstöre das Unreine, das die Liebe von dir fern-
hält. Es gibt keine Hemmnisse, die nicht mein eigenes Erzeugnis
sind, was immer ihr Anschein auch sei. Da Hindernisse aus mir
selbst kommen, stammen sie aus der Liebe, und sie schmelzen dahin, sobald eine tiefere Ebene des Verständnisses erschlossen worden ist.

• *Schützen:* Solange eine Situation einen spirituellen Zweck erfüllt, erhalte ich sie unter meinem Schutz aufrecht, und zwar unabhängig davon, ob diese Situation als gut oder schlecht erlebt
wird. Ich schütze das Leben um seiner selbst willen, ohne darüber
zu urteilen.

• *Verbergen:* Ich verberge, wer ich bin, wenn es dem Wachstum
dient. Wenn du dich schon zur Gänze als Geist begreifen würdest,
gäbe es keinen Pfad und kein Wachstum. Bestimmte Dinge müssen
deshalb zu bestimmten Zeitpunkten verborgen bleiben. In meiner
Rolle als der Verbergende lege ich die Trittsteine des Pfades.

• *Offenbaren:* Zur Eröffnung neuer Möglichkeiten offenbare ich mich nach Bedarf. Zeit und Raum entfalten sich unentwegt. Es wäre eine endlose Wiederholung des längst Bekannten, wenn sie sich lediglich ein weiteres Mal in einem weiteren Raum wiederholten. Doch Zeit und Raum sind nur der Vorhang vor dem Drama, das dahinter gespielt wird. Das Drama ist die Entfaltung des Geistes, die sich durch die Offenbarung vollzieht.

Wenn wir der Stimme lauschen, die diese Worte spricht, ist es auffallend, daß in diesen Sätzen »Ich« als Gott, Geist, Liebe oder ganz einfach als unsere eigene Natur verstanden werden kann. Wir sind mit allen diesen Ebenen gleichzeitig verbunden, obwohl unser durch Gesellschaft und Erziehung abgestumpftes Bewußtsein das wahrscheinlich nicht wahrnimmt. *Shiva* versteckt sich nicht, denn an welchem Ort sollte der Eine sich verstecken?

Das großartigste Zeichen der Liebe Gottes ist Gottes Wunsch,
zur Kenntnis genommen zu werden.

Wir kommen jetzt zur tiefgründigsten Definition der Leidenschaft: Leidenschaft ist das freie Strömen des Bewußtseins vom Nichtmanifesten zum Manifesten. Unsere Existenz hier auf Erden macht uns zu Kindern der Leidenschaft *Shiva*s für *Shakti* und *Shakti*s für *Shiva.*

Unser Leben scheint eine Bilderfolge von äußerlichen Ereignissen zu sein, die mit der Geburt beginnt und mit dem Tode endet. Doch dieses Geschehen ist ganz und gar von dem unsichtbaren Strom des Bewußtseins abhängig, der auf allen Ebenen seine Wirkung entfaltet.

Weil sie aus reinem Bewußtsein bestehen,
sind Shiva *und* Shakti *ewig miteinander vermählt.*
Shiva *ist in tiefster Stille ruhendes Bewußtsein,*
Shakti *ist in die Schöpfung sich ergießendes Bewußtsein.*

Das meine ich mit der Aussage, daß wir die Leidenschaft selbst sind, denn wir vermählen uns mit der Stille und der Kraft, den beiden Polen, zwischen denen der Strom des Bewußtseins fließt. Ohne Bewußtsein würde alles, was es innerhalb und außerhalb der Welt gibt, zu einem Klumpen toter Materie zusammenfallen. Wenn wir uns anschicken, in eine gesegnete Vermählung mit einem Menschen, den wir lieben, einzutreten, verleihen wir unserer eigenen Natur den ihr angemessenen Ausdruck – nichts weniger.

Das Wunder der Liebe besteht darin, daß ein winziges Fünkchen Liebe, das wir für einen anderen Menschen empfinden, uns schlagartig das Göttliche offenbaren kann. Die Umorientierung der Wahrnehmung, die nötig ist, um die unendliche Fülle wiederzugewinnen, ist so klein wie ein Fünkchen Liebe.

Sobald wir aufhören, die Entfremdung zu pflegen und uns statt dessen der Gefolgschaft der Liebe verschreiben, wird sich die oder der Geliebte in unserem Wesen spiegeln. Wir werden spüren, wie uns aus einem stillen Quell Überschwang, Begeisterung und Freude zuströmen. Indem uns der oder die Geliebte heilig wird, vervielfachen sich die Manifestationen der Liebe – denn die Liebe ist der Ausdruck des Heilwerdens, und darum wird sie heilig genannt.

♥ LIEBESLEKTIONEN: AUF DEN GEIST ACHTEN

Wie können wir dafür sorgen, daß wir die Signale des Geistes nicht überhören? Der sechste Sinn hat viel mit Intuition und Kreativität gemeinsam, die – wie jeder weiß – Leistungen des menschlichen Gehirns sind. Aus spiritueller Sicht sind wir immer kreativ. Die unbedeutendste Situation in unserem Leben entsteht nicht irgendwo außerhalb, sondern wir schaffen sie in unserem Inneren, aus der Quelle der Wirklichkeit, nämlich dem Bewußtsein.

Auch wer glaubt, daß die Geschehnisse, mit denen er sich auseinandersetzen muß, eine äußere Ursache haben, ist deren Schöpfer, allerdings ohne es zu wissen. Er hat noch nicht die Verantwortung übernommen für die Urheberschaft an seinem Leben. Der sechste Sinn versetzt uns in die Lage, zu Gestaltern unseres eigenen Lebens zu werden. Er versetzt uns ins Zentrum des täglichen Prozesses, in dem wir jene Realität erzeugen, die wir als unsere Lebenswirklichkeit empfinden. Da wir alle darauf getrimmt worden sind zu glauben, daß die Natur durch das, was wir denken, wünschen, träumen und fühlen, nicht beeinflußbar sei, kann die Urheberschaft in bezug auf die Wirklichkeit nur in einem schrittweisen Prozeß wiedergewonnen werden.

Die Signale des Geistes dienen alle dem gleichen Zweck:
Sie sollen uns wieder in die Funktion als Schöpfer unseres
eigenen Lebens einsetzen.

Die Lebenseinstellung eines Menschen, der aus seiner Schöpferkraft lebt, stützt sich auf fünf Grundüberzeugungen. Sie wurden uns nur dann beigebracht, wenn wir vom Glück außerordentlich begünstigt waren:

1. Ich bin ein leeres Gefäß, das jeden Tag aufs neue von der Inspiration gefüllt wird, doch ich bin nicht dazu da, mich an alles zu klammern, was mir zugedacht wird.
2. Ich bin hier, um die Energie von einem Zustand in einen anderen umzuwandeln – hoffentlich in einen höheren, denn die Ausrichtung aller meiner Lebensumstände auf den Geist ist meine Lebensaufgabe.
3. Ich brauche nicht regelnd in den Gang der Dinge einzugreifen. Wo der Geist es mir nahelegt, werde ich mich beugen.
4. Ich werde von der Fülle des Geistes versorgt und nicht von meinem Ego.
5. Wenn ich aus dem Quell der Schöpfung lebe, kann ausschließlich Gott zu mir kommen. Alles, was aus dem Geist kommt, kommt aus der Liebe.

Der Geist kann uns helfen, zu diesen Überzeugungen vorzudringen und sie uns als brauchbare Zielvorstellung zu eigen zu machen. Für ein solches Leben ist die Gesellschaft in der Regel kein geeigneter Ort, und das ist auch der Grund, weshalb sich alle wahren Künstler und Liebenden seit jeher weit aus dem Netzwerk sozialer Konventionen hinausbegeben haben.

Die Gesellschaft fördert Auseinandersetzung, Wettbewerb und Egoismus, die ihrerseits die Entfremdung fördern. Die entfremdete Sicht der Welt ist sehr einleuchtend – schließlich kämpfen Millionen von Menschen jeden Tag um ihr nacktes Überleben. Doch das Leben in der Entfremdung hat mit Liebe nichts zu tun. Es kann definitionsgemäß nicht zum Einswerden führen.

Im Kampf um das Einswerden ist der Geist
unser einziger und alleiniger Bundesgenosse.
Die Taktiken der Nichtliebe
können niemals zur Liebe führen.

Die folgende Übung soll Ihnen dabei helfen, die Überzeugungen und Verhaltensweisen der Entfremdung in die der Liebe umzuwandeln, indem Sie die Signale des Geistes nutzen, die er beständig aussendet.

TEIL I:

Die Stimme des Geistes steht in andauerndem Wettstreit mit anderen Stimmen, die sich in uns zu Wort melden. Das Ergebnis unseres Lebens hängt davon ab, welcher Stimme wir folgen. Innere Stimmen sagen immer das gleiche, und deshalb braucht man sie nicht länger als achtundvierzig Stunden zu verfolgen, um abschätzen zu können, was ein bestimmter Mensch von seinem Leben erwartet.

Lesen Sie die folgenden Aussagen durch, und kreuzen Sie alle an, die in den *letzten zwei Tagen* von Ihnen hätten stammen können:

1. Ich hatte Angst, daß etwas schiefgehen könnte.
2. Ich habe eine mir unangenehme Situation dadurch entschärft, daß ich mich freundlicher verhalten habe, als mir eigentlich zumute war.
3. Ich konnte mir nicht darüber klarwerden, wie ich zu einer bestimmten Sache stand.
4. Ich war mir nicht sicher, was jemand, der mir nahesteht, wirklich von mir hält.
5. Ich habe mit der Wahrheit hinter dem Berg gehalten, als ich es nicht hätte tun sollen.
6. Jemand hat mich gekränkt, aber ich habe es durchgehen lassen.
7. Ich bin beunruhigt zu Bett gegangen; *oder*: Ich hatte einen schlechten Traum; *oder*: Ich konnte nicht schlafen.
8. Jemand hat mich im Stich gelassen.
9. Ich habe darüber nachgedacht, wie schön es früher einmal war, und hätte mich am liebsten in diese Zeit zurückversetzt.
10. Ich habe mich geärgert, weil es bei mir einen Lebensbereich gibt, wo nichts zu klappen scheint.
11. Ich habe etwas gesagt, das mir hinterher leid tat.
12. Ich hatte Gewissensbisse wegen bestimmter Gefühle.
13. Ich habe hinter dem Rücken eines anderen schlecht über ihn geredet.
14. Ich habe mich bei jemandem beschwert, weil er nicht in der Lage war, mir zu helfen.
15. Ich habe mich über jemanden aufgeregt, aber ich habe den Mund gehalten.
16. Ich hatte Angst, um etwas zu bitten, das ich gebraucht hätte.
17. Ich habe es mir verkniffen zu sagen: Ich liebe dich.
18. Ich war mit mir selbst nicht zufrieden.
19. Bei den Fernsehnachrichten bekam ich mehr und mehr das Gefühl, daß alles den Bach hinunter geht.
20. Alles scheint schiefzulaufen.

AUSWERTUNG:

Jedes Ja zählt einen Punkt. Zählen Sie die Punkte zusammen, und lesen Sie in der entsprechenden Kategorie Ihr Ergebnis nach.

0 – 5 Punkte: Sie leben in der Gegenwart. Die Stimmen von Angst- und Schuldgefühlen finden bei Ihnen kaum Widerhall. Sie lassen sich in Ihrem Selbstwertgefühl nicht durch unrealistische Erwartungen beirren. Sie können überlebte Gefühle und vergangene Mißerfolge auf sich beruhen lassen. Andere Leute finden es unglaublich, wie wenig sie mit Streß zu kämpfen haben, aber Sie tun auch jeden Tag etwas dafür, daß es so ist und bleibt.

6 – 15 Punkte: Sie haben einen Hang dazu, inneren Stimmen Raum zu geben, die ihrem wahren Selbst nicht entsprechen, sondern der Ausdruck von Angst, Ärger und Enttäuschung sind. Sie neigen zu einer gewissen Unaufrichtigkeit, was Ihre Gefühle betrifft, sowohl vor sich selbst wie vor anderen. Sie kämpfen mit Selbstzweifeln, und zwar um so mehr, je mehr Streß Sie haben.

Wenn Sie vor der Wahl stehen zwischen dem, was Sie gerne tun würden, und dem, was man Ihrer Meinung nach von Ihnen erwartet, damit Ihre Sicherheit gewährleistet oder der Frieden gewahrt bleibt, dann wählen Sie die zweite Alternative. In Zeiten des Konflikts oder der Krise flüchten Sie sich vor den Fernseher, oder Sie jammern Ihren Bekannten etwas vor, anstatt sich hinzusetzen und sich eine Lösung des Problems zu überlegen. Sie beschwichtigen sich mit Sprüchen wie: »Es wir schon werden«, während Sie tief innerlich vom Gegenteil überzeugt sind.

16 – 20 Punkte: Es fällt Ihnen schwer, klar zu sagen, wo das Terrain Ihrer inneren Stimmen aufhört und wo Ihre eigene Person anfängt. Streit ist Ihnen ein Greuel, weil das bedeutet, daß Sie mit sich selbst und mit anderen Leuten ehrlich sein müssen. Das Wichtigste ist für Sie, mit den Leuten gut auszukommen. Sie ertappen sich dabei, wie Sie Dinge sagen, die Sie gar nicht meinen, und Versprechungen abgeben, die Ihnen hinterher leid tun.

Manchmal blicken Sie verwundert in die Runde Ihrer Bekannten und fragen sich, was das denn für Leute sind. Dann beschleicht Sie das Gefühl, daß Sie eigentlich gar nicht wissen, mit wem Sie es zu tun haben – was bedeutet, daß Sie sich nicht an die Menschen herantrauen, oder Sie lassen die Menschen nicht an sich heran. Sie geben zu schnell Ihren Eltern die Schuld an allem – beziehungsweise, Sie würden am liebsten nach Hause zurückkriechen, wenn Sie in Druck geraten.

Ihre Kernüberzeugungen sind bislang noch nicht ans Tageslicht gekommen, aber wenn es dazu käme, würde sich herausstellen, daß in Ihren Augen das Leben lebensgefährlich und die Liebe in dieser Welt ziemlich kraftlos ist.

Das Problem der inneren Stimmen ist sehr kompliziert, doch aus spiritueller Sicht gibt es nur eine einzige innere Stimme, der man folgen soll: die Stimme des höheren Selbst.

Mit dem folgenden Test können Sie feststellen, bis zu welchem Grad Sie diese innere Stimme beachten. Lesen Sie die folgenden Punkte durch, und kreuzen Sie dabei jene Aussagen an, die in den *vergangenen zwei Tagen* von Ihnen hätten stammen können:

1. Ich habe mich entschlossen, mir in einer Sache, die mir wichtig ist, nicht mehr dreinreden zu lassen.
2. Ich hatte eine tolle Idee.
3. Mir ist sozusagen aus dem Nichts eine Lösung für eine knifflige Situation eingefallen.
4. Ich habe gesagt: »Ich liebe dich.«
5. Ich habe endlich etwas gesagt, das ich schon lange loswerden wollte.
6. Ich habe mich dazu überwunden, einen Irrtum zuzugeben.
7. Ich habe jemandem den Rücken gestärkt, der sehr verzweifelt war oder eine einschneidende Veränderung vor sich hatte.
8. Ich habe meinen Standpunkt vertreten, obwohl mir dabei keineswegs wohl zumute war.
9. Trotz der Nachrichten aus aller Welt halte ich das Leben für schön.

10. Ich habe niemandem Vorwürfe gemacht.
11. Ich habe niemandem etwas vorgejammert.
12. Ich habe tief in mich selbst hineingeblickt.
13. Ich habe durch mein Zutun dafür gesorgt, daß jemand jetzt besser als bisher mit sich selbst klarkommt.
14. Ich habe etwas Gutes an einem Menschen entdeckt, von dem ich bislang keine besonders gute Meinung hatte.
15. Ich war vertrauensvoll und bin damit nicht auf die Nase gefallen.
16. Mein Glaube an Gott hat sich bestätigt.
17. Ich hatte eine Erleuchtung.
18. Ich habe mir selbst etwas verziehen, *oder:* Ich bin freundlich mit mir umgegangen.
19. Ich war nahe daran, einen voreiligen Schluß zu ziehen, aber ich habe mich eines Besseren besonnen.
20. Ich war mit mir im reinen.

AUSWERTUNG:

Geben Sie sich für jede bejahte Aussage einen Punkt, und zählen Sie die Punkte zusammen.

0 – 5 **Punkte:** Die Wertvorstellungen, die Ihr Leben bestimmen, sind alles andere als spirituell. Vielleicht fällt es Ihnen nicht auf, weil Sie erfolgreich sind, Geld und ein befriedigendes Familienleben haben – aber vielleicht haben Sie es doch schon gemerkt. Wie auch immer, Ihr inneres Klima ist von Routine beherrscht.

Auf der Liste der Dinge, die Ihnen am Herzen liegen, stehen Kreativität und Sensibilität nicht besonders weit oben, und vielleicht halten Sie sich ohnehin nicht für kreativ. Sie schauen selten tief in sich selbst hinein, weil Sie die Dinge scheuen, die Sie dabei finden könnten. »Liebe« bedeutet für Sie, jemanden zu haben, der sich um Ihre Bedürfnisse kümmert. Sie gehören vermutlich zu den Menschen, die sich selbst als Atheist, Pessimist oder Skeptiker bezeichnen.

6 – 15 Punkte: Sie gehen noch in die Kirche oder glauben zumindest noch an Gott, aber Ihre Bindung an das Geistige ist schwach. Sie haben sich einen gewissen Seelenfrieden bewahrt, weil Geld und Erfolg nicht Ihr Hauptantrieb sind, doch eine echte Leidenschaft, die aus Ihrem Wesenskern kommt, haben Sie nicht.

Solange die Probleme nicht überhand nehmen, werden Sie recht gut damit fertig, aber größere Neuerungen oder kreative Errungenschaften sind nicht Ihre Sache. Sie sind damit zufrieden, sich im sicheren Mittelfeld zu bewegen, wobei Ihnen allerdings manchmal vor der Zukunft bange wird. »Liebe« bedeutet für Sie ein gesichertes Familienleben und einen »treuen« Lebensgefährten zu haben und mit niemandem Ärger zu haben.

16 – 20 Punkte: Sie befinden sich mit dem Geist in Einklang. Konfessionelle Glaubensinhalte sind für Sie weniger wichtig als eine aktive und kreative Lebensführung. Ihr Glaube an Gott gründet sich auf eigene Erfahrungen, aber Sie betrachten sich gleichzeitig auch als Schöpfer Ihrer eigenen Existenz.

In einer Lebenskrise mögen Sie von der Erschütterung überwältigt werden, doch wenn die Wucht der Gefühle nachläßt, suchen Sie ein positives Ergebnis herbeizuführen, was Ihnen auch fast immer gelingt. Ihr Denken kreist nicht um Sicherheit, sondern um das, was Sie im Leben verwirklichen und aus sich machen wollen: Sie folgen Ihrem Leitstern. »Liebe« ist für Sie eine überpersönliche Kraft, die überall sichtbar und fühlbar ist, wenn man nur genau genug hinschaut.

Wer bei dem einen dieser Tests eine hohe Punktzahl erzielt, hat meistens beim anderen eine niedrige. Der Stimme des Geistes zu folgen ist eben das genaue Gegenteil der Abhängigkeit von den Stimmen der Angst, der Wut und des Zweifels. Auf die Stimme des Geistes zu hören gestaltet sich schwieriger, allein schon deshalb, weil diese Stimme sich nicht laut und bestimmend bemerkbar macht. Die Stimme der Angst dagegen ist laut und in ihrer Beharrlichkeit manchmal überwältigend.

Wieder andere Stimmen schallen aus der Vergangenheit zu uns

herüber: Unsere Gedanken sind nicht wirklich unsere eigenen, sondern wir haben sie uns bei den Autoritäten geborgt, unter deren Einfluß wir einst standen. Diese Stimmen sagen: »Du solltest dieses tun und jenes lassen« – sie warnen, und oft strafen sie auch.

Wieder andere Stimmen dieser Art legen uns nahe, Gewohnheiten und Überzeugungen zu übernehmen. Jemand, der sagt: »Wenn ich mir selbst zuhöre, glaube ich meine Mutter zu hören«, sagt eigentlich, daß er oder sie von einem kritiklos übernommenen Wertesystem abhängig ist. Die Urheber dieser Werte – Vater, Mutter, Lehrer, Trainer oder *Guru* – haben immer noch ihre Lautsprecher in unserem Kopf aufgestellt, aus denen ununterbrochen die alten Lehrsätze ertönen, denen wir blindlings folgen.

Doch wir selbst sind es, die brav gehorchen. Wir selbst entscheiden, auf welche Stimme wir achten und auf welche nicht. Die Stimme, die uns glücklich machen und zur Liebe führen könnte, wird jedoch meist nicht beachtet. Wir stolpern in lieb- und glücklose Zustände hinein, weil wir der falschen Stimme folgen, und ein riesiger therapeutischer Aufwand ist nötig, um diese Stimmen wieder aus unserem Kopf herauszubekommen.

Die nächste Übung soll Ihnen helfen, die Stimme des Geistes zu erkennen und darauf zu achten, was sie Ihnen zu sagen hat.

TEIL II:

Es ist nicht möglich, die negativen Stimmen dadurch aus dem Kopf zu verbannen, daß man mit ihnen herumstreitet, sie überhört oder so tut, als seien sie gar nicht vorhanden. Man kann sie sich nur über einen Prozeß des Loslassens vom Halse schaffen. Die Übung »Loslassen« im »Sichhingeben« zeigt im einzelnen, wie dieser Prozeß abläuft. Wie können wir also unsere Antennen auf die Stimme des Geistes abstimmen? Es ist schwer, auf die Stimme des Geistes zu lauschen, wenn wir in unseren alten Überzeugungen und in unseren alten sozialen Konditionierungen befangen sind, und zwar aus folgenden Gründen:

• Der Geist äußert sich nicht verbal, wie unsere Gedanken es tun. Er kommt als eine plötzliche Offenbarung, als ein »Aha-Erlebnis«, das uns die Dinge in einem neuen Licht sehen läßt.

• Der Geist argumentiert nicht und überredet nicht. Er zeigt uns in schlichter Klarheit, wo es in einer gegebenen Situation langgeht.

• Der Geist sagt nicht: »Wenn du das und das tust oder nicht tust, dann mußt du mit dieser oder jener Folge rechnen.« Er droht nicht und stellt keine Ultimaten.

• Der Geist beurteilt nicht nach richtig oder falsch. Er wird uns unterstützen, wie immer unser Entschluß auch aussehen mag.

• Der Geist sorgt immer dafür, daß unser Selbstwertgefühl steigt, doch er kann uns dabei durchaus vor Entscheidungen stellen, die Mut, Geduld und Vertrauen erfordern.

• Man kann nichts vom Geist erzwingen. Er spricht zu uns, wenn und wann er es für richtig hält, aber wir können uns darauf verlassen, daß er sich im richtigen Moment vernehmen läßt.

• Was der Geist zu sagen hat, kommt immer aus der Liebe. Wenn eine Stimme in unserem Hinterkopf uns Rache oder Rechtfertigung nahelegen will, uns auffordert, andere auflaufen zu lassen oder unterzubuttern, dann ist es nicht die Stimme des Geistes.

Das sind die Leitlinien, nach denen wir uns für die Wahrnehmung des sechsten Sinnes richten können. Die normale Wahrnehmung wird durch die Ereignisse der Außenwelt bestimmt, durch Erwartungen über den Gang der Dinge und durch alte Konditionierungen. Wenn wir uns davon beeinflussen lassen, muß uns klar sein, daß wir uns damit vom Geist verabschiedet haben. Stellen Sie sich selbst folgende Fragen, wenn Sie in dieser Hinsicht Klarheit brauchen:

Bin ich verärgert, wütend oder ängstlich?
Bin ich mißtrauisch oder unsicher?
Ist mir alles zuviel, was um mich herum vorgeht?
Versucht jemand, mir meine Entscheidungen abzunehmen?
Bin ich körperlich verspannt? Geht es mir nicht gut?
Ist mir das gleiche schon einmal passiert? Erlebe ich gerade
    die Neuauflage einer alten Situation?
Bin ich auf ein bestimmtes Ergebnis festgelegt?
Habe ich das Gefühl von Gefahr?

All dies sind Signale unseres Ego. Obwohl Signale dieser Art unentwegt unser Verhalten bestimmen, haben sie mit dem Geist nicht das Geringste zu tun. Der Geist spricht zu uns, wenn diese Signale des Ego *schweigen*. Die eine Art von Signalen kann nicht in die andere Art umgewandelt werden. Der Übergang von ichbezogenem Verhalten zu geistbezogenem Verhalten setzt voraus, daß wir unseren sechsten Sinn schärfen und kultivieren. Wenn Sie aus dem Geist handeln, werden sich völlig unerwartete Ergebnisse einstellen, wie zum Beispiel:

Ihre Befürchtungen erweisen sich auf einmal als gegenstandslos.
Ihr Glück hängt nicht mehr von Erwartungen ab.
Sie fühlen sich sicher und geborgen.
Sie fühlen sich geliebt.

Je mehr wir auf den Geist hören, desto liebesfähiger werden wir – die Leidenschaft am Leben stellt sich ganz natürlich ein. Wir sind wie leere Gefäße, die wieder und wieder mit Geist aufgefüllt werden. Jemanden zu lieben bedeutet, an diesem unerschöpflichen Strom teilzuhaben. Die Liebe schenkt uns einen Anteil am Bewußtsein und am Wesen des geliebten Menschen. Sie ist eine wortlose Kommunikation, die zwei Menschen mehr und mehr in einer spirituellen Realität eins werden läßt, die niemand nachvollziehen kann, der außerhalb ihrer Intimität steht. Die Liebenden haben die Verfügungsgewalt über ihr eigenes Leben zurückgewonnen, indem sie zu Schöpfern ihrer eigenen Wirklichkeit geworden sind.

»LANGEWEILE UND INNERE LEERE ...«

»Ich bin sicher, solche Probleme wie meine hängen Ihnen schon zum Hals raus«, eröffnete Amy das Gespräch. »Schon wieder eine langweilige Ehefrau, die Ihnen etwas vorheult. Wie viele Heulsusen wie ich haben schon vor Ihnen auf diesem Stuhl gesessen – hundert? Oder waren es tausend?« Ihre Stimme klang verzweifelt und resigniert zugleich.

»Sie kommen sich also langweilig vor?« fragte ich. Amys Blick wurde stumpf.

»Es ist doch egal, wie ich mir vorkomme«, gab sie zurück.

Nach zwanzig Jahren Ehe mit Fred, einem leitenden Angestellten aus San Diego, betrachtete sich Amy als abgeschobenes, uninteressantes Eheweib.

»Hat Fred ein Verhältnis? Möchte er sich scheiden lassen?« wollte ich wissen. Amy schüttelte den Kopf.

»Ich weiß nicht, was er möchte. In der letzten Zeit haben wir uns ja kaum noch gesehen. Ich hocke allein zu Hause rum, bis ihn sein Chauffeur irgendwann nach sechs Uhr nach Hause bringt, falls er überhaupt kommt. Bei der Aufmerksamkeit, die er mir schenkt, könnte er genausogut in einer auf den Leib geschneiderten Telefonzelle herumlaufen – und ins Bett gehen bedeutet, sich aufs Ohr zu hauen.«

»Glauben Sie, daß Fred an der Situation gern etwas ändern möchte?« fragte ich.

»Wieso sollte er? Er hat doch ein interessantes Leben! Bloß ich bin ein langweiliges Überbleibsel aus seiner Vergangenheit.« Amy sah sehr betrübt aus, aber sie verkniff sich die Tränen und zog statt dessen die Schultern hoch.

»Sie haben jetzt schon zweimal das Wort ›langweilig‹ gebraucht«, sagte ich. »Wir sollten uns darüber ein bißchen eingehender unterhalten.«

Amy zuckte die Achseln und blickte beiseite. »Von mir aus«, meinte sie.

»Wir neigen alle dazu, den Fehler lieber im äußeren Bereich zu suchen als im inneren«, sagte ich, »und deshalb denken wir uns

nichts dabei, wenn es heißt, es gibt ›langweilige‹ Leute und ›lang-
weilige‹ Situationen. Wenn sich jemand beklagt, seine oder ihre
Ehe sei öde und langweilig geworden, dann suchen sie sich einen
Ausweg von außen.

Frauen denken dann oft, sie sollten sich vielleicht etwas verfüh-
rerischer präsentieren, und kaufen sich ein durchsichtiges Negligé,
legen zärtliche Musik auf und sorgen für gedämpfte Beleuchtung.
Männer bringen in solchen Fällen Blumen und Konfekt mit nach
Hause und schwören ihrer Frau, mit ihr am Wochenende groß auszugehen.«

Ein resigniertes Lächeln huschte über Amys Gesicht, als ob sie
sagen wollte: Über diesen Punkt sind wir längst hinaus.

»Solche Äußerlichkeiten bleiben natürlich an der Oberfläche
des Problems«, fuhr ich fort. »Der Kern der Sache ist nicht eine
langweilige Beziehung (womit ja letztlich der Partner für langweilig erklärt wird), sondern das Unvermögen, sich klarzumachen,
woher die Leidenschaft kommt und wie man sie lebendig erhält.
Leidenschaft verblaßt nicht einfach. Sie wird blockiert, und man
muß sich dann fragen, warum habe ich sie, warum haben wir sie
blockiert.«

Da Amy mich etwas ratlos ansah, wartete ich nicht auf ihre Antwort.

»Wie fast immer wurzelt das Problem in der Vergangenheit. In
einem geradezu verblüffenden Umfang wurde uns allen beigebracht, der Leidenschaft mit größter Vorsicht zu begegnen, da wir
uns an ihr verletzen könnten. Ein unbewußter Zensor in unserem
Kopf entscheidet darüber, ob es erlaubt ist, der Leidenschaft nachzugeben oder nicht.«

»Ich hatte von Anfang an das Gefühl, daß Fred mich für frigide
hält«, gab Amy zu. »Wir haben uns immer gestritten, wieviel Sex
noch ›normal‹ ist.«

»Und an Ihnen blieb natürlich der Vorwurf hängen, Sie wollten
zuwenig?« fragte ich.

Ihr Schweigen war Antwort genug.

»Die Frage, wieviel Sex zuwenig und wieviel zuviel ist, geht an
der Sache vorbei«, sagte ich. »Normal ist das, was zwei Menschen,

solange sie sich lieben, Spaß macht. Könnte die Sache vielleicht in
Wirklichkeit so liegen, daß Sie beim Sex nicht so recht auf Ihre
Kosten gekommen sind und deshalb allmählich die kalte Schulter
gezeigt haben?«

»Fred ist bei Gott nicht der Weltmeister, für den er sich hält«,
sagte Amy mit unvermitteltem Groll. Sie brach ab und biß sich auf
die Lippen.

»Fred will immer der Beste sein, und sexuelle Leistungsfähigkeit
ist für solche Männer besonders wichtig«, erklärte ich. »Zärtlichkeit
und Sensibilität für den Partner sind nicht ihre starken Seiten. Aber
man kann natürlich immer die Schuld der Partnerin zuschieben
und behaupten, sie sei eben zu prüde, oder sie kann den Mann verantwortlich machen, weil er angeblich zu sexbesessen ist.

Aber wieder geht es überhaupt nicht um die Frage von zuviel
oder zuwenig, sondern darum, wieviel Leidenschaft man in der Sexualität zulassen kann, ohne sich deshalb unsicher zu ühlen. Es
geht, mit anderen Worten, darum, ob man gegen die Leidenschaft
voreingenommen ist.«

»Bin ich überhaupt nicht!« protestierte Amy,

»Sie haben etwas gegen Ihre eigenen Gefühle«, sagte ich, »und
das kommt auf das gleiche heraus.«

Beim Sex geht es immer um Gefühle. Frei fließende Gefühle
führen zu erfüllter Sexualität, blockierte Gefühle führen zu
verkorkster Sexualität.

»Und was blockiert das Fließen der Gefühle? Woraus besteht diese
Blockade, die Sie und Fred als Langeweile empfinden?« fuhr ich
fort.

»Vielleicht bin ich eben einfach nur spießig und langweilig«,
warf Amy ein.

»Nein, es sind Schuldgefühle aus verdrängter Wut«, sagte ich.
»Langeweile und innere Leere sind nie ein ursprüngliches Gefühl,
sie kommen aus einem viel grundsätzlicheren Beweggrund, aus
einer inneren Verletztheit, durch die wir uns selbst fremd geworden sind. Langeweile und innere Leere setzen ein, sobald wir un-

sere Gefühle auf Sparflamme schalten, und dann geht es weiter mit Interesselosigkeit, Lethargie und Depression. Wissen Sie«, sagte ich, »all die Dinge, die Sie sich von Fred wünschen, können Sie sich auch selbst geben.«

Amy schaute mich ungläubig an.

»Dem Partner die Frustration aufs Brot zu schmieren heißt gleichzeitig, ihn für das eigene Glück verantwortlich zu machen, nur anders herum – und beides kann nicht funktionieren«, erklärte ich. »Wo soll denn die Leidenschaft herkommen, wenn nicht aus Ihnen selbst? Ist sie erst einmal da, dann können Sie Fred gegenüber so entgegenkommend sein, wie Sie wünschen, daß er Ihnen gegenüber entgegenkommend ist. Nur so kann es funktionieren.«

Ich schlug vor, Fred zunächst einmal ganz aus dem Spiel zu lassen und dafür mehr über Amys Gefühle zu reden.

»Wie fühlen Sie sich im Moment?« fragte ich sie.

»Das möchte ich Ihnen lieber nicht sagen«, meinte sie mit einem mißglückten Lächeln.

»Weil Sie schon wieder sagen müßten: ›öde und langweilig‹ – habe ich recht?«

Sie nickte.

»Diese innere Leere ist eine Art von Betäubung«, erklärte ich ihr. »Wenn jemand sagt: ›Ich fühle nichts‹, dann heißt das eigentlich: ›Ich weiß nicht, wo meine Gefühle geblieben sind‹.«

Damit hatte ich bei ihr den Nerv getroffen. Amy fing an zu erzählen, auch von Nächten, in denen sie glaubte, nichts mehr für Fred empfinden zu können, und ihr ehelicher Verkehr so routinemäßig ablief, daß es ihr gar nicht schnell genug vorbei sein konnte.

»Aber da war doch ein Gefühl, über das Sie sich hinwegsetzen mußten«, sagte ich. »Wenn Sie nur tief genug in sich hineinschauen, werden Sie feststellen, daß Sie sich gekränkt fühlten. Es ist doch ganz natürlich, daß jeder, ob Mann oder Frau, gekränkt ist, wenn der Partner ohne wirkliche Liebe mit einem schläft. Bei der Liebe steht nicht der Orgasmus im Vordergrund, sondern die Hingabe, und ich habe nicht den Eindruck, daß Fred überhaupt weiß, was Hingabe ist.«

»Ich glaube nicht, daß er damit etwas anfangen kann«, sagte Amy leise.

Kommunikation lebt davon, daß man die Gefühle des Partners zur Kenntnis nimmt. Fred hatte offensichtlich davon bisher noch nie etwas gehört. Aber mir war klar, daß wir uns zuerst mit Amys Gefühlen beziehungsweise mit deren Nichtvorhandensein befassen mußten.

»Lassen Sie uns doch mal versuchen zu verstehen, wie es kommt, daß Sie auf eine bestimmte Weise empfinden und jemand anderer auf eine andere. Wir müssen deshalb noch einmal auf die Frage der Abgrenzung zurückkommen. Die meisten von uns haben in der frühen Kindheit schon begriffen, daß es lieber gesehen wird, wenn man kühl und beherrscht ist und nicht besonders emotional.

Leidenschaft und Spontaneität wurden auf diese Weise zu Gefühlen, die uns ›überfordern‹. Den Kindern wird beigebracht, die von den Eltern errichteten Gefühlsbarrieren zu respektieren. Das vollzieht sich meist nicht auf direktem Weg, aber das ist auch nicht erforderlich. Man braucht einem Kind kein Verhaltensbrevier in die Hand zu drücken – es lernt auch so sehr schnell, wann es ›zuviel‹ weint, ›zu laut‹ lacht oder ›zuviel‹ Lärm macht.

Gefühle sind aber ihrer Natur nach stets spontan, was bedeutet, daß Weinen oder Lachen einen natürlichen Lauf nehmen, wenn man sie läßt. ›Zuviel weinen‹ gibt es nicht. Wir weinen eben so lange, bis es vorbei ist, und es ist dann vorbei, wenn der auslösende Schmerz seine Antriebskraft verbraucht hat. So haben auch das Lachen, der Zorn oder die Trauer ihre eigene Zeit.

Die Grenzen, die wir unseren Gefühlen setzen, wurzeln im Unbehagen unserer Eltern. Unsere Beschränkungen haben sich in der Reaktion auf die elterlichen Gefühlsbarrieren gebildet. Auch unseren Eltern wurde von klein auf beigebracht, ab wann ein Gefühl ›zuviel‹ ist. Ihr Empfinden für das, was sich schickt,. ist sozusagen ererbt, und die Eltern haben kaum eine andere Wahl, als ihre Einstellungen an ihre Kinder weiterzugeben.

Das wiederum bedeutet«, sagte ich zu Amy, »daß Ihr Gefühlsleben gar nicht voll und ganz Ihr eigenes ist. Es wurde aus zweiter und sogar aus dritter Hand an Sie weitergereicht. Jede Träne, die Sie vergießen, jeder Wutausbruch, jedes schallende Gelächter spiegeln wider, welche emotionale Bandbreite Ihre Eltern und Großeltern zu verdauen in der Lage waren – *Leute, die jemand anderes sind, nur nicht Sie selbst.*«

Daß ich die letzten Worte mit Nachdruck gesprochen hatte, rüttelte Amy auf. Sie dachte einen Moment lang nach. »Was soll ich also tun – ausflippen? Mich total selbst verwirklichen? Für solche Spielchen bin ich zu alt.«

»Ich sage ja nicht, daß man sozusagen ohne Rücksicht auf Verluste emotional in die Vollen gehen soll. Wenn wir die Möglichkeit gehabt hätten, unsere eigene Gefühlswelt ohne beschwichtigende Einmischung von außen zu erforschen, dann wären extreme Gefühlslagen ohnehin ausgeschlossen – die Natur kennt und wahrt ihre Grenzen.«

Man kann im Phänomen des Blutdrucks eine medizinische Parallele zu diesem Problem sehen. Je nach körperlicher Beanspruchung verengt oder weitet sich unser Gefäßsystem, was zum Beispiel zu sehr hohem Blutdruck führen kann, wenn wir uns körperlich stark anstrengen oder sehr erregt sind, oder zu relativ niedrigem Blutdruck in Erholungsphasen oder wenn wir schöpferisch tätig sind. Diese Schwankungen des »normalen« Blutdrucks können sehr extrem sein, aber sie sind völlig natürlich.

Der Körper weiß, wie er sich an die gegebenen Anforderungen anpassen kann, und schert sich dabei nicht um das, was wir zufällig für »normal« halten. Für die Natur ist das normal, was unser Organismus im jeweiligen Moment braucht, um sein Gleichgewicht aufrechtzuerhalten.

Das psychische Gleichgewicht wird durch Gefühle geregelt. Wenn man in die natürlichen Mechanismen der Psyche nicht hineinpfuscht, ist es für uns kein Problem zu entscheiden, wann wir lachen, weinen, zornig werden oder vor Angst schlottern müssen. Die Querverbindung zur Leidenschaft ist dabei folgende: Leidenschaft ist nichts anderes als das freie Fließen der natürlichen emotionalen Energien.

»Daraus ergibt sich natürlich«, sagte ich, »daß an dieser Stelle eine Art Gefühlstherapie ansetzen müßte. Aber was ist, wenn Fred nicht auch der Meinung ist, daß hier etwas zu geschehen hat? Was ist, wenn er sich vor der Konfrontation mit Gefühlen lieber drückt?

Wir sollten uns also nicht von ihm abhängig machen, sondern uns vom spirituellen Standpunkt aus mit dem Problem befassen und uns dabei die Frage stellen, wie Sie selbst wieder spontane Gefühle erleben können – denn ist das nicht das eigentliche Problem? Freds Verhalten spiegelt im Grunde doch nur das wider, was spirituell in Ihnen vorgeht.«

Zögernd stimmte Amy meinem Vorschlag zu. Es war natürlich klar, daß sich der langjährige Gefühlsstau ihrer Ehe nicht im Verlauf eines einzigen Gesprächs mit mir beseitigen lassen würde, aber das spirituelle Problem lag viel tiefer als Amys emotionale Befindlichkeit.

»Wenn wir die verschiedenen Schichten Ihrer negativen Gefühle nacheinander ablösen würden, käme ganz in der Tiefe ein Kern zum Vorschein«, sagte ich. »Woraus besteht nun dieser Kern? Es gibt viele Faktoren, die miteinander in Beziehung stehen: die Überzeugung, daß die gegenseitige Entfremdung unvermeidlich ist, eingefleischtes Einzelgängertum, gewohnheitsmäßige Schwarzseherei, die uns davon abhält zu versuchen, wieder miteinander auszukommen. Doch wenn wir uns all das anschauen, kommt eine erstaunlich einfache Diagnose zum Vorschein:

Wir empfinden Langeweile und innere Leere, wenn wir nicht mehr zugeben können, daß wir unerfüllte Sehnsüchte haben.

Wenn wir der Sehnsucht nicht ihren Lauf lassen dürfen«, fuhr ich fort, »erscheint uns das Dasein sinnlos und vergeblich. Dieses Gefühl gibt uns nicht etwa der Partner, es ist unser eigenes Produkt. Es ist ein depressiver Zustand, der sich in der Überzeugung ausdrückt: ›Auf das, was ich will, kommt es ohnehin nicht an.‹ Damit sind wiederum ähnliche Haltungen verknüpft, wie ›Meine Gefühle sind völlig egal‹ und ›Keiner achtet auf das, was ich zu sagen habe‹.

All diese Aussagen lassen sich auf einen gemeinsamen Nenner bringen, der lautet: ›*Ich bin machtlos.*‹ Wer machtlos ist, hält jegliche Sehnsucht für aussichtslos, da sie ja ohnehin nicht in Erfüllung gehen wird – wozu also soll man dann überhaupt noch Sehnsucht empfinden?«

Amy ist eine intelligente Frau, der die Tatsache, daß sie sich Fred ausgeliefert hatte, nicht entgangen war. Wie die meisten depressiven Menschen hatte sie keine eigene *Shakti*. Die fünf Kräfte, aus denen jeder von uns schöpfen sollte, waren bei ihr stark reduziert:

Statt »Ich bin!« dachte sie: »Habe ich überhaupt das Recht, hier zu sein.«

Statt »Ich bin glückselig!« dachte sie: »Ich fühle überhaupt nichts.«

Statt »Ich will!« dachte sie: »Ich kann nicht.«

Statt »Ich mache!« dachte sie: »Ich weiß nicht, was ich tun soll.«

Wo ist Amys *Shakti* hingeraten? Das Gefühl der Machtlosigkeit wurzelt sehr tief. Viele Leute glauben, ihre Eltern, Gott oder das Schicksal hätten sie zur Machtlosigkeit verdammt. In Wirklichkeit berauben wir uns selbst unserer Macht. Es ist nicht möglich, ohne Sehnsucht zu leben, denn durch die Sehnsucht geleitet uns *Shakti* von einer Erfüllung zur anderen. Wenn wir uns jedoch die Sehnsucht amputieren, verliert *Shakti* den Ansatzpunkt und wird nutzlos. Die Sehnsucht verschwindet nicht ohne unser eigenes aktives Zutun.

Wenn die Leidenschaft verblaßt, geschieht das nicht von allein.
Sie muß unterdrückt werden.

Langeweile und innere Leere sind nichts anderes als die passive Kehrseite des Bemühens, die Leidenschaft außen vor zu halten. Sie sind die gleichgültige Maske, hinter der sich eine heftige innere Auseinandersetzung abspielt.

Die Überzeugung, niemals das zu bekommen, was man sich ersehnt, beruht auf einem gewaltigen Selbsthaß und einer massiven Voreingenommenheit gegen sich selbst. Es ist sehr anstrengend, diese Gefühle aufrechtzuerhalten, denn selbst dann, wenn man sie subjektiv für richtig hält, läßt sich das Leben mit seiner Vitalität nicht vollkommen anhalten.

Wer sich von der Leidenschaft abgeschnitten hat, ist in einen Bund mit etwas anderem eingetreten, das fast genauso stark ist. Der Strom des Lebens ist unaufhaltsam, und deshalb muß eine Gegenkraft auf den Plan gerufen werden – die Angst. Wenn jemand über innere Leere klagt, trifft man in den allermeisten Fällen auf die Angst vor dem Leben.

Sobald sich die Angst irgendwo in unserer Psyche festgesetzt hat, wird es sehr schwer, darauf zu vertrauen, daß die Leidenschaft ungefährlich ist. Wenn meine Frau an mir herumnörgelt, wird eine mir kaum bewußte warnende Stimme mein Verlangen nach ihr untergraben. Wenn mein Ehemann nicht damit zufrieden ist, wie ich als Ehefrau den Haushalt führe, dann werde ich meine sexuellen Bedürfnisse auch nicht ungehemmt vor ihm zum Ausdruck bringen können. Auf diese Weise wirken die Querelen des Alltags auf die existentiellen Fragen zurück.

In Beziehungen, in denen zwei Menschen den Grabenkampf zwischen Angst und Verlangen zu lange zugelassen haben, wird die Unterdrückung der Leidenschaft zum Lebensinhalt. Im verzerrten Wertesystem der Angst wird »Nähe« auf einmal zum Problem und ist nicht etwa die erstrebenswerte Lösung. Nach dem Plan der Natur sind wir Geschöpfe, die nach Lust streben – während der angstvolle Mensch versucht, Unlust zu vermeiden.

»Sie wollen es sich selbst vielleicht nicht eingestehen«, gab ich Amy zu bedenken, »aber Langeweile und innere Leere sind zu Ihrem Lebensinhalt geworden. Das öde Gefühl haben Sie nicht von ungefähr. Sie brauchen es, um sich Sicherheit und Geborgenheit zu verschaffen. Warum schnauzen Sie Fred nicht an, warum werfen Sie ihm nicht eine Vase an den Kopf, oder warum brechen Sie nicht einfach in Tränen aufgelöst zusammen?«

Amy blickte mich irritiert an. »Das kann ich doch nicht«, murmelte sie, und ungeweinte Tränen zeichneten ihr Gesicht.

»Sie müssen Licht in dieses dunkle Kapitel bringen«, sagte ich etwas behutsamer, »dann sieht alles bald besser aus. Zur Zeit erschöpft sich Ihr Leben noch darin, am Ufer des Lebensstroms zu stehen und darauf zu achten, daß Sie nicht hineinfallen. Aber kann man überhaupt überleben, ohne vorher hineingefallen zu sein?

Die spirituelle Antwort auf die innere Leere besteht darin, sich genau den angstbesetzten Dingen zu öffnen – also dem steten Strom der Sehnsucht, die unablässig zu ihrem Recht kommen möchte.«

Sobald wir uns zu unseren Sehnsüchten bekennen,
nimmt uns die Leidenschaft wieder in die Arme auf.

Der Grund für die große Leidenschaftlichkeit, wenn wir frisch verliebt sind, ist sehr einfach: In dieser Situation sind Sehnsucht und Begierde keine Frage einer bewußten Entscheidung. Die sinnliche Liebe spült den Damm der Hemmungen einfach fort. Die erotische Triebkraft ist zu stark, als daß sie von Angst und Repression in Schach gehalten werden könnte.

Bei ganz grundsätzlicher Betrachtung ist es niemals ein Zufall, wenn sich zwei Menschen ineinander verlieben. Sie wollen schlichtweg über ihr bisheriges leidenschaftsloses Leben hinauswachsen, und wenn diese unbewußte Entscheidung gefallen ist, öffnen sie sich für die Liebe des Partners ein weiteres Mal.

Man kann diesen Prozeß aber auch in Gang setzen, ohne erst darauf zu warten, daß man sich verliebt. Wenn die Leidenschaft aus einer Beziehung gewichen ist, sollten sich die Partner in aller Ehrlichkeit zu ihren sexuellen Bedürfnissen bekennen. Das ist natürlich oft nicht einfach, denn wenn sich bei jedem der beiden Partner die Meinung festgesetzt hat: »Diesen Mann/ diese Frau bin ich satt«, dann wird es doppelt schwierig zu bekennen: »Ich begehre dich«. Das geht nur dann, wenn man aufhört, im Partner denjenigen zu sehen, der das Problem verursacht, und statt dessen die Verantwortung für die eigenen Gefühle übernimmt.

Der entscheidende Punkt ist nicht, daß man den anderen satt hat, sondern daß man sich selbst satt hat. Die Aussage muß um ihren vorwurfsvollen Anteil bereinigt werden, dann verliert sie auch ihre Bedrohlichkeit. Das ist ganz wichtig, denn wenn man vor jemandem Vorbehalte hat, dann ist diese Person unweigerlich für uns auch angstbesetzt.

»Sie sollten all Ihre Kraft darauf verwenden herauszufinden, was Sie wirklich wollen – und sich klarmachen, daß Ihnen die Erfüllung dieser Wünsche und Bedürfnisse auch zusteht«, sagte ich zu Amy. »Die Kluft zwischen Ihnen und Ihren Bedürfnissen wirkt wie ein Puffer, an dem Ihre Gefühle abprallen. Sie müssen sich von Ihren Gefühlen sozusagen an den eigenen Haaren aus der Misere herausziehen lassen – eine andere Lösung gibt es nicht.

Wenn Sie sich auf die ehrliche Suche nach Ihren Gefühlen machen, werden Sie über kurz oder lang auf die Liebe stoßen, selbst wenn es nur ein winziger Funke von Anziehung und Begierde ist. Ein Rest von Begehren findet sich bei jedem, gleichgültig wie abgestumpft er ist. Reden Sie sich nicht ein, daß diese schwachen Impulse zu unbedeutend seien, um darauf einzugehen.

Nehmen Sie lieber genau die entgegengesetzte Haltung ein: Legen Sie Ihre wiedergefundenen Gefühle Ihrem Lebensgefährten zu Füßen, indem Sie ihm mit Kleinigkeiten liebevoll entgegenkommen – lächeln Sie ihn an, auch wenn Ihnen innerlich nicht nach einem strahlenden Lächeln zumute ist. Auf diese Weise ermutigen Sie ein zaghaftes neues Gefühl, an seine eigene Legitimität und an seine Existenzberechtigung zu glauben.«

Zum ersten Mal während unseres ganzen Gesprächs machte Amy einen ermutigten Eindruck. »Fred weiß überhaupt nicht, daß ich ihn immer noch liebe«, sagte sie. Ihre Stimme ließ sie sehr verletzlich wirken.

»Es nützt aber nichts, darauf zu warten, daß er Ihre Gedanken liest«, sagte ich. »Das Netz zärtlicher Gefühle, das Sie früher einmal mit Ihrem Mann verbunden hat, ist zerrissen – aber es kann neu gewoben werden, das verspreche ich Ihnen.«

Von diesem Ausgangspunkt aus – dem »Ich liebe dich« – werden die Kanäle der Liebe allmählich wieder befahrbar. Die Beziehung, die scheinbar alle Wünsche enttäuscht und ausgelöscht hat, macht sie ganz im Gegenteil wieder lebendig.

»Für diese Art von Heilung, die ich Ihnen hier vorschlage, habe ich eine spezielle Bezeichnung gefunden«, sagte ich. »Ich nenne es ›Der Göttin den Hof machen‹. Ihr Streben erschöpft sich ja nicht darin, daß Sie Fred oder meinetwegen auch ein besseres Geschlechtsleben wiederhaben wollen. Sie sehnen sich danach, daß der Geist wieder bei Ihnen Einzug hält, und das bedeutet letztlich die Rückkehr Gottes.

Die leidenschaftliche Seite Gottes aber ist *Shakti*, die Göttin. Als *Shakti Shiva* heiratete, brachte sie ihm als Hochzeitsgeschenk die Leidenschaft dar. Das ist ein Geschenk, das die Frauen auch heute noch den Männern darbringen, denn das weibliche Prinzip ist von Natur aus begehrenswert. Es ruft durch die Erregung und die Sehnsucht Bewußtsein hervor. Es schmilzt Widerstand zum Einswerden um und macht aus dem Chaos einen Reigen. Diese Leidenschaft ist Ihr angestammtes Recht.«

»So, wie Sie es darstellen, möchte ich Ihnen beinahe glauben«, sagte Amy und lachte jetzt zum ersten Mal.

»Wenn es Ihnen nicht gelingen will, sich mit der Göttin zu identifizieren, dann müssen Sie sie eben becircen«, sagte ich. »Sie müssen *Shakti* für sich gewinnen, bevor Sie es mit irgend jemand anderem versuchen. Sie müssen sich Ihren Ängsten und Ihrem Verletztsein aussetzen, und Sie müssen üben, sich von Ihren alten Überzeugungen zu trennen. Lernen Sie, sich selbst zu vergeben. Suchen Sie sich Anlässe, bei denen Sie zu Ihrem inneren Wesen nett sein können. Streichen Sie Ihre guten Seiten heraus und nicht immer nur Ihre schlechten. Wenn Sie zu etwas Lust haben, dann müssen Sie dem nachgeben, wohin Sie das auch führt, denn die Quelle der Lust ist immer die Leidenschaft.

Der Geist *Shakti*s wartet darauf, daß Sie ihn sich wieder zu eigen machen. Er steht vor der Tür, die Sie selbst zugeschlagen haben. Keine Leidenschaft ist so groß, daß *Shakti* sie nicht fassen könnte. Beim Griff nach der Unendlichkeit können Sie niemals verlorengehen. *Shakti* ist die zarteste aller Unendlichkeiten und hat nur den einen Wunsch, Sie auf den Armen von der Angst zur Liebe zu tragen.«

D I E **7. STUFE**
EKSTASE

S T U F E N

D E R

L I E B E

EKSTASE

Wir haben bis jetzt darüber gesprochen, wie man durch Hingabe, Un-Abhängigkeit und Erneuerung der Leidenschaft eine Beziehung fest in der Liebe verankern kann. Zwei Menschen, denen es gelungen ist, diese Basis einer dauerhaften Liebe zu schaffen, können nun den nächsten Schritt auf dem Pfad tun, den wir als das Aufsteigen ins Himmlische bezeichnen können. Dieser Aufstieg wird möglich durch die Fähigkeit der Liebe, sich über die Begrenzungen dieser Welt hinweg in die Welt des Unbegrenzten zu erheben.

Davor bezeichnete das Wort »ich« ein einzelnes, in Raum und Zeit gefangenes Individuum. Danach bezieht es sich auf ein Selbst, das den Gesetzen von Raum und Zeit gehorcht, ohne sich darin gefangen zu fühlen – wir sind durch die Ritzen der Zeit geschlüpft und haben einen Zipfel der Unendlichkeit erhascht.

Davor bezeichnete »du« einen Menschen, den man zwar lieben, mit dem man aber niemals verschmelzen konnte. Danach ist »du« ein Teil von uns selbst, der uns so nahe ist wie unser eigener Atem.

Davor bezeichnete »wir« ein Paar, das die Einigkeit in seiner gemeinsamen Bedürftigkeit findet. Danach ist das Wort »wir« belanglos geworden, da die Vereinigung vollkommen geworden ist.

Auch das Aufsteigen ist ein Prozeß – ähnlich wie sich zu verlieben oder in einer Partnerschaft zu leben. Man wird nicht etwa in eine »andere Welt« hinübergerissen, vielmehr verwandelt sich diese Welt in einen Himmel der Erfüllung, in dem ungebrochener Friede und immerwährende Liebe herrschen.

Der Prozeß des Aufsteigens stellt keine neuen Bedingungen an uns – wir müssen lediglich loslassen und immer wieder loslassen, bis es nichts mehr loszulassen gibt.

Dieses Aufsteigen ist die Phase, in der das Getrenntsein endgültig aufgehoben wird. Wer aufgestiegen ist, befindet sich im Ein-

klang mit jenem Wort Christi, der zu Pilatus sagt, daß er in diese
Welt gekommen, aber dennoch nicht von dieser Welt sei.

Beim Aufsteigen zum Himmlischen wandelt sich
unsere Liebe in Ekstase.

Die Ekstase erleben zu dürfen, ist das Vorrecht all jener, die den
Pfad der Liebe bis zu dem Punkt gegangen sind, wo der Aufstieg
zum Himmlischen beginnt. Wenn man noch nicht soweit ist, fehlt
die Ekstase in der normalen Gefühlsskala. Sie können Freude, Entzücken, Überschwang, Befriedigung und Glück kennengelert haben, doch all das ist nur ein schwacher Abglanz der Ekstase. Sie
verkörpert einen Idealzustand, der durch Gefühle, die das Ego
empfinden kann, so gut wie unerreichbar ist.

Die Tatsache, daß uns die Ekstase in einen Bereich jenseits des
Ego eintreten läßt, geht schon aus dem Wort selbst hervor. »Ekstasis« ist griechisch und bedeutet das Außerhalbstehen beziehungsweise Außerhalbstellen von etwas. Man kann das auf zweierlei
Weise verstehen: Entweder müssen wir irgendwohin weit außerhalb von uns selbst zur Ekstase hinreisen, oder wir sind von vornherein in Ekstase eingebettet, und sie wartet nur darauf, daß wir sie
wahrnehmen.

Der Unterschied zwischen den beiden Lesarten ist gewaltig.
Müssen wir uns irgendwohin begeben, um Ekstase zu finden? Ist es
erforderlich, eine Reise in unbekanntes Gebiet zu unternehmen?

Es hat den Anschein, daß Mystiker und Dichter solche Reisende
sind, die ihre ekstatischen Erfahrungen wie ein wertvolles Souvenir
aus exotischen Ländern mit nach Hause bringen. Oder wartet die
Ekstase in unmittelbarer Nähe auf uns, und wir verfehlen sie nur deshalb, weil uns niemand gezeigt hat, wie wir sie berühren können?

Die Ekstase ist das Endstadium der intimen Vertrautheit
mit uns selbst.

Vor dem Aufstieg ins Himmlische verschaffen wir uns intime Vertrautheit durch den Brückenschlag zu einem anderen Menschen.

Ein Brückenschlag setzt jedoch eine Kluft voraus, die es zu über-
brücken gilt. Wir haben gesehen, daß diese Kluft, die sich zwischen
»mir« und »dir« aufzutun scheint, in Wirklichkeit in uns selbst
klafft. Zwei Menschen, die sich in intimer Vertrautheit lieben, heilen deshalb in Wirklichkeit die Beziehung zu ihrer eigenen Person.

Zu allen Zeiten haben die Menschen versucht, sich selbst anzunehmen und zu lieben, sich selbst heil zu machen, sich selbst zu
vergeben und Gott in sich zu finden. Alle Beziehungen nach
außen, die mit der Zeit kommen und gehen, dienen diesem zeitlosen Verhältnis. Eines Tages ist die Suche am Ziel angelangt. Es
kommt der Augenblick, in dem wir eine Verschmelzung erleben,
wie Emily Dickinson es so wunderbar beschrieben hat:

»Der Tropfen, der die See durchirrt,
vergißt sein eigenes Geviert.
So geht es mir – bei Dir.«

Das ist der kristallklare Moment, in dem reine Liebe in die reine religiöse Hingabe umschlägt, denn die Ekstase hebt jegliche Entfremdung auf. Das Ego weicht dem reinen Fließen des Seins.

Der Zustand der dauernden Ekstase wird im Sanskrit als *Moksha*
bezeichnet, was meistens als »endgültige Befreiung« übersetzt
wird. Man könnte es genausogut und nicht weniger treffend mit
Aufstieg ins Himmlische übersetzen, denn bei der Ankunft am
Ende der Reise der Liebe werden wir eins mit dem reinen Beobachter, Zeugen und Seher, der uns auf dem ganzen Weg nur eine Winzigkeit über und jenseits der Welt des Ego und seiner Bedürfnisse
begleitet hat.

Moksha erlöst uns vom *Karma*, es löst das individuelle Gedächtnis, die individuelle Sehnsucht und Identität im kosmischen
Ozean auf, und doch ist die endgültige Befreiung kein Auslöschen
und keine Vernichtung, sondern eine Neugeburt, ein Hineingebo-
renwerden in die Fülle.

Wer *Moksha* erreicht, dem offenbaren sich drei deutlich voneinander unterscheidbare Erkenntnisse:

Ich bin Das.
Du bist Das.
All dies ist Das.

Diese einfachen Sätze, die zum ersten Mal vor Tausenden von Jahren in den Upanishaden Indiens festgehalten wurden, sind die intimsten Offenbarungen, die der Geist dem Menschen zu vermitteln hat. Das Wort *Upanishad* ist von dem Sanskrit-Begriff für »nahe
bei« abgeleitet, womit zum Ausdruck kommen soll, daß man Gott
zu Füßen sitzen muß um diese Lehren zu verstehen.

»Ich bin Das« lautet die erste Offenbarung. Sie schafft sämtliche
Trennungen ab, die sich zwischen Gott und der Seele aufgetan haben mögen. Das ist der Augenblick, in dem ein Mensch alles Gute
und alles Schlechte seiner Existenz, den Kampf zwischen Licht und
Dunkel, den Gegensatz zwischen Sünde und Tugend ins Auge faßt
und alles als identisch erfährt. Es ist der Moment, in dem der Tropfen sich im Ozean verliert. Alles, was das Bewußtsein bisher beschäftigt hat, wird auf ein Spiel des Wesens mit sich selbst zurück-
geführt. »Ich bin Das« bedeutet: »Ich bin Wesen und sonst nichts«.

»Du bist Das« ist die zweite Offenbarung. Hier kommt die geheiligte Natur des geliebten Menschen zum Ausdruck, denn »Du«
steht sowohl für Gott wie für den geliebten Menschen. In dieser
Offenbarung wird eine Brücke zwischen zwei Seelen geschlagen.
Die Möglichkeit zur Entfremdung ist für immer ausgeschlossen,
denn die Wahrnehmung des »Ich« verschmilzt mit der Wahrnehmung des »Du«. Der Atem von Zweien vereinigt sich zu einem, und
die himmlische Vision des Schöpfers wird zur persönlichen Perspektive; der Blick auf die Mitmenschen wandelt sich zu der Betrachtungsweise liebevoller Eltern.

»All dies ist Das« lautet die dritte Offenbarung. Sie ist eine Erweiterung der ersten beiden Offenbarungen auf jedes Teilchen des
gesamten Universums. In der Erkenntnis, daß das individuelle Ego
in Wirklichkeit kosmisches Ego ist, führt diese Erweiterung zum totalen Einswerden. »Ich« bedeutet nicht mehr, ein winziges isolier-
tes Fleckchen zu bewohnen und einen von Raum und Zeit begrenzten Blickwinkel einzunehmen. Statt das Gefühl zu haben,

einen Körper zu bewohnen, nehme ich mich als unendliches Bewußtsein wahr, das sich mit unendlicher Geschwindigkeit durch
unendliche Weiten ausbreitet.

Es bedarf einer äußersten Reinheit und Verfeinerung des Bewußtseins, um den erleuchteten Zustand dieser drei Schübe von *Moksha*
aufrechtzuerhalten. Die größten Meister und Heiligen der Geschichte besaßen die Fähigkeit zu dieser endgültigen Befreiung, die sich
uns allen als Aufgabe stellt, sobald wir den Pfad der Liebe betreten.

Ohne Ekstase scheint die Erfahrung der endgültigen Befreiung
in ihrer Ungeheuerlichkeit unendlich weit außerhalb unseres Er-
lebnishorizonts zu liegen. Am Ende der »Bhagavad-Gita« willigt
Lord Krishna ein, sich dem Krieger Arjuna, dem er sich als Wagen-
lenker beigesellt hat, in seiner eigentlichen Wirklichkeit zu zeigen.
Er öffnet den Mund, und es erscheinen sämtliche Welten und Geschöpfe, es erscheinen unendliche Universen, die sich so rasend
schnell ausbreiten, daß der sterbliche Arjuna an den Rand der Vernichtung gerät.

Und doch ist *Moksha* nichts als eine Veränderung unserer Wahrnehmung, ein abschließendes Bild dessen, wer und was wir sind.
Daher haben die in der Ekstase gewonnenen Einsichten und Offenbarungen mehr mit der äußersten Erweiterung des Bewußtseins
zu tun als mit irgendwelchen Gefühlen, so aufrüttelnd diese auch
sein mögen.

*Die Ekstase trägt uns weit über die Begrenzungen
unseres Ego hinaus.*

*In der Ekstase erfahren wir uns als kosmisches Ego,
ohne Begrenzungen in Zeit und Raum.*

*Die Reise der Liebe führt am Ende zurück zum Quell
allen Bewußtseins, aller Kraft und allen Seins.*

*Moksha ist kein Ende, sondern ein Anfang. Erst nach
dem Durchbruch zur endgültigen Befreiung beginnen wir,
aus der Fülle zu leben.*

Eine befreite Seele ist eine Bürgerin des Universums.

Es gibt im westlichen Kulturkreis kein wirkliches Gegenstück zu *Moksha*. Der Begriff der Erlösung kommt dem vielleicht noch am nächsten. *Moksha* vereint das persönliche Bewußtsein mit der Seele in einer mystischen Ehe, der im christlichen Bereich ungefähr die Vereinigung mit dem Erlöser entspricht. Es heißt, die Engel befänden sich in diesem Zustand, der sie in ekstatische Lobpreisungen Gottes ausbrechen ließe. Die Erlösung ist allerdings ein noch nicht eingetretener zukünftiger Zustand, der sich erst nach dem Tode einstellt. Aus diesem Grund ist er weitaus geheimnisvoller als *Moksha*, das wir hier und jetzt schon erreichen können.

»DAS GLÜCK, SICH *WIRKLICH* ZU FÜHLEN«

Zu dem Gedanken, daß die endgültige Befreiung eine Art Neugeburt ist, möchte ich die Geschichte eines Mannes erzählen, der diese Neugeburt tatsächlich erlebt hat, die Geschichte meines mystischen Freundes Drew. Schon an dem Tag, an dem wir uns vor Jahren bei einem Meditationskurs kennenlernten, galt Drew als »mystisch« und zog große Aufmerksamkeit auf sich. Er trug einen weißen indischen Lendenschurz und Sandalen, und um seinen Hals hingen mehr Perlenketten, als ich je bei einem *Yogi* im hintersten Himalaya gesehen hatte. Als wir uns alle zum Kennenlernen auf den Plätzen gegenüber der Freilichtbühne versammelten, saß er auf einem nahegelegenen Hügel im Lotussitz unter einem Baum. Niemand, den ich kannte, hatte so entschieden einen Fuß in die »andere Welt« gesetzt wie er. Wenn er sprach, sprudelten die unglaublichsten Erfahrungen von astralen Ebenen und Engelserscheinungen nur so aus ihm heraus.

Das letzte, was ich von Drew gehört hatte, war, daß er sich in Nepal aufhielt und dort hoch oben in den Bergen bei einem Mönchsorden seine Gelübde abgelegt hätte. Irgendwie beneidete ich ihn um das Leben, das er sich ausgesucht hatte.

Doch eines Tages rief er mich plötzlich an und fragte, ob wir uns sehen könnten. Als er vor mir stand, trug er keinen Lendenschurz, keine Sandalen und auch keine Ketten, sondern ein Sporthemd und eine leichte Sommerhose.

In unserer anschließenden Unterhaltung wurde mir rasch klar, daß Drew inzwischen den Umgang mit medial veranlagten oder durch Drogenkonsum inspirierten Personen eingestellt hatte und überhaupt übersinnlichen Phänomenen gegenüber ziemlich gleichgültig geworden war.

»Nicht, daß ich davon nichts mehr wissen will«, sagte er, »aber etwas viel Tiefgründigeres hat diesen Platz eingenommen.«

Im weiteren Verlauf des Gesprächs erzählte er mir von einem einschneidenden Erlebnis, das sein ganzes Leben umgekrempelt hatte.

»Du kennst mich nicht besonders gut, aber ich war immer sehr ehrgeizig, geradezu besessen, wie manch einer sagen würde. Ich setzte also alle Hebel in Bewegung, um auf die beste Schule, in das beste College, in die beste Studentenverbindung zu kommen.

Ich weiß gar nicht mehr, wie ich auf den Mystizismus und die Erleuchtungserfahrungen gekommen bin – durch eine Freundin vielleicht oder einen LSD-Trip –, jedenfalls, als ich erst einmal Blut geleckt hatte, war für mich klar, daß ich nicht lockerlassen würde, bis ich irgendeine magische Wandlung geschafft hatte – zum Zauberer, Krieger, Medium oder gar Propheten, falls ich es soweit bringen sollte.

Von heute aus gesehen, war das ein totaler Egotrip, aber damals hatte ich die tollsten Erlebnisse – von der Lichterfahrung über das Glückseligkeitsgefühl bis zu den Engelsstimmen. Während all das geschah, kam ich nicht im Traum auf die Idee, daß all das, was mir da an mystischen Erfahrungen entgegenkam, in Wirklichkeit nichts, aber auch gar nichts anderes war als meine eigenen Erwartungen. Der Mystizismus war ganz großes Theater, und ich saß mittendrin und habe mir alles schön reingezogen. Ich rede hier von den zehn Jahren, in denen eine großartige Vision die andere jagte.

Dann, eines Tages, als ich in Vermont einen mit vollkommenem Grün überzogenen Hügel hinaufwanderte, brach alles zusammen.

Es war, als würde ich in einen Gully hinabgezogen. In meinem Kopf begann sich alles zu drehen, und ich mußte mich hinsetzen. Ich konnte nicht sagen, ob ich in ein Loch hineinstürzte oder ob die Erde unter meinen Füßen wegsackte. Es war ein fürchterliches Gefühl. Ich hatte entsetzliche Angst mich umzudrehen, weil ich erwartete, daß hinter mir aus dem Himmel ein riesiger Rüssel herabsinken und die ganze Erde aufsaugen würde. Ich warf mich auf die Erde und betete darum, daß das alles, was immer es auch war, doch bitte aufhören sollte.

Der Zustand muß wohl eine Stunde gedauert haben. Vielleicht bin ich auch zwischendurch einmal ohnmächtig geworden – ich hatte keine Uhr bei mir –, und als ich langsam wieder in die Wirklichkeit zurückkehrte, brummte mir der Schädel. Ich stand mit wackeligen Knien auf und torkelte mit Gummibeinen den Hügel zu meiner Hütte hinunter. Die Benommenheit hielt noch mehrere Tage an, und ich war die ganze Zeit über ziemlich verwirrt. Und nun frage ich dich, was du davon hältst.«

Ich hatte mir Drews Bericht ohne irgendeinen Kommentar angehört. »Na ja«, sagte ich, »wenn ein Patient mit einer solchen Fallgeschichte zu mir käme, würde ich eine Beurteilung aufschieben, bis eine genaue Hirnuntersuchung und ein psychiatrisches Profil gemacht worden sind.«

»Du sagst es! Genau das war auch mein erster Gedanke: Entweder war ein Gehirntumor gerade dabei, mir den Rest zu geben, oder ich hatte einen psychotischen Zusammenbruch erlitten. Ich rannte in die Bibliothek im nächsten Ort und wühlte mich wie ein Verrückter durch die paar alten medizinischen Wälzer, die sie dort hatten.

Der Knackpunkt war, daß ich nicht doppelt sah oder an wiederkehrender heftiger Benommenheit litt, und ich hatte auch keine ungeordnete oder jagende Gedankenflut, so daß die klinischen Symptombeschreibungen alle nicht zu meinem Erlebnis paßten. Meine Symptome verschwanden dann auch allmählich, allerdings nicht spurlos.

Ich hatte mich verändert. Es war, als hätte jemand den Stecker herausgezogen und meine – ja was? – meine Batterie wäre einge-

trocknet. Sie war total leer, kein Ehrgeiz mehr, keine Neugier, kein
Lebensziel, kein Mumm.

Ich kam mir selbst überflüssig vor, und meine mystischen Erfahrungen waren komplett verschwunden. Wenn ich die Augen zu-
machte, um zu meditieren, dann gab es keine Spur von einem
Licht. Ich dehnte mich nicht über meine Körperbegrenzungen hinaus aus, und Engel sah ich auch nicht. Ein paar Tage später überkam mich ein extremes Angstgefühl, als ob mich der Teufel holen
wollte, aber dazu kam es auch nicht.

Wenn es also weder ein Tumor war noch ein Sprung in meiner
Schüssel und auch nicht das Strafgericht Gottes, was war es dann?
Ich wartete auf die Antwort.«

»Hast du sie bekommen?« fragte ich.

»Ja, schon, aber nicht so, wie ich es mir vorgestellt hatte. Die
Antwort war ein allmählicher Prozeß, den ich meine ›Ego-Operation‹ nennen möchte. In diesem dramatischen Augenblick auf jenem Hügel war es, als hätte mir ein unsichtbarer Operateur die
Brust geöffnet, und nachdem ich einmal geöffnet war, gelang es
mir nicht, mich wieder zu verschließen.

In meiner stürmischen Jagd nach dem totalen Dauerrausch –
denn das verstand ich unter einem spirituellen Lebenswandel –
war mir nie aufgegangen, daß der Geist genau aus den Dingen
geschnitzt ist, die man unter keinen Umständen zur Kenntnis nehmen möchte. Wie fast alle anderen Leute auch, wollte ich auf keinen Fall traurig, ängstlich, machtlos, garstig und feindselig sein.
Ich wollte ›Es‹, den großen geistigen Lottogewinn. Aber was ich
jetzt aufs Brot geschmiert bekam, war bis zum letzten Krümel die
ganze Trauer, Wut, Angst und so weiter, die ich schon längst überwunden geglaubt hatte.«

»Das war bestimmt eine schwierige Zeit«, sagte ich.

»Das ist noch harmlos ausgedrückt. Wer immer dieser unsichtbare Operateur war, er schnitt sehr tief und suchte nach jedem versteckten Geheimnis, jedem düsteren Rest von Schuld und Scham.
Morgens beim Aufstehen dachte ich manchmal, es könnte nichts
Schlimmeres geben, als es einfach nur mit mir selbst aushalten zu
müssen. Aber als ich schließlich merkte, daß ich selbst der Opera-

teur war, der da in mir herumschnitt, gewöhnte ich mich langsam an das, was mit mir vorging. Auf irgendeiner ganz tiefen Ebene hatte ich mir selbst gestattet, durch meine verfinsterte Seele hindurchzuwandern.

Seltsamerweise hatte ich mir immer vorgestellt, daß man, um in Gottes Nähe zu gelangen, eine Art hohen Berg erklimmen müßte, bis man Gott so nahe ist, daß Er sagt: ›Aha, wie ich sehe, hast du es geschafft‹, und dann würde Er mit anerkennendem Lächeln meine Hand packen und mich zu sich in den Himmel hineinziehen.

Diese Vorstellung hat nur leider ein Problem: Was geschieht mit den Anteilen, die nicht mit in den Himmel hineindürfen? Denn daß Gott niemals sagen würde: ›Deine Schuld und deine Scham kannst du ruhig mitbringen‹, das stand für mich außer Frage. Für mich bedeutete spirituell zu sein, daß ich den ›schlechten‹ Drew über Bord werfen mußte, um mich vom ›guten‹ Drew in den Himmel katapultieren zu lassen.«

»Aber das würde bedeuten«, sagte ich, »daß Gott den ›schlechten‹ Drew verurteilt und nur den ›guten‹ Drew liebt. Ein solcher Gott wäre kein Gott der Liebe. Er wäre ein Gott des Ego, denn genau das macht unser Ego doch die ganze Zeit: Es verurteilt das Schlechte und akzeptiert nur das Gute.«

»Ganz genau«, sagte Drew. »Ich glaube, deshalb war die ›Ego-Operation‹ auch so schwer auszuhalten. Als diese schlimmen Sachen – Gespenster im Keller habe ich sie genannt – ans Licht gekommen waren, mußte ich mich auch noch dazu bekennen. Du kannst dir gar nicht vorstellen, wie ekelhaft mir das anfangs vorkam. Unsere kleinen schmutzigen Geheimnisse sehen in unseren eigenen Augen ja besonders abscheulich aus, auch wenn sie für andere Leute vielleicht gar nicht so aufregend sind.«

»Ich glaube noch nicht einmal, daß das schreckliche Gesicht des Unbewußten das Haupthindernis ist, sondern eher unsere Angst, daß die Vergebung ausbleiben könnte«, warf ich ein. »Du sprichst doch jetzt davon, daß du dir selbst die Absolution erteilst, um so deine dunklen Energien wieder in dich selbst aufnehmen und in Liebe umwandeln zu können.

Aber was ist, wenn das schiefgeht? Was ist, wenn es an dir hängenbleibt, daß du tatsächlich so häßlich, schmutzig, sündig und nichtswürdig bist, wie es dir deine Selbstbeurteilung in ihren gnadenlosesten Momenten vorwirft? Diese Aussicht ist so furchterregend, daß in diesem Licht selbst kleine Nachlässigkeiten und Makel zu Ungeheuerlichkeiten aufgebläht erscheinen.«

Drew nickte. Er saß eine Zeitlang reglos da. »Es gab Zeiten, da habe ich nicht mehr dran geglaubt, daß das noch einmal gutgeht. Eine Stimme in mir schrie: ›Du wirst krepieren! Du hältst das nicht mehr aus!‹ Aber ich wußte, daß ich nicht sterben würde. Das immerhin hatte mich mein spirituelles Leben gelehrt. Ich nahm wieder meinen alten Beruf als Börsenmakler auf, und soviel ich weiß, hat kein Mensch geahnt, was ich die ganze Zeit durchzumachen hatte.«

Drew bemerkte meine Erheiterung über den Beruf, den er sich ausgesucht hatte. »Wenn ich mich recht erinnere, beschäftigst du dich viel mit Literatur«, sagte er. »War es nicht Hawthorne, der geschrieben hat, daß ein Mann mit den außergewöhnlichsten Ideen im Kopf herumlaufen mag, und doch sieht er für alle Welt aus wie jeder andere?«

»Das steht in seinen Journalen, glaube ich. Aber es kann auf Psychopathen ebenso zutreffen wie auf Visionäre«, sagte ich.

»Das stimmt, aber ich will darauf hinaus, daß etwas, das innerlich ganz schön aufregend ist, nach außen hin völlig normal wirken kann. Als ich noch zum Seher werden wollte, ist mir das nie aufgegangen. Aber wenn ich heute mit meinem Aktenkoffer in der Hand die Straße hinuntergehe, dann frage ich mich manchmal: Ist ein Baum eigentlich ein Baum und ein Wolkenkratzer ein Wolkenkratzer?

Was diese Dinge zu ›normalen‹ Dingen macht, ist nur die Tatsache, daß sie aussehen, als seien sie für sich bestehende, feste Gegenstände, was sie aber gar nicht sind. Eigentlich sind das Bündelungen von Energie, die sich aus der unendlichen Energiesuppe des Universums herauskristallisiert haben, und du und ich sind auch nichts anderes. Deshalb sind wir nicht nur auf einer bestimmten Ebene mit diesem Baum oder mit diesem Wolkenkratzer verbunden – wir *sind* dieser Baum und dieser Wolkenkratzer! Und die Mystiker wissen genau das und nichts anderes.«

»Du hast die Kluft geschlossen«, sagte ich, gleichermaßen bewegt und beeindruckt.

»Sowas Ähnliches«, gab Drew zurück. »Hast du schon mal ganz allein an einem Fluß gesessen und versucht, den Fluß zu erfühlen? Das geht natürlich nicht. Man kann zwar sagen, man hätte den Fluß gefühlt – sein Fließen, seine Untiefen, seinen dauernden Wechsel in seinem unaufhaltsamen Lauf von hier nach da – aber letztlich fühlen wir in Wirklichkeit nur uns selbst. Wenn man genügend dicht an dieses betörende Gefühl herankommen kann (und bei solchen Gefühlen ist das beileibe nicht einfach), dann merkt man, daß die betörende Süße, wenn man zum Beispiel an einem Fluß sitzt, aus einem winzigen Winkel unseres Herzens kommt. Dieser pralle Winkel voll Süße ist absolut unbewegt. Er dient sich uns nicht an, aber andererseits verläßt er uns auch nie. Was findet sich nun in diesem prallen Winkel der Süße?«

»Alles«, sagte ich.

»Jawohl, alles.«

Wir saßen schweigend beisammen und ließen diesen Moment des innigen Einverständnisses auf uns einwirken, bis Drew das Gespräch wieder aufnahm.

»Die Ego-Operation ist vorbei. Schließlich kam ein Punkt, da spuckte das Fegefeuer mich einfach aus. Ich kann nicht sagen, daß ich dazu durch eigenes Zutun irgend etwas Bestimmtes beigetragen hätte, aber irgendwie hatte ich es hinter mich gebracht, und jetzt, nach der Läuterung durch die Flammen, was bin ich jetzt? Ich bin wirklich und echt!

Es ist erstaunlich, was es ausmacht, wenn man plötzlich bemerkt, daß man nichts Unechtes mehr an sich hat, denn für den rational betrachtenden Verstand bin ich *ganz selbstverständlich* nicht unecht, sondern wirklich. Das ist einfach ein Ausgangspunkt. Aber die große Freude besteht darin, wirklich *wirklich* zu sein. Das ist die Offenbarung. Das ist die Ekstase!«

Worte sind zwar viel zu schwach, um zu vermitteln, was Ekstase ist, aber wir können es dennoch erahnen, denn wir leben alle aus jenem winzigen Winkel der Süße in unserem Herzen. Was auch um uns herum geschieht, jeder Mensch möchte sich diesen Winkel erhalten. Wir erschließen ihn in der Liebe, manchmal auch in der Sexualität, häufig in den Augenblicken höchster Kreativität. Wenn wir uns mit Erfolg einen dauerhaften Zugang zu diesem Winkel schaffen können, stellt sich ein Wandel ein, der über unsere Person hinaus in die Welt hineinwirkt.

Ekstase macht aus dieser Welt eine Welt Gottes.

Das Wichtigste, das uns die Ekstase zu schenken vermag, ist die Gewißheit unseres göttlichen Status, wie es in Walt Whitmans »Gesang von mir selbst« anklingt:

> »Und ich weiß, daß die Hand Gottes die Gewähr für
>   meine eigene Hand ist,
> Und ich weiß, daß der Geist Gottes der Bruder meines
>   eigenen Geistes ist,
> Und daß alle Männer, die je geboren, meine Brüder sind
> Und die Frauen meine Schwestern und Liebsten.«
> *(Deutsch von Hans Reisiger)*

Diese Worte fließen aus einer unmittelbaren und unleugbaren Verschmelzung der Person mit der Liebe. Das Gefühl der Verschmelzung, das der Ekstase die Tür öffnet, ist keineswegs nur als ein vorübergehender Zustand angelegt. Wer die Öffnung für den Geist aufrechterhält, wird selbst Geist, und die universale Liebe wird zum natürlichen Zustand.

Alle Spielarten der Liebe bringen in ihren freudvollsten Augenblicken Begrenzungen zum Schmelzen. Das Glück, einen anderen Menschen zu lieben, weist über sich selbst hinaus. Eine Grenzüberschreitung findet statt, die den persönlichen Charakter des Liebenden so gründlich ins allgemein Menschliche umschlagen läßt, daß sein Ego im Strom der Liebe aufgeht wie der sprichwörtliche Tropfen im Ozean.

Die Zahl der Menschen, die sich an einem beliebigen Tag verliebt, ist vermutlich nicht besonders groß, und verglichen mit den mystischen Reisen jener Gottsucher, die vielfach als Ekstatiker bezeichnet werden, sind die spirituellen Ausflüge der Verliebten meist auch nicht allzu weitläufig.

Die intensive Freude, die Verliebte erleben, ist eine jedem Menschen zugängliche Erfahrung, die einen ersten Schritt auf dem Pfad markiert, den die Mystiker in eine viel weitere Ferne verfolgen. Es ist nun an der Zeit zu untersuchen, was das endgültige Ziel tatsächlich ist.

VARIATIONEN DER EKSTASE

Um nicht immer den vagen Begriff »mystisch« verwenden zu müssen, möchte ich hier auf die verschiedenen Erfahrungen eingehen, die im Lauf der Menschheitsgeschichte als ekstatische Erfahrungen beschrieben worden sind.

Man kann die Ekstase zunächst einmal als eine *physische*, also körperliche Erfahrung verstehen. Das ist auch die Erfahrungsebene, auf die sich unsere Kultur in erster Linie festgelegt hat, und das geht sogar so weit, daß eine Droge, die angeblich den besagten Zustand hervorrufen soll, »Ecstasy« genannt wurde. Bis zum äußersten gesteigerte sinnliche Lust soll ebenfalls eine in diesem groben Sinn verstandene Ekstase hervorrufen. Ratgeber über sexuelle Techniken empfehlen sich uns sozusagen als Handbücher im Dienst der Ekstase.

Doch in all diesen Fällen findet kein dauerhafter Wandel statt, und somit wird die wahre Natur der Ekstase verfehlt. Wohl mag sich durch Drogen der biochemische Zustand des Gehirns in der Weise verändern, daß die mit ekstatischen Zuständen verbundenen spontanen Empfindungen auftreten, aber dieser Erfahrung fehlt der zugehörige geistige Inhalt. Eine Veränderung der Gehirnwellen ist etwas ganz anderes als die dichterische Erleuchtung, wie sie zum Beispiel aus dieser inspirierten Passage im Alten Testament spricht:

»Mein Herz ward gespalten, und eine Blume erschien,
und die Anmut sproß hervor,
und sie trug Früchte für meinen Gott.«

Diese Zeilen sind in hohem Maße sinnlich, und die Bildersprache
ist unverkennbar sexuell gefärbt, doch so tief und ansteckend die
Begeisterung auch ist, der Dichter verwechselt sie durchaus nicht
mit Wollust, denn er erklärt:

»Und die Erleuchtung machte mich trunken,
Vertrautheit mit deinem Geist.«

Ohne diese Erleuchtung wäre die Ekstase zu Recht mit der gesteigerten sensorischen Intensität gleichzusetzen, die durch Drogenkonsum ausgelöst werden kann. Ich habe durchaus nicht die Absicht, mich gegen den Lustgewinn auszusprechen. Ein Liebespaar,
das sich einer freien und ungehemmten Sexualität hingeben kann,
wird weit über den Erlebnishorizont eines anderen Paares hinaus-
gelangen, wo die Partner sich in Befangenheit begegnen. In einer
Gesellschaft, die sich dem Problem einer mit Schuld- und Schamgefühlen belasteten Sexualität noch nicht wirklich gestellt hat, ist
der Lustgewinn keineswegs eine abgemachte Sache.

Die in der ekstatischen Erfahrung hinwegschmelzenden Begrenzungen sind jedoch ganz anderer Art:

»Und du hast alle Dinge neu gemacht,
hast mir gezeigt die Dinge in ihrem Glanz.
Du schenktest mir vollkommenes Entzücken.
Ich ward zum Paradies.«

Um alles neu und glänzend werden zu lassen, braucht es mehr als
Sinnlichkeit. Ein intensives sexuelles Erlebnis führt allenfalls zu
völliger Entspannung und zu angenehmer Erschöpfung. Der
»kleine Tod« im Orgasmus ist eine Form des Vergessens und nicht
der Erweiterung des Bewußtseins. Man muß sich allerdings davor
hüten, solche Aussagen absolut zu nehmen. Die sexuelle Energie

ist neutral, wir formen sie nur so um, wie es unseren eigenen Bedürfnissen und Absichten entspricht. Manchen Liebenden ist es durch den Orgasmus möglich, zu höheren Bewußtseinszuständen zu gelangen, aber selbst in diesen Fällen sind die Visionen und Empfindungen nicht unbedingt als Ekstase zu bezeichnen. Sie sind, was immer die Liebenden daraus gemacht haben.

Wenn die Dinge neu und glänzend werden sollen, kommt ganz entscheidend die Wahrnehmung ins Spiel. Damit sind wir bei der zweiten anerkannten Definition von Ekstase, die dieses Phänomen als *mythisch* oder *archetypisch* auffaßt. Unser alltägliches Selbstverständnis, das vollkommen unter dem Eindruck diesseitiger Notwendigkeiten steht, und die Welt der Mythen haben nichts miteinander zu tun. Odysseus mußte sich nicht jeden Morgen durch ein Verkehrschaos wühlen, und Pallas Athene mußte sich nicht den Kopf darüber zerbrechen, woher sie die Miete für den nächsten Monat nehmen sollte. Doch C. G. Jung hat schon vor langer Zeit darauf hingewiesen, daß unsere unbewußten Motive unterhalb der Ebene der alltäglichen Betriebsamkeit in den Gefilden des Mythischen wohnen.

In jedem von uns leben Urgötter und Urgöttinnen fort. Wir wissen das – ohne es wirklich zu wissen, denn wir folgen unseren mythischen Antrieben, auch wenn es keine konkreten Bewußseinsinhalte sind. Das Bestreben, im Verdrängungswettbewerb mehrerer Firmen zu bestehen, ist eine ebenso heroische Herausforderung wie die Abenteuerfahrt der Argonauten auf der Suche nach dem goldenen Vlies. Die Besteigung des Mount Everest und der verhängnisvolle Flug des Ikarus in die Sonne sind Ausdruck des gleichen Ehrgeizes, zum Wohnsitz der Götter vorzudringen.

Mythisch ausgedrückt ist die Ekstase eine heilige Reise in das als Unterwelt verstandene Unbewußte, die in den Heldensagen zahllose Darstellungen gefunden hat, von der Entführung der Persephone durch Pluto bis hin zu Orpheus, der in die Schattenwelt des Hades vordrang, um dort seine verlorene Geliebte wiederzufinden.

Wo die körperliche Definition der Ekstase zu kurz greift, weil ihr der Bedeutungsinhalt fehlt, kokettiert die mythische Definition damit, sich im Intellektuellen zu verlieren. Durch den mühseligen Prozeß, das Unbewußte ans Licht zu bringen, mag der Vorstoß zu den eigenen Wurzeln gelingen, aber ich möchte bezweifeln, daß das der Weg zur Ekstase ist.

Im Begriffssystem des Archetypischen hat man die Ekstase bis zum Kult des griechischen Gottes Dionysos zurückverfolgt, dessen Anhänger rituelle Orgien feierten, bei denen sie sich mit Wein und sexuellen Praktiken in einen erweiterten Bewußtseinszustand versetzten. In den Heiligtümern von Delphi gab es den geheimen Frauenkult der Mänaden (abgeleitet von dem griechischen Wort für Wahnsinn). Die Mänaden steigerten sich in eine ekstatische Raserei hinein, um dann ihre Riten zu vollziehen, die unter anderem darin bestanden, lebendes Wild mit bloßen Händen zu zerreißen, zu häuten und zu verschlingen.

Der heutige Betrachter des dionysischen Treibens malt sich mit Entsetzen die wilden Exzesse der Trunkenheit und schrankenloser Sexualität aus, denen sich die Anhänger dieses Kultes hingaben. Für das mythische Denken geht das vollkommen am Kern der Sache vorbei. Beim Dionysos-Kult ging es nicht um Exzesse und Gewaltakte, sondern um das Entrücktwerden in eine göttliche Ekstase. Die rauschhaften Orgien waren nötig, um die Finsternis der Reise zu überstehen; sie waren kein Selbstzweck. Für uns Heutige sind Orgien auf jeden Fall großartige Sinnbilder für die Notwendigkeit, den Panzer des Wachbewußtseins zu zertrümmern, um die in diesem Gehäuse schlummernde Gottheit zum Leben zu erwecken.

Vielleicht geht es wirklich nicht anders. In vielen alten Kulturen benutzte man extreme Bewußtseinszustände, um zu Visionen des Göttlichen durchzustoßen. Die Schamanen mancher Naturvölker versuchen über den Schmerz beim Durchbohren bestimmter Körperteile oder durch den Rückzug in die Wildnis in Kontakt zu den dem Menschen innewohnenden Urkräften zu gelangen.

Solche Rituale und die Riten des Dionysos-Kults sind gar nicht allzu weit entfernt von den Liebespraktiken eines Paares, das in der gesteigerten Sexualität bis zur Ekstase zu gelangen hofft. Die durch kultische Rituale hervorgerufene Entrückung von Priestern und

Kultanhängern kann für diese Liebenden eine große Bedeutung haben.

Das Unbewußte ist eine reich gegliederte Landschaft. Die Archetypen können uns viel über die Urgründe unserer Persönlichkeit verraten. Dennoch scheint es mir, daß den Botschaften der Mythen etwas Vorgefertigtes anhaftet und daß ihnen das Unmittelbare der echten Ekstase fehlt. Nur ganz selten trifft man auf einen mythischen Denker, dem es gelungen ist, in die entrückte Geistesverfassung der antiken Denker einzutauchen, deren Gefolgschaft er angetreten hat.

WAHRE EKSTASE

Damit kommen wir zur dritten Definition der Ekstase: dem Aufgehen in einer *spirituellen* Offenbarung. Spirituelle Ekstase ist weder ein Gefühl noch eine Vorstellung, sondern ein Zustand veränderter Wahrnehmung, in dem ein direkter Kontakt mit dem Geist stattfindet. Der ekstatische Zustand muß sich nicht notwendigerweise in einer irgendwie gesteigerten Intensität ausdrücken. Das Psalmwort: »Seid still und erkennet, daß ich Gott bin«, ist eine Aufforderung zum Eintritt in die Ekstase.

Mir ist die spirituelle Definition der Ekstase die liebste, denn sie schließt die körperliche und die mythische ein. Das berühmteste Beispiel der spirituellen Ekstase liefert vermutlich die heilige Theresa. Im Traum erschien ihr ein Engel, der ihr Herz mit einem goldenen Pfeil durchbohrte. Sie beschreibt diese Erfahrung als ein ausgesprochen körperliches Erlebnis, als einen fast unerträglich brennenden körperlichen Schmerz, der jedoch bald in ein nicht minder starkes intensives Entzücken umschlug.

Die mythischen Beigaben von Engel und Pfeil sind eindeutig – Amor mit seinem Pfeil und Bogen. In ihrer Ekstase empfand die heilige Theresa nichts anderes als die intime Umarmung Gottes, wobei die erotischen und mythischen Untertöne das Göttliche ihrer Erfahrung keineswegs minderten. Ihre äußerst durchgeistigte Ekstase umfaßt alle Ebenen der Interpretation.

Die übliche Intensität der ekstatischen Erfahrung liegt weniger im Erlebnis selbst als in ihren Umständen. Man darf die gängigen Bilder, in denen Gott oder ein Engel aus dem Himmel herabsteigen und den Ekstatiker durchbohren, zerschmettern oder in ihn eindringen, nicht allzu genau nehmen. Diese Symbolik soll nur deutlich machen, daß viele Schichten zu durchstoßen sind, bevor wir mit dem Geist in Kontakt kommen.

Ein tausend Jahre altes griechisch-orthodoxes Manuskript beschreibt die Köstlichkeit der Ekstase:

>»Denn wenn wir Ihn wirklich lieben,
werden wir erwachen in Christi Leib,
wo unser ganzer Körper, überall und
bis in seine verborgensten Glieder
sich in Freude selbst wahrnimmt als Er,
und Er macht uns aufs äußerste leibhaftig.«

Diese sinnlichen Verse, die zur Zeit ihrer Entstehung Schock und heftige Kontroversen auslösten, wurden von einem byzantinischen Mönch verfaßt, den wir heute als Symeon, der neue Theologe, kennen. Seine Auffassung vom Geist als alles durchdringende und alles verwandelnde Liebe, die jede unserer Körperzellen in göttliche Essenz verwandelt, mag sich heute noch für manchen beunruhigend vertraulich und intim anhören:

»Wir erwachen in Christi Leib,
so wie Christus uns leiblich erweckt …

Ich bewege meine Hand, und o Wunder,
meine Hand wird Christus, wird Er ganz und gar …

Ich bewege den Fuß, und sogleich
erscheint Er wie ein Blitzstrahl.«

Symeon wußte durchaus, daß ihm seine liebevolle Intimität mit Gott als Blasphemie ausgelegt werden würde – seine letzten Jahre

mußte er, von den kirchlichen Autoritäten ins hinterste Kleinasien
verbannt, im Exil verbringen. Heutzutage können wir jedoch in
seinen Schriften die unerschütterliche Gewißheit eines großen Liebenden erkennen. Symeon schreibt: »Alles, was uns dunkel,
barsch, schändlich, verkrüppelt, häßlich und irreparabel beschä-
digt erscheint, wird in Ihm umgeformt und erkannt als ganz, lieb-
lich und von den Strahlen Seines Lichts umspielt«.

Das klingt, als würde hier ein Heiliger sprechen, und ein sehr
ekstatischer noch dazu. Doch ich glaube, daß diese Vision jedem
von uns offensteht – denn alle sind wir Liebende auf der Suche
nach Vollkommenheit. Nach Symeons Worten ist die Vollkommenheit erreicht, wenn wir »in jedem und noch dem letzten Teil
unseres Körpers zum Geliebten erwacht sind«.

Zu Zeiten Symeons liefen solche Worte den dogmatischen
Glauben an das Böse und Verderbte des Körpers zuwider. Heute
gilt das Gegenteil: Ein Liebender wird als jemand verstanden, der
vor allem körperlich-sexuell in Erscheinung tritt. Aber beide Ansichten lassen außer acht, daß Körper und Geist eins werden müssen.

Und doch gibt es Momente, trotz allen Dogmas, in denen uns
ein Freudenstrahl des Liebesglücks durchzuckt. Eine liebende
Berührung oder auch nur der Anblick der oder des Geliebten kann
uns wie ein Blitz aus heiterem Himmel mit plötzlichem Staunen
über das Wunderbare erfüllen – ganz so, wie Symeon es beschrieben hat.

Dieses Gefühl kann jedoch auch gleichsam aus dem Nichts unser Herz durchdringen, denn die Liebe ist im Leben selbst enthalten. Emily Dickinson, deren Liebhaber alle nur in ihrer eigenen
Phantasie existierten, ist für mich deswegen nicht minder eine
echte Liebende. Sie schreibt:

»Nicht ›Offenbarung‹ – ist's – die wartet
sondern unser unbeholfen Aug' –«

Dies ist eine Botschaft von dichter Weisheit, die besagt, daß die Erlösung nicht bis zum Jüngsten Tag auf sich warten läßt, sondern an

dem Tag einsetzt, an dem unsere ungetrübte Wahrnehmung beginnt.

Die Köstlichkeit der wahren Ekstase kann sich nicht entfalten, solange wir sie noch nicht in uns fassen können. Unser Bewußtsein ist so rastlos tätig, daß kaum ein Moment der Ruhe aufkommen kann. Auch der Körper ist seiner Natur nach aktiv und ruhelos. Da Aktivität und Stille Gegensätze sind, erlebt unser Körper eine bestimmte Unruhe oder sogar ein gewisses Unbehagen, wenn er sich auf den Geist einstellen soll.

Ekstase gilt als ein Zustand mit einer starken körperlichen Komponente, und das hat viel zu dem Rauschhaften und Zerstörerischen beigetragen, das sich die Anhänger orgiastischer Kulte – in Verwechslung von Symptom und Ursache – zu eigen gemacht haben, um auf diese Weise der Ekstase gleich zwei Einfallstore zu öffnen.

Das Göttliche und der Schmerz haben nichts miteinander zu tun, denn das Göttliche steht außerhalb – »ekstasis« – der Hülle von Raum und Zeit. Der Geist ist unseren fünf Sinnen entzogen, und die Gefilde der Ekstase sind für sie unerreichbar. Doch unser Wachbewußtsein reagiert durchaus, sobald sich echte Ekstase einstellt.

Diese Reaktion ist absolut individuell und unvorhersehbar. Was der eine als intensive erotische Öffnung erlebt, kann für den anderen das Angsterlebnis des Zusammenbruchs aller inneren Abwehrmechanismen bedeuten. Was mir wie die Ausdehnung meiner Seele in die Unendlichkeit des Raums vorkommt, wirkt auf Sie vielleicht wie ein schrecklicher bodenloser Sturz ins Nichts.

Wenn wir davon sprechen, daß die Ekstase der Rückkehr des Tropfens in den Ozean gleicht, dann dürfen wir nicht aus dem Blick verlieren, daß wir selbst gleichzeitig Tropfen und Ozean sind, wenn auch auf verschiedenen Ebenen.

In der Ekstase geht die Individualität wieder auf
in der Ganzheit. Alles, was uns der Ganzheit näher bringt,
bringt uns auch der Ekstase näher.

Damit haben wir meiner Meinung nach das Geheimnis der Ekstase gelüftet. Sie wird zwar niemals zum Alltäglichen werden, denn die meisten von uns können sich nicht als sexuelle Virtuosen hervortun, und auch der tiefe Mystizismus eines Heiligen wird uns in der Regel verschlossen bleiben, aber die Ekstase gerät dennoch in unsere Reichweite, wenn wir ihre wahre Natur verstanden haben.

Ekstaseerlebnisse finden oft in sehr extremen Situationen statt, aber trotzdem ist die Ekstase eine normale Eigenschaft des Geistes. Um sie zurückzugewinnen, ist es nicht nötig, in die Dunkelheit mythischer Vergangenheiten einzutauchen. Wir brauchen nichts weiter zu tun, als geduldig an unserem inneren Wachstum zu arbeiten.

Die innere Stille zu fördern, fördert auch die Ekstase. Es bedarf keiner Tricks und Manipulationen, um unser inneres Wesen auf diese Stille einzustimmen. Unser Bewußtsein ist wie ein Läufer, der seinen Lauf nur etwas zu verlangsamen braucht, und schon wird er gehen, und wenn er sich dann noch etwas verlangsamt, wird er alsbald stillstehen.

Dieser Umschaltprozeß von Aktivität zur Ruhe ist eine sehr einfache und dennoch sehr tiefgründige Beschreibung der Meditation. Man könnte das weiter oben zitierte Bibelwort dahingehend abwandeln, daß es lautet: »Seid still und erkennet die Ekstase«. Es gibt mehr als nur einen Weg, der zu dieser Stille der Meditation hinführt. Um echt zu sein, muß die Meditation die ruhelose und wirre Oberfläche des Bewußtseins durchstoßen und zu dessen tieferer Natur vordringen, nämlich zu dem Frieden, in dem sich die Gesamtheit des Wissens und des Verstehens vermittelt.

DAS TOR ZUR STILLE

Das Hineingleiten in die Stille kann sich unter allen nur erdenklichen Umständen abspielen. Arjuna erlebte seinen *Moksha* inmitten des Schlachtgetümmels blutig aufeinander einschlagender Familienclans. Die Heiligen des Mittelalters fanden ihre Erleuchtung im völligen Rückzug von der Welt. Just in diesem Augenblick überkommt der *Moksha* vielleicht den einen auf einer belebten Straße und den anderen beim ruhigen Blick hinaus auf das Meer. Die Erleuchtung ist nie zufällig oder beliebig. Ein Anflug von Ekstase mag uns immer wieder einmal zuteil werden, doch um das vollständige Ruhigwerden des Bewußtseins zu erleben, müssen wir den spirituellen Pfad mit Disziplin und Zuversicht bis an sein Ende gehen.

Die Erweiterung des Bewußtseins ist der Weg in die Ekstase.

»Erweiterung des Bewußtseins« ist ein breitgefächerter Begriff, der sich auf beinahe alles anwenden läßt, worüber wir bisher gesprochen haben, denn auf dem Pfad zur Liebe geht es ja um nichts anderes. Die Liebe löst uns aus den Begrenzungen unseres Ego heraus. Wenn wir uns ehrlich darum bemühen, unser Verhalten an der Liebe zu orientieren, wird es uns gelingen, im Geist zu leben. Die wichtigsten Themen sind schon angesprochen worden:

• wie man die geliebte Person als Spiegel des höheren Selbst betrachtet,

• wie man die Hingabe an die Liebe zur richtungsweisenden Kraft macht,

• wie man die Abhängigkeit vom falschen Selbst und seinen Bedürfnissen löst,

• wie durch tägliches Bemühen das Einswerden und die Heilung der Wunden der Entfremdung herbeigeführt werden.

Zahllose Menschen leben in einer Beziehung zusammen, ohne sich um irgendeines dieser Prinzipien zu kümmern. Ihre Liebe kann ihnen keine Basis liefern, die stark genug wäre, um die Ketten der alten Konditionierungen zu sprengen. Die wenigsten sind in der Lage, auf die Stimme des Geistes zu hören, solange sie nicht entdeckt haben, daß es den Pfad der Liebe gibt.

Der Geist macht sich durch die Intuition bemerkbar, und würden wir seine Stimme vernehmen, dann gerieten wir schon allein dadurch in einen dauerhaften und unerschütterlichen Zustand der Ekstase. Doch die schlaglichtartigen Einblicke in die echte Wirklichkeit tun sich uns nur in den wenigen Momenten auf, in denen unsere Grenzen zusammenbrechen. Dann wird unmittelbares intuitives Erkennen möglich, und wir können uns in unserer wahren, feinen und ekstatischen Wesenhaftigkeit erfassen.

Die »Upanishaden« brachten vor Tausenden von Jahren unsere Doppelnatur in einem schönen Gleichnis zum Ausdruck:

> »Zwei Vögel, der eine sterblich, der andere unsterblich, wohnen im gleichen Baum. Der erste pickt an den Früchten herum, wovon ihm manche süß und manche bitter schmecken. Der zweite sieht ihm zu, ohne selbst von den Früchten zu kosten. In gleicher Weise pickt unser persönliches Selbst in stetem Hunger auf mehr an den Früchten dieser Welt herum und ist verwirrt, wenn sie ihm Leid bringen. Doch wenn es Gott in seiner Herrlichkeit, dem wahren Selbst, begegnet, dem Quell aller Schöpfung, dann ist sein Hunger gestillt.«

Die beiden Vögel auf dem Baum, das persönliche und das höhere Selbst, sind nicht voneinander zu trennen. Sie sitzen beide auf dem gleichen Baum (unserem Körper) und vor der gleichen Frucht (der materiellen Welt). Doch der Vogel, der nach der Frucht giert, erkennt trotz des engen Beieinandersitzens seinen Gefährten nicht.

Das höhere Selbst enthüllt sich uns nur in einem Erweckungserlebnis. Die Begegnung mit ihm ist einerseits furchteinflößend und erschreckend – ist doch das höhere Selbst »Gott in seiner Herrlichkeit« –, aber andererseits ist es unser vertrauter Geliebter, der schon die ganze Zeit vertrauensvoll über uns gewacht hat und nur darauf wartet, erkannt zu werden. Sobald wir das höhere Selbst erblickt haben, krempelt sich unser ganzes Leben um.

Das Leben erhebt sich auf eine gesegnete Ebene, sobald sich das persönliche Selbst mit dem höheren Selbst vereinigt hat. Die »Upanishaden« erklären:

»Gut und Böse verschwinden. In der Freude am Selbst, im kindlichen Spiel mit dem Selbst, widmet der Mensch sich dem, was erforderlich ist, unbekümmert um das Ergebnis.«

Kampf und Mühsal werden gegenstandslos, sobald die Erkenntnis des höheren Selbst heraufdämmert. Der Geist lenkt uns ganz nach unseren persönlichen Erfordernissen auf das Wesentliche hin. Zur allumfassenden Liebe braucht es in Wirklichkeit nur eines: Der Punkt der Süße in unserem Herzen muß wachsen und sich ausdehnen, bis Glückseligkeit und Frieden zum Naturzustand unseres ganzen Lebens werden.

Dieser Wandel findet zuerst im einzelnen Individuum statt, dann breitet er sich in den Beziehungen aus, die im Geist begründet sind, und schließlich greift er auf die Familien und die ganze Gesellschaft über.

Ein winziger Punkt im Herzen kann sich in einem solchen Ausmaß erweitern, daß die ganze Welt befreit wird.

Ekstase ist deshalb keineswegs ein auf das Individuum beschränktes Gefühlserlebnis, sondern ein Aufblitzen des Ganzen und Wahren, das überall darauf wartet, entdeckt und bemerkt zu werden. Die »Upanishaden« bringen das sehr deutlich zum Ausdruck:

»Das höhere Selbst ist überall, es strahlt uns aus allem Geschaffenen entgegen, ist unermeßlicher als das Unermeßliche, feiner als das Feinste, ist unerreichbar, näher als der eigene Atem, näher als der Herzsschlag.«

Unsere Sinne machen uns deutlich, daß wir atmen und daß unser Herz schlägt, aber es gibt einen Atem innerhalb des Atems, nämlich den Geist (im Christentum spricht man vom »afflatus«, dem Atem Gottes).

So nahe uns der Geist auch ist, eine jahrhundertealte kulturelle Voreingenommenheit macht es notwendig, unser intuitives und unmittelbares Wissen vom Geist wiederzuentdecken. Dazu bieten sich vielerlei Disziplinen und Techniken an, in erster Linie die Meditation.

Angeregt durch den tragischen Mangel an Liebe, den wir überall feststellen müssen, habe ich mich in diesem Buch auf jene Erweiterung des Bewußtseins konzentriert, die uns durch die Liebe möglich wird. Dennoch ist der Pfad, der zum wahren Selbst führt, allseitig zugänglich – das Transzendente ist uns »näher als der Atem und der Herzschlag« –, und glücklicherweise gibt es eine Vielzahl von Weisheitslehren, die uns den Weg zeigen.

Dieser Pfad erstreckt sich nicht in den Dimensionen von Raum und Zeit. Unsere Persönlichkeit bleibt, was sie ist, das Ego bleibt unser Ego, unsere Sinne bleiben unsere Sinne. Wie kann man sich auch irgendwohin aufmachen, um etwas einzufangen, das uns schon so nah ist! Das Geheimnis liegt darin, daß dieser »weglose Weg«, wie die großen Meister ihn genannt haben, eine gewaltige Wandlung hervorruft.

Es ist ein himmelweiter Unterschied, ob man in der Liebe lebt oder ob man mit ihr nur hin und wieder einmal kurz in Berührung kommt. Der markanteste Unterschied dürfte in jener Ekstase genannten Befindlichkeit liegen, in der man tatsächlich den Atem Gottes und den Schlag Seines göttlichen Herzens in sich spürt.

Ich möchte keinen Zweifel daran lassen, wie intim die Ekstase ist – von all unseren Liebesverhältnissen ist sie das vertraulichste. Die Tatsache unserer Existenz wird uns zur Geliebten, und unser Verschmelzen mit einem anderen Menschen folgt darauf mit größter Leichtigkeit und Natürlichkeit. Wenn man ein Muster entwerfen wollte, das zur Ekstase führt, müßten die Ratschläge sehr allgemein gehalten sein und würden etwa folgendermaßen aussehen:

1. *Schritt:* Es kommt die Zeit, wo das Suchen vorbei ist, weil man merkt, daß sich etwas tut. Als erstes tritt das Bewußtsein von sich selbst zurück und nimmt plötzlich seine eigene Tätigkeit wahr. Meistens befinden wir uns mitten in einem inneren Dialog mit uns selbst. Der Fluß der Gedanken, Wünsche, Ängste und Phantasien, die uns durch den Kopf gehen, hält uns dort gefangen.

Wir sind die Darsteller in einem Psychodrama mit offenem
Ende, wobei das Bewußtsein seine rastlose Energie eben daraus
zieht, daß wir mitmachen. Allein schon die Fixierung auf unser eigenes Drama sorgt aber dafür, daß die Dramatik unseres Stücks erst
richtig in Schwung kommt.

Manchmal jedoch ist das Stück nicht besonders spannend. Irgendein Teil von uns steigt aus der dem Bewußtsein verordneten
Unrast aus. Das ist die erste Stufe der Ekstase, nämlich das unbe-
stimmte Gefühl, nicht mehr ein eifriger Mitwirkender, sondern
auf einmal ein Zuschauer des Dramas zu sein. Der Zuschauer hat
eine winzige Distanz zu dem, was er beobachtet, gewinnen können.

2. Schritt: Der zweite Schritt ist die Einkehr der Stille im Bewußtsein. Man kann diesen Vorgang nicht erzwingen, ja, man kann ihn
überhaupt nicht durch eigenes Zutun beeinflussen. Etwas tun ist
das Gegenteil von still sein. Wir haben unser ganzes Leben in Tätigkeit verbracht, und einfach überhaupt nichts zu tun ist deshalb in
hohem Maße ungewohnt.

Meistens kommt es rein zufällig dazu – völlig überraschend
wird man plötzlich gewahr, daß der Bewußtseinsstrom aussetzt, als
hätte jemand einen Schalter umgelegt. Die Sexualität wird häufig
mit Ekstase in Verbindung gebracht, und zwar deshalb, weil dies
für viele Leute eine der wenigen Gelegenheiten ist, bei denen sie
sich völlig gehenlassen können.

Ob man sich nun darum bemüht oder nicht, das Stillwerden
des Bewußtseins wird ganz einfach dadurch erzeugt, daß man sich
länger als nur einen kurzen Moment als Beobachter neben sein eigenes Bewußtsein stellt.

Diese gewisse Distanz zwischen Beobachter und dem beobach-
teten Bewußtsein stellt sich so selten her, daß die zweite Stufe der
Ekstase nur sehr sporadisch eintritt. Bei den meisten von uns dauert der Ausstieg aus der emsigen Tätigkeit des Bewußtseins immer
nur ein paar Sekunden. Doch wenn wir es schaffen, diese zweite
Stufe zu erreichen, entwickelt die Stille eine überraschende Eigenheit.

Wir erkennen, daß die Stille eine eigene Dynamik hat, denn das
still gewordene Bewußtsein, jeglicher Gedanken entleert, zittert
und vibriert dennoch. Es regt sich eine Art bebender Vorweg-
nahme, die zwei verschiedene Richtungen nehmen kann. Entweder wird ein neuer Gedanke geboren, der den inneren Dialog wieder in Gang setzt, oder das schwache Vibrieren der Stille führt in
eine noch tiefere Stille hinein.

Sozusagen an der Abrißkante der Ekstase kauernd, sind wir
nicht in der Lage, unser Bewußtsein willentlich in die eine oder in
die andere Richtung zu lenken. Auch wer das Stillwerden des Bewußtseins schon oftmals erlebt hat, wie es zum Beispiel bei Menschen der Fall ist, die schon längere Zeit regelmäßig meditieren,
kann nicht aus eigenem Willen über das Vorzimmer der Stille hin-
ausgelangen.

3. Schritt: Wenn das Bewußtsein jedoch in noch tiefere Stille ab-
taucht, ist die dritte Stufe erreicht. Diese tiefere Stille vibriert und
bebt nicht mehr. Nicht die geringste störende Aktivität macht sich
jetzt noch bemerkbar. Eine der Erscheinungsformen dieser Stille ist
wie weichster schwarzer Samt oder wie tiefstes Höhlendunkel.

Wer bis zu diesem Punkt gelangt ist, befindet sich ganz entschieden »außerhalb«, wobei man natürlich mit der gleichen Berechtigung auch »innerhalb« sagen könnte, denn der Unterschied
zwischen Innen und Außen ist jetzt aufgehoben. Wir sind einfach
an dem Ort, wo die Ekstase ist.

4. Schritt: Die vierte und letzte Stufe verlangt von unserer Seite
nichts Neues – die innere Transformation ist vollendet, sobald tiefe
Stille das Bewußtsein erfüllt.

Alles, was jetzt geschehen mag, dämmert von alleine und von
ungefähr herauf. Wir befinden uns Angesicht zu Angesicht mit
dem reinen Sein, dem reinen Bewußtsein und der reinen Seligkeit.
Sat chit ananda, wie es im alten Sanskrit heißt, das ewige Bewußtsein der Glückseligkeit, offenbart sich uns. Ein christlicher Heiliger
würde vielleicht davon sprechen, daß er sich »im Angesicht Gottes«
befindet. Im alten Testament stehen die Worte:

»Meine Augen sind von deinem Geist durchstrahlt,
meine Nüstern voll von deinem Duft,
meine Ohren entzückt von deiner Melodie,
und jedes Antlitz ist benetzt von deinem Tau.«

Doch das sind alles nur Bilder. Die Tatsache, daß es Ekstase gibt, ist ein Versprechen, an dem sich unser Vertrauen in den Pfad der Liebe entzünden kann, und der Vorgeschmack auf die Ekstase ist wie Wasser, das uns erfrischt.

Die zeitgenössischen Meister, die das Ziel bereits erreicht haben, geben uns Zuversicht. Sie stehen zwar auf einer anderen Stufe als wir, aber sie sind vom gleichen Fleisch und Blut wie wir. Sie bewegen sich, atmen, sind tätig und leben wie der Rest der Menschheit auch. Doch insgeheim tragen sie tief in ihrer erweckten Seele die absolute Gewißheit, daß sie – wie der eine der beiden Vögel auf dem Baum – zum höheren Selbst geworden sind, während wir noch in die Unzulänglichkeiten unseres persönlichen Selbst verstrickt sind.

Dieser Gegensatz verdeutlicht sich für mich sehr schön in jenem Dialog zwischen einem indischen Schüler und seinem Meister, mit dem ich mich häufig beschäftige. Der Schüler kann sich nicht mit der Vorstellung anfreunden, daß es jenseits der Welt der Sinne noch irgend etwas anderes geben könnte. Er ist der Fragesteller, die Antworten gibt der südindische Meister Sri Nisargadatta Maharaj.

»*Frage:* Ist deine Welt so voll von Menschen und Dingen wie meine?
Antwort: Nein, sie ist voll von mir selbst.
Frage: Aber kannst du denn nicht hören und sehen wie wir auch?
Antwort: Doch, es scheint, daß ich hören, sprechen und handeln kann, aber es geschieht bei mir völlig unwillkürlich wie bei dir die Verdauung oder das Schwitzen …
Frage: Wenn du selbst die Welt bist, wie kannst du dann ein Bewußtsein von ihr haben?

Antwort: Das Bewußtsein und die Welt erscheinen und verschwinden zusammen, deshalb sind sie lediglich zwei verschiedene Aspekte des gleichen Zustands … Nur solange dein Bewußtsein da ist, sind auch dein Körper und die Welt da. Deine Welt ist ein Produkt deiner Vorstellungskraft, sie ist subjektiv, gefangen in deiner Vorstellung, bruchstückhaft, vorübergehend, persönlich und hängt am Faden deiner Erinnerung.

Frage: Deine nicht?

Antwort: O nein. Ich lebe in einer Welt der Realitäten, während deine Welt eine Welt der Vorstellungen ist. Deine Welt ist an deine Person geknüpft. Sie ist privat, nicht vermittelbar. Niemand kann in sie hineingelangen, kann hören, wie du hörst, kann deine Gefühle empfinden und deine Gedanken denken. In deiner Welt bist du wahrhaft allein, eingeschlossen in deinen sich stets verändernden Traum, den du fälschlicherweise für das Leben selbst hältst. Meine Welt ist eine offene Welt, sie ist allen gemeinsam und jedermann zugänglich. In meiner Welt gibt es Gemeinschaft, Verstehen, Liebe und echte Werte. Das Individuum ist die Totalität … Alle sind eins, und das Eine ist Alles.«

Über Jahre hinweg habe ich diese Passage immer wieder gelesen, und sie hat mich stets auf einer Ebene bewegt, die tiefer liegt als Gefühlsregungen oder Erinnerungen und auch als die Erkenntnis. Es kommt mir vor, als könnte ich der Realität unmittelbar ins Auge blicken, und ich stehe in Ehrfurcht vor einem Menschen, der sagen kann, daß die Welt der Dinge lediglich ein winziger Fleck ist, der durch sein Bewußtsein trudelt.

Es ist zudem ermutigend, wenn man bemerkt, daß auch solche großen Meister einmal als ganz normale Menschen angefangen haben. Der einzige Unterschied zwischen ihnen und einem beliebigen anderen Menschen liegt darin, daß die Meister sich aufgemacht und den Pfad beschritten und die Reise der Selbstfindung angetreten haben, die Zeit bedeutungslos werden läßt.

Irgendwann kommen sie am Ende des Pfades an, und unsere Welt, die sich auf den Grundfesten von Bewußtsein und Erinne-

rungsvermögen erhebt, zerbröckelt. Zurück bleibt eine neue Welt
von unvorstellbarer Wirklichkeit.

Maharajs Schüler war verständlicherweise von größter Neugier
über die Beschaffenheit dieser neuen Welt erfüllt, doch sein Meister konnte ihm nur eine Anwort geben, die von einem Standpunkt
jenseits der Worte kam:

»*Frage:* Wie kannst du wissen, daß du dich in einem höheren Zustand befindest?
Antwort: Weil ich mich darin befinde. Es ist der einzige Zustand,
  der natürlich ist.
Frage: Kannst du ihn beschreiben?
Antwort: Nur durch Negationen: als ohne Ursache, unabhängig, be-
  ziehungslos, ungeteilt, nicht zusammengesetzt, unerschütter-
  lich, nicht hinterfragbar, für alles Streben unerreichbar … Und
  doch ist mein Zustand von äußerster Wirklichkeit und deshalb
  möglich, zu verwirklichen und erreichbar.«

Es mag Menschen geben, die diese Beschreibung entmutigend
und heillos paradox finden. Wie können das Unerreichbare erreichbar und das Unbeschreibbare wirklich sein? Ich kann auf
nichts anderes hinweisen als auf die kleinen Lichtblitze, die aus
dieser Welt zu uns herüberschießen, nämlich auf die Augenblicke
der Ekstase, die alle Zweifel beenden und alle Fragen verstummen
lassen. Es dauert lange, bis eine solche aus der tiefsten Stille geborene Erfahrung ihre Umsetzung in Raum und Zeit gefunden hat.
Ein vom Chaos beherrschtes Leben mit Ekstase zu erfüllen ist
äußerst schwierig.

Und doch erscheint uns die Realität in ekstatischen Momenten
wie ein Mirakel. Die Wurzel des Wortes »Mirakel« stammt aus dem
lateinischen Verb »mirare« und bedeutet »etwas mit gespannter
Aufmerksamkeit betrachten«. Es könnte keine bessere Definition
für die Ekstase geben.

Für den, der den Zugang zur Ekstase gefunden hat, bleibt nichts
mehr zu wünschen übrig. Keine Transformation ist so allumfassend. Die große Bereicherung nach der Rückkehr in die Welt des

Alltags liegt weniger in der Erinnerung an die Intensität der erfah-
renen Freude als in der Offenbarung der Wahrheit. Ein einziger ekstatischer Augenblick räumt mit ein Leben lang gehegten Zweifeln
auf, indem wir die Wirklichkeit des Geistes ein für allemal erkennen. Aus eigener Erfahrung wissen wir dann, daß wir wesenhaft
göttlich sind.

So verstanden ist Ekstase die unmittelbarste und gleichzeitig die
am weitesten entfernt liegende Erfahrung, die möglich ist. Sie ist
unmittelbar, weil sie unleugbar ist, und sie ist fernliegend, weil ein
ganzes Leben darüber vergeht, bis die Ekstase zur dauerhaften, ge-
sicherten Realität geworden ist. Zum Glück schafft diese Reise als
solche schon Ekstase, denn sie ist der Pfad zur Liebe.

♥ LIEBESLEKTIONEN:
DIE INSPIRATION PFLEGEN

Die schönsten Beweise für die Ekstase ergeben sich in Augenblicken der Inspiration. Weiter oben wurde schon von den Signalen des Geistes gesprochen, die auf eine Realität hinweisen, die
sich hinter der von unseren fünf Sinnen wahrgenommenen verbirgt. Doch Inspiration ist weit mehr als nur ein Fingerzeig des
Geistes. Wenn wir inspiriert sind, fühlen wir uns in eine Welt
versetzt, in der von normalen Gegenständen und Ereignissen ein
Licht ausgeht, als würden sie von innen heraus leuchten. Dieses
innere Licht ist die Wahrheit, und wenn wir unvermittelt die
Wahrheit erblicken, gelangen wir zur Einsicht, zu Klarheit und
Objektivität.

Einsicht ermöglicht uns, daß wir unser Herz kennenlernen.

Klarheit ermöglicht uns, daß wir illusionslos annehmen können.

*Objektivität ermöglicht uns, unsere Mitmenschen und Lebens-
situationen mit Einfühlungsvermögen zu erleben.*

In triumphalen Augenblicken, in denen wir uns von einer starken Inspiration getragen spüren, kommen diese drei Qualitäten zusammen. Diese Vereinigung erleben wir als Ekstase. Leider erwerben die meisten Leute diese Qualitäten erst in fortgeschrittenem Alter, wenn durch die gereifte Lebenserfahrung die Hemmschuhe der Inspiration, namentlich Vorurteile, Phantasien und Projektionen, allmählich entfallen.

Aber selbst dann sind die Augenblicke der Inspiration relativ selten. Doch die Wurzel des Wortes Inspiration ist »inspirare«, was soviel wie einatmen bedeutet, und das legt nahe, daß die Inspiration eigentlich eine einfache Angelegenheit sein müßte – so natürlich wie das Atmen. Wenn wir sagen, daß jemand die Inspiration hatte, ein Liebesgedicht zu schreiben, dann wollen wir damit sagen, daß sich dem natürlichen Fluß der Zeilen aus dem Gefühl des Autors oder der Autorin nichts in den Weg stellte und daß es keinen Widerstreit zwischen Herz und Verstand gegeben hat.

Inspiration ist ein Zustand, bei dem Herz und Verstand
am gleichen Strang ziehen.

In der folgenden Übung möchte ich Ihnen zeigen, wie Sie die Inspiration herbeirufen und sich dienstbar machen können, ohne zuvor an das Ende des Pfades gelangt sein zu müssen.

TEIL I:

Alle spirituellen Meister haben erklärt, daß der Geist in der Gegenwärtigkeit wohnt. Ein möglicher Zuwachs an Weisheit, Liebe und visionären Einsichten darf aber nicht aufgeschoben werden. Dennoch schieben wir alle den Tag vor uns her, an dem die Liebe, die Weisheit und die Inspiration durch unsere eigenen Zukunftspläne endlich unser Leben bestimmen sollen. Das zeigt, daß der Zugriff auf den gegenwärtigen Augenblick gar nicht so einfach ist, trotz der offenkundigen Tatsache, daß wir ja bereits in der Gegenwart leben.

Jede Sekunde ist eine Pforte zur Ewigkeit. Diese Pforte
wird geöffnet durch unsere Wahrnehmungsfähigkeit.

In jeder Sekunde ist ein unendliches Potential von Möglichkeiten verborgen – das macht sie unendlich. Doch unsere begrenzte Wahrnehmung von diesem Potential macht die Sekunde endlich.

Erinnern Sie sich jetzt einmal an eine Situation in Ihrem Leben, in der Sie aus der Inspiration heraus die richtige Bewegung gemacht, die richtige Antwort gegeben oder die richtige Idee gehabt haben. In welcher Hinsicht sind wir in solchen Momenten so anders als sonst?

- Wir sind offen für das Neue.

- Wir inszenieren keine Neuauflage der Vergangenheit und kümmern uns nicht um die Zukunft.

- Wir sind optimistisch und offen und befinden uns nicht in einer Verteidigungshaltung.

- Wir lassen die Dinge einfach auf uns zukommen.

- Wir fühlen uns in Kontakt mit der Welt.

Stellen Sie sich jetzt die Frage, ob Sie sich auch *in diesem Moment* in dieser emotionalen Verfassung befinden. Falls dem so ist, sind Sie in einem zwar durchaus unkomplizierten, aber dennoch sehr seltenen Zustand: Sie leben im gegenwärtigen Moment.

Die oben genannten Voraussetzungen für das Leben aus dem Augenblick gelten für jeden Menschen, gleichgültig ob es sich um Leonardo da Vinci, William Blake oder irgendeinen normalen Sterblichen wie Sie und mich handelt. Ein Genie wie William Blake vermag »die Unendlichkeit in einem Sandkorn« zu erblicken, wo der Durchschnittsmensch vielleicht nur eine innere Erhebung und Sorglosigkeit verspürt. Die Unterschiede zählen hier aber weitaus weniger als die Gemeinsamkeiten.

Wenn Sie sich fragen, wie man die Unendlichkeit in einem Sandkorn erblicken kann, sollten Sie die folgende Meditationsübung machen (es geht auch ohne Sandkorn, falls Sie gerade keines zur Hand haben):

Legen Sie ein ganz normales Sandkorn – für das Aquarium, aus dem Sandkasten oder vom Strand – auf ihren Handteller, und lassen Sie Ihren Blick darauf ruhen. Ergründen Sie die Farbschattierungen und die Formgebung, suchen Sie nach etwaigen Glimmerspuren, achten Sie auf die Schärfe der Kanten. Rollen Sie das Sandkorn zwischen den Fingerspitzen, führen Sie es an die Zunge, und prüfen Sie, ob es vielleicht salzig oder erdig schmeckt. Das ist das Sandkorn, das sich Ihren fünf Sinnen präsentiert. Die meisten Leute würden sagen, daß es an diesem kleinen Gegenstand nicht viel zu sehen gibt.

• *Der endlose Raum:* Betrachten Sie nun das Sandkorn als einen von Raum umgebenen Punkt. Wieviel Raum können Sie sich vorstellen? Da ist das Zimmer, in dem Sie sitzen, das umgeben ist von Ihrem Haus, das Haus von Ihrem Stadtviertel, das Viertel von Ihrer Stadt – geben sie sich der Vorstellung hin, wie der Raum mit einem Mal förmlich explodiert: in die Weite des ganzen Planeten, des Sonnensystems, unserer Milchstraße und weiter in die Schwärze drum herum.

Lassen Sie diesen Raum sich ebenfalls ausweiten, und versuchen Sie den Gedanken zu fassen, daß der Weltraum keinen »Rand« hat und keine zeitliche Begrenzung. Der Weltraum kann keine Grenze haben, da sich der Kosmos mit unfaßbarer Geschwindigkeit ausdehnt, mit Hunderttausenden von Kilometern in jeder Sekunde, mit einer Geschwindigkeit, die nur knapp unterhalb der des Lichtes liegt. Man kann deshalb auch nicht eine Art Blitzlichtaufnahme vom Kosmos machen, um sozusagen eine Querschnittsbeschreibung seines gegenwärtigen Zustandes zu geben. In der »Bugwelle« seiner Ausdehnungsfront krümmt sich das Universum in sich selbst zurück. Das muß so sein, weil es ja sonst etwas geben müßte, was »außerhalb« des Universums liegt – und das wiederum ist unmöglich.

Das bedeutet, daß unser Sandkorn der Mittelpunkt
des Universums ist.

• *Unbegrenzte Zeit:* Machen Sie jetzt diese Meditationsübung noch
einmal, doch diesmal nicht mit dem Raum, sondern mit der Zeit.
Betrachten Sie wieder das Sandkorn, und stellen Sie die genaue
Zeit fest. Stellen Sie sich vor, wie sich vor diesem im Sandkorn ver-
körperten Zeitpunkt der bereits vergangene Teil des Tages erstreckt
und danach der noch folgende Rest des Tages. Vergrößern Sie jetzt
den Zeitrahmen, indem Sie den Tag davor und den Tag danach
hinzunehmen, dann die Woche, den Monat, das Jahr davor und
danach.
   Stellen Sie sich die Zeit wie eine sich ausdehnende Kreisscheibe
vor, und lassen Sie die Scheibe expandieren so schnell, wie es geht.
Stößt die schneller werdende Ausweitung an eine Grenze? Im Kopf
können wir uns augenblicklich den Urknall vergegenwärtigen. Ich
spreche hier nicht von dem konkreten Ablauf, denn dieser entzieht
sich unserer Vorstellungskraft, sondern ich spreche von dem unge-
heuren Zeitsprung, den unser Denkvermögen spontan bewältigt.
Auch wenn wir uns vorstellen wollen, wie zum Beispiel ein bestimmter Stern in zehn Milliarden Jahren aussehen wird, können
wir uns im Kopf augenblicklich zu diesem zukünftigen Zeitpunkt
voranbewegen.

Unser Sandkorn ist der Mittelpunkt der Zeit, die sich von hier aus
in alle Richtungen ins Unendliche erstreckt.

Wenn wir sehen, wie ein winziges Sandkorn den Mittelpunkt von
Raum und Zeit verkörpert, dann haben wir einen Blick in die Unendlichkeit getan – soweit unser gegenwärtiger Bewußtseinsstand
das eben zuläßt.

• *Ohne Raum und Zeit:* Der nächste Schritt besteht darin, diese
Meditation *ohne* den Bezug auf die Begriffe von Raum und Zeit
durchzuführen. Machen Sie Ihr Bewußtsein ganz leer. Versuchen
Sie dann, das Raum- und Zeit*gefuhl* von einem Punkt aus nach

allen Seiten davonjagen zu lassen wie einen sich rasend ausdehnenden Kreis. Halten Sie die beiden Extreme des Geschehens – den Mittelpunkt und den davonjagenden Kreis – mit dem Bewußtsein fest. Sie sollen Ihnen nicht entgleiten, doch überfordern Sie dabei Ihre Vorstellungskraft nicht – der Vorgang sollte so zwanglos wie möglich ablaufen. Lassen Sie, im Punkt beginnend, den Kreis davonjagen, bis er an einem Horizont anlangt, wo Sie Kreis und Punkt nicht mehr gleichzeitig in Ihrem Bewußtsein unterbringen können.

Was macht Ihr Bewußtsein jetzt?

- Ist es offen, beobachtend und wach?

- Inszeniert es Neuauflagen der Vergangenheit, oder ist es besorgt über etwaige zukünftige Entwicklungen?

- Ist es unvoreingenommen?

- Haben Sie die Meditation ihren Lauf nehmen lassen können, ohne ihr eine bestimmte Richtung aufzudrücken?

- Fühlen Sie sich in Kontakt mit der Welt?

Vielleicht empfinden Sie das alles gleichzeitig, vielleicht nur einiges davon – und vielleicht auch gar nichts. Dies ist kein Test, bei dem es auf hohe Zustimmung ankommt, sondern eine Anleitung für Grenzüberschreitungen. Wenn man in einem Sandkorn die Unendlichkeit erblicken kann, hat das einen rein persönlichen »Wert«. Mancher möchte dabei lachen, ein anderer wird bis in die Tiefe seiner Persönlichkeit hinab ruhig, wieder andere sehen wunderbar schöne Bilder oder eine seidige Leere. Die Erfahrung kann ekstatisch und auch inspiratorisch sein. Lassen Sie sich Zeit – diese Meditation öffnet Ihre Seele und trägt ohne psychologische Techniken die alten Begrenzungen Ihres Ego ab.

Das Sandkorn ist wichtig. An diesem Brennpunkt können Sie durch die Maschen des Netzes von Raum und Zeit hindurch-

schlüpfen. Jenseits dieses Netzes ist alles offen, liegt das reine
Potential, liegen die unbegrenzten Möglichkeiten. Das Sandkorn
ist die Pforte zum gegenwärtigen Moment, der seinerseits in die
Ewigkeit mündet.

TEIL II:

Auf dem Weg zur Liebe wächst die Inspiration. Am Beginn des Pfades reichen die Einsichten in ihrer Tiefe nicht an jene des reiferen
Stadiums heran. Darin drückt sich ein Wandel des Bewußtseins
aus, der jedoch gleichzeitig von einem Wandel der Realität begleitet wird. Die geistige Realität hat keine Grenzen und ist deshalb
auch unbegrenzt wandelbar. Sie kann sich jeder Perspektive anpassen, von denen keine wertlos ist, doch jene Perspektiven, die uns
näher zu Gott bringen, enthalten auch mehr göttliche Qualitäten –
mehr Wahrheit, mehr Mitgefühl, mehr Demut und mehr Liebe.

Unser Bewußtsein ist unser Beitrag zur Gestaltung der Realität.
Die Dinge werden durch unsere Wahrnehmung zur Wirklichkeit.

Wenn sich zwei Menschen in Liebe vereinen, weben sie ein Gewebe aus Bewußtsein. Dieses Gewebe ist dann stark, wenn die beiden Liebespartner es stark gemacht haben. Jeder liebevolle Gedanke und jede liebevolle Tat verstärken das Gewebe um einen
weiteren Faden. Im Sanskrit heißt der Faden *Sutra*, doch das Wort
hat auch eine metaphysische Bedeutung. *Sutras* sind Aphorismen
oder Formeln, in denen grundlegende Eigenschaften des Bewußtseins an- und ausgesprochen werden.

Rumis Wort, »Liebe ist das Meer, in dem die Vernunft ertrinkt«,
ist ein *Sutra*. Rumi bringt darin eine Wahrheit zum Ausdruck, mit
der er einen neuen Faden in das Gewebe des Bewußtseins einwebt,
den niemand vor ihm zu spinnen wußte.

In einem Augenblick der Klarheit und der Einsicht spürte Rumi,
wie sein Verstand aufhörte, sich gegen die Liebe zur Wehr zu setzen, und in ihr aufging, als würde er in einem Ozean untergehen.

Sein *Sutra* reflektiert diese Erfahrung und läßt sie gleichzeitig in uns, die wir den *Sutra* lesen, zum Tragen kommen.

Wir und die Menschen, die wir lieben, erleben privilegierte Augenblicke, in denen wir verstehen, was unsere Liebe ist. Keine zwei Menschen erleben die gleichen Einsichten, denn es gibt jeden Menschen nur einmal. Unsere Inspirationen gehören uns allein, auch wenn ähnliche Einsichten seit Jahrtausenden immer wieder aufgetreten sind.

Es ist wichtig, daß wir unsere Inspirationen zu unserem eigenen Rüstzeug machen. Es reicht nicht, an den Pfad der Liebe nur zu glauben. In einer Partnerschaft müssen wir *wissen*, wie weit wir auf ihm schon miteinander vorangekommen sind und wieviel gemeinsames Wachstum wir zusammen verbuchen dürfen. Darüber können uns die *Sutras* aufklären.

Die folgende Übung besteht darin, die Inspirationen, so wie sie uns ankommen, der Reihe nach aufzuschreiben. Die Liebe gedeiht um so besser, je mehr wir darüber reden, darüber nachdenken und je mehr wir ihr Ausdruck verleihen. Die Augenblicke der Inspiration sind jeweils nur von kurzer Dauer, doch sie sind der Prüfstein für etwas Ewiges, nämlich für das Verhältnis des Persönlichen zum höheren Selbst. In solchen Augenblicken will unsere Seele wissen, wie es mit der Liebe, der Wahrheit, dem Mitgefühl, dem Vertrauen, der Demut und der Hingabe steht, denn dies ist das Garn, aus dem das Gewebe des Bewußtseins gewoben ist.

• *Sutras* aufschreiben: Besorgen Sie sich ein Notizbuch, und schreiben Sie Ihre eigenen *Sutras* auf, aber auch die *Sutras* von anderen, die Ihnen Auftrieb geben. Sie brauchen nicht jedesmal so lange zu warten, bis Sie von inspirierten Gedanken überkommen werden. Der Geist ist jederzeit bereit, sich Ihnen mitzuteilen. Sie brauchen sich nur in einem empfänglichen Augenblick etwas Zeit zu gönnen – fünf oder zehn Minuten am frühen Morgen sind für die meisten Leute ein günstiger und produktiver Zeitpunkt.

Setzen Sie sich mit Ihrem Heft und einem Stift hin, und lassen Sie Ihre Gedanken zur Ruhe kommen. Versuchen Sie nicht, sich selbst in einen inspirierten Zustand hineinzusteigern, nehmen Sie

sich einfach vor, das, was Sie *wissen*, auszudrücken. Ich meine da-
mit nicht Ihr verstandesmäßiges Wissen, sondern das, was Ihr Herz
Ihnen mitzuteilen hat – ein Fünkchen Wahrheit, eine Botschaft
Ihrer Seele.

Wenn Ihnen anfangs die rechten Worte fehlen, können Sie
vielleicht mit einer Standardformulierung beginnen, wie etwa:
»Liebe ist …«, oder: »Meine Seele möchte mir mitteilen, daß …«
Wenn Sie nach einiger Zeit ein bißchen Übung haben, werden Sie
mit dem Schreiben kaum nachkommen können – sobald die Lei-
tung zu Ihrem Inneren steht, sprudeln die *Sutras* meist nur noch
so heraus.

Ihre *Sutras* sollen keine dichterischen Ergüsse und klugen
Sinnsprüche sein, sie sollen einfach nur ausdrücken, wo Sie im
Moment stehen. Den wenigsten von uns ist es gegeben, sich mit
der Brillanz eines Rumi auszudrücken, doch für uns hat unser Bewußtseinszustand den gleichen Wahrheitsgehalt wie der seine für
ihn.

Wer sich seine geistigen Zielsetzungen aufschreibt, hat das
große Vergnügen, zusehen zu können, wie sie wachsen. Jeder Ge-
dankenstrang ist wertvoll, und man kann ihn nicht ohne Einbuße
aus dem Gewebe der Liebe heraustrennen. Vergessen Sie deshalb
nicht, wie kostbar Ihr eigenes Bewußtsein ist. Lassen Sie Ihre Inspirationen zum Werkzeug werden, mit dem Sie sich Ihr geistiges Leben aneignen.

Es folgt jetzt eine Anzahl *Sutras*, die ich mir im Laufe des letzten
Jahres aufgeschrieben habe. Ich habe sie mir immer dann notiert,
wenn ich ein bißchen Zeit hatte, im Flugzeug, beim Warten auf
fehlgeleitetes Gepäck, aber auch wenn ich an einem sonnigen Tag
draußen am Strand saß und mit meiner Seele allein sein wollte,
um ihrer Stimme zu lauschen. Es sind an die hundert *Sutras* geworden, eine gute Ernte für ein sehr turbulentes Jahr.

Als ich sie nacheinander durchlas, war ich sehr überrascht, wie
vollständig in ihnen all das zum Ausdruck kommt, wovon dieses
Buch handelt. Es sind sozusagen die Kristalle, aus denen ganze Ab-
schnitte entsprossen und herausgewachsen sind.

Ich teile Ihnen diese *Sutras* nicht deshalb mit, damit Sie sie hintereinander weg lesen, sondern als eine Art Maßstab, an dem Sie sehen können, wie sich eine Seele in relativ kurzer Zeit entfaltet hat. Wenn ich mir etwas in eigener Sache wünschen könnte, dann das, daß ich an diesem Gewebe des Bewußtseins in alle Zukunft weiterweben darf.

Was ist aufregender als die Aussicht, Wahrheiten erfahren zu dürfen, die uns derzeit noch verborgen sind?

LEITSÄTZE FÜR LIEBENDE

Es gibt drei absolute Dinge, die unzerstörbar sind: Bewußtsein, Sein und Liebe.

Man ist verliebt, sobald man weiß, daß man es ist.

Liebe ist der das Leben treibende Impuls der Evolution.

Wenn die Liebe fließt, folgt der Wunsch nach Wachstum auf dem Fuß.

Wer die Sehnsucht blockiert, blockiert den Königsweg zum inneren Wachstum.

Inneres Wachstum ist die Bereitschaft, die Realität jeden Augenblick neu zu erfahren.

Liebe ist der Anfang und das Ende der Reise und zugleich die Reise selbst.

Der Weg zur Liebe verläuft überall und nirgends. Man mag gehen, wohin man will, nirgendwo fehlt die Liebe völlig, und man mag aufbrechen, von wo man will, überall ist die Liebe schon vorhanden.

Liebe gründet sich auf unsere Handlungen und Einstellungen, jedoch bezogen auf unser derzeitiges Bewußtsein.

In der Dualität muß die Liebe kommen und gehen; im Einsgewordensein gibt es nur Liebe.

Die persönliche Liebe ist eine konzentrierte Form der universalen Liebe; die universale Liebe ist eine erweiterte Form der persönlichen Liebe.

Die Liebe zu einem anderen Menschen unterscheidet sich nicht grundsätzlich von der Liebe zu Gott. Ersteres ist eine einzelne Welle, das letztere ist der ganze Ozean.

Der Verstand wägt ab, was für uns gut und was schlecht sei. Aber die Liebe bringt nur das Gute.

Alle Gebete werden erhört. Am schnellsten erhört werden die Gebete um Einsicht.

Sehnsüchtige Wünsche gehen entsprechend der Stufe der Entwicklung unseres Bewußtseins in Erfüllung. Alle Wünsche gehen vollkommen in Erfüllung, sobald die Stufe des reinen Bewußtseins erreicht ist.

Ein Gebet ist eine Bitte, die ein winziger Teil von Gott an den großen übrigen Teil von Gott richtet.

Wenn Träume in Erfüllung gehen sollen, muß man sie ganz leise im Herzen behalten.

Posaune deine Träume nicht in die Welt hinaus – flüstere sie der Liebe zu.

Mit einem reinen Herzen ist alles erreichbar. Willst du wissen, was das Universum gerade macht? Es belauscht unsere Sehnsüchte.

Alles ist der gleiche Geist, der sich selbst durch die Augen verschiedener Beobachter betrachtet.

Liebe ist überall, aber manchmal kann sie sich wegen der Angst nicht entfalten.

Was keine Liebe enthält, muß eine Illusion enthalten.

Mach deinen Illusionen den Garaus, und du wirst feststellen, daß wir nichts als Liebe sind.

Andere Menschen sind die Spiegel unserer Liebe, doch in Wirklichkeit gibt es keine anderen, nur das höhere Selbst in anderer Form.

Entfremdung ist letztlich nur eine Vorstellung. Die Wirklichkeit ist in ihrem innersten Kern Einheit.

Wenn wir anderen Vorwürfe machen und sie kritisieren, drücken wir uns vor einer Wahrheit, die uns selbst betrifft.

Alles in der Außenwelt enthält eine Botschaft über die Innenwelt.

Der Anblick und die Klänge der Natur bergen die Erinnerung an eine liebevolle Schöpfung in sich.

Echter Wandel wird von neuer Einsicht begleitet.

Einsicht ist ein Impuls der Liebe, der eine alte Prägung aufhebt.

Einsichten bringen Wahrheit, und das ist Liebe in Aktion.

Liebe ist wie Wasser. Wenn sie nicht fließt, stagniert sie.

Wenn wir ein freies Feld in uns selbst schaffen, wird die Liebe es ausfüllen.

Wir müssen uns jeden Tag mit der Liebe beschäftigen. Liebevolle Reflexionen lassen das Herz wachsen.

Die Liebe kann vielerlei Formen annehmen, und es liegt in unserer Hand, welcher davon wir Ausdruck verleihen wollen.

Der höchste Ausdruck der Liebe ist die Kreativität.

Unschuld ist die Fähigkeit, Liebe zu geben und zu empfangen, ohne zu klammern.

Wer unschuldig liebt, kann zulassen, daß andere zum Ausdruck bringen, wer sie sind.

Niemand ist im Unrecht. In den Augen der Liebe gibt jeder das Beste, wozu er beim jeweiligen Stand seines Bewußtseins in der Lage ist.

Wenn die Sichtweise anderer Menschen nicht zu der unsrigen paßt, glauben wir, daß sie im Unrecht sind.

Alle Meinungsverschiedenheiten rühren daher, daß wir den Bewußtseinsstand unseres Gegenübers nicht verstehen.

Hindernisse sind immer unser eigenes Werk. Sie entstehen dadurch, daß wir auf die Lieblosigkeit vertrauen.

Wenn wir uns erst einmal entschlossen haben zu kapitulieren, haben wir auch keine Gegner mehr.

Kapitulieren bedeutet nicht, voreinander nachzugeben, sondern vor der Liebe.

Alle Sehnsüchte und Wünsche sind spirituell, wenn man sie auf der tiefsten Ebene betrachtet.

Liebe ist nicht der Gegensatz von Haß. Liebe ist ganz. Sie hat deshalb keinen Gegensatz.

Negativität breitet sich in den Lücken aus, wo die Liebe nicht hin darf.

Lücken entstehen an den Stellen, wo wir uns aus Angst nicht zu betrachten wagen.

An seiner Oberfläche wirkt das Leben wie eine Reihe von Zufällen, aber auf einer tieferen Ebene ist das Leben absolut planvoll.

Die ordnungschaffende Kraft der Liebe ist unerschöpflich.

Der Kosmos ist auf Wachstum angelegt, und das Wachstum erfolgt immer in Richtung auf mehr Liebe und Glück.

Die Lösung liegt niemals auf der Ebene des Problems – die Lösung ist immer die Liebe, und die Liebe ist jenseits der Probleme.

Schlimme Dinge geschehen nicht einfach – wir ziehen sie uns zu, um daraus zu lernen.

Liebe wächst auf der Grundlage des Schenkens.

Gottes Fähigkeit zu schenken ist unendlich. Wir sind es, die durch lieblose Wahrnehmung dem Schenken Grenzen setzen.

Die Liebe drängt sich niemals auf. Die Liebe ist intelligent und bringt immer nur das, was wir auch brauchen.

Es gibt keine Strafe Gottes. Es ist unser eigener Widerstand, der wie die Strafe Gottes aussieht.

Verzeihen zu können entsteht aus einer geschärften Wahrnehmung. Je mehr wir sehen, desto leichter fällt uns das Vergeben.

Die Vergebung des Herzens stellt sich ein, wenn die geistigen Mauern der Entfremdung fallen.

Liebe ist vorbehaltlose Aufmerksamkeit. In ihrem natürlichen Zustand nimmt Aufmerksamkeit nur zur Kenntnis.

Der Mensch, in dem wir unseren Feind erblicken, ist eine aufgeblähte Version unserer eigenen Schattenpersönlichkeit.

Unsere Schattenpersönlichkeit scheint das Gegenteil der Liebe zu sein. In Wirklichkeit ist sie der Weg, der zur Liebe führt.

Der Geist ist leidenschaftlich. Ohne Leidenschaft kann niemand wahrhaft dem Geist zugetan sein.

Die Erweckung der wahren Liebe liegt darin, die Leidenschaft im Frieden und den Frieden in der Leidenschaft zu finden.

Die sexuelle Energie ist neutral. Ob sie liebevoll oder lieblos ist, hängt davon ab, wie wir sie benutzen.

Die Sexualität kann dazu dienen, die Liebe zu vergrößern oder auszuschließen. Die erotischste Liebe ist die Liebe mit Gott.

In der liebevollen Sexualität werden wir durch den Partner des Göttlichen teilhaftig.

Das Einströmen der Energie der absoluten Liebe in die Sexualität führt zur Ekstase.

Der Urzustand der Energie ist die Ekstase.

Warum ist die Sexualität so machtvoll? Weil wir uns auf der unentwegten Suche nach der unverfälschten Ekstase befinden.

Der gegenwärtige Moment enthält die totale Realität.

Wahre Liebe ist hier und jetzt. Erinnerbar oder vorwegnehmbar ist
nur der Schatten der Liebe.

Wir müssen die Fenster der Wahrnehmung putzen, um die Liebe
zu erkennen, die jedem Augenblick innewohnt.

Wenn wir ganz auf den Moment konzentriert sind, erkennen wir
nichts als Liebe.

Wenn die Stelle der Liebe von einem Ding eingenommen wird, ist
Süchtigkeit das Ergebnis.

Wer nach einem anderen Menschen süchtig ist, behandelt ihn als
ein Ding.

Die Zeit ist der Feind des Ego, nicht der Liebe.

Die Liebe verändert sich im Laufe der Zeit, aber sie wird nicht ge-
ringer. Sie ist immer in ihrer ganzen Fülle da.

Liebe ist im Kern der Individualität eingefangenes ewiges Sein.

Liebe kann eine geheilte und heilige Welt schaffen. Beides ist das
gleiche.

Schönheit zu empfinden bedeutet, die Wahrheit zu kennen. Die
Wahrheit zu kennen heißt zu lieben.

Die Liebe tanzt in der Unverbrauchtheit des Unbekannten.

Die Liebe braucht keinen Grund. Sie spricht aus der irrationalen
Weisheit des Herzens.

Ein Herz, das gelernt hat zu vertrauen, darf sich in der Welt geborgen fühlen

»EIN HAUS AUS LICHT«

»Ich glaube, jedes Paar sucht am Anfang die feste Zusammengehörigkeit. Das ist doch nur natürlich, oder? Schließlich werden
wir ja in einen festen Zusammenhang hineingeboren, bis wir eines
Tages in die Welt hinaus wandern.«

Elsies Stimme drang im Halbdunkel zu mir herüber. Wir drei –
Elsie, ihr Mann Kent und ich – saßen draußen vor ihrem Haus in
New Mexico. Die flachen Strahlen der untergehenden Sonne
ließen die Hügel als bläuliche Schatten hervortreten. Hügelkette
um Hügelkette wurde in ein goldenes Licht getaucht, das sich dann
wieder verlor.

»Bei der Liebe geht es doch vor allem darum, herauszufinden,
wo man hingehört«, fuhr Elsie fort. »Für mich war das immer ein
Problem, und auch als ich Kent getroffen hatte, machte ich mir immer noch Gedanken, wo ich wohl eines Tages enden würde.«

»Kein besonders vielversprechender Anfang«, bemerkte ich.

Elsie lachte. »Es fing schon mit einem Flitterwochenflop an, wie
wir es beide nannten. Überstürzte Pläne, totale Uneinigkeit, wo es
hingehen sollte, und als ich schließlich nachgab und in Kents
Traum von einer Hochzeitsreise einwilligte, nach Paris nämlich, da
hingen wir die ersten beiden Nächte auf einem eingeschneiten
Flughafen vor Chicago fest. Hättest du dir nicht auch Sorgen gemacht, wenn es schon so losgeht?«

»Es scheint sich aber gebessert zu haben«, meinte ich.

»Ja und nein«, ließ Kent sich aus der inzwischen hereingebro-
chenen Dunkelheit vernehmen. »Wir hatten vor, gemeinsam eine
kleine Firma zu betreiben, aber als wir hier draußen ankamen, ging
es gerade mit der Wirtschaft bergab. Das hatte zur Folge, daß ich
fast den ganzen Tag nutzlos zu Hause herumsaß, während Elsie in
der Stadt hinter irgendeinem Tresen jobbte. Immer auf sie warten
zu müssen war das Schlimmste. Und je länger ich arbeitslos war,
um so deprimierter wurde ich. So konnte es einfach nicht weiter-
gehen.«

»Es heißt ja, man könnte von Luft und Liebe leben«, schaltete
Elsie sich ein. »Gott weiß, daß wir es redlich versucht haben, aber

wenn man heiratet, bringt jeder einen Haufen emotionales Gepäck
mit – und gerade wir, die wir beide bis in die Vierzig hinein als
Singles gelebt haben, wir waren ja so anspruchsvoll …«

Sie mußten beide lachen. Man hätte nie gedacht, daß diese beiden einen »Flitterwochenflop« und all die anschließenden Schwierigkeiten hinter sich gebracht hatten. Selten habe ich zwei Menschen getroffen, deren Zusammengehörigkeit so echt wirkte.

Einem unbefangenen Beobachter fällt an Elsie und Kent als erstes auf, daß sie gelernt haben, mit der Liebe spielerisch umzuge-
hen. Ihre Augen blitzen, wenn sie sich ansehen, immer haben sie
etwas zu lachen, und nie fehlt es ihrem Leben an Gegenständen
des gemeinsamen Interesses.

Ihr Haus in der Wüste von New Mexico ist vollgestopft mit
Volkskunst, und jedes Stück stammt aus den Händen von Künst-
lern, die Elsie und Kent nach langem Herumziehen in diesem exotischen Land selbst aufgetrieben haben.

Dieses Haus zu betreten war ein Erlebnis. Es war manchmal so
voller Licht, daß ich kaum merkte, daß es Wände hatte. Jeder Kunst-
gegenstand hatte einen Namen oder eine Geschichte. Ambrose war
ein einen Meter achtzig langes holzgeschnitztes Gürteltier aus dem
Hochland von Guatemala. Am Eßtisch saß, mit einem Gesichtsausdruck von absurder Freundlichkeit, Mathilda, ein aus braunem
Samt zusammengenähter Kojote. An allem, was in dieser Umgebung zusammengetragen worden war, konnte man ablesen, wie sich
diese beiden Menschen lieben.

»Wenn ich von euch berichten wollte, müßte ich euch in eine
bedenkliche Nähe zum idealen Paar rücken«, sagte ich.

»Wir haben keine Angst, zu unseren guten Seiten zu stehen«,
meinte Elsie. »Wenn man fünfzig ist, braucht man sich dafür nicht
mehr zu schämen.«

»Wir wissen halt, wie man über die Runden kommt«, ergänzte
Kent.

»Kannst du mir das genauer erklären?« bat ich ihn.

»Wie Elsie hatte auch ich mit dem Gefühl ›Hier gehörst du hin‹
jahrelang große Schwierigkeiten. Zum Teil war das mein persönliches Problem – ich hatte einfach keine Ahnung, was es heißt, eine

intime Beziehung mit jemanden zu haben. Wenn die Nähe zu groß wurde, bekam ich Angst. Aber ich steckte auch in der Zwickmühle einer Kultur, die von einem Mann erwartet, außerhalb des Familienkreises zu zeigen, was für ein harter Kerl er ist, und wenn er abends wieder nach Hause kommt, soll er weich und romantisch sein. Zu lieben und sich durchsetzen zu müssen sind aber schwer unter einen Hut zu bringen.«

Das war das Stichwort, über das wir uns in den folgenden Stunden unterhielten.

»Da muß ich dir recht geben«, sagte ich, »aber ich glaube, hier geht es um mehr als nur darum, wann man hart und wann man weich sein soll. Hier liegt ein spirituelles Problem. Der Mensch ist das einzige Wesen, das mit einer höheren und einer niedrigeren Natur auf die Welt kommt. Je nach der Situation fährt er manchmal mit der einen und manchmal mit der anderen besser.«

»Was meinst du mit ›höher‹ und ›tiefer‹?« erkundigte sich Elsie. »Solche Begriffe machen mich immer nervös.«

»Im westlichen Kulturkreis werden ›höher‹ und ›tiefer‹ mit ›heilig‹ und ›profan‹ gleichgesetzt, also mit dem Teil von uns, der sich in der Nachbarschaft Gottes sonnt, beziehungsweise mit dem anderen, der im Tierreich lebt. Die Sexualität gehört zum Profanen, ist also niedriger, die Liebe ist heilig und somit höher. Sexualität und Liebe sind aber in Wirklichkeit Prozesse, denn es handelt sich dabei um bestimmte Befindlichkeiten und Verhaltensweisen.

In Indien heißt die Lebenskraft *Prana*. Es wird gelehrt, daß alles von ihr durchströmt wird. In christlicher Ausdrucksweise entspricht *Prana* ›Der Atem Gottes‹, dessen Hauch die tote Materie zum Leben erweckt. *Prana* ist zwar immer die gleiche Energie, unabhängig davon, wo er fließt, aber diese Energie hat Schattierungen. Als Sexualität ist diese Lebenskraft nicht das gleiche wie als Liebe.«

»Aber warum spricht man in diesem Zusammenhang von ›höher‹ und ›niedriger‹? Ist es niedriger, wenn man mit jemandem schläft, als wenn man einem Bettler ein Almosen gibt? Liebe ist doch Liebe.«

»Im Idealfall schon. Solche Unterscheidungen wären bedeu-

tungslos, wenn wir uns vom Fluß der Liebe einfach treiben lassen
könnten. Doch wenn man zum Beispiel seinen Beruf sehr liebt
und sich jeden wachen Augenblick der beruflichen Arbeit widmet
und viel Geld dabei verdient, dann kann jeder die Erfahrung machen, daß auch ein sehr verständnisvoller Partner wenig Begeisterung darüber zeigt, daß der andere so selten da ist. Das Fehlen der
unmittelbaren liebevollen Zuwendung wird eben als schmerzhaft
erlebt. Damit stehen wir vor der Frage, wie man es anstellen soll,
daß die Liebe auf allen Ebenen zu ihrem Recht kommt.

Als erstes müssen wir festlegen, von welchen Ebenen der Liebe
überhaupt die Rede sein soll. In Indien wird seit Tausenden von
Jahren gelehrt, daß die menschliche Existenz auf sieben Ebenen
angesiedelt ist. Diese Ebenen werden symbolisch dargestellt durch
sieben Kreise oder *Chakras*, die sich das Rückgrat entlang am Körper hinaufziehen, ausgehend von dem niedrigsten *Chakra* im
Beckenbereich bis zum höchsten am Scheitelpunkt des Kopfes.«

Für Elsie und Kent, die über metaphysische Zusammenhänge
schon einiges gelesen hatten, war das nichts Neues.

»Aber bringt uns das in der Liebe wirklich voran?« fragte Kent.
»Die wenigsten westlichen Menschen werden sich deshalb in die
Esoterik stürzen, oder?«

»Auf dieses Gebiet brauchen wir uns auch gar nicht zu begeben«, sagte ich. »Wenn wir einmal von den Einzelheiten absehen,
dann geht es hier doch nur um eine simple Unterscheidung von
höheren und niedrigeren Energien. Die drei niedrigeren *Chakras*
liegen unterhalb der Ebene des Herzens. Sie stehen in Beziehung
zum Überlebensdrang, dem Geschlechtstrieb und dem Machtstre-
ben. Wenn wir nur aus diesen drei *Chakras* leben würden, dann
wären die Menschen wilde, eigensüchtige und vom Instinkt ge-
lenkte Geschöpfe.

Über dem Herzen liegen die drei höheren *Chakras*, die dem Willen, der Intuition und der Freiheit zugeordnet sind. Das Menschen-
geschlecht würde sich für göttlich halten, wenn wir nur aus diesen
Chakras lebten. Wir würden keine Kriege führen, nicht um unser
Überleben kämpfen und uns niemanden zum Feind machen. Aber
warum ist unsere Natur so radikal gespalten?

Die Antwort darauf liefert das Herz. Sein *Chakra* steht in der Mitte zwischen höher und niedriger. Das Herz ist der Mittler und Weichensteller, das Zentrum der Gefühlswelt. Wenn das Herz die höheren und die niedrigeren Energien betrachtet, kommt es immer wieder zu dem gleichen Ergebnis – es liebt beide. Dem Herzen obliegt es nicht, die Entscheidung zu treffen, ob irgend etwas gut oder schlecht ist. Es be- und verurteilt nicht und weist nicht zurück. Aus reiner Liebe führt es hoch und niedrig zusammen, damit etwas Neues entsteht: ein vollständiges menschliches Wesen, das sich mit allen seinen Aspekten in vollkommenem Einklang befindet.«

»Warum strengen wir uns dann so an?« fragte Elsie. »Dein Schema ist so wunderbar symmetrisch. Nach meiner Erfahrung heißt das allerdings, daß es in der Praxis überhaupt nicht klappt.«

»Weiß man das denn so genau?« gab ich zurück. »Das Problem ist doch, daß so wenig Leute an den Punkt kommen, wo sich ihnen überhaupt die Frage stellt, ob sie eine ›höhere‹ oder eine ›niedrigere‹ Partnerschaft oder Ehe haben wollen.

Um es ganz kraß zu sagen: Unsere Gesellschaft hängt auf den beiden niedrigsten *Chakras* fest. Sexualität und Überlebenskampf beherrschen unser Bewußtsein. Wir geben den Machtmenschen unseren Beifall, aber die Männer des Friedens lassen wir links liegen. Wir halten die Machtlosen für schwach und minderwertig, und geistige und spirituelle Leistungen gelten uns wenig.«

»Dem kann man leider kaum widersprechen«, sagte Elsie und verzog den Mund.

»Diese Einseitigkeit zeigt sich darin, daß immer noch Aggression und Gewaltbereitschaft die Mittel der Wahl sind, wenn Probleme zu lösen sind«, sagte ich. »Das bedeutet aber, daß die niedrigeren *Chakras* sich angesprochen fühlen. Und wie das im Leben so ist: Wenn etwas sich angesprochen fühlt, dann meldet es sich auch zu Wort.

Wie also können wir die höheren *Chakras* ansprechen? Was müßte geschehen, daß ein Krieg auf der Basis von Einfühlungsvermögen und gegenseitigem Verständnis beendet wird? Die Antwort ist überraschend einfach: Die höhere Natur der Menschen wird dann das menschliche Handeln bestimmen, wenn die Menschen wieder ganz geworden sind. Was heutzutage Mensch genannt wird, ist in Wirklichkeit nur eine Hälfte.

Die einzige Möglichkeit zum Ganzwerden besteht darin, daß wir bei unserem Herzen vorstellig werden und es darum bitten, es möge das Höhere und das Niedrigere miteinander vermischen. Der Versuch, Aggression und Gewaltbereitschaft aus dem Blickfeld zu verbannen, wird nichts bringen, und ebensowenig geht es an, so zu tun, als könnten wir liebevolle Menschen sein, ohne uns den dunklen Gefilden unserer Psyche zuzuwenden, wo Angst und Unsicherheit unentwegt auf der Lauer liegen.«

Die Nacht war inzwischen hereingebrochen, und der Himmel funkelte hell in einer Sternenpracht, wie ich sie noch nie über einer Stadt gesehen hatte. Ich unterbrach meinen Redefluß und wartete ab, wie meine Worte aufgenommen wurden.

»Ich glaube, ich weiß, worauf du hinauswillst«, sagte Kent. »Da sind zwei gegensätzliche Energien, wie du sie nennst, die vom Herzen zusammengebracht werden, bis sie nicht mehr anders können, als sich gegenseitig ins Angesicht zu schauen. Und was passiert dann?«

»Nur eines«, gab ich zurück. »Du lebst doch in einer Beziehung. Das Höhere und das Niedrigere sind nun nicht mehr in zwei getrennten Welten aufgehoben, sondern sie müssen sich jetzt gegenseitig zur Kenntnis nehmen. Du breitest dein ganzes Innenleben vor deinem Partner aus, und umgekehrt ist dasselbe der Fall. Einer wird zum Spiegel des anderen, und in diesem Spiegel seht ihr Sexualität, Überlebenskampf, Willen, Gefühle, Absichten – und Liebe. Es ist alles da, aber es ist eben nicht vollständig. Die Teile passen irgendwie nicht nahtlos zusammen, und deshalb kommt es zu schmerzhaften Konflikten.«

»Aber ist das nicht unvermeidlich?« gab Kent zu bedenken. »In der Liebe geht es doch darum, wie man die Verwundungen übersteht, die einem ein anderer Mensch zufügen kann, und wie man mit dem Schmerz darüber fertig wird, daß man im Gegenzug seinerseits den anderen verletzt.«

»Natürlich ist das unvermeidlich«, gab ich ihm recht. »Aber die Frage ist doch, wieso wir eigentlich den Wunsch haben, unsere verletzliche, zerbrechliche und konfliktbeladene Persönlichkeit vor den Augen eines anderen Menschen auszubreiten. Wozu wagen wir diesen Blick in den Spiegel, der doch ziemlich erschreckend sein kann?«

»Man schaut hinein, weil man lieben möchte«, antwortete Elsie nachdenklich.

»Ja, genau. Der Spiegel einer Beziehung projiziert die Liebe, zwar nicht immer und auch nicht stets in reiner Form, aber die Widerspiegelung ist da, jeden Tag. Was in einer Beziehung vorgeht, in der die Liebe lebendig ist, sieht meiner Meinung nach folgendermaßen aus:

Die Energien, die dazu führen, daß Angst, Unsicherheit und Zweifel unser Handeln bestimmen, sind uns bestens vertraut. Sie sind wie ein altes, dunkles Haus, in dem wir jedesmal Unterschlupf suchen, wenn uns die Dinge über den Kopf zu wachsen drohen. Wir scheuen das Risiko, dieses Haus zu verlassen und uns draußen umzuschauen, aber genau das müssen wir tun, wenn wir geliebt werden wollen.

Wir lassen uns also auf das Risiko ein. Wir treten hinaus ins Licht und bieten uns einem geliebten Menschen an. Es ist eine wunderbare Sache, völlig unvergleichbar mit dem, was wir uns in unserem alten, dunklen Haus vorstellen konnten. Aber wenn es hart auf hart geht, laufen wir wieder zurück. Die vertraute Angst und Lieblosigkeit ist uns lieber als die verletzliche Schutzlosigkeit der Liebe – bis wir uns irgendwann wieder ein Herz fassen und der Liebe noch einmal eine Chance geben.

Das ist im Prinzip der Rhythmus einer intimen Beziehung – Risiko und Rückzug. Mal um Mal wiederholen wir dieses Muster, nehmen wir die Liebe an und weisen sie wieder ab, bis auf einmal etwas Wunderbares passiert: Das alte, dunkle Haus ist entbehrlich geworden. Wir blicken uns um, und wir haben ein neues Haus, ein Haus aus Licht und Helligkeit. Wo ist es so unerwartet hergekommen? Wann und wie haben wir es gebaut?

Es ist das Werk der Liebe des Herzens. Das Herz hat in aller Stille unsere höhere Natur mit der niedrigeren verwoben und den Energien der Angst, der Wut, des Überlebensdrangs und des Selbstschutzes die Energien der Hingabe, des Vertrauens, des Mitgefühls und der Akzeptanz beigemischt.«

»Dann ist es soweit, daß man zu jemandem gehört«, sagte Elsie, »denn dann haben wir endlich soviel Selbstsicherheit gewonnen, daß wir in Liebe zusammenleben können, ohne uns immer wieder in den dunklen Winkeln des alten Hauses verkriechen zu müssen.«

»Ja«, pflichtete ich ihr bei. »Wenn zwei Menschen auf dem Boden der Liebe stehen, dann wird das Haus aus Licht eines Tages fertig vor ihnen stehen, gleichgültig, wieviel Schutt zuvor beiseite geräumt werden muß. Dieses Projekt wird in allen intimen Beziehungen in aller Stille ins Werk gesetzt. Es ist nur leider eine Tragödie, daß unsere Kultur uns nicht beibringt, Liebe und Partnerschaft auf diese Weise zu verstehen. So kommt es, daß nur allzu wenig Menschen ihr Haus jemals fertigstellen.«

Wir saßen schweigend beisammen. Unser Gespräch war fast zu Ende. Derartige Gedanken hatte ich noch nie zuvor formulieren können. Ich spürte eine tiefe Dankbarkeit, daß diese beiden Menschen mir die Geborgenheit gegeben hatten, in der sich solche Worte formen. Worte, die die Saiten unseres Gemüts zum Klingen bringen können, sind empfindlich, und man findet nur selten einen Ort, wo die Liebe in all ihrer Zerbrechlichkeit gehegt und gepflegt wird.

»Wenn man jemanden wirklich liebt«, sagte ich schließlich, »hat man keine Angst davor, diesen Menschen in den Spiegel schauen zu lassen, den man selbst darstellt. Einen anderen Weg zum Wachstum gibt es nicht. Und man hat auch keine Angst, seinerseits seine eigene Portion Liebe zu fordern, denn man schaut ja auch selbst in diesen Spiegel.

Das tiefste Geheimnis der Liebe liegt eben darin, daß das Selbst, das man erst durch den abgründigen Blick ins eigene Innere wirklich begreift, wieder weggegeben und in Liebe dem Partner dargeboten wird.

Ich möchte mich aber nicht nur zur Hälfte an den geliebten Partner verschenken können. Deshalb muß ich meine Ganzheit finden.

Der Geist weht überall, und um herauszufinden, wer ich wirklich bin, muß ich mit dem Geist in Berührung kommen – in Augenblicken stiller Meditation, in der Betrachtung der Schönheit der Natur, dadurch, daß ich der Welt nicht meine Beurteilung aufdränge, oder auch in der Wertschätzung des jetzigen, so kostbaren Augenblicks. Ich muß mein Leben sozusagen als ein Bauvorhaben verstehen, das niemals endgültig abgeschlossen sein wird.

Unser Weg ist die Suche nach der Liebe. Und weil wir das wissen, müssen wir uns dieser Suche jeden Tag eine Zeitlang widmen. Die Frau, die ich liebe, muß mir als Mann wichtiger sein als ich mir selbst, sonst bleibt meinem inneren Auge verborgen, wie heilig sie ist.

Ich darf auf dem Pfad nicht herumtrampeln, muß bei Rückschlägen Geduld aufbringen, und wenn mir jemand im Weg zu stehen scheint, darf ich nicht auf ihn oder sie losgehen. Ich muß mich mit meinen Schattenseiten auseinandersetzen und daraus etwas lernen, um sie so zu überwinden.

Alles, was in mir ist, muß ich betrachten können. Nichts davon darf ich verwerfen, weil es mich ängstigt oder mir verachtenswert vorkommt. Auch sollte mein Blick nie an der Oberfläche der Dinge haften bleiben, sondern er sollte tiefer dringen, denn eine Blume ist nicht nur eine Blume, sie ist auch Regen und Regenbogen, Wolke, Erde und die Unendlichkeit des Raums. Und mich selbst muß ich in der gleichen Weise betrachten.

Auf diese Weise bauen wir ein Haus aus Licht. Vor unserem alten, dunklen Haus ruft beständig eine leise Stimme: ›Kannst du denn nicht sehen, wie unendlich groß dein Herz ist? Merkst du denn nicht, daß du vollauf genügst und daß du nichts und niemanden brauchst? Was kann es denn Schöneres geben als das Hier und Jetzt, als das Auskosten dieser im Augenblick geborgenen Unendlichkeit?‹

Wer dieser Stimme auch nur einen Moment lang Gehör schenkt, dem wird Liebe zuteil. Wer immer ein offenes Ohr für sie hat, verbringt sein ganzes Leben im Licht der Liebe. Dann können wir dem Menschen, den wir lieben, einen Schatz zu Füßen legen, den Schatz unseres wahren Seins.«

»Der Gedanke, daß wir ein Haus aus Licht gebaut haben, gefällt mir«, sagte Elsie. Sie war aufgestanden, um in die Küche zu gehen. Als sie an Kent vorbeiging, griff er nach ihrer Hand, und ich bin sicher, sie lächelten sich in der sanft hereinbrechenden Nacht gegenseitig an. Sie hatten keine Angst davor, sich den besten Teil ihrer Persönlichkeit anzueignen.

Das trifft auf alle Menschen zu, die gelernt haben, aus dem Herzen zu leben.

»DU WIRST GELIEBT«

»Kann ich Ihnen helfen?« hörte ich eine Frau zu mir sagen. Ich blickte von der bösen Bescherung aus Glasscherben, Wasser und matschigen Papierfetzen hoch, die sich auf dem Fußboden ausbreitete. Hunderte von Menschen eilten auf dem Weg zu ihren Flugzeugen vorbei – und eigentlich wollte ich auch gar nicht, daß mir jemand half.

»Danke, ich schaff' das schon allein«, sagte ich.

»Ach, lassen Sie nur, das hab' ich im Handumdrehen«, sagte die Frau freundlich.

Sie öffnete ihre Handtasche und zog, o Wunder, ein Handtuch hervor. Geschwind kniete sie sich hin und wischte damit den Boden sauber.

Ein Plastikbeutel mit einer Flasche Mineralwasser war mir im Flughafen aus der Hand gerutscht. Die Scherben der berstenden Flasche hatten den dünnen Plastikbeutel zerfetzt, und der ganze durchnäßte Inhalt war auf den Boden geplatscht. Um der Bescherung Herr zu werden, hatte ich mir mit Toilettenpapier aus einer nahegelegenen Toilette beholfen.

»So, das hätten wir«, sagte die Frau in britischem Tonfall. »So schlimm war das doch gar nicht.«

»Sie sind Engländerin, nicht wahr?« erkundigte ich mich.

Sie nickte und lächelte mich an. »Ich heiße Laurel.«

Während sie resolut die letzten Reste zusammenwischte, hatte ich Gelegenheit, sie eingehender zu betrachten. Ohne Make-up, mit pockennarbigen Wangen und ungepflegtem braunem Haar sah Laurel in ihrem grauen Schlabberpullover recht unscheinbar aus. Als wir vom Boden aufstanden, bemerkte ich, daß ein jäher Schmerz sie leicht zusammenzucken ließ. Ich nahm das Handtuch und warf es in einen Abfallbehälter neben der Herrentoilette. Ich bedankte mich bei Laurel. Sie reagierte mit einem kleinen Kopfnicken, und als ich ihr anbot, sie zum Flugsteig zu begleiten, zögerte sie ein bißchen.

»Das wäre nett von Ihnen«, sagte sie dann. Wir nahmen unsere Siebensachen und bahnten uns den Weg durch die Menschenmenge. Es war unübersehbar, daß Laurel stark hinkte. Was für eine nette Frau, dachte ich bei mir, aber bestimmt keine Schönheit. Ich fragte mich, welches Schicksal Laurel wohl zu dem hatte werden lassen, was sie war.

Als wir an ihrem Flugsteig ankamen, stellte sich heraus, daß ihr Flug nach London eine halbe Stunde Verspätung hatte. Wir kamen ins Gespräch.

»Ich will gerade mal nach Hause fliegen und meine Mutter besuchen«, sagte Laurel. »Sie hält sich zwar ganz wacker, aber sie ist nicht mehr so gut beieinander wie früher. Osteoporose und dauernd der Regen – aber damit wird sie wohl leben müssen.«

»Fliegen Sie oft nach Hause?« erkundigte ich mich.

»Ich? Nein. Es ist seit zwanzig Jahren das erste Mal, wenn ich mich nicht irre.«

Ich machte vermutlich ein ziemlich verdutztes Gesicht.

»Zu Hause war ich nicht besonders willkommen«, erklärte Laurel. »Am ersten Tag, an dem die gesetzliche Schulpflicht vorbei war, habe ich mich zu Hause abgeseilt. Meine Familie kommt aus dem Arbeitermilieu, und als damals die Sache mit meinem Bein passierte – ich bin mit dem Motorrad von meinem Freund herumgefahren –, da wurde ich ihnen zu anstrengend, und sie wollten überhaupt nichts mehr von mir wissen. Irgendwie verständlich, finde ich.«

Ihre Worte taten mir innerlich ziemlich weh. »Die haben Sie einfach hängenlassen, weil Sie behindert waren?« hakte ich nach.

»Na ja, behindert ist ein bißchen übertrieben. Ich benutze halt einen Gehstock, wenn es sein muß.« Laurel sprach ruhig und ohne Bitterkeit von diesen Ereignissen.

»Und wie kommt es, daß Sie Ihrer Familie nach so langer Zeit auf einmal wieder willkommen sind?« wollte ich wissen.

»Bin ich wohl gar nicht«, meinte Laurel. »Ich möchte denen nur erzählen, na ja, was ich eigentlich gern jedem erzählen möchte.«

Ich sah Laurel an. Ein großer Eifer spiegelte sich in ihrem Gesicht. Sie wollte mir etwas ganz Besonderes anvertrauen.

»Neulich ist mir etwas ganz Verrücktes passiert. Ich bin zu einer Frauenkonferenz gefahren, die oben in den Bergen stattfand. Ich lebe in New Hampshire und arbeite als Kinderfrau oder so, um über die Runden zu kommen. Eine Frau, auf deren Kind ich aufpasse, konnte nicht zu der Konferenz hinfahren, die übrigens in einem sehr schönen Ferienort stattfand, und hat mir ihren Platz angeboten. Sozusagen aus einer Laune heraus entschloß ich mich hinzufahren, obwohl ich eigentlich mit der ganzen Sache und den Leuten dort gar nichts zu tun hatte, verstehen Sie?«

»Und das ist wichtig für das, was jetzt kommt«, sagte ich.

»Sie haben einen guten Riecher«, meinte Laurel. »Ich bin gerne in den Bergen, und ich hatte auch ein sehr schönes Zimmer, aber der Rest der Veranstaltung, die Diskussionen und so, das ging, ehrlich gesagt, über meinen Horizont.

Erst am letzten Tag raffte ich mich auf, zu einer der Veranstaltungen zu gehen, und wissen Sie, was da passierte? Wir sollten alle die Augen zumachen und an irgend etwas ganz Trauriges aus unserer Vergangenheit denken. Es war so eine emotionale Therapie, wie das wohl heißt.

Ich machte also die Augen zu und dachte an meinen ersten Schultag. Ich muß damals fünf gewesen sein. Man schaffte es nicht, mich dazu zu bringen, den Rockzipfel meiner Mutter loszulassen, weil ich ganz fürchterlich plärrte. Meine Mutter war ärgerlich und fuhr mich an, ich sollte mich nicht wie ein Baby anstellen. Ich glaube, es war ihr unheimlich peinlich, daß ich mich so aufführte.

Dann hieß es, wir sollten die Augen aufmachen und uns irgend jemanden im Saal als Partnerin aussuchen. Wir sollten zu dieser Person hingehen und uns gegenseitig unser Erlebnis erzählen. Ich nahm mir also ein Herz und ging zu einer Frau etwa in meinem Alter, die in der Ecke stand. Ich erzählte ihr mein Erlebnis, und ihre Augen wurden größer und größer, und sie schaute mich ganz komisch an.«

Ich hatte plötzlich so eine Ahnung, wie die Geschichte ausgehen würde. Ich fühlte ein Kribbeln auf der Haut, aber ich verkniff mir jeden Kommentar.

»Die Frau stotterte beinahe, als sie mir dann ihre eigene Geschichte erzählte. Und wissen Sie was? *Es war genau die gleiche Geschichte wie meine eigene!* Ich fragte sie: ›Du bist doch auch aus England, nicht wahr?‹, und sie nickte. ›Ich bin doch Vicky!‹ sagte sie dann ganz aufgeregt. ›Laurel, erinnerst du dich denn nicht an mich?‹

Ich mußte einen Schritt rückwärts machen. Ich war völlig platt, aber dann fiel es mir wieder ein: Damals war da noch ein anderes Mädchen gewesen, das an diesem Tag ebensoviel Angst hatte wie ich und sich auch die Augen ausweinte.

›Soll das heißen, daß du das gleiche Erlebnis hattest wie ich? Und du wolltest es einem wildfremden Menschen erzählen?‹ habe ich sie gefragt. Da hat Vicky genickt, und wir wußten nicht, ob wir lachen oder weinen sollten. Stellen Sie sich das mal vor!«

»Was für ein unglaublicher Zufall!« rief ich aus.

»Nein, es war eine unglaubliche *Erinnerung*«, meinte Laurel. »Verstehen Sie, ich war so allein und ohne Familie, daß ich schon langsam den Mut verlor. Sie wissen doch, wie das ist. Und da passiert dieses unglaubliche Zusammentreffen, und mir wird auf einmal klar, daß ich überhaupt nicht allein und verlassen bin, verstehen Sie?«

Ich gab mir Mühe, meiner Stimme nicht anmerken zu lassen, wie bewegt ich war. »Ja«, sagte ich, »Ihr Erlebnis ist wirklich unglaublich, aber am meisten beeindruckt mich, daß Sie begriffen haben, worum es eigentlich dabei geht.«

»O ja«, sagte Laurel. »Es geht um Gott. Worum denn sonst?«

Nichts ist so bewegend wie ein Ereignis, das uns plötzlich daran erinnert, daß der Geist Gottes uns umweht. Auch diese Frau war in das zarte Gespinst behutsamer Fürsorge gebettet, das uns alle umfängt, ohne daß wir es merken. Man kann Rumi durchaus wörtlich nehmen, wenn er schreibt:

»Jemand behütet uns
hinterm Vorhang verborgen.

Fürwahr, nicht wir sind hier,
's ist unser Schatten.«

Im Alltagsleben verwechseln wir tragischerweise die schattenhafte
Welt der Illusionen mit der Realität. Es ist unmöglich, aus dem von
der Liebe gewebten Netz herauszufallen. In Augenblicken, wo uns
die Fliehkraft der Ereignisse an den Rand drängt, überkommt uns
plötzlich die Botschaft: »Du wirst geliebt.«

»Dann haben Sie sich also überlegt, Sie sollten Ihrer Mutter zu
verstehen geben, daß sie nicht alleine ist«, sagte ich. Laurel nickte.
»Aber einen besonderen Grund dazu haben Sie ja nun nicht gerade.«

»Ich habe allen Grund dazu«, sagte Laurel. »Man vergißt es nur
so leicht, wenn man bei jemandem schon so lange in der Kreide
steht.«

»Macht es Ihnen denn nichts aus, daß Ihre Mutter sich so wenig
um Sie gekümmert hat?«

»Aber wie könnte ich das beurteilen?« sagte Laurel ganz erstaunt. »Vielleicht konnte sie es bloß nicht zeigen.«

Ich bin immer wieder überrascht, wie oft uns der Geist einen
Fingerzeig über die wahre Natur des Lebens zukommen läßt. Im
vorliegenden Fall sehe ich einen Hinweis auf die Tugend des Mitgefühls, die nach der Liebe den höchsten Wert verkörpert.

Mitgefühl zu zeigen hat mit Mitleid nichts zu tun. Es bedeutet,
anderen Fürsorge angedeihen zu lassen, einfach weil man ihre Bedürftigkeit erkennt. Die meisten von uns geben etwas, weil das unser Selbstbild hebt oder weil wir auf eine Gegengabe hoffen – auch
wenn man sich das nur sehr ungern eingesteht.

Laurel hat gegeben, *weil sie nicht anders konnte* – und das ist die
Liebe in Aktion, Liebe, die keinerlei Selbstzweifel kennt. Es kommt
überhaupt nicht darauf an, ob jemand unser Mitgefühl verdient.
Wer Mitgefühl zu verschenken hat, der verschenkt es da, wo es gebraucht wird.

Der Weg zur Liebe endet nicht mit dem Aufsteigen ins Himmlische, als wäre dies eine klar umrissene, einmalige Stufe. Dieser
Aufstieg dauert unser ganzes Leben hindurch an, und die Ideale

von Vertrauen, der Fähigkeit zu vergeben, der Hingabe und des Mitgefühls reifen durch ihn zu einer goldenen Ernte heran, deren Samen vor Jahren in unseren ersten Lektionen über die Liebe in uns hineingelegt wurde. Welcher Aspekt auch immer jeweils zum Tragen kommt, er wird unaufhaltsam weiterreifen.

»So manch einer würde sagen, daß Sie allen Grund zur Bitterkeit hätten«, sagte ich zu Laurel.

»Das sind vermutlich Leute, die selbst verbittert sind«, gab sie leichthin zurück. Wir verabschiedeten uns an ihrem Flugsteig. Aus irgendeinem Grund fiel mir auf, daß sie eine zerfledderte Taschenbuchausgabe von einem jener Thriller bei sich hatte, nach denen die Engländer ganz verrückt zu sein scheinen.

»Dieses Buch verrät eine ganze Menge über Sie«, bemerkte ich.

»Ach ja?«

»Ja. Es sagt mir, daß Sie gerne nach versteckten Hinweisen suchen!« sagte ich und machte mich auf den Weg zu meinem Flugsteig.

Diese ungewöhnliche Frau hat mich dazu bewegt, meine Gedanken über das Mitgefühl an den Schluß dieses Buches zu stellen.

Ich glaube, daß das Phänomen des Mitgefühls nicht besonders gut verstanden worden ist. Im westlichen Kulturkreis gibt schon das Wort selbst Anlaß zu Mißverständnissen, weil es als so etwas wie Mitleid – also mit einem anderen leiden – verstanden wird. Doch Mitgefühl bedeutet keineswegs, daß man mit einem anderen Menschen sozusagen begleitend mitleidet.

Die Wurzel des Mitgefühls ist die Teilhabe an der Liebe Gottes. Ohne diesen Bezug trägt das Mitgefühl den Keim des Mißlingens in sich. Wenn wir unsere Aufmerksamkeit ganz vom Elend des Notleidenden in Beschlag nehmen lassen, kann das Maß unserer liebevollen Zuwendung an den Betreffenden darunter nur leiden.

Uneingeschränktes Mitgefühl kann sich nur auf uneingeschränkte Liebe gründen, die ihrerseits niemals irgendeine Art von Leid und Elend als Vorbedingung haben kann. Ich denke dabei an all die Umstände, die Laurel von ihrer Heimreise hätten abhalten können: ihre körperliche Beeinträchtigung, die Ungerechtigkeit, mit der man sie behandelt hatte, die offensichtliche Tatsache, daß sie kein Geld hatte und was sonst noch alles. Aber trotz allem setzte sie sich ins Flugzeug, um ihrer Mutter die Botschaft »Du wirst geliebt« zu bringen.

Es ist bemerkenswert, daß Laurel sich gegenüber den Menschen, die sie hätte ablehnen können, vorbehaltlos als gleichgestellt empfand. Ein mitfühlender Mensch ist nicht nur an die Liebe Gottes angekoppelt, er läßt diese Voraussetzung auch für jeden seiner Mitmenschen gelten.

Die Liebe verläßt uns nie, auch dann nicht, wenn wir im Moment vielleicht einen schmerzhaften Lebensabschnitt durchleben. Gott fühlt mit uns. Schmerzhafte Erlebnisse sind niemals Bestrafungen. Irgendwo sind auch sie mit Liebe aufgeladen. Es ist nicht leicht, das Leid, das uns zustößt, als Liebe aufzufassen, und es wird auch selten als eine Lektion verstanden, an der wir wachsen können.

An dieser Stelle hat das Mitgefühl den größten Wert. Es gibt uns die Möglichkeit, an einen leidenden Mitmenschen heranzutreten und ihn daran zu erinnern, daß er geliebt wird – und zwar nicht nur mit Worten, sondern mit Taten. Solange eine schmerzhafte Situation andauert, dominiert der Schmerz alle unsere Empfindungen, und für das Nachdenken über den spirituellen Wert dessen, was wir durchmachen müssen, bleibt wenig oder gar kein Raum. Aber die Tatsache, daß jetzt der Schmerz das Bewußtsein regiert, stellt die Liebe und ihre Absichten nicht in Frage.

Eine Zeit wird kommen und ein Bewußtseinszustand wird sich einstellen, wo das Leid überwunden ist und der Geist das Bewußtsein regiert. Das Mitgefühl, das wir jemandem entgegenbringen, läßt den Betreffenden wissen, daß er nicht vergessen und von der Liebe abgekoppelt ist, sondern sich nur an einem schwierigen Streckenabschnitt der Reise zur Liebe befindet.

Auf jeder Stufe der Liebe sollten wir uns unser Ziel vor Augen halten. Verliebtheit, Beziehung und der Aufstieg ins Himmlische sind die Schlüsselbegriffe für das Mitgefühl.

Geh' mit dir und den anderen freundlich um.

Handle aus der Liebe, wann immer es geht.

Sprich mit anderen über die Liebe. Halte bei dir das Bewußtsein deiner geistigen Bestimmung wach, und erinnere auch die anderen daran.

Verliere niemals die Hoffnung.

Denke daran, daß du geliebt wirst.

Wenn wir uns an diese wenigen Sätze halten, sind wir offen dafür, jede einzelne Lektion auf dem Pfad der Liebe in dem Geist zu empfangen, aus dem heraus sie uns zuteil wird – nämlich als Ausdruck der göttlichen Liebe. Man kann die Schrecknisse der Welt nicht wegdiskutieren, und selbst im Traum halten die meisten sie nicht für überwindbar – aber sie sind es dennoch, denn die übergeordnete Realität ist die Liebe, mit der verglichen alles andere ohne Bestand, in stetem Fluß und unwirklich ist.

Die Liebe, nach der wir suchen, hält ihrerseits just in diesem Augenblick Ausschau nach uns. Unsere Sehnsucht und unsere tiefen Wunschträume, wie wir geliebt werden wollen, sind nichts als schattenhafte Abbilder der schmelzenden Süße, mit der der Geist uns liebevoll umfangen möchte.

Machen Sie aus Ihrer Suche kein Geheimnis, und achten Sie auf die Gelegenheiten, in denen die Liebe Ihnen zuwinkt. Sie selbst sind das einzige Mittel, das der Liebe zur Verfügung steht, um die Lieblosigkeit zu überwinden. In den Augen des Geistes sind die Liebenden eine unschätzbare Kostbarkeit. Außer Ihnen sind die Botschaften der Liebe wahrscheinlich noch nicht einmal den Menschen klar, die Ihnen sehr nahestehen, aber das braucht Sie nicht zu beunruhigen. Diese Botschaften sind nur für Sie und für Sie allein gedacht. Dessen können Sie sicher sein.

Und vor allem: Machen Sie es wie Laurel – suchen Sie nach den versteckten Hinweisen.